정치사상의 이해 II
현대편

정치사상의 이해 II
현대편

폴 슈마커 · 드위트 키엘 · 토마스 헤일케 지음

양길현 옮김

저자 서문

정치적 공동체 특히 경제와 정부를 어떻게 조직해야 할 것인가? 누가 지배해야 하는가? 시민으로서 우리의 권리와 의무는 무엇인가? 정부 권위는 어떤 목적을 위해서 활용되는가? 정의로운 사회에서는 다양한 상품들을 어떻게 분배해야 하는가? 사회변화는 얼마나 필요하며 그러한 변화는 어떻게 해야 가장 잘 확보되는가? 이러한 것들은 정치의 '큰 쟁점들'이자 '항구적인 문제들'이다. 이러한 문제들을 명확하게 다루기 위해서는 이러한 질문들에 대한 대답으로서 제시된 '위대한 사상'들을 이해할 필요가 있다. 이러한 질문들에 대해 깊이 생각을 하려면, 제시된 대답들의 철학적 기반이 무엇인지를 알아둘 필요가 있다. 특정의 '위대한 사상들'은 우주와 사회, 인간본성, 정치적 지식에 대한 어떤 개념을 전제로 삼고 있는가? 정치에 관한 큰 쟁점들, 이러한 쟁점들에 대한 대답으로서 제시되는 위대한 사상, 그리고 이러한 사상의 철학적 기반들에 대해서 생각하는 것이 정치이론과 철학의 주된 영역이다.

정치이론과 철학을 가르치는 필자들로서는 다양한 이데올로기들을 검토하는 것이 학생들로 하여금 이러한 문제들을 생각하도록 하는 가장 좋은 방법이라고 생각한다. 정치 이데올로기는 정치생활을 이해하고 평가하는 '거대한 도식'이다. 이데올로기는 특정의 이데올로기적 쟁점 각각에 대해 대답을 제시한다. 이데올로기는 우주와 사회, 인간 본성, 정치적 지식에 대해 명시적이든 암묵적이든 그 나름의 가정을 갖고 있다. 이데올로기는 체계적으로 상호 연관되어 있으며, 최소한 그래야 한다. 이데올로기의 개념들은 정치에 대한 가장 근본적인 쟁점들을 다루고 있고 또 일관되게 구조화되어 있기 때문에 정치공동체가 어떻게 작동하는지 그리고 보다 이상적인 공동체는 어떠해야 하는지에 대해서 '큰 그림'을 제공해 준다.

정치 이데올로기는 정치의 큰 쟁점들에 대해 유용한 안내를 제공해 줄 수 있는데, 왜냐하면 학생들이 이데올로기에 익숙해 있기 때문이다. 학생들은 정치 지도자들이 특정의 이데올로기를 신봉하고 있음을 알 뿐만 아니라 자신들이 보고 듣는 논평들이 이데올로기적 편견을 반영하고 있음도 감지하고 있다. 그들은 이데올로기들이 '실제 세계'에서도 중요한 역할을 한다고 생각하는데 그것은 일면 타당하다고 할 수 있겠다. 왜냐하면 정부가 추구하는 정책이 지배적인 이데올로기적 정향을 반영할 뿐만 아니라 새로운 이데올로기의 출현은 중요한 사회적 변화를 가져올 수 있기 때문이다. 이데올로기가 중요하다고 생각할 때 학생들은 이를 더 잘 이해하길 바라게 될 것이다.

정치 이데올로기를 보다 잘 이해하는 것은 대부분의 정치학은 물론이고 여타의 사회과학 분야의 더 넓은 교과과정에서도 중요하다. 정치, 사회, 경제에 대한 많은 교과와 교재들은 다양한 이데올로기적 관점에서 끄집어 온 개념과 이론들을 소개한다. 제도적 장치, 정책선택 그리고 역사적 사건과 현행의 사건들 모두가 다 전형적으로 경쟁적인 이데올로기적 관점에 의해 분석된다. 이러한 분석에 깔려있는 전제들은 학생들이 이미 다양한 이데올로기 사이의 구별을 제대로 이해하고 있다는 것이다. 그러나 우리들의 경험에 의하면, 이러한 가정은 왕왕 잘못된 것일 수가 많다. 예를 들면, 학생들은 고전적 자유주의와 현대 자유주의 혹은 마르크스주의와 공산주의 그리고 민주사회주의를 구별하지 못하는 경우가 적지 않다. 정치학과 사회과학 교과과정을 통해서 보다 명확하고 초점이 잡힌 논의 과정을 다루기 위해서는 다양한 정치사상들의 철학적 기반에 대해 주의를 기울일 필요가 있다.

이데올로기적 전망은 항상 변화한다. 그러나 아마도 최근처럼 그렇게 극적으로 변화한 적은 없을 것이다. 소연방의 붕괴는 통상 마르크스주의와 공산주의가 더 이상 매력적인 이데올로기가 아님을 보여주는 것으로 간주되고 있다. 이러한 이데올로기 또는 이들 가운데 어느 일부분은 여전히 오늘날에도 연관이 있는가? 레이건-부시 시대에 많은 미국인들은 자신들의 이데올로기적 견지에서 심대한 변화를 경험했는가 하면, 자유주의도 대중들에 대한 호소력을 많이 상실하고 있는 것 같다. 오늘날의 자유주의자들은 거대한 관료적 정부와 많은 납세를 인정하는 자유주의의 인기 없는 이미지에 대해서 어떤 형태의 매력적이고 일관된 수정을 제시하고 있는가? 종교적 근본주의, 환경주의, 여성주의와 같은 다양한 신생 이데올로기들이 점점 더 대중의 주목을 받고 있다. 이들은 잘 짜여진 이데올로기들인가? 그리고 이들은 공산주의와 자유주의 그리고 보수주의가 20세기에 가졌던 것과 같은 그런 정치적 영향력을 21세기에 발휘할 수 있을 만큼 매력적인가? 이 책은 부분적으로는 변화하는 이데올로기적 조망과 이데올로기적 변혁에 의해 제기된 문제들을 다루고 있다.

학문적으로 볼 때 이 책과 이데올로기를 다루는 다른 책 사이의 가장 중요한 차이는 우리가 각각의 이데올로기를 분석함에 있어서 단일의 분석틀을 사용하고 있다는 점이다. 우리들은 잘 조직화된 이데올로기 설명을 통해 이데올로기 사이의 비교론적 분석을 용이하게 하려는 의도를 갖고 있다. 우리들은 다음과 같은 12개의 일반적 질문에 대한 대답과 관련하여 각각의 이데올로기의 옹호자들이 어떤 사상을 제공하고 있는지를 밝히고자 한다.

1. **문제점**: 이데올로기가 가장 긴급하게 다룰 필요가 있는 정치적·경제적·사회적 문제는 무엇인가?
2. **목표**: 이데올로기가 성취해야 할 가장 중요한 정치적·경제적·사회적 목표는 무엇인가?
3. **구조**: 정치공동체는 어떻게 조직되며 또 어떻게 조직되어야 하는가?
4. **시민권**: 시민의 권리와 책임은 무엇이어야 하는가?
5. **통치자**: 누가 사회를 통치하고 누가 사회를 통치해야 하는가?
6. **권위**: 정부의 권위는 어떤 목적을 위해 사용되며 어떤 목적으로 사용되어야 하는가 그리고 어떤 목적으로는 사용되지 말아야 하는가?
7. **정의**: 사회적 재화는 어떻게 분배되며 또 어떻게 분배되어야 하는가?
8. **변화**: 변화는 얼마나 필요하며 그리고 어떻게 하면 그러한 변화를 최대로 실현할 수 있는가?
9. **인간본성**: 인간본성의 근본적 특성은 무엇인가?
10. **사회**: 사회의 기본적 특성은 무엇인가?
11. **존재론**: 궁극의 실재는 무엇이고 세계에서 변화의 궁극적 원인은 무엇인가?
12. **인식론**: '선한' 정치생활에 대해 신뢰할 수 있는 지식은 획득 가능한가 그리고 그러한 지식은 어떻게 하면 가장 잘 얻을 수 있거나 접근할 수 있는가?

이 책에서 우리들은 12개의 이데올로기를 논의하고 있다. 우리들은 각각의 이데올로기를 위해서 이데올로기 주창자들이 이러한 문제들에 대해 어떻게 대답하는지를 알려주는 절을 제공하고 있다. 그러한 분석틀은 직접적인 비교를 통해 경쟁적인 이데올로기의 사상들을 분석하고 평가하는 데 도움을 줄 것이다. 우리들은 첫째 경쟁적인 이데올로기 사상들을 비교함으로써, 둘째 이데올로기의 호소력 있는 원칙들이 다른 사상이나 또는 덜 호소력 있는 사상과 어떻게 논리적으로 연관되는지를 보여줌으로써, 셋째 이들 사상의 철학적 기반을 천착함으로써, 학생들의 이해와 분석이 증진될 것이라고 믿는다.

또한 우리들은 다양한 이데올로기들을 그들의 역사적 발전을 반영하는 방식으로 제시하고 있다. 제1부에서 우리들은 최초의 이데올로기인 고전적 자유주의 또는 민주적 자본주의로부터 시작하여 19세기의 주요 이데올로기를 설명하고 있다. 고전적 자유주의에 대한 반응이자 대안으로서 전통적 보수주의, 무정부주의, 마르크스주의가 제시된다. 제2부에서 우리들은 20세기 주요 전체주의적 이데올로기인 공산주의와 나치즘, 파시즘을 설명한다. 나치즘과 파시즘은 이들 간의 차이에 주목하면서도 동시에 이들 간의 공통점을 강조하기 때문에 하나의 장에 포함시키고 있다. 제3부에서 우리들은 20세기 주요 민주적 이데올로기를 다룬다. 여기서 우리들은 고전적 자유주의의 최소정부 원칙이 어떻게 현대 자유주의에서는 강한 국가 원칙으로 변형되는지를 살펴보게 될 것이다. 우리들은 마르크스주의의 혁명적 이데올로기가 어떻게 민주적 사회주의를 특징짓는 점진적인 사상으로 수정되는지도 보게 될 것이다. 또한 우리들은 현대 보수주의가 어떻게 고전적 자유주의와 전통적 보수주의 사상을 수용하고 조화를 이루려고 하는지 그리고 20세기에 지배적이었던 국가중심적인 이데올로기들의 맹공에 대항하여 어떻게 이들 고전적 자유주의와 전통적 보수주의를 옹호하고 있는지를 논의하게 될 것이다. 제4부에서 우리들은 점차 지배적인 영향을 미치고 있는 3개의 신생 이데올로기에 대해 논의하게 될 것인데, 종교적 근본주의, 환경주의, 여성주의가 그것이다.

20세기 말 무렵이면 제1, 2, 3부에서 설명되는 이데올로기들에 대해 대안적 입장을 취하는 많은 목소리들이 불거져 나왔다. 자유지상주의와 공동체지상주의가 많은 정치이론가들과 철학자들 사이에서 널리 논의되었고 특히 미국의 대학에서 더욱 인기를 모았다. 흑인 분리주의가 많은 아프리카계 미국인들의 정치적 의사 표현으로 등장하였다. 해방신학은 라틴아메리카의 변혁을 요구하는 강력한 목소리였다. 지구 곳곳에서 다양한 형태의 민족해방운동이 나름대로의 독특한 원칙을 표방하면서 출현하였다. 이들 새로운 목소리 가운데 우리는 근본주의, 환경주의, 여성주의에 초점을 맞추게 될 것이다. 그 이유는 이들 이데올로기들이 다른 이데올로기들과는 다른 독특한 이념 체계를 제공해 주고 있기 때문이다. 유대교, 기독교 그리고 이슬람교 근본주의는 신의 전지전능에 대한 인간의 믿음이 얼마나 광범한지를 일깨워주고 있다. 그 결과 인간이 신의 의지와는 무관한 방식으로 세상을 이해하고 통제할 수 있다고 보는 이데올로기와는 다르게 생각하는 근본주의자들의 정치적 식견도 매력적일 수 있음을 보여주고 있다. 환경주의자들은 지구상에 거주하는 많은 종들 가운데 인간은 그 하나일 뿐이라고 주장한다. 이들은 다른 대부분의 이데올로기들이 인간중심적인 데에 치우쳐 있어서 인간의 목적을 위해서 자연환경을 훼손하는 것을 정당화시켜 주고 있다고 비판한다. 여성론자들은 대부분의 다른 이데올로기들이 남성중심적임을 역설하고 있다. 이들 남성 중심적 이데올로기들은 대개의 경우 남성들에 의해서 개발되었으며 그렇기 때문에 여성의 관심 사항을 적절히 반영하지 못하고 있다는 것이다.

 근본주의, 환경주의, 여성주의의 중요성에도 불구하고 우리들은 다른 이데올로기들을 다룰 때만큼의 깊이로 이들 이데올로기들의 견해들을 분석하지 못하고 있다. 이들 이데올로기들과 관련한 많은 문헌들은 우리들이 지금 막 통합시키려고 하고 있는 각각의 시각들 안으로 최근에야 들어왔기 때문이다. 이들 문헌들에 대한 우리들의 제한된 섭렵 탓인지도 모르지만, 근본주의, 환경주의, 여성주의 내의 정치적 원칙들에 대해서 의견이 일치하지 않는 경우가 많고 또 철학적 원칙에 대해서도 충분하게 관심을 표명하지 않고 있기 때문에 이들 이데올로기들이 충분히 개발된 것으로 보기가 어렵다는 게 우리들의 판단이다. 그렇다고 이것이 마치 이들 이데올로기 내에 또는 이들 이데올로기와 관련하여 어떤 중요한 이론적 내지는 철학적 저술들이 없다는 얘기는 아니다.

반대로 이들 견해들을 '신진' 이데올로기로 명명할 수 있도록 하는 저술들이 존재하며 그리고 이들 저술들을 통해서 궁극적으로 '충분히 성숙된' 이데올로기로 발전해 나갈 수 있는 토대를 갖추고 있다. 그래서 우리들은 근본주의, 환경주의, 여성주의가 일부 학자들의 주장과는 달리 기존 이데올로기에 통합될 수 있는 사회운동을 넘어서서 명백한 이데올로기적 대안으로서 떠오를 가능성이 크다고 생각한다. '충분히 발전된' 이데올로기들을 설명하기 위해서 채택했던 우리들의 설명틀 내에서 근본주의, 환경주의, 여성주의 각각의 주장들을 제시함으로써, 우리들은 이들의 주장들을 분석하거나 그 주장을 명확히 하는 데 기여하고 그럼으로써 이들 이데올로기들의 발전에 도움이 되기를 희망하고 있다.

우리들은 또한 이 책에서 채택했던 몇 가지 협의 사항을 제시하고자 한다. 가장 중요한 것으로서 우리들은 각각의 이데올로기들을 그 주창자들의 시각에서 보여주고자 했다. 이데올로기는 보통 부정적인 것으로 간주되고 또 이데올로기에 관한 책들은 자신들이 설명하고자 하는 이데올로기를 비판하는 데 치중하는 경향이 있다. 우리들도 이데올로기에는 사태를 왜곡하는 등의 문제점이 있다는 것에 동의하며 모든 이데올로기들은 각각의 한계를 지니고 있다고 생각한다.

그럼에도 불구하고 우리들은 학생들이 어떤 이데올로기나 사상을 효과적으로 평가하기 이전에 먼저 그 이데올로기를 이해하는 첫 번째 단계는 우선 그 이데올로기의 세계관 속으로 들어가 보는 것이라고 생각한다. 물론 학생들이 이데올로기들을 평가해야 한다는 것은 두말할 필요가 없다. 그래서 제1장에서 우리들은 이데올로기 평가과정에서 유용할 수 있는 기준을 제시하고 있다. 또 각각의 이데올로기에 대한 우리들의 논의의 결론에서는 평가적 논평과 의문점을 제시하고 있다. 또한 우리들은 어떤 사상들에 대한 어려움이 무엇인지를 알려주고 이들 각각의 사상들을 비판하는 자료들을 제공하기 위해 때때로 각주를 활용한다. 그러나 이들 고안들은 학생들로 하여금 스스로 생각하도록 하기 위한 것이지 학생들의 판단을 우리들의 판단으로 대치하기 위한 데 있는 것은 아니다.

또 하나 우리들의 협의 사항은 '설명상자'를 제공하는 것이다. 각각의 이데올로기에 대해서 우리들은 설명상자를 만들어 각각의 이데올로기 전통에 대한 주요 기여자들의 이름을 그들의 저술과 함께 담고 있다. 우리들의 의도는 모든 것을 망라한 목록을 제공하기보다는 이데올로기를 설명함에 있어서 누구의 생각을 주로 개진하고 있는지를 보여주기 위한 데에 있다. 우리들의 설명상자는 우리들의 설명틀 내에는 잘 들어맞지 않지만 중요하고 흥미 있는 생각들을 다듬고 그 연관성을 들어내 보여주려는 목적을 갖고 있다.

마지막 협의 사항은 각각의 이데올로기 전통에서 중요한 사상을 대표하는 용어를 돋보이도록 하기 위해서 고딕체로 표기하기로 하였다. 이들 용어들은 정치이론과 정치학을 공부하는 학생들이라면 꼭 알아두어야 할 개념이라고 하겠다. 이 책 말미에 붙여진 용어해설은 이들 용어들에 대해 간단히 개념정의하고 있지만, 우리 학생들에게 다음의 사항을 강조해 둘 필요가 있겠다. 즉, 이들 용어들이 대변하고 있는 사상들을 잘 이해하기 위해서는 이러한 간단한 정의들을 기억하는 것으로는 부족하고 이들 각각의 이데올로기들에 들어 있는 보다 넓은 사상체계와 연관하여 그 중요성을 파악할 필요가 있다.

우리들이 이 책을 쓰는 과정에서 많은 사람에게 빚을 졌다. 가장 큰 빚은 이 책에 적정하면서도 정확하게 반영되어 있고 또 이러한 '대논쟁'에 기여한 바 있는 모든 사람들에게 있다. 우리들은 정치 이론과 철학에 대한 우리들의 관심을 불러일으키고 이를 이해하는 데 도움을 주었던 우리들의 은사들에게 빚지고 있다. 맥갈리스터(Lester McAlister), 파울러(Booth Fowler), 필즈(Eldon Fields), 세드귁(Jeff Sedgwick), 마인저(Lewis Mainzer), 쿠퍼(Barry Cooper), 플라나간(Thomas Flanagan), 길레스피(Michael Gillespie) 그리고 파렐(Anthony Parel)이 그 분들이다. 우리들은 질문을 통해서 우리들 자신의 이해를 깊게 해 주는가 하면 논평을 통해 유용한 통찰을 제공해 주었던 우리 학생들에게도 고마움을 느낀다. 특히 이 책 집필 동안 직간접으로 지원을 아끼지 않은 우리들의 아내들, 진 슈마커(Jean Schumaker), 캐를린 스티나르드(Charlene Stinard), 타라 헤일케(Tara Heilke)에게 감사의 뜻 전한다. 그들과 많은 사람들이 이 책의 일부 내지는 전부에 대해 논평을 해 주었다. 우리들은 또한 유용한 도움을 준 브리추(David Brichoux), 브루너(Cryss Brunner), 거너(Deborah Gerner), 구스타프손(Peter Gustafson), 켈리(Marisa Kelly), 쿠르휘르스트(Rob Kurfirst), 팔레이(Nicholas Paley)에게 고마운 뜻 전하고 싶다. 또한 우리들은 유익한 제안을 해준 다음의 논평가들을 잊지 못할 것인데, 코크란(Clarke Cochran, Texas Tech University), 에반스(Gill Evans, University of Tennessee-Knoxville), 가너(William Garner, University of Southern Illinois), 기본스(Michael Gibbons, University of South Florida), 그릭스비(Ellen Grigsby, University of New Mexico), 하베이(Michael Harvey, Colorado State University), 자르디네(Murray Jardine, Louisiana State University), 마르티네스(Tim Martinez, Northern Arizona University), 마타레세(Susan Mataresse, University of Louisville), 미드(Walter Mead, Illinois State University), 넬슨(John Nelson, University of Iowa), 오미아라(Patrick O'Meara, Indiana University), 티엘레(Leslie Thiele, University of Florida)가 그분들이다.

폴 슈마커(Paul Schumaker)
드위트 키엘(Dwight C. Kiel)
토마스 헤일케(Thomas W. Heilke)

정치사상의 이해 II · 현대편
Contents 차례

저자 서문 | 5

제1장 현대 자유주의 | 17
Ⅰ. 정치적 기반 20
Ⅱ. 실질적인 정치적 원칙 32
Ⅲ. 철학적 기반 82
Ⅳ. 요약과 결론 95

제2장 민주사회주의 | 99
Ⅰ. 정치적 기반 107
Ⅱ. 실질적인 정치적 원칙 121
Ⅲ. 철학적 기반 158
Ⅳ. 요약과 결론 171

제3장 현대 보수주의 | 175
Ⅰ. 정치적 기반 180
Ⅱ. 실질적인 정치적 원칙 193
Ⅲ. 철학적 기반 227
Ⅳ. 요약과 결론 240

제4장 근본주의 | 245
Ⅰ. 정치적 기반 254
Ⅱ. 철학적 기반 260
Ⅲ. 실질적인 정치적 원칙 264
Ⅳ. 요약과 결론 273

제5장 환경주의 | 275

- Ⅰ. 정치적 기반 276
- Ⅱ. 철학적 기반 284
- Ⅲ. 실질적인 정치적 원칙 288
- Ⅳ. 요약과 결론 294

제6장 여성주의 | 297

- Ⅰ. 정치적 기반 302
- Ⅱ. 철학적 기반 307
- Ⅲ. 실질적인 정치적 원칙 316
- Ⅳ. 요약과 결론 325

제7장 이데올로기를 넘어서 | 327

- Ⅰ. 정치에 대한 지적인 이해의 수준 335
- Ⅱ. 어떤 사람의 이데올로기적 선입견에 대한 문제제기 338
- Ⅲ. 정치학 345
- Ⅳ. 정치철학 354
- Ⅴ. 정치적 평가 365
- Ⅵ. 요약과 결론 370

용어해설 | 373 참고문헌 | 389
색인 | 417 역자후기 | 425

정치사상의 이해 I · 근대편

Contents 차례

제1장 정치사상과 이론 그리고 이데올로기
Ⅰ. 정치, 정치이론, 이데올로기   Ⅱ. 이데올로기의 역사
Ⅲ. 다양한 이데올로기를 평가하기   Ⅳ. 다양한 이데올로기를 설명하는 틀
Ⅴ. 이데올로기의 기능   Ⅵ. 요약과 결론

제2장 고전적 자유주의
Ⅰ. 정치적 기반   Ⅱ. 철학적 기반   Ⅲ. 실질적인 정치적 원칙   Ⅳ. 요약과 결론

제3장 전통적 보수주의
Ⅰ. 정치적 기반   Ⅱ. 철학적 기반   Ⅲ. 실질적인 정치적 원칙   Ⅳ. 요약과 결론

제4장 무정부주의
Ⅰ. 정치적 기반   Ⅱ. 철학적 기반   Ⅲ. 실질적인 정치적 원칙   Ⅳ. 요약과 결론

제5장 마르크스주의
Ⅰ. 정치적 기반   Ⅱ. 철학적 기반   Ⅲ. 실질적인 정치적 원칙   Ⅳ. 요약과 결론

제6장 공산주의
Ⅰ. 정치적 기반   Ⅱ. 철학적 기반   Ⅲ. 실질적인 정치적 원칙   Ⅳ. 요약과 결론

제7장 파시즘과 나치즘
Ⅰ. 정치적 기반   Ⅱ. 철학적 기반   Ⅲ. 실질적인 정치적 원칙   Ⅳ. 요약과 결론

제1장
현대 자유주의

우리들은 자유주의 내지는 최소한 민주적 자본주의에 대한 옹호로서의 자유주의의 고전적인 입장들이 19세기와 20세기 초에 걸쳐 무자비하게 비판을 받았다는 것을 보아 왔다. 그 결과 자유와 민주주의를 신봉하는 많은 유럽 사람들은 자유주의를 개혁하거나 재조명하기 보다는 이러한 자유주의적 사상들을 민주적 사회주의와 같은 다른 이데올로기와 접목시키고자 하였다. 그러나 미국에서 자유주의는 약간의 문제가 없는 것은 아니지만 고도로 존중을 받는 이념으로 자리 잡고 있다. 그렇기 때문에 '자유주의' 이름과 핵심적인 자유주의 이념을 그대로 유지하면서 동시에 자유주의에 대한 비판에 대답하기 위해 자유주의를 재조명하는 작업은 일차적으로 미국 사람들의 몫이 되었다.

존 듀이(John Dewey, 1882~1945)와 같은 미국의 지식인들이나 프랭클린 루스벨트(Franklin D. Roosevelt, 1882~1945)같은 미국의 정치가들은 다음과 같은 맥락에서 자유주의를 재규정하는 데 도움을 주었다. 정치적·사회적·경제적 자유가 무엇보다도 중요하다는 것이다. 이들 자유들은 민주적 정부에 의해 위협받는 게 아니라 보다 더 많이 확보된다. 개인재산을 소유함으로써 나타나는 자본주의하에서의 부의 불평등을 부당하다고 보지 않는다. 정부가 사유재산의 어떤 용도에 대해서 규제하고 부를 재분배하는 것은 바람직하고 공정하다. 정부는 입헌적 제약과 선거상의 위임 안에서 행동하여야 한다. 경제를 자극하고 규제하며 자유와 평등을 확대하기 위해서는 강하고 능동적인 국민정부가 필요하다. 사회변화와 진보는 중요하지만, 이러한 것은 혁명이 아니라 개혁을 통해서 이루어져야 한다.

고전적 자유주의는 산업혁명 초기에 자본주의와 제한정부를 정당화하기 위해서 태동하였다. 그러나 자유주의자들은 산업주의가 성숙하여 나감에 따라 무제한적인 자본주의에는 많은 문제가 있음을 알게 되었다. '개혁 자유주의'가 출현하리라는 조짐은 1848년에 존 스튜어트 밀이 쓴 『정치경제의 원칙』(Principles of Political Economy)에서 이미 나타나 있었다. 이 책에서 상품은 자본주의 원칙에 따라 생산되고 교환되어야 하겠지만, 정부는 보다 평등한 방식으로 이러한 상품들을 분배(또는 재분배)하는 데 역할을 할 수 있다고 지적되었다. 그러나 개혁 자유주의가 자본주의를 개혁하고 민주주의를 확대하며 정부역할을 증대시키고 보다 평등적인 정의론을 발전시키는 데 관심을 둔 하나의 일관된 이데올로기로서 등장한 것은 20세기가 되어서였다.

자본주의를 개혁하자는 것은 양날의 칼과 같다. 한편으로 자본주의를 개혁하는 것은 자본주의에 대한 근본적인 수용을 전제로 한다. 고전적 자유주의자들처럼 현대 자유주의자들도 좋은 삶은 자본주의 경제를 통해 가장 잘 확보될 수 있는 물질적인 번영을 요구한다고 본다. 지속적인 경제성장을 증진시키고 기업이익을 확보해 줌으로써 때때로 현대 자유주의자들은 '법인 자유주의(corporate liberalism)'를 옹호하고 있는 것으로 파악된다[1] 다른 한편으로 자본주의를 개혁하는 것은 왕왕 자본주의에 적대적인 것으로 간주되는 것에 관여한다는 것을 의미한다. 예를 들어, 현대 자유주의자들은 기업을 규제하고 복지권을 확대하고자 하기 때문에 때때로 '복지국가 자유주의자'라고 불리기도 한다. 현대 자유주의 내의 이러한 두 가지 경향은 그 정치적 원칙들과 관련하여 광범한 논쟁과 때로는 혼란을 가져왔다. 그러나 테오도르 로이(Theodore Lowi)는 현대 자유주의자들이 '이익집단 자유주의자'가 됨으로써 이러한 두 가지 경향들을 해소하고자 하고 있다고 보았다.[2] 이들 자유주의자들에 따르면, 사회의 많은 집단들의 요구는 정부의 적극적인 반응을 받을 만큼 충분히 정당한 것이다. 만약 기업이 도산에 직면한다면, 자유주의 정부는 이들 기업들이 재정적 어려움에서 벗어날 수 있도록 보증하는 보조를 제공해야 한다.

만약 부자들로 하여금 새로운 경제기업에 투자하도록 하기 위해 유인책이 요구된다면, 자유주의 정부는 적절한 세제상의 혜택을 제공해야 한다. 만약 노동이 보다 더 안전한 근로조건을 요구한다면, 자유주의 정부는 작업장을 규제해야 한다. 만약 소수민족들이 차별대우를 받는다면, 자유주의 정부는 시민권을 법제화하여 이를 집행해야 한다. 만약 가난한 사람들이 보다 나은 의료를 원한다면, 자유주의 정부는 이들이 의료혜택을 보다 더 잘 받을 수 있도록 해 주어야 한다. 이런 사례들은 끝없이 제시할 수 있다. 현대 자유주의자들은 자신들을 '이익집단 자유주의자'라고는 조금도 생각하지 않는다. 그러나 그들은 법인기업의 대표들, 복지 수혜자들, 소수종족들, 그리고 사회 내의 많은 다른 집단들과 이해관계자들에게 호소력을 갖게 되기를 바라는 원칙과 정책들을 발전시켜 왔다.

---

1) James Weinstein, *The Corporate Ideal and the Liberal State* (Boston: Beacon Press, 1966); R. Jeffrey Lustig, *Corporate Liberalism* (Berkeley: University of California Press, 1982).
2) 로이(Theodore J. Lowi)는 현재 살아 있는 미국의 정치학자이다. 로이의 유명한 책은 *The End of Liberalism: The Second Republic of America* (New York: W.W.Norton, 1979)이다.

그리하여 '개혁 자유주의', '법인 자유주의', '복지국가 자유주의', 그리고 '이익집단 자유주의'는 고전적 자유주의와 구별하기 위해서 현대 자유주의를 지칭할 때 붙이는 이름들이다. 이 장에서 우리는 현대 자유주의의 이와 같은 다양한 강조점을 인정하는 방식으로 현대 자유주의를 설명하고자 한다. 이는 현대 자유주의를 철학적으로 보다는 실용적으로 바라볼 것을 요구한다. 현대 자유주의의 정치적 원칙들은 우주, 인간, 사회 그리고 지식 등 이러한 것들의 본질에 대한 특정의 철학적 가정들보다는 자유주의자들이 다루고자 하는 문제들을 반영한다. 따라서 우리들은 자주 암묵적으로 나타나는 현대 자유주의의 철학적 기반에 대해서는 나중으로 미루고 먼저 현대 자유주의의 정치적 기반과 정치적 원칙들을 논의하게 될 것이다.

I. 정치적 기반

1. 문제점

고전적 자유주의자들은 중세 생활로부터 야기되는 문제들, 즉 부적절한 사회적 유동성, 경제활동에 대한 제한, 정치적 절대주의, 종교적 정향과 순응에 관심을 기울였다. 그러나 이러한 문제들은 서구의 산업화 과정을 거치는 국가들에서 자본주의 경제와 대의적이고 세속적인 민주주의가 발전해 나감에 따라 그 중요성이 사라져 버렸다. 19세기 말까지 미국, 영국, 프랑스의 자유주의자들은 봉건제의 잔재를 제거하고 자유주의적 제도들을 확립하는 데 성공을 거두었다. 그리하여 이들의 관심은 자본주의 경제와 민주적 제도들을 보유하고 있는 자유주의 사회들의 문제를 어떻게 해결할 것인지 그리고 외부의 적들로부터 자유주의 사회를 어떻게 보호할 것인지로 옮겨가게 되었다.

자유주의자들은, 예를 들면 경제적 자유와 물질적 번영을 증진시키는 능력과 같은 자본주의의 이득들이 부분적으로 몇 가지 문제들 때문에 상쇄될 수 있다는 것을 알게 되었다. 만약 시장에서 완전한 자유가 허용된다면, 수많은 시장실패가 발생한다는 것이다.[3]

첫째, 19세기 말에 이르면 규제받지 않는 시장이 경제 권력의 집중을 낳아 경제적 경쟁을 약화시키고 대기업들의 착취적 능력을 증대시키며 이들이 경제적으로 효율적인 기업이 될 유인을 줄이게 된다는 것은 명백하게 되었다. 미국에서 존 록펠러(John D. Rockefeller, 1839~1937)나 J. P. 모간(J. P. Morgan, 1837~1913)과 같은 자본가들은 그들 사업으로부터 경쟁자들을 밀어낼 수 있었고 석유와 철도 같은 시장에서 독·과점적 지배를 확립했다.

둘째, 마르크스주의자들도 마찬가지지만 자유주의자들도 통제되지 않은 시장으로 인해 경제적 비효율과 불안정을 야기하는 경기순환이 일어남을 알게 되었다. 경제성장기 동안 상품의 가격은 종종 인플레이션 방식으로 상승하고 화폐가치와 저축은 줄어든다. 1930년대에 일어났던 세계적인 대공황처럼 경제침체의 기간 동안 많은 노동자들은 실직되고 가난하게 된다.

셋째, 자유주의자들은 시장참여자들의 이기적인 행동들 때문에 종종 광범한 공적 영역을 해치는 외부효과가 발생한다는 것을 깨닫게 되었다. 자신들의 폐기물들을 강이나 공중 또는 지하에 버리는 것은 환경을 오염시키고 공중보건 문제를 야기하는데, 생산가격을 줄이려는 산업가들의 이러한 성향은 외부효과 문제의 한 사례이다.

넷째, 자유주의자은 순수한 시장체제로는 국방, 가난한 사람들을 위한 교육, 전염병에 대한 보편적인 방역, 대중교통과 같은 많은 유용한 서비스 내지는 공공재를 제공할 수 없다는 것을 알고 있다.

다섯째, 자유주의자들은 자본주의 경제에 의해 생산된 부가 모든

---

3) 시장실패에 대한 더 자세한 토론으로는, Alan Stone, "Justifying Regulation," in *The Liberal Future in America*, edited by Philip Abbot and Michael B. Levy (Westport, Conn.: Greenwood Press, 1985), pp. 102-126 참조.

사람들에게 분배되지 않는다는 것을 인식하고 있다. 예를 들면, 나이가 너무 어리거나 많은 사람들 그리고 신체적으로나 정신적으로 불구의 정도가 심한 사람들을 포함하여 어떤 사람들은 시장경제에 참여할 수 없다. 경제적 생산을 할 수 있는 사람들조차도 경제침체나 불황기에는 실직상태에 놓일 수 있다. 자유주의자들은 통상 경제적 불평등을 문제로 간주하지 않지만 가난은 문제인 것으로 생각한다.[4] 사람들이 가난하게 살면, 그들은 생산적이기 위해서 필요로 하는 교육과 기술을 취득할 수 없고 범죄와 같은 다른 사회적 문제의 온상이 되기가 쉬우며 지적 내지는 도덕적 발전을 위한 자유와 기회에서 제약을 받는다. 나중에 정부의 권위를 다루게 될 때 우리는 이러한 시장실패를 해결하기 위해서 자유주의자들이 국가권력을 어떻게 사용하려 하는지를 논의하게 될 것이다.

자유주의자들은 또한 봉건적 사회제도의 주요 특징이었던 귀속적 사회신분의 중요성이 줄어들었다고는 하지만 그렇다고 사회적 유동성의 모든 문제들이 해결된 것은 아니라는 점을 깨닫게 되었다. 고전적 자유주의자들에 따르면, 개인들은 사회적·경제적으로 자신들을 발전시키기 위해서 자신들이 갖고 있는 재능과 에너지를 발휘할 수 있도록 동등한 기회를 가져야 한다. 그러나 많은 사람들은 그들의 인종, 종족, 젠더, 성적인 취향 때문에 직장이나 교육, 주거, 공공시설에 대한 동등한 접근이 허용되지 않고 있다. 시민권운동의 초기 단계 동안 자유주의자들은 명백히 차별적인 법(인종적으로 분리된 학교를 허용하는 법과 같은)과 관행들(부동산 소개업자들이 백인 주거지역을 '빨간 선으로 그어서' 이 지역에는 흑인이 집을 소유하지 못하도록 하는 것과 같은)을 없애려고 애썼다. 형식적인 기회균등은 이와 같은 차별을 금지하는 법을 통과시킴으로써 개선될 수 있는 것이다.

---

4) Paul Starr, "Liberalism After Socialism," *The American Prospect* (Fall 1991), pp.79-80.

그러나 자유주의자들은 인종주의, 여성차별주의, 동성애혐오의 역사적 유산들이 계속하여 소수인종과 여성 그리고 동성애자들의 사회적 상향이동을 제약하고 있다는 것을 인정한다. 또한 자유주의자들은 어떤 문화적 가치와 전통적인 관행들이 미묘한 형태의 차별을 만들고 있다는 것을 알고 있다. 예를 들면, 대학입학을 결정하는 데 규격화된 시험을 치르는 것은 소수 학생들에게 불이익을 가져다 가능성이 있다. 또 지속적인 고용연수에 기초하여 승진을 결정하는 것은 아이를 양육하기 위해서 잠시 직장을 쉬어야 하는 여성에게 불리하게 작용하기가 쉽다. 그래서 현대 자유주의자들은 역사적·지속적인 차별로 인해 사회적 상향이동을 달성할 수 있는 기회균등이 제약을 받고 있는 사람들에게 중요한 장벽으로 작용하고 있는 모든 사회적 규범과 관행들을 찾아내서 바꾸는 데 관심을 기울이고 있다.

현대 자유주의자들은 이와 같은 경제적·사회적 문제들에 초점을 맞추고 있다. 그렇다고 고전적 자유주의자들이 관심을 가졌던 주요한 문제, 다시 말해서 시민에게 안정을 제공하는 문제를 현대 자유주의자들이 소홀히 하고 있는 것은 아니다. 현대 자유주의자들도 안전에 대한 많은 국제적 위협을 인식하고 있으며, 그래서 국가가 잠재적인 침입자를 저지할 수 있을 만큼의 충분한 군사력을 보유하는 것을 용인하고 있다. 조지 케난(George Kennan)과 같은 자유주의자들은 공산주의의 팽창을 막기 위해 봉쇄정책을 제안했다. 로버트 맥나마라(Robert McNamara)같은 자유주의자들은 자유민주주의에 대한 핵공격을 저지하기 위해서 '이차공격' 능력을 촉구하였다. 미국의 안보와 국가 이익이 2차 세계대전 동안의 주축국이라든가 또는 북베트남의 공산주의 정권에 의해서 위협을 받고 있다고 믿었을 때, 그들은 군사행동을 승인했다. 자유주의자들은 또한 안전에 대한 많은 국내적 위협의 존재를 인정하고 있으며, 그래서 조직화된 범죄와 마약 밀매에 대해 전쟁을 선포하고 총기규제 법안을 만들도록 정부에 요구하고 있다.

일련의 시장실패, 다양한 형태의 차별, 여러 가지 안전위협은 현대 자유주의가 직면하는 가장 지속적인 문제들이다. 자유주의의 의제에서 문제점들은 항상 변화하고 있다. 또한 실제로 자유주의자들은 지난 시대의 문제들에 대한 '해결책' 가운데 어떤 것은 새로운 문제를 낳고 있음을 인정한다. 예를 들어, '신자유주의자'들은 기업에 대한 정부의 과다한 규제가 오늘날에는 문제가 되고 있다고 믿고 있다.[5] 일부 정부규제들은 어떤 외부효과 문제들을 줄이지만, 다른 정부규제들은 공익보다는 규제받고 있는 산업에게 이익을 가져다준다. 게다가 많은 규제들에 대한 순응을 이행하고 확보하기 위해서 드는 비용 때문에 규제를 받고 있는 산업은 국제시장에서 경쟁하는 데 어려움을 겪게 된다.

신자유주의자들은 또한 기회균등을 확보하기 위한 어떤 정책들은 또 다른 문제를 야기할 수도 있는 것으로 믿고 있다. 예를 들면, 학생들을 강제로 버스 통학시키는 것은 학교구역으로부터 '백인들을 떠나도록' 함으로써 형식적으로 인종차별이 폐지된 학교들을 많은 경우 소수인종들이 주로 다니는 것으로 만들게 된다. 안전에 대한 위협을 바라보는 자유주의자들의 인식에도 변화가 일어났다. 베트남전쟁이

---

5) Charles Peters, "The Neoliberal Manifesto," *The Washington Monthly* (May 1983). 모톤 콘드라케(Morton Kondracke)는 1980년 레이건이 지미 카터를 패배시킨 이후 출현한 운동을 지칭하기 위해서 '신자유주의'라는 용어를 만들어냈다. 이 운동은 자유주의를 재조정하려는 것으로서 가난한 사람과 소수인종의 문제들을 해결하는 데 대한 관심으로부터 벗어나서 기업의 경제적 문제들을 다루는 쪽으로 방향을 바꾸어 나가려고 하였다. 대표적인 신자유주의 지식인으로서는 레스터 쓰로우(Lester Thurow), 제임스 팔로우스(James Fallows), 로버트 라이시(Robert Reich)를 들 수 있다. 대표적인 신자유주의 정치인으로는 게리 하트(Gary Hart), 폴 쏭아스(Paul Tsongas), 빌 브래들리(Bill Bradley), 리차드 게파트(Richard Gephardt), 브루스 바베트(Bruce Babbett), 알버트 고어(Albert Gore), 그리고 다소 논쟁이 있겠지만 빌 클린턴(Bill Clinton)도 들 수 있다. Randall Rothenberg, *The Neoliberals* (New York: Simon and Schuster, 1984) 참조.

진행되는 동안 많은 자유주의자들은 미국의 민주주의가 베트콩이나 북베트남에 의해서 야기되는 공산주의의 위협보다는 오히려 군산복합체에 의해서 더 위협을 받고 있다는 것을 알게 되었다. 소연방의 붕괴와 러시아의 정치·경제적 개혁은 많은 자유주의자들로 하여금 미국의 안보가 공산주의의 침공 보다는 일본이나 통일된 독일과 같은 강대국의 경제력에 의해 더 위협을 받게 될 것임을 깨닫게 해 주었다.

그 결과 오늘날 미국의 자유주의자들은 미국의 무장을 보다 강화하는 정책보다는 미국의 경제를 '재산업화' 시키는 정책에 더 강조점을 두고 있다. 그러나 자유주의자들이 관심을 갖는 의제에서 이와 같은 변화가 이루어지고 있다고 하더라도 그것이 현대 자유주의의 중심적 원칙들에 대해서는 크게 영향을 미치고 있지는 않다. 가장 중요하게는 현대 자유주의자들은 강력한 정부권위를 이러한 변화하는 문제들을 해결하기 위한 본질적인 요소인 것으로 바라보고 있다. 고전적 자유주의자들은 사람들로 하여금 최소한의 정부감독을 받는 자유시장에서 활동하도록 허용할 때 경제번영, 개인의 자유, 사회적 유동성에 대한 장애 요인들이 가장 잘 극복될 수 있을 것이라 생각했다. 반면 현대 자유주의자들은 정부의 적극적인 행동을 통해 이러한 장애 요인들이 가장 잘 극복될 수 있다고 믿고 있다.

2. 목표

현대 자유주의자들은 고전적 자유주의자들의 목표들을 거부하지 않지만, 자유의 확대, 자본주의 발전, 입헌 민주주의의 증진, 그리고 정치과학의 정립이라는 이상에 대해 좀 다른 해석을 가하고 있다.

고전적 자유주의자들은 개인의 자유를 확보하려고 하였다. 자유란 자기가 하고 싶은 대로 할 수 있는 것이라고 믿었기 때문에 그들은 자유라는 것이 태어날 때부터 사람들에게 주어지는 것이어서 다른 사람이 빼앗을 수가 없는 것으로 보았다. 강압적인 정부와 억압적인 다수는 사람들의 자연적 자유에 대한 중대한 위협으로 간주되었고, 그래서 고전적 자유주의자들은 자유에 대한 그러한 위협들이 제거되길 바랐다. 개혁 자유주의 또는 현대 자유주의의 창시자 가운데 한 사람으로 간주되고 있는 영국의 철학자 T. H. 그린(T. H. Green, 1836~1882)에 따르면, 고전적 자유주의자들은 소극적 자유에 관심을 기울였다. 그들에게 있어 자유는 제한이 없는 것이었다. 자유는 상관하지 않고 그냥 내버려 두는 것이었다.

현대 자유주의자들은 T. H. 그린이 적극적 자유라고 명명한 것을 추구한다. 이러한 적극적 자유는 태어날 때부터 사람들에게 동등하게 주어지는 것이 아니다. 그것은 특히 사람들이 실질적인 선택을 할 수 있는 능력을 키워주는 환경에서 산다면 그들이 성숙함에 따라 획득할 수 있는 어떤 것이다. 자유는 그냥 내버려두는 것 이상이며, 행복한 삶에 대한 자신의 생각에 맞춰 살아갈 수 있도록 선택을 할 수 있는 능력이다. 만약 그냥 내버려 둔다면 가난하거나 글을 모르고 혹은 병약한 어린이는 거의 실질적인 선택을 할 수가 없다. 그러한 아이가 의사나 변호사 또는 과학자가 되길 바랄 수도 있지만, 그 만만치 않은 제약들을 고려할 때 그 애가 정말로 자유롭게 그러한 포부를 추구하기는 어렵다. 적극적인 자유는 개인의 선택에 대한 이러한 제약들이 줄어들거나 제거될 때 발생한다.[6]

적극적인 자유를 시인하는 것은 4가지 중요한 의미를 갖고 있다. 첫째, 고전적 자유주의자들은 자유가 동등하게 분배되어 있다고 생각한다. 반면 현대 자유주의자들은 일생 동안 개인이 누릴 수 있는 적극적인 자유의 양에는 차이가 있으며 다른 개인이 향유하는 적극적인 자유의 양에도 불평등이 존재한다고 이해한다. 둘째, 개인이 갖고 있는 적극적 자유의 양은 각자의 지적 · 도덕적 · 정신적 개발에 의존한다. 보다 성숙된 사람들은 그들 자신의 인생계획에 적극적으로 기여하는

---

6) 소극적 자유와 적극적 자유에 대한 중요한 분석은, Isaiah Berlin, *Four Essays on Liberty* (London: Oxford University Press, 1969), pp.118-172 참조.

<설명상자 1-1> 주요 현대 자유주의자들과 그들의 주요 저작

T. H. 그린(T. H. Green, 1836-1882)
『정치의무의 원칙 강의』(Lectures on the Principles of Political Obligation, 1879-1880)

존 듀이(John Dewey, 1859~1952)
『공공과 그 문제점』(The Public and Its Problem, 1927)
『자유주의와 사회적 행동』(Liberalism and Social Action, 1935)

존 메이나드 케인스(John Maynard Keynes, 1883~1946)
『고용, 이자, 화폐의 일반이론』(General Theory of Employment, Interest, and Money, 1936)

칼 포퍼(Karl Popper, 1902~1994)
『열린 사회와 그 적들』(The Open Society and Its Enemies, 1945)

존 케네스 갈브레이스(John Kenneth Galbraith, 1908~2006)
『풍요로운 사회』(The Affluent Society, 1958)
『경제학과 공공목적』(Economics and the Public Purpose, 1973)

로버트 달(Robert Dahl)*
『누가 통치하는가?』(Who Governs? 1961)
『민주주의와 그 비판들』(Democracy and Its Critics, 1989)

존 롤스(John Rawls, 1921~2002)
『정의론』(A Theory of Justice, 1971)
『정치적 자유주의』(Political Liberalism, 1993)

마틴 루터 킹 2세(Martin Luther King, Jr., 1929~1968)
『왜 우리는 기다릴 수 없는가』(Why We Can't Wait, 1963)

로널드 도르킨(Ronald Dworkin)*
『진지하게 권리 생각하기』(Taking Rights Seriously, 1977)
『법의 제국』(Law's Empire, 1986)

로버트 라이시(Robert Reich)*
『미국의 다음 신개척지』(The Next American Frontier, 1983)
『국가과업론:21세기를 위한 우리의 준비』(The Work of Nations: Preparing Ourselves for the 21st Centuty, 1991)

*현재 생존해 있는 저자

선택을 한다. 셋째, 사람들이 갖고 있는 적극적 자유의 양은 또한 그들의 외부환경에 의존한다. 만약 사람들이 빈곤과 질병, 인종주의, 여타 환경적 제약에 둘러싸여 있다면 선택의 자유는 제한을 받는다. 그러한 환경에서 사람들은 최소한의 경제적 필요와 안전상의 필요를 충족시키는 데 주로 관심을 가질 것이고, 지적·도덕적·정신적으로 자신들을 개발하는 선택은 차단될 것이다. 넷째, 시민들의 건강과 교육, 복지를 증진시킴으로써 정부는 실질적인 선택과 개인의 발전을 제약하는 환경적 요인들을 극복하는 데 중요한 역할을 할 수 있다.

현대 자유주의자들은 통상 자신들의 정부를 통해 행동하는 사회들은 적극적인 자유를 증진시키는 능력뿐만 아니라 의무도 갖고 있다고 주장한다. 그러한 의무들은 **시민권(또는 복지권)**으로 표현된다. 자연권을 추구하기보다 현대 자유주의자들은 국가기구와 정책을 통해 시민자격의 꾸준한 확장을 추구한다. 자유주의자들은 학생들이 교육받을 권리를 갖고 있다고 본다. 그래서 많은 자유주의자들은 정부가 가난한 소수종족 학생들에게 제공하는 교육은 부유한 백인 학생들에게 제공되는 교육과 같아야 한다고 주장한다. 자유주의자들은 모든 시민이 어떤 질병상의 위험으로부터도 보호될 권리를 갖고 있으며, 정부는 예방접종, 공중위생, 그리고 공공병원을 통한 의사에의 접근과 같은 그러한 기본적인 보건서비스를 제공해야 하는 것으로 이해한다. 점차적으로 자유주의자들은 전국적인 의료보험을 요구함으로써 이 분야에서의 시민권의 확장을 추구하고 있다. 자유주의자들은 가난한 사람들은 식품표라든가 주거보조와 같은 다양한 형태의 복지권을 갖고 있다고 주장한다. 그래서 많은 자유주의자들은 가난한 사람들에게 현금 대체 지불을 증대시킴으로써 그러한 복지제도를 확대하고자 한다. 현대 자유주의자들은 다양한 시민권의 내용과 포괄성을 놓고는 내부적으로 토론을 벌이고 있지만, 모든 시민들의 적극적 자유를 증진시키기 위해 사회가 시민권을 확대해 나갈 수 있는 적절한 기구가 바로 정부라는 데는 동의를 하고 있다.

고전적 자유주의자들은 물질적 번영을 이룩하고 소극적 자유를 중진시키기 위해서 성숙된 자본주의 경제를 발전시키려고 하였다. 자본주의 경제를 발전시키는 것은 사람들의 생산능력에 굴레가 되었던 것을 없애는 것이며 그들이 원하는 대로 거래하고 일하고 투자하고 소비하는 것을 허용하는 것으로, 이는 자신들이 동의했던 사적인 또는 사회적인 계약에 의해서만 제한을 받는 것을 의미했다. 현대 자유주의자들은 번영과 경제적 자유를 높이 평가하기 때문에 자본주의를 존속시키려고 하면서도 시장실패를 최소화하고 부를 보다 광범하게 보급하며 그리고 모든 시민들의 적극적 자유를 증진시킬 수 있도록 자본주의가 개혁되길 바라고 있다.

현대 자유주의자들은 꾸준한 경제성장을 원한다. 그들은 경제침체와 과도한 또는 변덕스러운 성장 모두를 방지하고자 한다. 그들은 경제침체가 사람들을 빈곤으로 내몰고 경제적 필요와 안전상의 필요에 급급하도록 할 것이며 개인의 발전을 위한 실질적인 선택을 제한할 것으로 본다. 그들은 새로운 경제적 기회와 진보를 제공하고 정부가 시민권을 확장하는 데 필요한 재원을 조달하기 위해서 일정한 성장이 요구된다고 믿는다. 그리고 그들은 전 세계의 많은 저발전 국가들에서 안정된 자유민주주의를 지탱해 나가기 위해서는 경제발전이 전제조건이 되는 것으로 이해한다.[7] 그러나 현대 자유주의자들은 또한 그러한 경제성장이 과도할 수가 있고 비용이 많이 들 수도 있다고 인정한다. 급격한 경제성장은 사람들이 일하는 장소와 방식에서 광범위한 변화를 수반한다. 급격한 성장은 사람들을 그들의 공동체로부터 쫓아내기도 한다. 그것은 신흥부자뿐만 아니라 '새로운 빈자'도 만들어 내는 방향으로 소득과 부를 재분배한다. 적어도 상대적인 관점에서 급격한 성장으로부터 이득을 보는 사람들 보다는 손해를 입는 사람들

---

7) Daniel Lerner, *The Passing of the Transitional Society* (Glencoe, Ill: Free Press, 1959).

이 더 많다.

그 결과 급격한 성장은 사회적 안정을 위협하는 광범한 사회적 불만을 야기할 수 있다.[8] 규제되지 않은 급격한 성장은 또한 자연환경을 악화시켜 미관상의 손실과 건강상의 위험을 초래할 수 있다. 경제침체와 급격한 성장의 위험을 고려하여 현대 자유주의자들은 경제의 미시적 관리 보다는 거시적 사회계획을 통해 지속적이고 점진적이며 관리된 경제를 달성하고자 희망한다. 자유주의 정부의 주요한 목표는 개인과 사기업들에게 기회를 제공하면서 동시에 제한을 부과하고 그럼으로써 그들로 하여금 지속적인 경제성장을 가능케 하는 경제적 선택을 하도록 하는 정책을 고안하는 데 있다.

고전적 자유주의자들은 시민들의 경제적 · 사회적 · 정치적 자유를 보호하기 위해서 입헌 민주주의를 발전시키고자 하였다. 현대 자유주의자들도 입헌 민주주의를 유지 또는 개혁하길 원한다. 특히 다음과 같은 두 가지 개혁이 추구되고 있다.

첫째, 현대 자유주의자들은 소수종족이나 여성과 같이 과거에 배제되었던 집단들에게 투표권과 정부직의 기회를 제공하는 등 민주주의의 대표성에서 꾸준한 증대를 추구해 왔다. 자유주의자들은 '중립적인' 전문가라고 하더라도 어느 정책이 공익과 정의를 가장 잘 실현할 수 있는지를 결정할 수 없다고 보기 때문에 정책결정 과정은 다양한 식견과 이해관계를 가진 사람들 모두에게 공개되어야 할 것으로 결론짓고 있다. 보다 대의적인 선거직과 정부기구를 획득하는 것은 과소대표된 집단들의 문제를 정책의제에 올려놓고 그들의 요구에 더 반응적인 정책을 집행하도록 하는 수단으로 간주되고 있다.

둘째, 현대 자유주의자들은 정부권한에 대한 입헌적 제약들이 민주정부가 능동적으로 사회적 · 경제적 문제들을 해결하려고 애쓰는 것

---

8) Mancur Olson, "Rapid Growth as a Destabilizing Force," *Journal of Economic History* 23(1963), p.529.

을 방해해서는 안 된다고 믿고 있다. 그들은 권력분립과 분리정부에 의해 '민주주의의 교착상태'가 발생하는 것을 거부하며, 정부를 통합하고 원활하게 돌아가도록 하기 위해서 정당과 같은 헌법 외적 기구들이 강력한 역할을 해야 한다고 주장한다. 그들은 행정, 입법, 사법부가 헌법적 제약을 자유주의적으로 해석하고 '능동적인' 문제해결 방식을 채택할 것을 촉구하고 있다. 간단히 말해서 현대 자유주의자들은 헌법적 제한이 자의적이고 전제적인 정부를 방지하기 위한 것이지만 그렇다고 약하고 소극적인 정부를 낳도록 허용되어서는 안 된다는 주장을 펴고 있다. 사회적·경제적 문제들은 시간이 지남에 따라 변화하기 때문에 헌법은 오늘날의 문제를 해결할 수 있도록 유연성을 확보하기 위해 때맞추어 재해석되어야 한다고 본다.

마지막으로 현대 자유주의자들은 과학적인 방법으로 운용되는 정부를 지향한다. 그러나 과학적 정치에 대한 그들의 이해는 고전적 자유주의자들과는 다르다. 고전적 자유주의자들은 정부의 일반원칙들이 자명한 철학적 가정들로부터 연역되는 과학적 정치이론을 추구하였다. 그러나 현대 자유주의자들은 고전적 자유주의자들의 원칙들, 예를 들면 규제되지 않는 시장이 바람직하다든가 재산권은 침해되어서는 안 되고 도덕 문제를 입법화하는 것을 반대하는 것 등이 너무 독단적이라고 생각한다. 그래서 현대 자유주의자들은 우주와 인간, 사회, 지식 등의 성격에 관한 가정들로부터 추론되는 일련의 원칙들을 통해 문제해결책을 찾아낼 수 있는지에 대해 회의적이다. 어떤 원칙도 심지어는 자유주의적 원칙들도 정책결정에 적합한 지침을 제공할 수가 없다고 보기 때문이다. 현대 자유주의자들은 사회적·경제적 문제들을 분석할 때 과학적 방법을 적용하는 것을 좋아한다.

존 듀이의 지적처럼, 문제해결과 정책결정은 실용적인 과학이며, 문제점들은 '조직된 지성'을 통해 해결되어야 한다고 본다.[9] 문제들에 대한 혁신적인 해결은 민주적 공동체에 의해서 지속적으로 숙고되어야 한다. 개혁은 시행되고 검증받아야 한다. 문제에 대한 최선의 해결책은 경험적으로 알 수밖에 없다. 무엇이 효과가 있을 것인가? 어떤 정책이 효과적인가? 어떤 정책이 역효과와 비용을 최소화하면서 가장 바람직한 결과를 가져다 줄 것인가? 과학적 탐구가 결코 봉쇄되어서는 안 되는 것처럼, 사회와 정책의 변화도 결코 문을 잠가서는 안 된다. 현대 자유주의자들에게 있어 과학적 정치란, 사회적 문제를 변화시키고 보다 나은 삶을 위한 실험으로서 개혁을 추구하며 이러한 개혁들을 효율성이라는 측면에서 평가하고, 또 사회적 진보를 추구하는 끊임없는 정치과정에서 이러한 탐구와 실험 그리고 평가의 과정을 지속해 나가는 데 민주적 공동체가 자신들의 집단적이고 발전해 가는 지성을 적용하는 것을 의미한다.

II. 실질적인 정치적 원칙

1. 권위

현대 자유주의자들은 종교, 언론, 집회의 자유와 같은 개인의 권리를 보호하기 위해서 정부의 절대성과 자의성이 제한되어야 하는 것처럼 개인은 과도한 정부권위로부터 보호되어야 한다는 점에서는 고전적 자유주의와 견해를 같이 한다. 그러나 고전적 자유주의자들과 비교할 때 현대 자유주의자들은 정부권위의 보다 확장된 역할을 인정한다. 정부는 모든 사람들이 자신들의 적극적인 자유를 극대화할 수 있도록 시민권을 확장해야 한다. 정부는 지속적이고 잘 관리된 경제성

---

9) John Dewey, *Liberalism and Social Action* (New York: Capricorn, 1935), p.51. 듀이는 전문가들이 사회적 문제들을 가장 잘 해결할 수 있는 해답이 무엇인지에 대한 이해를 독점하고 있는 것으로 보기 때문에 자유주의적 계획과 문제해결은 민주적이어야 한다고 주장하였다. Thomas Thorson, *The Logic of Democracy* (New York: Holt, Rinehart, and Winston, 1962)와 Paul Starr, "Liberalism After Socialism," p.76 참조.

장을 가져다주는 정책을 입안하고 집행해야 한다. 정부는 경제적·사회적·환경적 그리고 안보상의 문제들을 해결하기 위해 과학적인 방법과 조직된 지성을 활용해야 한다.

이러한 문제들을 해결하고 자유주의의 목표를 달성하기 위해서 정부는 먼저 심각한 사회문제가 무엇인지를 확인하고 자유주의의 목표와 현실 상황간의 괴리가 어느 정도인지를 결정해야 한다. 문제가 무엇인지를 확인하는 데 도움을 받기 위해서 자유주의 정부는 다양한 경제·사회적 지표들을 활용한다. 실업, 인플레이션, 성장의 수준과 다른 경제활동들에 대한 측정들을 다룬 월별보고서에 특별한 관심을 둔다. 또한 예를 들어 흑인과 백인 또는 남자와 여자 간의 기회와 조건의 불평등에 대해서도 관심을 기울인다. 학교에 다니지 않는 흑인 학생과 백인 학생의 비율은 얼마인가? 소수종족과 여성들이 박사 학위를 취득하는 비율은 어느 정도인가? 이러한 지표들은 HIV 바이러스나 기타 질병들의 확대, 폭력적 범죄의 수준, 오존층으로의 위험스런 오염물질의 집중이라든가 다른 환경악화의 측면 등의 영역에서 어떤 변화와 추세가 일어나고 있는지를 알려준다.[10] 이러한 모든 자료들의 수집에는 정부가 경제적·사회적·환경적 조건들에서 발생한 해로운 변화에 대해 반응을 보여야 한다는 자유주의적 견해가 함축되어 있다.

그러나 자유주의자들은 정부가 전능한 법의 제정이나 또는 전능한 프로그램을 갖춘 제도들을 통해 지정된 문제들을 해결할 것으로 기대하지는 않는다. 인플레이션이 높다 해도 자유주의자들은 결코 임금이나 가격을 당연한 것처럼 통제하는 것을 원하지 않는다. 실업률이 높다 해도 자유주의자들은 결코 정부가 실업자들이 최종적으로 기대는 고용인이 되어야 한다고 생각하지 않는다. 자유주의자들은 정부가 시

---

10) 이러한 지표들의 대부분은 Lester R. Brown, Hal Kane, and David Malin Boodman, *Vital Signs* (Washington, D.C.: Worldwatch Institute, 1994)를 통해 얻은 것이다.

장경제와 사회적 다원주의의 틀―이것들은 권위주의적 접근의 가능성과 효과성을 줄이게 될 것인데―내에서 일하는 것으로 이해한다. 그래서 자유주의자들은 개인이나 기업체, 다른 집단이나 조직들이 활동을 하게 되는 법과 환경의 개선에 더 강조를 둔다. 자유주의 정부는 가격통제를 부과하기 보다는 화폐공급과 소비수요를 줄임으로써 인플레이션 압력을 줄이고자 한다. 자유주의 정부는 기업에게 노동자를 보다 많이 고용하거나 자본설비에 보다 많은 돈을 투자하도록 요구하기 보다는 기업들이 보다 많이 고용하고 투자하는 것을 선택하도록―왜냐하면 그렇게 하는 것이 기업의 이익이 되기 때문이다―환경을 마련해 주고자 애쓴다.[11] 간단히 말해서 자유주의자들은 경제적·사회적 생활을 미시적으로 관리하거나 엄격하게 통제함으로써 문제를 해결하려는 정부를 원하지 않는다. 오히려 그들은 거시 수준의 계획에 관여하고 개인이나 조직으로 하여금 문제를 줄이는 방향으로 행동하도록 유도하는 법과 프로그램 또는 그러한 조건의 광범한 틀을 제공하는 정부를 원한다. 고전적 자유주의자들처럼 현대 자유주의자들도 사적 영역의 존재를 존중하고 개인으로 하여금 자신들의 경제적·사회적 포부와 관련하여 자유롭게 선택할 수 있도록 허용하길 원한다. 그러나 고전적 자유주의자들과는 달리 현대 자유주의자들은 사람들로 하여금 공공의 목표를 실현하는 데 도움이 되는 선택을 하도록 유도하기 위해서 공적 권위가 효과적으로 활용될 수 있다고 본다.

현대 자유주의자들은 점차적으로 삶의 사적 영역과 공적 영역을 엄밀하게 구별하는 것이 어렵다는 것을 인정하고 있다. 자유주의자들은 개인들이 자신들이 이해하는 대로 행복한 삶을 추구하고 도덕적인 가

---

11) 신자유주의적 산업정책에 대한 논의로는, Robert Reich, *The Next American Frontier* (New York: Times Books, 1983) 참조. 예를 들어 현대 자유주의자들은 자본의 가용성을 증대시키고 첨단기술 산업에 투자하는 데 따른 위험을 줄여주기 위해서 정부가 자금을 대는 '혁신금융회사'의 설립을 제안하고 있다.

치들에 대해 정부가 중립적인 입장을 취함으로써 광범한 사적 영역들이 보호되기를 원한다. 그러나 그들은 또한 어떤 사회적 문제들은 특정의 도덕적 입장을 옹호하기 위해 정부권위를 활용함으로써만이 접근이 가능하다는 것을 인정하고 있다. 윌리엄 갈스톤에 따르면, 고전적 자유주의자들은 시민사회의 평화를 위해서는 다른 종교적 전통에 대한 정부의 관용이 요구된다는 것을 이해했고 또 금욕, 근면, 관용, 예의 같은 덕성들을 보편적으로 받아들이려고 했기 때문에 도덕적 문제에 대한 정부의 중립을 원했다.[12] 그러나 현대 자유주의자들에게는 무제한적인 자기표현의 성행으로 인해 자유주의 사회를 유지하는 데 필요한 사적인 덕성들이 사라져가고 있는 것 같아 보인다. 그 결과 자유주의 정부는 그러한 도덕적 가치들을 장려하는 것이 필요하다는 것을 알게 되었다.[13]

자유주의의 권위가 오래전부터 장려해 온 도덕적 가치들은 인종, 종족 등 다른 귀속적 특성에 기초한 차별을 금지하는 것이 바람직하다는 데 초점을 맞추고 있다. 만약 정부가 정말로 중립적이라고 하더라도 편견을 가진 개인들은 그들이 원하지 않는 사람들과는 거래를 하지 않으려 할 수도 있다. 그러나 자유주의자들은 여성이라는 이유 때문에 여자들을 고용하지 않는다든가 피부색이 검다는 이유 때문에 흑인들에게 물건을 팔지 않는다면 그것은 심각한 사회적 문제가 된다는 것을 인정하고 있다. 그래서 그들은 차별금지의 도덕성을 법제화하여 이를 집행해 왔다.

자유주의자들은 현재 음란물, 마약, 알콜중독, 가족붕괴, 10대의 임신과 같은 널리 퍼져 있는 문제들의 심각성을 인식하고 있기 때문에

---

12) William Galston, "Liberalism and Public Morality," in *Liberals on Liberalism*, edited by Alfonso J. Damico (Totowa, N.J.: Rowman and Littlefield, 1986), p.131.
13) Thomas Spragens, "Restructuring Liberal Theory," in *Liberals on Liberalism*, pp.34-53.

자기들 사이에서 도덕을 규제하는 정부의 역할을 놓고 논쟁을 벌이고 있다. 음란물의 급증이 정부규제를 요구할 만큼의 사회적 문제가 될 수 있는가? 자유주의자들은 음란물의 생산과 소비가 사적 영역에서 행동하는 성인들의 합의로 이루어지고 있는 것이며 그들의 행위는 누구에게도 해를 끼치지 않는 것으로 본다. 다른 자유주의자들의 견해에서 보면, 음란물은 그러한 사람들의 불법이용과 연관이 있다. 정부는 마약이나 술의 판매를 금지하거나 규제해야 하는가? 어떤 자유주의자들은 정부가 그러한 사적인 선택을 침해할 권리를 갖고 있지 않다고 주장한다.

반면 대부분의 자유주의자들은 다양한 수준의 정부통제를 인정한다. 아마도 오늘날 가장 첨예한 도덕적 쟁점이라고 할 수 있는 것에 관해서 보면, 많은 자유주의자들은 '낙태를 불법화' 해야 한다든가 아니면 '낙태를 원할 경우는 허용하자' 는 식의 극단적인 입장 보다는 낙태에 대해 정부가 일정한 규제를 부과하는 쪽으로의 온건한 입장을 취하고 있는 것 같다. 임신 3개월이 지난 후에는 낙태를 제한한다든가 의무적으로 냉각기를 거치도록 하고 또는 미성년자에게 낙태를 허용하기 전에 부모의 동의를 받도록 하는 등을 법제화하는 데 동의함으로써 자유주의자들은 낙태에 대한 자신들의 도덕적 유보를 자인하고 있다. 그러나 자유주의자들은 기본적으로 개인에게만 해당되는 문제들에 대해서 중요한 결정을 할 수 있는 권리를 개인들로부터 빼앗기 위해 정부권위를 사용하는 것에 대해서는 비슷한 유보의 입장을 취하고 있다.[14]

현대 자유주의자들도 도덕적 자유와 관련된 영역에 정부가 개입하는 것을 별로 탐탁하지 않게 생각해 왔다. 그러나 경제생활에 대한 정

---

14) Mary Ann Glendon, *Abortion and Divorce in Western Law* (Cambridge: Harvard University Press, 1987)과 Richard Flathman, *Toward a Liberalism* (Ithaca, N.Y.: Cornell University Press, 1992), pp.168-205 참조.

부의 개입에 대해서는 보다 열광적으로 지지하고 있다. 그들은 일본이나 독일과 같은 미국의 경제적 경쟁자들이 기업에 대한 정부간섭을 줄이기보다는 증대시킴으로써 성공을 거두고 있다는 점에 주목하고 있다.[15] 다양한 시장실패를 심각한 문제로 파악함으로써 현대 자유주의자들은 정부가 기업과 노동자, 소비자들의 행동을 증대시키고 자극하며 규제하는 이른바 **혼합경제**를 주창해 왔다. 그러나 자유주의자들이 개인을 위해서 광범한 도덕적 선택의 여지를 보장해 주려고 하는 것과 마찬가지로 현대 자유주의자들은 광범한 경제적 자유를 확보해 주고 싶어 한다. 현대 자유주의자들은 정부가 자유 시장을 만들어 가길 바라지 이를 없애길 바라지 않는다.

경제적 집중이 시장에서의 경쟁을 훼손시키는 문제를 다룸에 있어 현대 자유주의자들은 어떤 형태의 합병이나 독점도 금지하려고는 하지 않는다. 오히려 그들은 가격담합과 같은 어떤 '부정한 관행들'을 금지하는 법을 제정하고, 어떤 합병기업들이 산업 내의 경쟁에 영향을 미치는지 정밀 조사하는 **반독점기관**(미국의 법무성 안에 존재하는 것과 같은)을 설립하며, 천연가스, 전기 등과 같은 것을 제공하는 공공사업체 같은 자연적 독점체들을 규제하기 위해서 통상 주정부 수준에서 공공기관을 만들고자 한다.

자유주의자들은 경제침체나 불황기 때 발생하는 손실과 불안정―이러한 것들은 많은 기업들이 문을 닫고 노동자들이 실직하게 될 때의 시장경제를 특징짓는 것들인데―을 줄이고 완화시키기 위해 다양한 프로그램을 개발해 왔다. 연방공탁자보험회사(FDIC)와 같은 투자자보험프로그램이라든가 실업보험과 같은 사회보험프로그램은 주요 산업과 대부분의 노동자들을 보호하기 위해서 만들어진 것들이다. 자유주의자들은 또한 크라이슬러(Chrysler)와 같은 주요 고용자나 록히드(Lockheed) 같은 방위산업체들이 파산 위기에 봉착하게 되었을 때 이

---

15) Lester Thurow, *The Zero Sum Society* (New York: Penguin Books, 1980).

들에게 보조금이라든가 저리융자와 같은 '긴급구조'를 제공하는 것을 반대하지 않는다.[16]

보다 일반적으로 보면, 경기순환과 관련된 문제들을 다루기 위해서 자유주의자들은 존 메이나드 케인스(John Maynard Keynes, 1883~1946)에 의해서 개발된 재정정책을 채택한다. 경제지표들이 낮은 수준의 경제성장과 높은 수준의 실업을 가리킬 때, 자유주의자들은 다음과 같은 두 가지 기본적인 방법 중의 하나로 경제를 부양해야 한다고 믿고 있다.

첫째는 예를 들면 도로나 댐, 다른 공공사업을 건설함으로써 또는 새로운 자본설비에 기업이 투자할 때 보조금을 지급함으로써 또는 실업자들에 대한 사회보험금 지불을 증대시킴으로써 정부지출을 증대시키는 것이다. 물론 자유주의자들은 자기들 사이에서 경기부양을 위해 공적자금을 투입하는 가장 좋은 방법에 대해서 토론을 벌일 것이다.

둘째는 세금을 줄이는 것이다. 이때도 자유주의자들은 세금을 줄이는 가장 효과적이고 공정한 방식이 무엇인지를 놓고 자기들 사이에서 토론을 할 것이다. 정부지출을 늘리든 아니면 세금을 줄이든 이렇게 하는 것은 노동자와 고용주들에게 사용가능한 자금을 추가로 제공함으로써 경기를 '부양'시킬 수 있다고 기대하기 때문이다. 자신들에게 보다 많이 주어진 돈을 갖고 노동자와 고용주들은 소비와 투자를 증대시킬 것이다. 그리고 그러한 소비와 투자는 다른 노동자들에게는 취업 기회를 제공할 것이고 다른 기업들에게는 투자 기회를 가져다 줄 것이다. 고용과 소비, 투자가 증가하는 이러한 지속적인 과정은 경제가 침체나 불황으로부터 빠져나오도록 해 주는 것으로서 경제학자들이 '승수효과'라고 부르는 것을 산출하리라 기대된다.

---

16) *The End of Liberalism*에서 로이는 자유주의 정부가 경제위기를 줄이는 데 많은 관심을 갖고 있다고 주장한다. 그의 주장에 따르면, 자유주의 정부는 공동체에서 중요한 역할을 담당하는 기구들이 보험에 가입하여 그의 안전을 보장받아야 한다는 입장을 견지하고 있다.

경제지표가 과대성장과 인플레이션을 나타내는 이른바 '과열경제'를 가리킬 때는, 케인스식 재정정책은 정부지출을 줄이고 세금을 늘릴 것을 요구한다. 그러한 정책들은 소비와 투자를 줄이고 실업을 증가시키며 가격과 임금의 인상을 억제하고 그에 따라 인플레이션을 낮춘다.

케인스는 경제가 침체되는 것만큼이나 자주 과열된다고 믿었기 때문에 정부는 지출을 증대시키고 세금을 줄이는 만큼이나 자주 지출을 줄이고 세금을 늘려야 할 것으로 생각했다. 그래서 케인스식 재정정책에 따르면, 정부가 침체된 경제를 회복시키려 할 때 발생하는 **재정적자**는 정부가 과열된 경제에 제동을 걸려고 할 때 생기는 재정흑자에 의해 상쇄되는 것으로 그래서 시간이 지남에 따라 정부재정은 균형을 이루는 것으로 이해했다. 그러나 인플레이션이 매우 높은 때일지라도 정부지출을 줄이고 세금을 늘리는 것은 쉽지 않다는 것이 입증되었다. 그래서 자유주의자들은 대부분의 정부지출은 중요한 문제를 야기할 수 있으며 일반대중들은 불가피하게 높은 세금에 대해 저항할 것임을 인정하고 있다.

대부분의 경우 자유주의자들은 다음과 같은 3가지 방법으로 재정적자 문제를 다루려고 한다. 첫째, 그들은 경제성장을 통해서 정부지출을 증대시키고자 한다. 소득이 증가함에 따라 소득세도 증가하게 되는데, 특히 만약 세금구조가 누진적이고 사람들이 보다 고액납세층으로 진입함에 따라 자신들의 소득 가운데 보다 많은 비율을 세금으로 내야만 한다면 더욱 그렇다. 그리고 투자가 증대함에 따라 새로운 공장과 기계, 새로운 주택과 자동차 같은 형태로 부가 창조될 것인데, 이러한 모든 것들은 재산세와 같은 재정확보 정책에 도움이 될 것이다.

둘째, 자유주의자들은, 예를 들면 부유한 사람들에게 소득세율을 증가시키거나 또는 값비싼 자동차나 요트 같은 것을 구입할 때 이러한 세금들을 가장 잘 지불할 수 있는 사람들을 대상으로 하여 사치세를 부과하는 등의 방법으로 세금을 늘리는 것을 지지한다. 자유주의

〈설명상자 1-2〉 자유주의 사회들의 세금부담

미국 의회에서 자유민주주의자들은 '더 많은 세금과 더 많은 정부지출' 정책을 추구한다고 자주 비난을 받아 왔다. 그러나 세금을 증가시키는 것은 인기가 없는 것이기 때문에 자유주의 정치가들은 자유주의 경제학자들보다는 새로운 세금에 대해 그다지 열의를 표하지 않는다. 자유주의 경제학자들은 도로나 공항 같은 유형적 기간시설이나 교육이나 보건과 같은 사회적 기간사업에 투자할 공적자금을 마련하기 위해서, 아니면 연방정부의 재정적자를 줄이기 위해서 세금을 높게 매길 것을 주창한다. 이들 경제학자들은 다른 선진 자유민주주의 국가들과 비교할 때 다음에서 보듯이 미국의 공공지출과 세금이 상대적으로 낮다는 지적을 하고 있다.

국민소득 비율로써 본 세금과 사회보장지출비

	1976		1986	
	비율	등위	비율	등위
덴마크	48	4	63	1
스웨덴	54	2	62	2
노르웨이	56	1	57	3
프랑스	44	8	51	4
네덜란드	48	3	50	5
오스트리아	45	6	50	6
벨기에	45	7	49	7
서독	46	5	45	8
영국	39	10	44	9
핀란드	42	9	44	10
그리스	30	15	41	11
캐나다	36	11	39	12
이탈리아	28	16	38	3
호주	32	13	37	14
스페인	23	16	35	15
스위스	32	12	33	16
미국	30	14	31	17
일본	23	15	31	18

출처: *Survey of Current Affairs* 21(Jan. 1991), p.1.

자들은 또한 석유비축을 늘리거나 또는 외국의 석유생산자에 의존하는 것을 줄이기 위해 휘발유세를 인상하는 것과 같은 식으로 다른 문제들을 위한 하나의 수단으로서 증세를 찬성한다.

셋째, 자유주의자들은 문제가 더 이상 긴급하지 않게 된 특정 영역에서는 정부지출을 줄이고자 한다. 그래서 평화 시기라든가 국제적 긴장이 줄어든 시기에는 자주 군비감축을 요구한다.

자유주의자들은 또한 **외부효과** 문제를 다루기 위해서 정부권위가 사용되어야 한다고 생각한다. 외부효과는 사람들이 자신들에게는 이익이 되지만 참여하지 않는 제삼자나 대개의 공중에게는 해가 되거나 또는 비용을 전가시키는 방식으로 상품을 생산하거나 거래를 할 때 발생한다. 예를 들면, 생산비를 낮추기 위해서(그럼으로써 소비자들은 이들의 상품을 선호하게 될 것인데) 기업들은 자신들의 폐기물을 주변지역에 버릴 수도 있다. 만약 제지공장에서 나오는 폐수가 강으로 방류된다면, 그 강물을 깨끗하게 하는 비용은 하류에 사는 사람들이 부담해야 될지도 모른다. 또 다른 예로, 독신가족들이 모여 사는 지역의 토지소유주가 자신의 땅에 아파트를 짓거나 사업을 벌이려고 하는 개발업자에게 그 땅을 팔려고 할 수도 있다. 그러한 매매는 토지소유자나 개발업자 모두에게 이익이 될 수 있지만, 그 근처에 사는 사람들은 그 결과 자신들 재산의 가치와 자신들 동네의 질이 떨어질 것으로 생각할 수도 있다.

이러한 외부효과에 의해 불리한 영향을 받게 되는 사람들의 이익을 보호하기 위해서 자유주의자들은 문제가 될 수 있는 행위들을 규제하려고 한다. 환경을 오염시키는 사람들에게는 특정의 날까지 일정한 수준으로 배출물을 줄일 것을 요구할 수 있다. 무제한적인 개발의 악영향으로부터 동네 사람들을 보호하기 위하여 구획통제를 실시할 수도 있고 또 자주 그렇게 행해지고 있다. 일반적으로 자유주의자들은 광범한 공중의 보건과 복지를 보호하기 위해서 경제활동에 대한 그러한 많은 제한들을 인정하고 있다.[17]

현대 자유주의자들은 또한 시장이 **공공재**를 적절히 제공하지 못한다는 문제에 대해 정부가 관심 갖기를 원한다. '공공재'는 이득이 나누어지지 않는 또는 적어도 상당한 정도로는 그런 것이다. 공공재의 대표적인 예가 국가방위이다. 국방은 나눌 수가 없는 것이어서, 만약 어떤 시민들에게 국가방위가 제공된다면 이는 모든 사람들에게도 제공되는 것이다. 정부개입이 없으면 시장에서 공공재를 제공하는 데 문제가 생긴다. 어떤 공공재에 대해서 자기들이 돈을 지불하든 안하든 모든 사람들은 공공재의 제공으로부터 이득을 보기 때문에, 각자는 다른 사람들이 지불하면 어떻든 자기도 이득을 볼 것이라고 기대하면서 그 공공재에 대해 돈을 지불하지 않는 것이 합리적인 것이 된다.

다른 말로 얘기하면, 공공재의 제공과 관련해서는 경제적으로 자기이익을 추구하는 사람이라면 '무임승차'를 택하려고 할 것이다. 자유주의자들은 사람들이 자기이익을 추구한다고 가정하기 때문에 공공재가 순수 시장경제에서는 적절하게 공급되지 않을 것이라고 본다. 공공재의 잠재적 공급자들은 이들 재화의 구매자들을 끌어당길 수가 없다. 왜냐하면 잠재적 구매자들은 그 공공재를 무임승차로 소비하려고 희망할 것이기 때문이다. 자유주의자들은 공공재의 적절한 공급을 위해서는 정부가 그러한 재화를 공급하고 강제로 세금을 부과함으로써 모든 사람들이 돈을 내도록 하는 것이 필요하다고 주장한다.

물론 이러한 공공재들 가운데서 가장 우선적인 것은 적절한 국가방위이다. 미국의 자유주의자들은 연간 300조 달러의 국방예산에 동의한다. 이는 군대로 하여금 미국의 안보이익을 보호하기 위해서 300만의 군인들을 채용하고 훈련시킬 수 있도록 하기 위한 것이고, 핵공격으로부터 미국을 전방위 보호하기 위해서 필요하다고 생각되는 새로

---

17) 폴라니에 따르면, "실제로 규제와 시장은 함께 성장했다." Karl Polanyi, *The Great Transformation: The Political and Economic Origins of Our Times* (Boston: Beacon Press, 1944), p.68 참조.

운 무기를 구입하고 또 미국 군인들의 효과성과 안전성을 극대화시켜 줄 수 있는 방법으로 그들을 무장시키기 위한 것이다. 존 케네스 갈브레이스 같은 자유주의 경제학자들도 또한 가치는 높은 것인데도 불구하고 그 이득의 일부가 나눌 수 없는 것이기 때문에 시장에 의해서 과소 생산되는 국내적 재화와 서비스가 많다는 것을 강조한다.

한 예로서, 인적 자원은 교육, 직업훈련, 공중보건, 공공안전 등에 대한 정부투자를 통해서 개발되고 보호되어야 할 필요가 있는 것이다. 다른 예로서, 운송체계, 주택, 폐수처리체계, 기타 인간발전과 기업 모두에게 도움이 되는 설비투자에 대해 정부지출을 증가시킴으로써 국가의 유형적 기간시설이 보강되고 질이 높아지도록 해야 한다. 또 다른 예로서, 암이나 에이즈의 치료로부터 자동차를 만드는 가장 효율적인 수단에 이르기까지 많은 영역에서의 과학적·기술적 진보가 연구개발에 대한 정부보조를 통해서 장려될 필요가 있다.[18]

마지막으로 자유주의자들은 정부가 시장경제에 참여할 수 없는 사람들에게 지원할 필요가 있다는 것도 인정한다. 보수주의자들과는 반대로 자유주의자들은 가난한 사람들은 게으르다고 생각하지 않으며 또 만약 모든 사람들이 단지 '공공수당에서 벗어나서 직장을 갖기만 하면' 빈곤 문제는 해결될 수 있다고 보지 않는다.

첫째, 자유주의자들은 많은 경우 가난한 사람들은 일을 할 수가 없거나 아니면 그들은 이미 보수가 낮은 직장에서 일하고 있다고 본다. 가난한 사람의 많은 경우는 어린이거나 또는 부모가 한 사람밖에 없다든지 아니면 불구이거나 무능력자들이다.

둘째, 자유주의자들은 경기침체라든가 또는 경제의 다른 문제들로 인해 일할 수 있는 능력과 의사가 있는 노동자들을 실직시키는 이른바 구조적 실업이 야기될 수 있다는 것을 안다.

---

[18] John Kenneth Galbraith, *The Affluent Society* (Boston: Houghton Mifflin, 1958).

셋째, 자유주의자들은 많은 사람들이 '빈곤문화'에 빠져있으며, 이런 경우 그들은 자본주의 경제에서 성공하기 위해 요구되는 그런 기술과 자질들이 무엇인지를 보여주는 적절한 역할모델을 갖추고 있지 않다는 점을 인정한다.

그 결과 자유주의자들은 정부가 가난한 사람들에 대해 다양한 책임을 져야 한다고 믿는다. 아동가족지원(AFDC)과 같은 복지혜택이 일할 수 없는 사람들에게 제공되어야 한다. 직장을 잃은 사람에게는 실업수당과 재훈련 기회를 제공해야 한다. 그리고 가난한 사람들에게 경제적 기회에 대해 가르쳐 주고 그러한 기회들이 그들에게도 진정으로 열려있다는 것을 일깨워주는 다양한 사회개혁 조치들에 의해 빈곤문화는 퇴치되어야 한다. 교육기회들이 특히 젊은이들을 위해서 확대되고 개선되어야 한다. 빈민지구에 만연되어 있는 범죄나 질병의 온상들은 퇴치되어야 하고 안전하고 위생적인 주거생활로 대치되어야 한다. 흑인이나 다른 소수인종들에게 문이 닫혀있는 인종차별은 다른 모든 형태의 차별과 마찬가지로 철폐되어야 한다. 식품표, 무료학교 급식, 국가보조주택과 같은 복지프로그램을 통해 보건과 주거의 영역에서 최소한의 필요를 공적으로 제공해 주어야 한다.

간단히 말해서 자유주의자들은 자본주의가 빈곤문제에 대해서 전적으로는 아니더라도 부분적으로는 책임이 있다고 생각한다. 자본주의를 철폐하는 것은 빈곤의 정도를 줄이기보다는 아마도 증가시킬 가능성이 크겠지만, 그렇다고 순수 자본주의 경제를 유지하는 것은 가난한 사람들의 요구에 반응하지 못하는 결과를 낳을 것이다. 사적인 자선은 가난한 사람들의 필요에 반응하는 믿을 만하고 효과적인 수단이 될 수 없다. 현대 자유주의자들은 정부가 가난한 사람들에 대해서 광범한 책임을 져야 한다고 본다.

2. 정의

'위대한 사회'의 발전 기간 동안 존슨행정부의 경제자문위원회 위원장을 맡았던 아서 오쿤(Arthur M. Okun)은 1975년에 『평등과 효율성: 거대한 상쇄』(Equality and Efficiency: The Big Tradeoff)라는 책을 썼다. 이 책은 정의에 관한 현대 자유주의자들의 견해를 대변하고 있다.[19]

고전적 자유주의자들처럼 오쿤은 자본주의의 효율성을 강조했다. 시장체계는 투자자와 노동자들로 하여금 자신들의 자원과 에너지를 생산적으로 사용하도록 장려할 것이고, 개인들의 노력은 자본주의하에서의 불평등한 보상분배에 의해 자극을 받을 것이다. 그 결과 자본주의는 어떤 대안적 체제보다도 지속적으로 팽창하는 경제적 파이와 더 높은 수준의 삶을 가져다준다는 것이다. 그래서 자본주의는 정의의 공리주의적 이념과 조화를 이루게 되는데, 그 이유는 자본주의가 사회의 총합적인 부와 사회를 구성하는 개인들의 경제적 복지의 평균적 수준을 증가시켜 주기 때문이다.

그러나 오쿤은 사회주의자들처럼 자본주의에 의해서 초래된 부의 불평등 내지는 파이의 불평등한 조각에 대해 불만을 토로했다. 오쿤은 각 개인이 시장에 대한 자신의 기여에 따라 보상을 받는다는 의미의 시장정의가 다음과 같은 여러 이유 때문에 공정하지 않을 수 있다고 주장했다.

첫째, 시장의 불평등한 보상은 단지 부분적으로만 개인들이 투입하는 노력과 함수관계에 있다. 사람들이 태어날 때 부여받은 재능은 물론이고 그들이 살아가는 동안에 획득하게 되는 기술과 자산도 시장에 대한 그들의 기여와 그에 따른 보상에 영향을 미친다. 그러나 특별한 재능을 갖고 태어나거나 유리한 환경에서 자란 사람들, 예를 들면 부모의 덕에 가장 좋은 학교에 다닐 수 있는 사람들이 그들의 행운 때문

---

19) Arthur M. Okun, *Equality and Efficiency: The Big Tradeoff* (Washington, D.C.: Brookings Institution, 1975).

에 보상을 받을 자격이 있다는 것은 도덕적으로 문제가 있다. 게다가 시장은 다른 사람들의 행동과 기호에 기초하여 보상한다. 어떤 사람이 특정 분야의 기술자가 되기 위해서 수년 동안 훈련을 받았는데, 거기서는 아무런 보상을 받을 수가 없다는 것을 알게 될 수도 있다. 왜냐하면 시장이 비슷한 기술을 가진 사람들로 꽉 차 있기 때문이다. 또는 어떤 사람은 위대한 책을 쓰면서 수년을 보냈지만 그 책이 팔리지 않을 수가 있는가 하면, 저속한 소설을 쓴 사람이 시장에서 많은 돈을 벌 수도 있다. 이러한 차이들을 고려한다면, 시장이 물질적 재화들을 정당하게 분배한다고 주장하기는 어렵다.

둘째, 만약 사회가 모든 시민들의 동등한 가치를 주장한다든가 또는 모든 사람은 시장에 대한 자신들의 기여에 관계없이 어떤 권리들을 부여받을 자격이 있다고 믿는다면, 시장정의의 공정성은 거부될 수 있다. 예를 들어, 미국 사회에서 순전히 시장정의에 매달리는 것은 어떤 광범위하게 공유되고 있는 신념들에 의해 제한을 받는다. 모든 사람들은 선거 때 투표할 권리를 가져야 한다. 아마도 모든 사람들은 일정한 수준의 교육, 최소한의 영양섭취, 적절한 보건, 또는 다른 사회적·경제적 재화에 대한 권리를 가져야 한다. 간단히 말해서 사회내 사람들은 모든 시민들의 어떤 공통된 필요를 인정하고, 나아가 정부로 하여금 모든 사람들에게 특정의 '시민권'이나 자격을 제공하도록 함으로써 시장의 왜곡을 고쳐야 한다고 생각할 수 있다.

오쿤은 **효율과 평등** 간의 **상쇄관계**가 존재한다는 것을 인정했다. 정부가 시민권의 확장을 통해 경제적 파이를 보다 평등하게 분배할 때, 이는 동시에 파이의 크기를 줄이게 된다. 재분배에는 비용이 뒤따른다. 왜냐하면 '보다 많은 평등'은 고소득 시민들에 대한 중과세에 의해 자금을 공급받아야 할 것인데, 이는 고소득자들의 저축과 투자 성향을 줄이고 그에 따라 경제성장을 줄일 수 있기 때문이다. 또한 보다 많은 복지권 제공이 가난한 사람들로 하여금 일을 할 유인을 감소시키기 때문에 그만큼 재분배에는 비용이 든다. 그리고 정부가 복지 프로그램을 입안하고 수행함에 따라 행정비용을 감수해야 하기 때문에 재분배는 경제적 효율을 줄인다. 모든 현대 자유주의자들은 순수 자본주의가 제공하는 것 보다 더 많은 평등(확대된 복지권을 통해서)과 효율(총합적인 부의 증가)을 둘 다 원한다. 그러나 오쿤이 지적한 것처럼, 효율이 보다 많은 평등을 위해서 교환되어야 할 지점이 어디인가를 제시해 주는 일반적인 자유주의 원칙은 존재하지 않는다.

일부 현대 자유주의자들은 효율성을 강조하고 확대된 경제적 파이를 제공하는 것이 필요함을 역설한다. 이것이 신자유주의자들의 입장이다. 이들은 경제성장이 다른 자유주의 목표들에 긴요하며 그래서 자유주의자들은 경제쇄신과 재산업화 정책을 추구해야 한다고 주장한다. 만약 의미 있는 기회균등이 가능하려면 경제성장이 필수적이라는 것인데, 그 이유는 경제성장이 새롭고 더 좋은 직장을 제공할 것이기 때문이다. 성장이 있어야 현재 가장 좋은 직장을 갖고 있는 사람들과 그러한 직장을 갈망하는 사람들 간에 내부적 갈등이나 '내전'이 일어나는 것을 피할 수 있다.[20] 성장은 또한 그것이 복지국가에 쓸 재원을 제공해 주기 때문에 시민권을 확장시키기 위한 전제조건이다. 폴 쏭가스가 지적한 것처럼, "경제가 확장된다면, 우리들은 다른 사람들의 갈망에 대해 우리의 마음을 열 수 있다. 왜냐하면 성장은 그들의 요구를 들어줄 수 있기 때문이다."[21]

신자유주의자들은 보다 많은 평등보다 효율을 강조하면서도 자신들의 원칙이 레이건 행정부와 같은 현대 보수주의자들의 것과 혼동해서는 안 된다고 주장한다. 현대 보수주의자들은 성장을 위해서 복지비와 세금을 줄여야 한다고 보지만, 신자유주의자들은 정당한 복지권

---

20) Ronald Terchek, "The Fruits of Success and the Crisis of Liberalism," in *Liberals on Liberalism*, pp. 22-23.
21) Paul Tsongas, *The Road from Here: Liberalism and Realities in the 1980s* (New York: Knopf, 1981), p. 129.

을 줄이거나 없애는 것을 원하지 않는다. 오히려 그들은 국민건강보험과 같이 사회의 가장 곤궁한 사람들을 대상으로 하는 새로운 영역으로 시민권을 확대시키는 데 경제성장을 활용하고자 한다.

그러나 일부 자유주의자들은 효율보다는 더 많은 평등을 강조하길 원한다. 자신의 영향력 있는 책 제목을 위해 로널드 도르킨(Ronald Dworkin)이 만들어낸 구절을 그대로 사용하면, 이들은 『진지하게 권리 생각하기』(Taking Rights Seriously)를 옹호한다. 모든 사람은 그의 자연적·사회적 차이에 관계없이 동등하게 대우받아야 한다는 기본적인 가정에서 출발하여, 이들 자유주의자들은 동동한 대우를 약속한다는 것의 원칙과 정책들을 명확히 하고자 애써 왔다. 동등한 대우를 위해서 필요하지만 불충분한 조건의 하나가 **형식적인 기회균등**이다. 즉, 그 누구도 자신의 인종이나 성별 또는 다른 귀속적인 특징으로 인해 경쟁에서 불이익을 받지 않는 환경에서 모든 사람들이 사회에서 가장 좋고 가장 많은 보상을 받는 위치를 위해 경쟁할 수 있는 권리이다.

이와 같은 차별금지를 강제하는 법과 정책은 중요하긴 하지만 공정한 기회균등을 적절하게 제공해 주지는 않는다. 왜냐하면 자연적 재능과 사회적 환경에서의 불평등은 계속되는 경쟁에서 어떤 사람들이 다른 사람들에 비해 부당한 이득을 얻도록 하기 때문이다. 동등한 대우에 대한 자신의 공약을 진지하게 생각하는 사회라면 지능, 건강, 신체적 매력 등과 같은 자연적 자산의 차이가 당연히 받을 만한 것이 아니라는 것을 인정할 것이다. 그러한 사회는 또한 사회적 환경, 예를 들면 어떤 사람이 혼잡한 도시 가운데에서 자랐는지 아니면 부유한 교외에서 거기서 제공되는 기회들을 만끽하면서 편안하게 자랐는지와 같은 많은 차이들도 당연히 그에게 주어져야 하는 것이 아니라는 것을 인정할 것이다. 자연적 자산과 사회적 환경에서의 이러한 차이가 불가피하고 없앨 수는 없는 것이지만, 공정한 기회균등을 강하게 약속하는 자유주의 사회라면 사람들의 능력에 있어서의 이러한 차이가 그들의 목표를 달성하는 데 영향을 덜 미치도록 노력할 것이다. 이것이 어떻게 가능할 것인가?

 정부의 '복지' 프로그램을 통하여 자유주의 사회는 모든 사람에게 그들의 지불 능력에 관계없이 어떤 필수적인 상품과 서비스, 혹은 자격들을 제공할 수 있다. 기본적인 숙식은 식품표나 국가보조주택과 같은 프로그램들을 통해 모든 사람들에게 유효하게 공급될 수 있다. 공공학교는 모든 사람들에게 기본적인 교육을 받을 수 있는 권리를 보장하는 데 기여할 수 있다. 공공도서관을 통해 모든 사람들은 책이나 다른 교육 자료에 접근할 수 있다. 공공보건소는 모든 사람들에게 기본적인 의료를 제공해 줄 수 있다.

 자유주의 정부는 다음과 같은 몇 가지 방법으로 이와 같은 공공복지 프로그램을 개발할 수 있고 또 확장해 오기도 했다. 첫째, 보상적인 프로그램은 지체부자유자나 장애인에게 도움이 되도록 할 수 있다. 예를 들면, 대부분의 공공학교들은 신체가 불구이거나 행동상이나 언어학습상 또는 지능발달상의 어려움이 있는 학생들을 위해 특수교육 프로그램들을 개발해 왔다. 둘째, 공공보조의 수준을 높일 수 있다. 예를 들면, 보다 많은 식품과 주거환경의 보조를 제공할 수 있다. 셋째, 새로운 영역으로 자격부여를 확대할 수 있다. 예를 들어, 미국에서는 공공자금으로 운영되는 탁아 개념이 많은 여성들에게 진정으로 취업기회를 확장시켜 주는 수단인 것으로 많은 자유주의자들에 의해 제안되고 있다.

 물론 만약 이러한 상품과 서비스를 소비하는 사람들이 자연적으로 좋은 자질을 부여받았거나 아니면 자신들의 사회적 환경에 의해서 이득을 보고 있는 사람들이라면, 자격을 확대한다 하여 평등이 증대되지는 않을 것이다. 신자유주의자들은 복지 혜택이 '정말로 곤궁한 사람들'에게 돌아가고 있는지를 보장하기 위하여 '수입조사'를 해야 한다고 주장한다.[22] 그들은 국민건강보험이라든가 탁아 제공과 같은 영역에서 새로운 복지정책을 펼 때 엄격한 수요조사가 포함되도록 보장하고 싶어 한다.

추가적으로 자유주의 사회는 불리한 입장에 처해 있는 사람들로 하여금 경쟁에 유리한 방식으로 학교라든가 직장과 같은 가장 바람직한 기회에 접근하는 것이 용이하도록 규제할 수도 있다. 학교나 고용주들로 하여금 아프리카계 미국인, 여성, 그리고 다른 불이익 집단들을 고용하는 데 더 많은 노력을 기울이도록 장려하는 **적극행동**(affirmative action) 정책이 그것이다. 더 강력한 적극행동 정책은 학교나 고용주들로 하여금 '우선허용' 정책을 채택하도록 하는 데로 나아갈 수도 있고, 그럼으로써 특정의 불이익 집단의 구성원들이 더 많이 들어갈 수 있도록 자격기준을 완화시킬 수도 있다. 또한 더 강력한 적극행동 정책은 새로운 직책의 일정 비율 내지는 할당을 불이익 집단의 구성원들로 채우도록 규정할 수도 있다. 우선허용과 할당은 때때로 '역차별'인 것으로 안 좋게 여겨지기도 한다. 왜냐하면 이것들은 사람이 자신들의 성공 기회에 영향을 미치는 방법에서 인종, 성별 등에 의해 분류되어서는 안 된다는 형식적인 기회균등 이념을 해치고 있기 때문이다.

그러나 현대 자유주의자들은 자주 공정한 기회균등을 위해서는 이러한 정책들이 필요하다고 본다.[23] 그들은 꼭 같이 표준화된 시험점수에 따라 '원하는 지위'를 차지하도록 모든 사람에게 '동등한 고려'를 제공하는 것으로 이해되는 형식적 기회균등은 (자격이 있다고 보기가 어렵게) 위대한 선천적 재능을 가진 사람들이나 또는 가장 유리한 사회적 배경을 가진 사람들에게 이익이 되도록 작동한다고 주장한다. 이와 같은 '동등한 고려'의 결과는 선천적으로 능력이 부족하거나 사회적 배경이 불리한 사람들이 그들 경쟁자들에 비해 성공의 전망이 적은 것으로 그래서 불평등한 것으로 나타난다. 이에 대한 대안으로서의 공정한 기회균등은 사회적으로 관련이 있는 모든 집단의 구성원들

---

23) Ronald Dworkin, *Taking Rights Seriously* (Cambridge: Harvard University Press, 1977), pp.223-239.

이 원하는 지위를 얻는 데 '동등한 전망'을 갖게 되는 것을 의미한다.[24] 이 경우 '동등한 전망'은 선천적으로 능력이 부족하거나 사회적 배경이 불리한 사람들도 보다 유리한 입장에 있는 사람들 못지않게 혹은 그들보다 더 잘 되지는 못하더라도 최소한 잘 될 수 있다는 것을 의미한다.

자유주의자들은 강력한 적극행동 정책, 다시 말해서 '동등한 고려'에 비해 '동등한 전망'을 지지하는 이유를 다음과 같이 제시하고 있다. 첫째, 적극행동은 그것이 공동체에 전반적인 이익을 가져다주기 때문에 공리주의적인 근거에서 정당화될 수 있다. 예를 들어, 만약 흑인 고객들이 흑인 변호사를 선임하고자 선호하고 또 법조계에서 흑인이 차지하는 비율이 얼마 되지 않는다면, 백인 변호사보다는 흑인 변호사들이 미국 사법체계에서 일하도록 할 필요성이 현재 큰 것으로 볼 수 있다.

둘째, 적극행동 정책은 실제로 역차별을 가져오지 않는다. 백인 남성들은 설사 그들이 표준화된 시험에서 경쟁자들보다 더 좋은 점수를 얻었다고 하더라도 지위 할당에 있어서 동등하게 고려 받을 권리를 부여받지 못할 수 있다. 왜냐하면 사회는 원하는 지위를 채울 때, 예를 들면 다양한 종류의 사람들이 어떻게 잘 공공에 봉사할 것인가에 대한 예상 같은 것을 포함하여 다양한 기준을 정당하게 적용할 수 있기 때문이다. 즉, 흑인 교사와 경찰을 더 많이 갖는 것이 바람직스럽다고 결정할 수 있고, 그래서 시험점수는 물론이고 소수인종 신분도 고용결정을 하는 데 관련된 기준으로 만들 수도 있다. 적극행동 기준이 특정의 사례들에 공평하게 적용되는 한, 이 기준에 의해서 불이익을 받는 사람들은 불공정하다고 불평을 할 수가 없다.

---

24) Douglas Rae, *Equalities* (Cambridge: Harvard Universiry Press, 1981), pp.68-76.

〈설명상자 1-3〉 존 롤스와 그의 자유주의 정의론

자유주의 정의론을 발전시키려는 가장 유명하고 논쟁적인 시도는 하버드대학교 철학 교수인 존 롤스(John Rawls)에 의해 이루어졌다. 1971년에 출간된 그의 기념비적 저서『정의론』(A Theory of Justice)에서, 그는 정의의 두 가지 원칙을 옹호했다. 롤스의 첫 번째 원칙인 동등한 자유의 원칙은 각자에게 동일하고 기본적인 자유의 가장 광범한 체계—이는 모든 사람을 위한 자유의 비슷한 체계와도 양립할 수 있는 체계이다—를 제공해 준다. 롤스의 두 번째 원칙인 차등의 원칙은 효율(더 많은 재화의 총합)을 얻기 위해서 언제 동등함이 줄어들 수 있는지 혹은 언제 일차적인 사회적 재화에 있어서의 차이가 수용될 수 있는 것인지를 명시해 준다. 만약 돈이나 권력 같은 그러한 사회적 재화를 얻을 수 있는 기회가 모든 사람에게 동등하게 열려 있다면, 그리고 그 결과 나타나는 불평등이 가장 불리한 사람들에게도 이득이 될 때, 그러한 사회적 재화의 분배에서 차이가 생기는 것은 용납될 수 있다.

동등한 자유의 원칙은 롤스의 정의론에서 본질적인 것이며 상대적으로 덜 논쟁적이 되어 왔다. 이 원칙은 자유주의 사회의 모든 성원들에게 정치적 자유(투표권, 공직추구권, 언론·집회의 자유), 양심의 자유(사상과 종교의 자유), 재산권(개인 재산을 획득하고 보유할 수 있는 기회), 그리고 법적 권리(임의체포로부터의 자유, 공평한 재판과 배심의 권리)가 동등하게 보장될 것을 명시해 주고 있다. 그러나 이 원칙이 반드시 이러한 자유들을 무제한적으로 허용하는 것은 아님을 지적해 두어야 하겠다. 예를 들면, 투표권을 갖고 있다는 것이 사회의 모든 구성원들이 누가 각각의 공직을 맡을 것인지 결정할 권리를 갖고 있다는 것을 의미하지 않는다. 재판관은 선출되지 않고 임명될 수 있기 때문이다. 또는 어떤 법이 입안되어야 하는지를 결정할 권리를 갖고 있는 것으로 보지 않는다. 예를 들면, 직접민주주의보다는 대의민주주의를 더 선호할 수도 있다. 대신에 동등한 자유의 원칙은 자유주의 사회가 자기의 시민들에게 실현가능하고 바람직한 자유들을 가장 광범하게 제공해야 하며, 그리고 입법부에 보낼 대표를 선출하는 경우처럼 이러한 자유들은 모든 사람들에게 꼭 같이 제공되어야 하는 것으로 규정하고 있다.

더욱이 롤스에 따르면, 동등한 자유의 원칙은 차등의 원칙 보다 우선적으로 적용된다. 이것이 의미하는 바는 기본적이고 동등한 자유는 결코 희생되거나 타협될 수가 없다는 것이다. 예를 들면, 어떤 개인들, 아마도 가난한 사람들은 자신의 최소한의 물질적 필요를 얻기 위해서 자신의 투표권을 팔고, 심지어는 자신을 노예로 팔고자 하는 마음을 가질 수도 있다. 모든 사람의 존엄성을 확보하기 위해서 그러한 교환은 설사 그것이 가난한 사람들에게는 경제적으로 이득이 되고 효과적이라고 하더라도 금지되어야 한다. 그러나 가난한 사람들이 생존을 위해서 자신들의 기본적 자유를 파는 것을 금지하면서 동시에 자유주의 사회는 개인들이 생존을 위해서 자신들의 기본적 자유를 포기하기까지 하게 되는 그러한 상황에 빠지지 않도록 해야 할 의무를 진다. 두 번째 원칙은 이러한 목표를 달성하기 위한 것이다.

차등의 원칙은 만약 어떤 재화의 불평등한 분배가 가장 불리한 사람들에게도 이득이 되지 않는다면 일차적인 사회적 재화, 예를 들면 소득과 부, 권력, 기회 그리고 권리 등 사회적 제도들에 의해서 직접 분배되는 재화는 동등하게 분배되어야 한다는 전제에서 시작한다. 그러나 평등과 효율 간의 상쇄관계를 인정하면서 롤스는 만약 동등한 분배로부터의 어떤 일탈이 모든 사람들의 상태를 개선시켜 주는 효율을 많이 갖다 준다면, 예를 들면 그것이 일차적인 사회적 재화들의 총합을 한층 높은 수준으로 끌어 올린다면 정당화될 수 있다는 주장을 펴고 있다. 어떤 재능 있는 사람들에게 그들의 더 많은 몫의 부를 허용하는 것은, 만약 그것이 사회적으로 유용한 그들의 재능과 에너지를 활용하기 위해서 유인을 주기 위한 것이라면, 궁극적으로 모든 사람들에게 도움이 될 것이고, 그래서 모든 사람들에게 수용될 수 있다. 간단히 말해서 불평등은 그것이 모든 사람의 몫을 늘려준다면 용인될 수 있지만, 그렇지 않고 모든 사람의 몫을 감소시킨다면 허용될 수 없다는 것이다.

차등의 원칙은 불평등이 수용될 수 있도록 하기 위해서는 먼저 모든 사람들이 더 많은 몫을 얻을 수 있도록 기회균등이 동등하게 주어져야 한다고 명시한다. 형식적인 기회균등으로는 불충분하다. 왜냐하면 선천적 자질과 사회적 환경의 불평등은 어떤 개인들에게 부당한 특혜를 가져다주기 때문이다. 그래서 모든 사람이 더 많은 몫을 달성하는 데 동등한 전망을 갖도록 하고, 또 보통보다 더 많이 노력하고 책임성 있는 선택을 한 경우에 더 많은 몫이 돌아가도록 보장하기 위해 광범한 복지권 체계가 자리를 잡아야 한다. 이러한 조건이 중요한 이유는 개인들이 사용할 수 있는 사회적 재화가 개인들의 사회적 환경이 아니라 개인들의 선택에 의해서 결정되도록 보장해 주기 때문이다. 개인들이 각기 자신들의 환경상의 임의적이고 자격도 없는 차이로 인해 불이익을 받는다든가 특혜를 받는 것은 공정하지 않은 것이다.

차등의 원칙은 또한 일차적인 사회적 재화의 분배에서 나타나는 불평등을 통해서 사회경제적으로 최하층에 있는 대표적인 사람들이 이득을 보아야 한다고 명시하고 있다.[25] 롤스는 때때로 불평등이 모든 사람들에게 이득이 되어야 한다고 얘기를 하면서도, 그의 관심은 명백하게 가난한 사람들과 불우한 사람들의 운명을 향해 있다.[26] 불우한 사람들이 쓸 수 있는 사회적 재화를 증가시키고 특

---

25) John Rawls, *A Theory of Justice* (Cambridge: Harvard University Press, 1971), p.78.
26) Rawls, *A Theory of Justice*, p.303.

혜 받는 사람들이 사용할 수 있는 사회적 재화를 줄이는 정책이나 프로그램들은 이것들이 사회를 보다 선호된 평등상태로 옮겨가는 것이기 때문에 정당하다. 반대로 사회적 재화의 총합 수준을 증가시키고 그럼으로써 모든 사람들에게 동등한 기회균등을 제공해 주지만, 특혜 받는 사람들에게 유효한 사회적 재화는 증가시키고 가난한 사람들이 쓸 수 있는 사회적 재화는 줄이는 정책은 부당하다. 왜냐하면 그러한 정책들은 사회를 선호된 평등상태로부터 멀어지도록 하기 때문이다.

예를 들면, 레이건 행정부의 경제정책들을 생각해 보라. 레이건은 부자에 대한 세금을 줄이고 다양한 복지 프로그램을 없앰으로써 경제성장과 사회적 재화의 총합을 올려놓을 수 있다고 주장했다. 더욱이 그는 모든 사람들이 더 많은 부를 획득하기 위해 동등한 기회를 가질 것이며 부자들은 물론이고 가난한 사람들도 자신들의 경제적 상황이 좋아졌다는 것을 알게 될 것이라고 주장했다. 이러한 주장들은 레이건의 경제정책을 롤스의 원칙과 양립할 수 있는 것처럼 보이게 만든다. 그러나 그러한 정책들은 공정한 기회균등이라는 맥락에서 만들어진 것이 아니다. 세금감소를 이득이 생기는 투자로 전환하는 데 있어서 확실히 가난한 사람들은 부자들과 같은 기회를 갖고 있지 않다. 또한 여러 가지 증거들을 보면 세금감소와 같은 정책은 가장 불우한 사람들의 몫을 증가시키거나 개선해 주지 않는다. 연구결과에 따르면, 레이건 행정부 기간 동안 세금감소로 인한 소득 증대는 "주로 미국의 고소득층 가계의 20%에 한정되었다. 전통적인 불우집단과 가난한 사람들의 가계는 그다지 좋아진 게 없었다. 1983~87년 동안 아주 가난한 흑인과 중남미계 사람들의 가계들은 실제로 그들 소득의 30-40%를 상실했다."[27]

그렇다면 정의의 원칙들과 사회의 사회·경제적 정책들은 왜 불우한 사람들을 향해야 하는가? 『정의론』에서 롤스는 이러한 정의 원칙들을 옹호하기 위해서 사회계약론의 주장을 빌리고 있다. 고전적 자유주의자들이 인간을 자연상태로부터 시민사회로 옮기고 모든 사람들의 자연권을 보호해 줄 정부를 만들기 위해 사회계약 개념을 사용했다는 것을 상기해 보라. 자연상태라는 것은 허구이며 개인들이 정말로 시민사회로 들어가기 위해 합의를 한 것은 아님을 인정하면서도 롤스는 자연상태에 대한 대안으로 자기가 '원초적 입장(original position)'이라

---

27) "Growing Equality in America's Income Distribution," *The Urban Institute Policy and Research Report* (winter-spring 1991), p.1. 미국 사회의 소득불평등과 공정성에 대한 가장 광범한 통계는 1981년 이래 매년 하원예산위원회에 의해서 출간되는 『그린북』(*The Green Book*)에 실려 있다. 이들 통계들은 1980년대 동안 발생한 새로운 부는 대부분 사회에서 가장 특혜를 받는 사람들에게로 갔음을 확실하게 보여주고 있다.

부르는 것을 제시한다. 이것은 사람들이 제도와 정책들을 정의의 두 가지 원칙에 기초를 두고 있는 사회의 일부분이 됨으로써 자신들의 이익이 잘 보장될 것이라고 결론짓도록 하기 위해서 합의되는 생각을 규정하는 가상적인 상황이다.

본질적으로 '원초적 입장'은 개인들이 자발적으로 롤스의 원칙에 의해 통치되는 자유주의 사회로 들어가기 위해서 공유되어야 할 기초적인 생각을 명시해 주고 있다. 개인들이 사회계약에 의해서 떠나기로 합의한다는 전사회적인 조건들을 명시하기 보다는, '원초적 입장'은 만약 모든 합의가 이루어진다면 모든 사람으로 하여금 자신들의 사회적 협력의 기초로서 동등한 자유와 차등의 원칙들을 받아들이도록—왜냐하면 그러한 사회의 일원이 됨으로써 모든 사람들의 이익이 잘 보장될 것이기 때문이다—이끌어 가는 다양한 자유주의 이념들을 명시해 준다. 이러한 이념들 가운데 가장 중요한 몇 가지를 보면 다음과 같다.

1. 동등한 존중: 각 개인의 목표와 인생계획은 모든 사람에 의해 꼭 같이 존중되어야 한다. 국가는 다양한 인생계획의 가치에 대해서 중립을 지켜야 한다. 국가의 원칙과 정책들은 다른 인생계획, 예를 들면 예술가나 또는 파도타기 선수가 되고자 하는 욕구와 관련하여 특정의 인생계획, 예를 들면 의사나 변호사가 되려고 하는 욕구에 특혜를 주어서는 안 된다. 더욱 중요한 것으로는 어떤 사람의 목표도 하찮거나 가치가 없는 것으로 평가되어서는 안 되며, 그래서 어떤 사람의 목표도 더 큰 사회적 이득을 위해서 희생되어서는 안 된다.

2. 위험부담이 없는 합리성: 모든 사람들은 보다 많은 사회적 재화를 획득함으로써 자신들의 인생계획이 그만큼 쉽게 달성되리라는 것을 알고 있다. 또한 만약 사회적 재화가 일정 수준 이하로 떨어지게 되면 자신들의 인생계획이 위험에 빠지게 될 것이라는 것도 알고 있다. 보다 많은 사회적 재화를 추구하는 것은 합리적이다. 반면 자신의 사회적 재화를 크게 증대시키는 것이 가능하다고 하여 자신의 인생계획을 달성하는 데 필요로 하는 최소한의 가용한 사회적 재화까지도 위험에 내맡겨야만 하는 그러한 상황에 자신들을 내던지는 것은 불합리하다.

3. 상호무관심: 모든 사람들은 다른 사람들이 사용할 수 있는 사회적 재화에 대해 관심이 없다. 자신들의 인생계획과 자신들의 목표를 위해서 자신들이 쓸 수 있는 사회적 재화에 관심이 있기 때문에 개인들은 다른 사람들이 필요로 하는 사회적 재화를 이타적으로 제공하지 않을 것이다. 동시에 사람들은 다른 사람들에게 더 많은 사회적 재화를 제공하는 데 대해, 만약 그러한 제공이 자신들의 상황을 악화시키지 않으며 오히려 더욱 좋게 해 줄 수도 있다는 것을 인정하는 한, 어떤 질투나 부러움을 이유로 그것을 반대하지 않을 것이다.

4. 무지의 베일: 개인들이 사회적 재화를 보다 많이 획득하려는 시도가 성공할 것인지 또는 실패할 것인지에 대해 선천적 자질과 사회적 특혜의 분배가 어떤 영향을 미칠 것인지는 알려져서는 안 된다. 모든 사람들은 자신들이 상대적으로 외모가 말쑥한지, 건강한지, 힘이 센지에 대해서 몰라야 한다. 아무도 자신이 특혜 받은 사회적 환경에서 태어났는지 아니면 불우한 환경에서 태어났는지

를 알 수가 없다. 물론 실제적으로 사람들은 자신들의 선천적 자질이나 사회적 환경에 대해서 알고 있다. 그러나 롤스의 주장에 따르면, 모든 사람들은 이러한 지식을 무시해야 한다. 그리고 자신들이 상대적으로 선천적 자질이라는 측면에서 불리할 수가 있고 또 자신들의 기회를 제약하는 사회적 환경 속에서 태어날 수도 있다는 것으로 가정해야 한다는 것이다.

롤스는 이러한 생각을 보유하고 있는 사람들이 다른 원칙들 보다 자기의 두 가지 원칙을 더 선호할 것이라고 주장한다. 예를 들면, 그들은 정부가 최대다수의 최대행복을 극대화해야 한다는 공리주의를 거부할 것이다. 왜냐하면 이러한 공리주의 원칙은 어떤 개인들과 그들의 인생계획을 총합적인 이익을 위해서 희생되어야 하는 것으로 보기 때문이다. 그들은 또한 어떤 불평등은 상호 이득이 된다는 점에서 무조건적인 평등을 거부한다. 그들은 동등한 자유의 원칙과 차등의 원칙을 받아들이게 될 것이다. 왜냐하면, 이들 원칙들은 각 사람들의 근본적인 이해관계가 다른 사람들의 이익을 위해서 희생된다든가 또는 선천적·사회적 우연에 의해서 야기된 불운을 감당하도록 하지 않고 보호해 주기 때문이다.

물론 사람들은 원초적 입장에서 보유해야 할 것으로 보는 기초적인 생각들 자체가 문제가 없는 것이 아니라고 반박할 수 있다. 예를 들면, 사람들이 정의의 원칙을 선택할 때 왜 자신들의 선천적 자질이나 사회적 환경을 무시하도록 기대해야 하는가? 또는 사람들이 광범한 부와 권력 등을 얻고자 하는 희망에서 그러한 것들을 제공해 주는 상황에 도박을 걸기 보다는 최소한의 사회적 재화를 얻을 수 있도록 보장해 주는 위험회피 상황을 더 선호하리라 기대해야 하는가? 이러한 비판들에 대한 롤스의 대답은, '원초적 입장'에서의 생각이 행복한 삶과 도덕성에 대한 우리들의 '심사숙고한 판단'과 제도에 부합한다는 것이다. 예를 들면, '무지의 베일'은 단지 사람들로 하여금 자기 자신만이 아니라 모든 사람들을 위해서 유익한 원칙을 선택하도록 요구할 뿐이다. '무지의 베일'이 없다면, 사람들은 자신들의 환경에서 이득이 되는 '원칙들'을 선택할 것이다. 그러나 원칙들의 본질은 그것들이 특정의 환경에 대한 기회주의적 고려와는 관계없이 독자적으로 행동과 선택을 안내한다는 데 있다. 롤스는 위험부담이 없는 합리성이라는 생각이 모든 환경에 적합한 것은 아니라고 인정하면서도, 정의의 원칙들 사이에서 결정을 하는 상황에서는 유용하다고 주장한다.

왜냐하면 위험부담이 없는 합리성이라는 이러한 생각을 거부하는 것은 "거의 아무도 수용할 수가 없는 결과를 가져오기 때문이다. 그 상황은 중대한 위험과 관련이 있다."[28] 1993년 롤스는 『정치적 자유주의』(Political Liberalism)를 출간했는데, 이 책에서 그는 '원초적 입장'에서의 생각들은 자유주의 전통에 흐르고

---

28) Rawls, A Theory of Justice, p.154.

> 있는 가치들과 일치한다고 주장했다. 물론 롤스는 자신의 정의론이 보편적으로 적용할 수 있는 것이라고 보지 않으며 단지 자유와 평등이라는 근본적인 이념들에 헌신하는 자유주의 사회에 대해서만 유효하다는 점을 시인하고 있다. 이러한 주장과 양보가 롤스의 비판가들을 만족시켜 주지는 않겠지만, 그의 이론은 계속하여 현대 자유주의자들에게 강한 호소력을 지니고 있다. 왜냐하면 롤스의 정의론은 평등에 대한 강한 열정과 자본주의의 효율 사이에 균형을 유지하고자 하는 현대 자유주의자들의 바람과 일치하기 때문이다.

3. 구조

현대 자유주의자들은 일반적으로 고전적 자유주의자들로부터 물려받은 정부구조와 제도를 받아들인다. 그들은 정부에 대한 입헌적 제한의 필요성을 인정한다. 그들은 정부권력이 분리되어야 한다는 것도 이해한다. 그들은 또한 책무의 다양한 절차들을 통해 정부권력의 남용을 견제하고자 희망한다. 그러나 고전적 자유주의자들과는 달리 현대 자유주의자들은 경제문제를 해결하고 사회정의를 실현할 수 있는 강력한 국가를 원한다. 그 결과 현대 자유주의자들은 정부를 강화시켜 주는 제도와 관행을 옹호해 왔다.

헌법의 중요성을 인정하면서도 현대 자유주의자들은 새로운 도덕적 이해를 수용하고 정부로 하여금 새로운 문제들을 다룰 수 있도록 이러한 헌법을 수정하는 것이 허용되어야 한다고 본다. 예를 들면, 소득세를 부과하는 미국헌법 수정 16조처럼 헌법 상의 수정은 정부로 하여금 강력한 국가의 재정조달을 위해 조세권을 부여해 준다. 또한 헌법이 재해석되는 것도 허용되어야 한다. 예를 들면, 뉴딜 기간 동안 자유주의자들은 경제규제와 재분배 영역에서 연방정부의 확대된 역할을 허용하는 몇 가지의 대법원 판결을 촉구했고 또 옹호했다. 1950년대와 60년대 기간 동안 자유주의자들은 학교의 흑백차별을 금지하는 수정 14조('평등권' 수정)의 사법적 재해석을 지지했다. 그리고 1973년 대법원이 헌법상의 사생활권에는 여성의 낙태유산권도 포함된다고 판결하자 자유주의자들은 박수를 보냈다. 일반적으로 자유주의자들은 **사법적 행동주의**, 다시 말해서 판사가 경제문제에 있어서 정부의 권한을 확대하고 또 소수자와 여성 그리고 범죄피의자의 정치적·사회적·법적 권리를 확장하는 방향으로 헌법 상의 모호하고 추상적인 규정을 해석하는 관행을 옹호해 왔다. 자유주의자들에게 있어 헌법을 적극적으로 재해석하는 관행은 다음과 같은 이유에서 정당화되고 있다. 즉 헌법 규정의 추상적인 모호함 때문에 새로운 문제들을 다루기 위해서는 헌법 상의 언어를 『정의론』에서 존 롤스가 제시하고 있는 것과 같은 (〈설명상자 1-3〉 '존 롤스와 그의 자유주의 정의론' 참조) 현대의 도덕적인 이론과 융합하는 것이 필요하다는 것이다.[29]

미국의 자유주의자들이 미국의 헌법을 재해석해 왔던 주요한 영역 중의 하나는 주정부와 관련한 연방정부의 권한 문제이다. 미국의 고전적 자유주의자들은 주정부가 통치의 대부분을 책임져야 한다고 보았다. 실제로 미국헌법의 수정 10조는 헌법에 의해서 연방정부에 주어지지 않은 권력은 "각 주정부나 또는 국민들의 것"으로 규정하고 있다. 19세기 동안 연방정부는 거의 권력을 행사하지 않았고, 각 주정부가 금융과 재정, 재산, 노동, 복지, 범죄와 관련한 법의 대부분을 만들고 집행해 왔다.[30] 그러나 현대 자유주의자들은 의회에게 '필요하고 적절한 모든 법을 제정' 할 수 있도록 권력을 부여하는 헌법상의 '탄력 조항'을 언급하면서 다음과 같은 몇 가지 이유 때문에 연방정부의 권위를 중대시키려고 하였다.

첫째, 근대화와 세계화로 인해 많은 경제 문제가 주정부 수준에서 해결하기가 어렵게 되었다. 예를 들어, 주정부는 자주 자신들의 산업에 대해 엄격한 환경적 규제를 부가하는 것을 꺼려했다. 왜냐하면 그렇게 엄격한 규제를 하게 되면 기업들이 보다 규제가 덜한 주로 옮겨

---

29) Dworkin, *Taking Rights Seriously*, p. 149.
30) Lowi, *The End of Liberalism*, p. 272.

가지 않을까 우려했기 때문이다. 연방정부와 국제적 협약만이 엄격한 규제를 부과할 수 있고, 기업은 그렇게 규제해도 순응 외에는 다른 선택을 하지 못한다.

둘째, 주정부는 자주 공적인 관심이나 소수자의 권리에 보다 덜 민감한 지방의 특수이익에 의해 좌우되어 왔다. 그래서 서부의 주들은 오랫동안 개혁에 저항적인 농·광업의 이해관계에 의해 통제되어 왔다. 그리고 남부의 주들은 소수의 권리에 저항하는 보수적인 백인들에 의해 지배되어 왔다. 자유주의자들의 견해에 따르면 연방정부의 권한을 확대함으로써만이 주정부의 지원하에서 이루어지는 인종차별을 줄일 수 있다는 것이다.

셋째, 유동적인 현대사회에서 복지권을 확대시키는 데는 주정부보다 연방정부가 더 효율적이라는 것이다.[31] 문제는 주정부나 지방정부의 경우 재분배정책을 추진할 강력한 경제적 유인이 없다는 데 있다. 어느 주가 다른 주 보다 관대한 복지 프로그램을 추진하게 되면 다른 주로부터 '거리를 배회하는 가난한 사람들'이 대량 넘어올 가능성이 크고, 대신 기업가와 부유한 시민들은 점증하는 복지비용을 충당하기 위해서 요구되는 고율의 세금을 안 내기 위해 그 주를 떠나갈 것이기 때문이다. 요약하면 각 주는 삶의 질과 효율성 사이에서 심각한 상쇄효과에 직면하게 된다. 그래서 전체적으로 경제적 복지를 높이려는 관심 때문에 각 주들은 재분배 문제에 덜 수용적이다. 연방정부는 엄격한 이민법을 통해 다른 나라로부터 가난한 사람들이 몰려오는 것을 막을 수 있고 또 부자들은 자신의 시민권을 포기하려고 하기 보다는 세금이 적은 주로 이사 가려고 할 것이기 때문에 연방정부는 주정부보다도 관대한 복지권 확대정책을 펴려고 할 유인이 많다.

---

31) Paul Peterson, *City Limits* (Chicago: University of Chicago Press, 1981), pp. 210-222. 그리고 Deborah A. Stone, "Why the States Can't Solve the Health Care Crisis," *American Prospect* (Spring 1992), pp. 51-60 참조.

연방정부의 권한을 확대하려는 현대 자유주의자들의 바람에도 불구하고 연방국가의 우월성, 다시 말해서 주정부의 권한을 제한하고 연방정부의 우월성에 책임을 지도록 한다는 견해를 자유주의의 신조인 것으로 간주하는 것은 잘못이다. 재정적자로 인해 복지권을 확대하고 공공서비스를 제공하는 연방정부의 능력이 제약을 받기 때문에 그리고 집행권이 보수적인 행정의 손에 놓여 있기 때문에 자유주의자들은 점차 주정부 수준에서 사회·경제적 문제들에 대해 혁신적인 해결책을 추구하면서 주정부의 입장을 옹호하는 쪽으로 방향을 바꾸고 있다. 요약하면 연방과 주 또는 지방정부 간의 적정한 권력에 대한 자유주의자들의 신념은 근본적인 것이라기보다는 파생적인 것이다. 현대 자유주의자들은 기본적으로 연방정부의 권한을 이용하여 사회·경제적 문제들을 해결하고 사회정의를 고양시키는 데 관심을 갖고 있다. 그리고 현대 자유주의자들은 이러한 목적에 쉽게 활용할 수 있는 권력을, 그것이 전국적인 수준이든 주의 수준이나 지방 수준이든 상관없이 사용하고자 한다.

미국의 자유주의자들이 미국헌법을 재해석해 왔던 또 하나의 영역은 집행부와 입법부 사이의 권력분배에 관한 것이다. 고전적 자유주의자들은 일반적으로 입법부 중심적인 정부를 지지했다. 그러나 현대 자유주의자들은 일반적으로 **집행부 중심적이고 관료적인 정부를 지지한다.**[32] 적어도 보수적 공화당이 레이건 행정부 기간 동안 행정부를 지배하게 되기 전 까지는—의회는 자유주의적인 민주당이 계속 지배하고 있지만—일반적으로 자유주의자들은 다음과 같은 몇 가지 이유 때문에 행정부를 강화시키고자 하였다.

첫째, 입법부는 다양하고 지방적인 이해관계를 대표하며 많은 거부항목을 보유하고 있어서 사회문제를 해결하고 사회정의를 확대하는 진보적 입법을 하기가 쉽지 않다. 시민권과 복지정책 영역에서 자유

---

32) Lowi, *The End of Liberalism*, pp. 274-279.

주의적 입법은 자유주의적인 민주당이 상원과 하원 모두에서 초다수를 점하고 자유주의적인 대통령의 촉구에 의해 영향을 받는 시기 동안만 의회에서 통과되고 있음을 자주 볼 수 있다.[33]

둘째, 미국에서 행정 책임자는 사회문제의 의제를 규정하고 공중에게 자신들의 관심을 전달하는 중요한 정치권력을 부여받고 있다. 미국 헌법이 이들에게 부여하는 공식적 권력을 넘어서서 행정의 책임자들은 비공식적 권력을 보유하고 있기 때문에 이러한 비공식적 권력을 잘 활용한다면 자유주의의 목표를 위해서 정책제안을 지지하는 연합을 쉽게 만들어 나갈 수 있다.

셋째, 사회가 근대화되어 감에 따라 문제는 더욱 복잡해져 가고 있고, 이러한 문제들을 해결하는 전문성은 이것저것 다하는 입법부보다는 전문적인 행정부에 더 몰려 있다. 입법가들은 생태환경이나 AIDS와 같은 어떤 문제들의 경우 공공의 관심과 정부재원의 투자가 요구된다는 점에 동의할 수는 있지만 특정의 정책해결을 규정할 수 있는 전문성은 거의 갖추고 있지 않다. 그 결과 입법활동은 "집행권과 행정의 전문성 그리고 이익집단의 지혜에게 세상을 바로 잡아주도록 애원하는 것 외에는 거의 아무 것도 하지 못하고 그저 광범하고 고상한 생각들을 표현하는 것"[34]에 불과한 것이 되고 만다. 간단히 말하면 자유주의자들은 사회가 직면하고 있는 사회경제적 문제들을 규정하고 이러한 문제들을 다루는 특정의 프로그램을 개발하고 실행하는 데 있어 점차 관료의 전문성에 의존하게 되었다. 자유주의자들은 행정 책임자들이 정부의 제안을 지지하는 연합을 발전시켜 나감에 있어 자신의 대중적 인기와 권위를 활용할 수 있다고 본다. 그리고 그들은 입법부가 광범한 권한법령을 제정하고 그러한 프로그램을 위해 재정을 승인

---

33) James Sundquist, *Policies and Politics: The Eisenhower, Kennedy, and Johnson Years* (Washington, D.C.: Brookings Institution, 1968)
34) Lowi, *The End of Liberalism*, pp. 276.

함으로써 행정부의 제안에 반응할 것을 바라고 있다. 이렇게 집행부 중심적인 정부를 지지함으로써 자유주의자들은 관료국가를 옹호하게 되었다.

강력하고 집행부 중심적인 연방정부를 지지하고 있음에도 불구하고 현대 자유주의자들은 이러한 정부가 권력을 남용할 수 있음을 잘 알고 있고 그래서 그들은 책임성의 구조와 실행을 찬성한다. 일반적으로 그들은 집행부가 입법부에 책임을 져야하며 입법부는 시민에게 책임을 져야한다고 믿는다. 관료의 프로그램은 **입법부의 감독**에 종속되어야 한다. 입법부의 요원들은 관료 행위의 합법성, 효율성, 공정성 여부를 평가해야 하며, 입법부의 청문회는 외부 전문가와 이익집단 그리고 시민으로부터의 증언을 허용해야 한다. 워터게이트 사건에서 닉슨행정부가 저지르고 이란-콘트라 추문에서 레이건행정부가 자행했던 집행부의 권력남용은 처벌로부터 프로그램 재정의 감축에 이르기까지 적절한 제재를 가하는 입법부에 의해서 조사될 수 있다.

그 다음으로 입법부는 시민에게 책임을 져야 한다고 생각하기 때문에 현대 자유주의자들은 그러한 책임성을 제고하는 다양한 개혁을 촉구하여 왔다. 예를 들면, 미국의 자유주의자들은 때때로 간접선거 방식을 비판해 왔다. 즉, 상원을 주 의회의 선거를 통해서 선출하기보다는 국민이 직접 선출하고 대통령도 선거인단을 통해서 하기보다는 국민이 직접 선출해야 한다고 주장했다. 자유주의자들은 국회의원이 농촌의 유권자 못지않게 도시의 유권자에게 그에 상응하게 책임을 지도록 하기 위해서 인구에 기반 하여 동등하게 국회의원을 할당하는 국회의원 선거구를 고안하고자 애써왔다. 보다 최근에 자유주의자들은 선거공영제를 주장하고 있다. 그 이유는 이러한 개혁을 통해서 대표자들이 '정치자금을 많이 내는' 사람보다는 일반 공공에 대해 책임을 지게 될 것으로 보기 때문이다.

그러나 자유주의자들이 모든 선거개혁안을 지지하는 것은 아니다. 예를 들면, 보수주의자들에 비해 자유주의자들이 선출직 대표자에 대해서 임기를 제한하는 것에 보다 더 많이 지지하고 있다는 증거는 없다. 실제로 자유주의자들이 그러한 제안을 거부하는 데는 상당한 이유가 있다. 임기제한은 대표자의 재선을 금지함으로써 대표자의 권리를 제한하고 효과적으로 자신들을 위해서 봉사해 온 대표자에게 투표할 권리를 부정함으로써 유권자의 권리를 제한하기 때문이다. 그리고 자유주의자들의 주장에 따르면 임기제한은 강력한 국가가 요구하는 효과적인 리더십의 발전을 제약한다.

4. 통치자

고전적 자유주의자들처럼 현대 자유주의자들도 대의민주주의를 지지한다. 그들은 우월한 권력이 선출직 관리에게 주어져야 한다고 믿으며 그래서 그러한 관리들의 대표성을 중대시키려고 애써왔다. 실제로 그들은 대의민주주의의 이상으로부터 중요한 이탈—이는 정치개혁의 필요를 중대시킨다—이 있음을 인정하고 있다.

현대 자유주의자들은 선거가 보다 더 대표성을 띠도록 하는 과정을 지속시켜 왔다. 고전적 자유주의자들은 재산으로 인한 제약을 제거하는 데 초점을 맞추었다면, 현대 자유주의자들은 여성, 소수인종, 나이 어린 사람들과 같은 집단에게 투표권을 확대시켜 나가고자 하였다. 더욱이 현대 자유주의자들은 주와 지방의 입법부의 대표성을 중대시키는 데 많은 관심을 보였다. 자유주의자들은 가난한 사람들이나 여성 등 기타 많은 집단의 경우처럼 흑인이나 스페인어를 사용하는 중남미계 사람들이 미국의 시의회에 상당히 과소 대표되어 있다는 점에 관심을 기울여 왔다. 그리고 그들은 미국의 시에서 지배적인 선거제도나 관행들, 예를 들면 시 전체를 하나의 선거구로 한다든가 또는 정당후보를 배제한다든가 하는 것이 이러한 과소대표를 더욱 악화시키는 경향이 있음을 발견하였다.[35] 그 결과 자유주의자들은 구역에 기반을 둔 정당선거를 자주 촉구했고 때때로 성과를 거두기도 했다. 자유주의자들은 공공정책의 형성과 집행 모두에서 관료의 권력이 중대하고 있음을 인식하고 있기 때문에 보다 균등한 관료 대표성을 확보하는 데에 관심을 기울여 왔다. 예를 들면, 그들은 시 경찰국이 여성과 소수인종을 보다 많이 충원하고 승진시키도록 촉구해 왔다.

선거구와 공공관리의 대표성을 증대시키는 데 일정한 성과를 거두었음에도 불구하고 자유주의자들은 여전히 실제의 권력은 민주적 이상에는 못 미치는 방식으로 분배되어 있다고 본다. 다른 집단이나 대부분의 시민들과 비교할 때 기업가나 고소득자의 이해관계는 항상 잘 조직되어 있고 그래서 공공관리에게 커다란 영향력을 행사할 수 있는 위치에 놓여 있다. 이익집단 제도를 균형 맞추기 위해서 자유주의자들은 노동, 소비자, 가난한 사람, 소수인종, 여성, 기타 상대적으로 조직화가 되어 있지 않고 힘이 없는 시민들을 대표하는 새로운 집단을 형성하도록 촉구해 왔다. 그러나 대부분의 자유주의자들은 기업가 조직이 계속하여 압력집단 중에서 '특권적 위치'를 차지할 것으로 보고 있다.[36]

또 하나 특이한 것으로 자유주의자들은 왕왕 하위정부라 불리는 전문화된 정책무대가 등장했음을 인정하고 있다. 이들 하위정부들은 이 영역에 대해 경제적 이해관계를 갖고 있는 기업이나 정책 특화된 전문성을 제공하는 정보국 관리, 자신의 선거구민들이 이 영역의 정부 지출로부터 이득을 보도록 하는 입법부의 위원회에 의해 지배되는 경우가 많다. 이들 하위정부 가운데 가장 유명한 것은 방위산업 계약자, 국방부와 군대의 지도자, 그리고 자신의 지역구에 군사기지나 방위산업체—많은 지역구민들을 고용하고 있는—를 보유하고 있는 국회의원들로 구성된 군산복합체이다. 이 말고도 과학-교육, 농업, 의료, 다

---

35) Susan Welch and Timothy Bledsoe, *Urban Reform and Its Consequences: A Study in Representation* (Chicago: University of Chicago Press, 1988), pp. 35-53.
36) Charles E. Lindblom, *Politics and Markets* (New York: Basic Books, 1977), pp. 170-188.

른 이해관계를 다루는 하위정부들이 있다.[37]

　현대 자유주의자들은 이러한 권력배열과 관련하여 애매한 태도를 보이고 있다. 하위정부는 정부로 하여금 전국적인 문제를 다루도록 하는 데 효과적인 수단이 될 수 있다. 이익집단과 관료의 전문성은 특정의 정책무대에서 활용될 수 있다. 그리고 입법자들은 자신의 선거구민들의 이익을 만족시키면서 특정의 정책영역에서 전문성을 개발할 수 있다. 그럼에도 불구하고 현대 자유주의자들은 선거구민들의 이익과 시민들이 이러한 권력배열에 침투하지 못하고 있음을 인식하고 있다. 그 결과 하위정부의 정책들은 공공의 이익보다는 하위정부를 지배하고 있는 특정의 이익을 실현시키는 쪽으로 더 많이 치우쳐 있다는 것이다. 하위정부의 이와 같은 부정적인 측면 때문에 신자유주의자들은 이들의 권력을 제거하려고 하기보다는 통제하는 데 더 관심을 기울이고 있다. 테오도르 로이는 이들 하위정부에 주어지는 권력을 줄임으로써 **입법 민주주의**의 원칙을 입법부의 관행으로 만들어 나가는 등 이들 하위정부에 대한 통제를 시작해야 한다는 주장을 하고 있다.[38] 어떤 목표를 달성하도록 하기 위해서 지시를 하는 애매한 입법을 통과시키기 보다는 법치가 회복되어야 한다는 것이다.

　로이에 따르면, 입법부는 무엇을 행하고 무엇을 금지할 것인가를

---

37) 사법적 행동주의의 증대로 인해 법원도 이러한 하위정부에 끼어들어 가서는 '권력의 삼각관계'를 '정책의 사각관계'로 변화시키고 있음을 알 수 있다. 실제로 일부 분석가들은 새로 조직화된 환경단체나 소비자단체, 소수인종단체들의 점증하는 행동주의로 인해 '권력의 삼각관계'라든가 '정책의 사각관계'와 같은 말이 이제는 한물 간 것으로 치부되고 있다고 주장한다. 그들은 '정책네트워크'라는 말을 더 선호하고 있다. 이는 이 용어가 이러한 하위정부에서 많은 행위자들의 참여와 권력을 허용해 주는 것을 뜻하기 때문이다. 현대 자유주의자들은 보통 하위정부에의 보다 광범한 참여를 지지하고 있으면서도 또한 그들은 일부 합법적인 이익들이 이들 정책무대로부터 지속적으로 배제되고 있다는 점도 인정하고 있다.

38) Lowi, *The End of Liberalism*, pp. 295-313.

명확하게 규정하고 법의 영향을 받는 사람이 누구인가를 명확히 지칭하며, 보상과 처벌이 효용성이 있도록 정확하게 명시해 주는 법을 제정해야 한다는 것이다. 이에 덧붙여 로이 등 신자유주의자들은 하위정부들이 특정의 기준과 목표를 달성하고 있는지 여부를 판단하기 위해서 이들 하위정부의 정책과 실행을 지속적으로 감시해야 하는 것으로 보고 있다. 적절하게 수행되지 않고 있는 프로그램들은 권능부여입법의 '해지조항'에 의해 종식되어야 한다. 하위정부에 위임된 자유재량권을 줄이고 그들로 하여금 입법부에 보다 더 많은 책임을 지도록 함으로써 신자유주의자들은 자유주의자 사회에서 일차적 통치자는 선출된 대표자라는 민주적 이상을 보다 확실하게 반영하는 방식으로 권력이 분배될 수 있기를 희망한다.

요약하면 현대 자유주의자들은 자유주의 사회의 권력분배가 대의민주주의의 이상에 보다 더 가까이 가도록 하기 위해서 다양한 형태의 개혁을 지지한다. 지배적인 권력은 선출된 대표에게 주어져야 한다고 생각하기 때문에 현대 자유주의자들은 대중영합적인 민주적 절차를 통해 시민들에게 권력을 가져다주는 개혁에는 찬성을 하지 않는다.[39] 그들은 야외집회보다는 의회가 더 바람직스러운 것으로 생각한다. 왜냐하면 타협을 통하여 경쟁적인 이해관계를 조정하고 행정부를 감시하고 또는 다양한 쟁점들 가운데 우선순위를 결정하는 의제설정에 있어서 정당지도부와 같은 제도적 장치를 마련하는 데는 시민들보다는 대표자가 보다 효과적이라고 보기 때문이다.[40]

---

39) Willliam Riker, *Liberalism Against Populism* (San Francisco: W. H. Freeman, 1982)
40) Elaine Spitz, "Citizenship and Liberal Institutions," in *Liberals on Liberalism*.

5. 시민권

고전적 자유주의자들은 시민권을 능력에 따라 주어지는 것으로 생각했다. 그들에게 있어 시민권은 다양한 계층의 사람들이 자격을 갖추었다고 생각하면 그에 따라 서서히 확대되는 그러한 것이었다. 현대 자유주의자들은 능력이 시민권의 기준이 되는 것을 거부했다. 그들에 따르면 정치적 결정에 의해서 영향을 받는 모든 성인들은 시민이어야 한다. 로버트 달의 지적처럼, 정신박약자나 어린이 또는 단기 체류자를 제외하고는 모든 사람들을 시민으로서 최대한 포용하는 원칙을 지지해 왔다.[41] 소수인종과 여성에게 시민권을 부여하고 다양한 시민권이 부여되는 젊은 사람들의 나이를 낮춤으로써 자유주의 사회에서 "누가 시민이어야 하는가"의 문제가 이제는 어떤 '이방인'에게 그리고 얼마나 많이 주민임을 인정하고 시민권을 부여할 것인가에 초점을 맞추고 있다.

고전적 자유주의자들은 시민권이 국가의 영토 안에서 살겠다고 하고 정부의 법을 지키겠다는 데 동의를 하며 또 장기 거주에 적용되는 자격 기준을 충족시키는 사람들에게 주어지는 것으로 생각했다. 대부분의 자유지상주의자들에 의해 계속 옹호되어 왔던 이러한 "개방적 수용" 원칙[42]은 현대 자유주의자들이 보기에는 미심적은 것으로 간주되고 있다. 자유주의 사회는 영토 밖의 사람들로 하여금 자유주의 사회를 선호하도록 할 만큼의 경제적 풍요와 포괄적인 복지권을 제공해 왔다. 누가 시민이 될 수 있는가에 대해 어떤 제한이 없다면 자유주의 사회는 시민권을 얻으려고 하는 사람들로 넘치게 될 것이다. 무제한적인 이민이 허용되어 이방인이 쉽게 시민이 될 수 있도록 한다면 다음과 같은 몇 가지 문제가 나타나게 될 것이다.

---

41) Robert Dahl, *Democracy and Its Critics* (New Haven: Yale University Press, 1989), pp. 119-131.
42) Joseph H. Carens, "Aliens and Citizens: The Case for Open Borders," *Review of Politics* 49 (Spring 1987), pp. 252-254, 263-264.

첫째, 이방인이 주민이 됨에 따라 이방인들이 현행의 임금수준보다 낮은 임금으로 일을 하려고 하게 되면 그만큼 기존 시민들의 경제적 안전이 위협받게 될 것이다. 둘째, 무제한적인 이민은 복지국가의 재원을 훼손시키게 될 것이다. 왜냐하면 만약 복지 프로그램 때문에 다른 나라의 가난한 사람들이 복지 혜택을 받기 위해서 자기 나라로 들어오려고 하는 것으로 생각하게 되면 이들 나라의 납세자들은 경제적 권리를 유지하거나 확대하려고 하지 않을 것이기 때문이다. 셋째, 개방적인 수용은 한 사회의 '공통문화'를 위협할 수 있다. 예를 들어 만약 지금까지 지배적이었던 언어가 더 이상 의사소통의 일차적인 수단이 아니게 되면 더욱 그렇다. 마지막으로 국경제한이 없어지면 '국민적 자율성' 다시 말해서 모든 국민은 자기 자신의 가치와 절차에 따라 누가 시민인가를 결정하는 기본적인 권리라는 개념이 사라지게 될 것이다.

그래서 현대 자유주의자들은 시민권 부여라든가 기준과 관련하여 다음과 같은 몇 가지 원칙을 강조해 왔다.[43] 첫째, 자유주의자들은 수준 높고 자격을 갖춘 이민을 장려하기 위해서 이민을 제한적으로 수용(일반적인 국경 폐쇄)한다는 원주민 중심적인 사고를 거부한다. 자유주의자들은 이민자들이 상당한 정도로 경제적·문화적 측면에서 기여를 한다는 데 동의하며 새로 들어온 사람들이 보유하고 있는 질적 수준에 대해서도 경의를 표한다. 또 세계의 다른 지역으로부터 억압을 피해서 들어오는 사람들을 받아들이는 것이 도덕적으로 얼마나 호소력이 있는가에 대해서도 잘 알고 있다.

둘째, 그럼에도 불구하고 자유주의자들은 새로운 시민을 받아들이는 데는 몇 가지 자격제한이 확립되어야 한다고 본다. 자기 나라에서 정치적 억압으로 벗어나기 위해 피난처를 찾는 사람, 그의 직업적 기

---

43) Paul H. Schuck, "The Great Immigration Debate," in *The American Prospect* (Fall 1990), pp. 100-117.

술능력이 경제에 많은 기여를 할 수 있는 사람(그래서 복지에 의존해서 살려고 할 가능성이 별로 없는 사람), 그의 문화, 이데올로기, 언어가 기존 사회와 쉽게 융합을 할 수 있는 사람, 그리고 그의 확대된 가족 개념에 기존의 시민들을 포용할 수 있는 사람들에게는 우선적 고려를 해야 한다는 것이다. 그렇다고 어떤 이민 신청자를 인종적, 종족적 또는 종교적 이유로 배제시키기 위해서 이러한 기준들을 적용해서는 안 된다. 왜냐하면 자유주의 사회의 이민정책은 토착인의 편견보다는 다양성을 증진시켜 나가야 할 것이기 때문이다.

셋째, 한 사회의 거주민은 가능한 한 빨리 시민으로 전환되어야 한다. 자유주의자들은 자신들의 사회 내에 불법 이민이나 토지이민 또는 외국인노동자가 존재하는 것을 달갑게 여기지 않는다. 왜냐하면 이러한 사람들은 공동체 내에서 하위층의 지위에 있고 보통 시민보다 못한 권리를 갖고 있기 때문이다. 국가로부터 충분한 권리와 보호를 받지 못하기 때문에 이들 거주자들은 자유주의 국가를 억압적인 것으로 경험하게 된다. 이민자에 대해서는 그들이 시민권의 자격을 갖추지 못한다면 시민권을 인정해서는 안 되겠지만, 그러나 귀화 과정이 충족되면 곧 이들에게 시민권을 부여해야 할 것이다.

시민인가 아닌가 혹은 어떻게 시민이 되느냐 하는 문제는 다음과 같은 세 가지 이유 때문에 현대 자유주의자들에게는 중요하다. 즉, 시민은 권리를 보유한다. 시민은 공적인 책임과 의무를 진다. 시민은 정치참여의 기회를 갖는다. 앞에서 논의한 것처럼, 자유주의자들은 시민권을 확대하려고 애써 왔다. 고전적 자유주의자들과 비교할 때 현대 자유주의자들은 정치적 자유, 법적 권리, 경제적 자격에 대해 보다 폭 넓은 정의를 제시하였다. 현대 자유주의자들은 이러한 권리들이 하층사람들과 소수인종집단, 여성 등에게로 확대되도록 애써 왔다.

대부분의 경우 현대 자유주의자들이 추구하고 제공했던 광범한 권리들은 '사적인' 권리였다. 여기에는 국가에 대항하는 개개인의 동등한 자유, 예를 들면 사생활 권리라든가 또는 국가에 대한 개인의 요구,

다양한 공공재화와 서비스를 향유할 권리들이 포함된다. 이러한 사적인 권리를 강조함으로써 현대 자유주의자들은 고전적 자유주의자들이 주장했던 시민권의 개념에 충실한 입장을 취하고 있다. 현대 자유주의자들은 시민을 경제적 생산과 소비 그리고 개인적 이익의 충족을 위해 자신들의 삶의 대부분을 헌신하는 사람들인 것으로 바라본다. 그들은 공공의 보호와 공공재의 제공을 통해 사적 영역의 삶을 높이려고 하였고 그러한 점을 강조하여 왔다. 그들은 개인들을 보다 강하게 공적 영역으로 몰아넣을 수 있는 시민권의 그러한 측면은 덜 강조하려고 하였다. 그들은 시민의 의무나 참여라는 데에 그만큼 관심을 덜 기울이고 있다.

그럼에도 불구하고 현대 자유주의자들 그리고 아마도 자유주의 정치가들보다는 자유주의 이론가들은 시민이 정치적 권리뿐만 아니라 **정치적 의무**도 지니고 있음을 인정한다. 다른 이데올로기들도 시민이 하느님이나 총통에 순종할 의무와 같은 '의무'를 가지고 있음을 인정하고 있지만, 자유주의자들은 의무와 책임이라는 말을 더 좋아한다. 다른 이데올로기들은 의무를 권리와 분리된 것으로 생각하는 데 반해 자유주의자들은 의무를 시민의 권리와 밀접하게 연결되어 있는 것으로 바라본다. 보다 기본적으로 보면 정부를 통해 각 시민에게 제공되는 권리는 이러한 권리를 보장해 주는 법을 준수할 의무를 부과한다. 시민의 재산권에는 다른 모든 시민들로 하여금 사유재산침해금지법을 준수할 의무가 뒤따른다. 피의자로 소추되었을 때 정당한 재판을 받을 권리는 모든 시민들에게 요청하면 배심원으로 봉사할 의무를 부과한다. 외부의 침입으로부터 안전을 보장받을 시민의 권리는 군사적 의무를 지도록 요구한다.

자유주의자들은 그러한 군사적 의무를 할당하는 다양한 정책, 예를 들면 추첨에 의해서 젊은이들을 징집한다든가 또는 많은 세금으로 운영되는 의용군대의 구성을 거부하지는 않는다. 그러나 동등한 권리에 대한 자유주의자들의 집착은 군사적 의무에 대해 보편적인 책임을 지도록 하는 것으로 나타난다. 의용군대를 구성하게 되면 보다 부유한 사람들은 상대적으로 가난한 사람들을 고용하여 자신들의 위험한 일을 하도록 할 것이라고 보기 때문에 많은 신자유주의자들은 모든 젊은 남녀로 하여금 몇 년 동안 군대나 혹은 다른 대체적인 일에서 봉사하도록 하는 전국적인 공공서비스 프로그램을 강조해 오고 있다.

현대 자유주의자들에 의한 복지권의 확대는 적어도 원칙적으로는 고율의 세금을 통해 복지자격의 비용을 부담해야 할 시민의 의무가 그만큼 증가한다는 것을 뜻한다. 자유주의자들은 새로운 복지 프로그램을 입안할 때 동시에 시민들로 하여금 그러한 프로그램 비용도 부담하도록 의무 지운다. 복지권을 보유하고 있는 시민은 이러한 권리를 국가에 대항하는 요구로서 표현할 수 있고 또 이러한 복지권은 자주 그렇게 취급된다. 그러나 정부는 이러한 권리를 제공하고 시민에게 그에 상응하는 세금의무를 부과하는 데 있어서 상대적으로 효과적이고 공정한 도구일 뿐이다. 물론 대부분의 시민들은 권리는 원하지만 책임은 싫어한다. 이 때문에 자유주의 정치가들은 의무를 최소화하면서 권리를 강조하는 경향이 있다.

현대 자유주의적 정치가들은 의무를 강조할 때 자주 냉담한 반응에 직면하게 된다. 케네디 대통령이 "당신의 나라가 당신을 위해서 무엇을 할 수 있는지를 묻지 말고, 당신이 당신의 나라를 위해서 무엇을 할 수 있는지를 물으라"고 말했을 때, 그는 언론으로부터 정부가 국민의 봉사자라는 것을 망각하고 있다고 비판을 받았다. 월터 몬데일(Walter Mondale)이 1984년 민주당 대통령후보 지명을 수락하면서 세금인상을 약속했을 때 그럼으로써 그는 사실상 선거에서 자신의 패배를 확정지은 것이나 다름없었다. 요약하면 자유주의 이론가들은 복지국가가 시민들이 스스로 인식하고 있는 기본적이고 공통적인 필요에 발맞춰 권리를 규정하는 암묵적 사회계약에 기반을 두고 있다고 주장한다. 그렇게 되면 시민들은 이러한 필요를 충족시키는 정부 프로그램을 발전시키고 이러한 프로그램의 비용에 대해 각자의 합당한 몫을 부담하는 의무를 진다. 그러나 일상적인 세계에서 자유주의자들은 "권리에 대한 언명에 걸맞게 책임감으로 연결되는 잘 다음어진 공적 언어를 갖고 있지 않다."[44)]

점차로 자유주의 이론가들과 정치가들은 정치적 의무에 대해서 보다 정교한 이해를 추구해 왔다.[45)] 그들은 자유민주주의에서 광범위하게 공유되고 있는 '약한' 시민권 개념을 넘어서길 희망하고 있다. 여기서 약한 시민권 개념이란 시민이 투표에 의해서 공공의 의무를 수행하며 이러한 '책임'의 행사를 통해 가장 기본적인 시민권, 즉 공공 문제의 해결책을 찾는 과정에 기여하기 보다는 정치가에게 '불평을 늘어놓을' 권리를 보유할 자격을 갖게 된다는 공통된 견해에 의해 잘 예시되고 있다.[46)] 처음에 이와 같이 시민의 책임을 강조하는 '강한'(thicker) 시민권 개념은 책임과 권리 사이의 긴밀한 연관성을 재확인하기 위한 것이었다.[47)] 정당한 법에 대한 순종, 공공서비스에 대한 관심, 세금 납부 등은 만약 시민들이 자유주의 국가가 제공하는 권리와 혜택을 향유하려면 감당해야 할 책임들이다.

또한 많은 자유주의 이론가들은 의무라는 것이 우리들의 권리의 이면에 불과한 것이 아니고 그것을 넘어서는 시민권 개념을 정립할 필요를 느끼고 있다. 시민들에게는 대양과 지구뿐만 아니라 반점이 있는 올빼미까지도 보존할 의무가 있다.[48)] 시민들은 다음 세대들에 대한

---

44) Mary Glendon, "Who Owes What to Whom?" *Harper's Magazine* 282(Feb. 1991), p. 45에서 재인용. 권리와 책임에 대한 공동체주의적인 논의에 대해서는, Glendon, *Rights Talk: The Improvement of Political Discourse* (New YorK: Free Press, 1991) 참조.
45) 이러한 문제를 다루기 위해 *The Response Community: Rights and Responsibilities*라는 잡지가 새로 창간되었고, 이 잡지의 편집진과 기고자들 모두 자유주의자들이 주류를 이루고 있다.
46) Dan Kemmis, "Who Owes What to Whom?" p. 46.
47) 1992년 선거유세 기간 동안 클린턴 대통령이 '새로운 계약'을 요구한 것은 시민의 책임과 권리를 강조하기 위한 가장 최근의 생생한 시도였다.

의무도 갖고 있다. 이와 같은 잠재적 의무를 강조하다보면 살아있는 인권보유자가 없는 것 같아 보일지 모르지만, 자유주의자들은 시민들이 환경과 다음 세대의 사람들에 대해 더 많은 책임을 가져야 한다고 주장한다.[49] 많은 현대 자유주의자들은 시민의 의무에 대해서 더 '강한' 개념을 개발하면서도 또한 보통은 정치참여에 몰입할 의무에 대해서는 탐탁하지 않게 생각한다. 자유주의자에게는 투표할 의무가 없다. 왜냐하면 투표할 권리란 투표하지 않을 권리를 내포하기 때문이다. 투표를 강제한다고 하여 시민들이 정보를 잘 갖추고서 민주적 내지는 자유주의적 결과를 가져다주는 방식으로 투표하도록 보장해 주지 않는다. 투표를 강제하게 되면 시민들은 동료 시민들에 대한 책임감을 표현하거나 아니면 민주적 제도가 효과적으로 기능하도록 하는 데 도움이 되기 위해서라기보다는 투표하지 않은 사람들에게 가해지는 벌칙을 받지 않기 위해서 참여를 하기가 쉽다.

  자유주의자들은 많은 사람들이 정기적인 선거에 참여하지 않거나 또는 그런 선거에의 참여를 제한한다고 하더라도 모든 시민이 참여할 권리와 기회를 갖는 한 민주주의는 효과적으로 그리고 순조롭게 기능하리라고 믿는다. 고도로 참여적인 민주주의를 추구하기보다 현대 자유주의자들은 로버트 달이 얘기하는 다두정체 형태의 민주주의에 만족한다. 다두정체에서 시민들은 참여의 기회를 포함하여 기본적인 정

---

48) Lawrence Tribe, "Ways Not to Think About Plastic Trees: New Foundations for Environmental Laws," *Yale Law Review* 83 (fall 1974), pp. 1314-1348.

49) 이러한 책임이 자유주의 이데올로기 안에서 조화를 이룰 수 있는지 또는 이러한 책임은 환경주의라든가 보수주의와 같은 다른 이데올로기 내에서만 존재할 수 있는지의 여부는 여전히 미해결의 문제로 남아 있다. 자신의 저서 『정의론』(284-293쪽)에서 존 롤스는 시민은 미래 세대에 대해 책임을 져야한다고 주창했다. 그러면서 롤스는 현 세대의 시민이 자신의 직접적인 이익을 위해서 미래 세대의 이익을 훼손시키면 안 되는 것처럼 미래 세대의 이익을 위해서 자신의 이익을 희생시킬 의무도 없다고 주장했다.

치적 권리를 제공받으며 정부는 다른 후보자나 정당과의 정치적 경쟁을 벌이는 선거에서 이기기 위해 자신들의 행동을 수정하는 선출직 관리들에 의해 통제된다.[50] 이러한 제도들이 자유주의자들에 의해 지지를 받는 데에는 몇 가지 이유가 있다.

시민들은 정치에 대해 너무 많은 시간을 쓸 필요가 없다. 정기적인 선거에서 투표를 하기만 하는 것으로도 시민들은 '간접적인 영향력'을 확보할 수 있다. 왜냐하면 선거는 선출직 관리들에게 시민들의 선호와 요구를 반영하는 정책을 펴도록 유도할 것이기 때문이다. 시민들은 헤라클레스와 같은 영웅적이거나 이상적인 기준을 충족할 필요가 없다. 그들은 일상의 모든 의제에 대해 많은 정보를 갖고 있을 필요가 없고, 또 정교한 이데올로기를 가질 필요도 없다. 그들은 '공공선'에 대해서 알 필요도 없으며, 자신의 개인적 이익보다 공공선을 우선시 할 필요도 없다. 시민들은 틈틈이 시간을 내서 공직자의 전반적인 성과를 평가하기만 하면 된다. 공직자들이 공공의 신뢰를 남용했는가? 그들은 선거구민들의 선호와 요구에 정상적인 반응을 보였는가? 사회경제적 문제들이 줄어들었는가 아니면 수량이나 심각성이 더 늘어났는가? 상대적으로 순박한 시민들은 경쟁적 선거 장치를 통해 패배한 선출직 관리들을 자리에서 물러나도록 할 수 있다. 그래서 설사 일부 시민들만이 선거에 실제로 투표하고 또 정치에 대한 투표자들의 정보가 제한되어 있다고 하더라도 공직자들은 선거를 통해 통제되고 자신들의 성과에 대해 책임을 지게 된다.[51]

투표할 자유를 갖는 것 이외에 시민들은 또한 정치생활에 보다 직접적으로 관여할 기회를 갖는다. 그들은 이익집단에도 적극적일 수 있고 아니면 이익집단 대표들로 하여금 공직자와의 지속적인 상호작

---

50) Dahl, *Democracy and Its Critics*, pp. 218-224.
51) V.O.Key, Jr., *The Responsible Electorate* (Cambridge: Harvard University Press, 1966).

용을 통해 자신들의 관심사를 대변해 주도록 하기 위해서 연회비를 납부하는 정도로 참여를 제한할 수도 있다. 그들은 자신들의 관심과 불만을 알리기 위해서 특정의 쟁점을 중심으로 특화된 집단에 참여하거나 이러한 집단을 조직할 수가 있는데, 이는 지방적 수준에서 대중적이고 효과적인 참여 양식이 되고 있다. 그들은 정치나 공공정책 결정으로부터 상대적으로 소홀히 다루어지고 있는 방식으로 사회에 기여하는 자발적 연합체에 가담할 수도 있다.[52]

다두정체는 시민들에게 투표하고 다양한 결사체에 참여할 수 있는 권리를 제공하는 반면 정부나 사회 내의 지배적인 단체에 대해 반대를 할 수 있는 권리도 제공한다. 현대 자유주의자들은 항의운동에의 참여와 시민불복종의 실천이라는 두 개의 반대행동에 의한 참여 양식을 지지한다.

현대 자유주의자들은 상대적으로 조직화되지 않은 채 공통의 정치적 가치와 목표를 공유하는 사람들 사이에 일어나는 행동의 집합으로서 수많은 **항의운동**에 대해 이를 적극적으로 옹호한다. 시민권운동,

---

52) 자유사회에서 자발적 결사체의 중요성은 Spitz, "Citizenship and Liberal Institutions," p. 198에 강조되고 있다. 그럼에도 불구하고 자유주의자들보다는 현대 보수주의자들이 자발적 결사체에의 참여를 더 강조한다. 보수주의자들에게 자발성은 자주 정치적 행동에 대한 대체물로 간주된다. 예를 들면, 보수주의자들은 사적 자선단체에의 참여를 복지국가의 규모를 줄이는 것으로 간주한다. 자유주의자들에게 자발성은 단지 정치적 행동을 보완하는 것에 불과하다. 자유주의자들은 자선단체에 참여하는 것을 국가에 의한 복지제공이 부적절할 때 취하게 되는 자비인 것으로 파악한다. 그러나 자유주의자들도 다음과 같은 3가지 이유 때문에 자선단체가 복지국가를 대체하는 것이 아님을 명확히 인식하고 있다. 첫째, 구호가 가장 필요로 하는 어려운 시기에 오히려 자선단체에 대한 기증이 줄어든다는 점이다. 둘째, 이들 자선단체들은 가장 궁핍한 사람들을 도우려 하기보다는 '우리와 유사한 사람들을 돕는다'는 데에 구호제공의 기준을 둔다는 점이다. 셋째, 자선은 복지권을 대신할 수가 없다는 점이다. Jeffrey Henig, *Public Policy and Federalism* (New York: St. Martin's Press, 1985), pp. 116-120 참조.

여성권리운동, 동성애권리운동 등 몇몇 항의운동들은 단순히 자유주의적 권리들을 배제집단에게로 확대하는 것일 수 있다. 반전운동이라든가 환경운동과 같은 다른 항의운동들은 정책의 방향을 사회 내의 가장 강력한 이익집단과 압력집단이 추구하는 가치로부터 벗어나게 하려는 데 목표를 두고 있다. 현대 자유주의자들은 자주 항의운동을 지지하는데, 그 이유는 이들 항의운동들이 정치과정으로부터 배제되거나 소홀히 취급받게 될 시민들에게 참여와 영향력 발휘의 기회를 제공하기 때문이다. 현대 자유주의자들이 항의운동을 지지하는 또 하나의 이유는 항의운동이 공적인 관심으로부터 비껴나 있는 중요한 사회적 문제들에 대해 공직자들은 물론이고 일반 대중들도 관심을 갖도록 하는 데 기여하기 때문이다. 이들 항의운동들은 구조적이고 정책적인 혁신에 대한 지지를 불러일으키는데, 이를 통해 새로운 도덕적 이해와 새로이 대두되는 사회경제적 가능성에 부합하는 방향으로 공공생활을 개혁해 나갈 수 있다.

현대 자유주의자들이 자주 지지하는 특정 형태의 정치적 항의는 시민불복종이다. 시민불복종은 시민이나 시민집단이 법률의 불법성을 지적하고 정책변화를 유도하기 위해서 정부의 법이나 정책에 대해 공공연하게 거부의사를 밝힐 때 발생한다. 시민불복종의 행동은 사전에 계획되며 불법이거나 아니면 합법성이 의문시되는 것으로 이해된다. 또 제한적인 공공목적을 위해서 수행되며 주의 깊게 선택된 비폭력적 수단에 의존한다.[53] 미국의 현대사에서 **시민불복종의 대표적 사례는** 시민권운동을 벌인 마틴 루터 킹(Martin Luther King, Jr., 1929~1968)과 그의 동료들이다.[54] 킹은 인종차별법의 폐지를 요구할 뿐 그러한 법을

---

53) 시민불복종에 대한 생산적인 논의는 Christian Bay, "Civil Disobedience: Prerequisite for Democracy in Mass Society," in *Political Theory and Social Change*, edited by David Spitz (New York: Atherton Press, 1967) 그리고 John Rawls, *A Theory of Justice*, pp. 363-391 참조.

만든 인종주의적 정권의 전복을 요구하지는 않음으로써 제한적 목표를 추구하였다. 어떤 사적인 이익을 추구하기보다 킹은 광범위한 피억압집단의 권리에 주목하면서 자신의 목표는 정의와 공공선을 증대시키는 데에 있다고 주장하였다. 그는 제한적 수단에 의존하였다. 즉 그의 직접적인 행동전략은 폭력을 동원하지 않고도 위기의 분위기를 조성하는 데 초점을 맞추었다. 그는 자신의 행동이 현행법에 어긋나는 것임을 알고 있었으며 이러한 법들이 정의롭지 못하다고 주장하면서도 자신의 불복종으로 인한 처벌을 마다하지 않았다.

자유주의자들은 시민들에게는 통상적으로 정부의 법을 준수할 의무가 있다고 생각하면서도 동시에 시민불복종을 특정 사회에서는 도덕적으로 정당한 것으로 파악한다. 자유주의자들은 시민들이 다차원적인 의무를 지니고 있다고 본다. 때때로 자신들의 가족에 대한 의무나 피억압 집단들에 대한 의무 또는 인간성에 대한 의무가 정부의 법을 준수할 의무와 대치될 수 있다. 그러한 상황에서 의문시되는 정부의 법을 지키지 않는 것이 오히려 선한 사회를 앞당기는 데 기여할 수 있다. 물론 현존하는 자유주의 사회는 자신들의 자유주의적 원칙들을 완전하게 실현하고 있지 못하다. 자유주의 사회에서 전제자가 정치권력을 장악할 수 있고 또 특정의 동기부여를 갖고 있는 공공관리들이 억압적이고 부당한 법을 만들어 낼 수 있다. 그렇기 때문에 시민불복종과 같은 용기 있는 저항행위를 존중하지 않거나 격려하지 않는 사회에서 시민들은 전제정과 부정의에 종속될 가능성이 높다. 시민불복종은 시민의 덕성과 도덕적 의무에 대해 자유주의적 시민들을 교육시키고 나아가 자유주의적 이상으로부터의 일탈을 저지하거나 교정하는 데 기여한다.

---

54) Martin Luther King, Jr., "Letter from Birmingham Jail," in *Why We Can't Wait* (New York: Harper and Row, 1963).

6. 변화

일반적으로 "보수주의는 물려받은 것을 보존하는 데 중점을 두는" 반면 자유주의는 "변화나 개혁을 지향하는 성향"을 갖고 있는 것으로 이해된다.[55] 현대 자유주의자들이 변화를 지지하는 이유는 집단적 정치행동을 통해서 자유주의의 이상과 현존 조건 간의 괴리를 좁힐 수 있다고 믿기 때문이다. 경제적 어려움은 정부정책에 의해서 완화될 수 있으며, 사회적 부정의도 교정될 수 있다. 권력의 보다 민주적인 분배도 달성될 수 있다. 자유주의자들은 이와 같은 경제적·사회적·정치적 변화를 어떻게 달성할 것인가에 대해 특정의 이념을 보유한다.

첫째, 현대 자유주의자들은 변화가 민주적인 정치행동을 통해서 일어나야 한다고 믿는다. 고전적 자유주의자들은 '보이지 않는 손'을 통해서 자기이익을 추구하는 개인들의 행동이 사회적 진보를 가져올 것으로 보았다. 이에 반해 현대 자유주의자들은 진보는 집단적인 행동을 통해서 가장 잘 이루어질 수 있다고 생각한다. 현대 자유주의자들은, 첫째 미래는 용의주도하게 사회적으로 건설되어야 하며, 둘째 민주적 미래의 목표들에 대해 심사숙고하면서 이러한 목표들을 달성하기 위한 행동지침을 논의하는 최선의 토론광장을 제공할 것이며, 셋째 유용한 변화를 가져오도록 하기 위해서 국가권력을 활용해야 한다고 주장한다.[56]

둘째, 최소한 서구 민주주의 사회에서 살고 있는 현대 자유주의자들에게 변화는 혁명적일 필요가 없다. 이들 사회의 기본적인 경제적·정치적·사회적 제도들은 보존되어야 한다. 가족이 소유하여 운영하는 소규모의 기업이 대기업으로 확대될 수 있고, '경찰국가'가 강력한 국가로 바뀔 수 있으며, 사회구조는 더 이질적이고 복잡하게

---

55) Joseph Cropsey, *Political Philosophy and the Issues of Politics* (Chicago: University of Chicago Press, 1977), p. 117

56) 예를 들면 *The Collected Writings of John Maynard Keynes*, vol.27, edited by Donald Moggridge (London: Macmillan, 1980), p. 260 참조

변화할 수 있다. 그러나 이와 같은 근대화 과정은 점진적으로 자연스럽게 그리고 대부분의 경우는 호혜적으로 진행될 것이다. 이와 같은 제도적 장치들은 때로는 사회적 문제들을 야기함으로써 교정될 필요가 있겠지만, 그 기본적 구조는 건강한 것으로 파악된다.

만약 현대 자유주의자들이 혁명적 변화에 대해 어떤 기대를 갖는다면, 그것은 비자유주의적인 사회의 변력을 추구하기 때문일 것이다. 확실히 자유주의자들은 동유럽에서 공산주의와 권위주의가 시장경제와 민주정부에 의해 대체되는 혁명적 발전을 환호했다. 그리고 많은 자유주의자들은 중국이나 이라크, 아이티 등지에서처럼 인권을 침해하는 정부가 전복되는 것에 대해 지지를 보낸다. 그럼에도 불구하고 자유주의자들은 비자유주의적인 사회의 경우에도 혁명적 변화에 대해 조심스럽게 지지를 한다. 그들은 자유주의적 제도가 저발전국에 이식되려면 이들 나라의 독특한 문화를 혁파하지 않으면 안된다는 점을 알고 있다. 자유주의자들은 각각의 사회와 그 국민들마다 자유주의 사회에 만연되어 있는 물질주의와 개인주의와는 다른 그들 나름의 목적과 생활방식을 보유하고 있다는 점에 동의를 한다.

셋째, 현대 자유주의자들은 대개의 경우 개혁을 통해서 진보해 나가길 원한다. 때때로 자유주의적 개혁은 기본적인 제도들을 보존하면서 사회생활을 변화시켜 나갈 수 있다. 예를 들면, 알렉산더 2세(Alexander II)는 짜르 체제의 러시아에서도 농노해방을 실현했고 에이브러햄 링컨(Abraham Lincoln)은 미국의 노예들을 해방시켰는데, 이러한 개혁들은 기본적인 정치제도들을 변화시키려고 한 것이기보다는 유지하려는 데 더 비중을 둔 것이었다.[57] 아마도 20세기 동안 자유주의 사회에서 추진되었던 대표적인 변혁적 개혁 사례를 들라면 뉴딜(New Deal)과 위대한 사회(Great Society)일 것이다. 근본적인 정치체제

---

57) James MacGregor Burns, *Leadership* (New York: Harper and Row, 1978), pp. 181-195.

를 변화시키는 데는 관심이 없으면서도 프랭클린 루스벨트(Franklin D. Roosevelt)의 뉴딜은 1935년 와그너법(Wagner Act)을 통해서 기업과 노동 간의 협상력을 균등하게 하는가 하면 경제적 궁핍을 막고 시민의 안전을 제공하기 위해서 연방정부의 역할을 강화시키는 등의 대대적인 경제개혁을 수행하였다. 존슨(Lyndon Johnson)의 위대한 사회 비전은 시민권 입법과 반빈곤 프로그램을 통해 인종과 계급관계에서 대대적인 변화를 추구하였다.[58] 이와 같은 자유주의적 개혁의 한계에 대한 보수적 지적에도 불구하고 자유주의자들은 이러한 법과 프로그램을 통해 중요한 진보가 이루어졌다고 주장한다. 예를 들면, 존 슈와쯔는 1960~70년대 동안 미국의 자유주의적 정책은 가난을 대폭 줄이고 악명 높은 영양실조를 없앴으며 과밀하고 열악한 주거환경을 개선했고 가난한 어린이들에게 교육기회를 더 많이 제공해 주었다고 주장한다. 또 수천의 실업자들에게 유용한 기술을 가르쳐 주었고 환경오염을 줄였으며, 미국 시민들의 꾸준히 증가하는 소득에 대해 세금을 크게 부과하지 않으면서도 이러한 모든 서비스를 제공해 주었다는 것이다.[59]

자유주의자들은 또한 점진적인 변화를 추구하는 데 초점을 둔다. 왜냐하면 그들은 긴 시간을 두고 조그마한 수정보완을 추구하다보면 많은 영역에서 진보가 이루어질 것으로 믿기 때문이다. 냉전시대 말기 국제정치에 있어서 대변혁이 일어나도 대부분의 자유주의 정치가들은 국방으로부터 국내 프로그램으로 재정의 직접적이고 극적인 이전을 요구하지 않았다. 오히려 그들은 5년~10년 주기로 군비지출의 점진적인 감축을 추구하였다. 왜냐하면, 자유주의자들은 다음과 같은 몇 가지 이유로 점진적인 변화를 선호했기 때문이다.

첫째, **점진주의**는 참을 수 없는 혼란을 회피한다. 예를 들면 군대를

---

58) 예를 들면, Sidney Verba and Gary Orren, *Equality in America* (Cambridge: Harvard University Press, 1985), pp. 41-48 참조.
59) John Schwarz, *America's Hidden Success* (New York: W.W.Norton, 1983).

서서히 감축해야 사회에 전역 군인들이 넘치는 것을 막을 수 있고 군사비 지출에 의존하고 있는 지역경제에 심각한 충격을 주는 것을 피할 수 있다. 둘째, 점진주의는 대대적인 개혁보다 더 정치적으로 수용가능성이 높다. 대립적인 이해관계는 변화를 서서히 진전시켜야 보다 쉽게 화해를 시킬 수 있다. 셋째, 점진주의는 치유적인 행동을 허용한다. 개혁을 수행하게 되면 예상하지 못했던 문제들과 결과가 발생할 수 있다. 그러나 점진주의는 이러한 문제들을 다루기 위해서 조정과 심지어는 원상회복까지도 허용한다.[60]

그래서 자유주의자들은 혁명적인 정치보다는 변혁과 점진적 개혁을 통해서 진보를 달성하려고 한다. 그럼에도 불구하고 긴 시간에서 보면 자유주의적 개혁의 결과는 사실상 혁명적인 것일 수 있다고 주장된다. 테오도르 로이에 따르면, 고전적 자유주의의 원칙에 기반 하여 수립된 '제1차 미공화국'은 1960년대에 끝나고 현대 자유주의의 원칙에 토대를 둔 '제2차 미공화국'이 그 후계자로 출현하였다.[61]

현대 자유주의자들의 개혁은 미국 정치에서 혁명적인 변혁으로 나타났다. 작은 국가는 강한 국가에게 자리를 넘겨주었으며, 자유기업은 규제를 받는 혼합경제에게 양보를 하였다. 경제에 대한 개인의 불균등 기여에 초점을 맞추고 있는 이른바 시장정의에 대한 강조는 시민들 간의 평등을 강조하는 사회정의에 의해서 상당한 수준으로 견제를 받고 있다. 권력분리는 행정부가 중심이 되는 정부에 의해 부분적으로 수정되고 있다. 주 정부의 우위는 연방정부의 제도에게 많은 양보를 하고 있다. 선출직 관리나 유권자들처럼 많은 이익집단과 기관들도 중요한 영향력을 행사함에 따라 권력은 보다 광범하게 분산되고

---

60) 점진주의의 합리성에 대한 옹호는, David Braybrooke and Charles Lindblom, *A Strategy of Decision* (New York: Free Press, 1963) 참조.
61) Lowi, *The End of Liberalism*, pp. 271-294. 로이는 이러한 변화들에 대해 비판적이다.

있다. 시민권은 대폭 확대되고 있고, 시민에게 참여 기회를 더 많이 줄 수 있도록 하기 위해서 많은 장치들이 고안되고 있다.

자유주의자들은 이러한 변화들에 대해 박수를 보낸다. 왜냐하면 이를 통해서 정부는 시민들의 적극적 자유를 신장시켜 주고 사회경제적 문제들을 해결해 주며 그럼으로써 진보를 가져온다고 보기 때문이다.

III. 철학적 기반

1. 존재론

현대 자유주의자들은 확실하고 논쟁의 여지가 없는 철학적 기반에 기초하여 정치에 대한 보편적 이론을 확립한다는 고전적 자유주의자들의 목표를 포기했다. 그들은 자유주의를 자연에 대한 참된 이해에 기반을 두고 있는 확고한 교의로 보기 보다는 진화하는 역사적·정치적 성취, 다시 말해서 형이상학이 아니라 그 자신의 업적과 잠재력을 통해 정당화되는 가치 있는 정치적 전통의 계승인 것으로 파악한다.[62] 현대 자유주의자들은 개인들이 '좋은 것'이라고 생각하는 전적으로 주관적인 이해와는 다른 '좋은 것' 또는 '좋은 삶'에 대해 어떤 지식도 가정하지 않는다는 점에서 좁은 의미로는 (앞으로 인식론에 대한 논의에서 살펴보게 될 것이다) 의무론적이라고 간주될 수 있다. 그러나 현대자유주의자들은 또한 넓은 의미에서도 의무론적이라고 간주될 수 있는데, 그들은 우주, 인간, 사회의 참된 성격을 규정하려는 시도들을 별 효과가 없는 것으로 본다.

고전적 자유주의자들처럼 현대 자유주의자들은 세계를 자연이나

---

62) John Rawls, "Justice as Fairness: Political Not Metaphysical," *Philosophy and Public Affairs* 14(1985), pp.223-251 그리고 John Gray, *Liberalisms: Essays in Political Philosophy* (London: Routledge, 1989), p.240.

세속적 관점에서 바라본다. 그들은 우주에서 신의 역할에 대한 생각을 사적이고 영적인 필요에만 도움이 되는 것이지 정치적 원칙들을 정립하는 것과는 무관한 것으로 간주한다. 그러나 고전적 자유주의자들은 자연세계가 정확한 자연법칙에 따라 작동을 하고 있는 것으로 믿었던 반면, 현대 자유주의자들은 사회와 인간의 생활을 결정하는 자연질서가 존재한다고 생각하지 않는다. 사회적 장치들은 자연적으로 주문된 것이 아니라 사회적으로 창조되는 것으로 본다. 인간의 능력도 선천적으로 정해지는 것이라기보다는 오히려 사회적 맥락과 인간의 선택에 의해 만들어지는 것이다. 역사는 미리 정해진 사회적 · 자연적 힘에 따라 전개되는 것이 아니라 우리들이 만들어 나가는 것이다. 현재는 물론이고 미래의 사회 세계는 많은 가능성을 띠게 되며, 철의 법칙에 종속되기 보다는 문화적 · 정치적으로 다양한 변화를 보일 것이다.[63]

자본주의, 정치 또는 사회생활에 관한 철의 법칙이 존재하지 않는다고 주장한다고 하여 그것이 이들 영역에서의 발전이 완전히 우연적이며 헤겔적인 관념의 힘이든 또는 마르크스적인 물질의 힘에 의해 만들어지는 것이 아니라는 뜻은 아니다. 현대 자유주의자들은 진보의 성취가 인간의 가치와 조직력에 의해 영향을 받는 것으로 가정하는 것 같다. 자유주의자들은 사람들이 왕왕 경쟁적이기도 하는 많은 가치들을 갖고 있는 것으로 이해한다. 개인, 집단 또는 사회 내에서 가장 강력한 가치는 이들의 목표와 성취에 영향을 미칠 것이다. 그래서 자유주의자들은 자유주의의 유지와 진보를 위해서는 다음과 같은 몇몇 자유주의적 가치들, 즉 개인의 우월성과 성취의 중요성, 사회정의에 대한 관심, 다른 사람들의 권리에 대한 존중, 자유주의적 권리와 가치

---

[63] 예를 들면, 케인스는 인간의 개입을 미리 배제하는 '어떤 자연법칙'이 있다고 믿는 것은 '우스꽝스러운 것'이라고 생각했다. John Maynard Keynes, *Collected Works*, vol.9, pp.90-91 참조.

를 위해 기꺼이 투쟁하려는 의지 등을 증진시키는 것이 필요하다고 본다.[64]

 자유주의자들은 또한 이러한 가치들이 영향력을 갖기 위해서는 이들이 정치권력의 지지를 받아야 하는 것으로 이해한다. 현대 사회에서 중요한 정치권력은 사람과 물질적 자원들을 잘 갖춘 조직들에게 있다. 역사의 진보에 영향을 미치는 조직화된 권력은 정부, 기업, 노동조합, 또는 여타의 대규모 조직들에 존재한다.[65] 간단히 말해서 현대 자유주의자들은 인간 역사에는 많은 가능성이 존재하며, 우리들의 운명은 우리들이 강조하는 가치와 권력이 조직되는 방식에 의존한다고 믿는다. 만약 자유주의적 가치들이 충분히 실현되길 바란다면, 자유주의적 가치들이 장려되어야 하며 이러한 가치들을 위해 정치권력이 효과적으로 조직되어야 한다고 본다.

2. 인간본성

 고전적 자유주의자들은 인간이 고정되고 특정한 특성을 갖고 있는 것으로, 다시 말해서 인간은 효용을 극대화 하고자 하며 도구적 이성을 부여받고 있고 그리고 어떤 근본적인 측면에서 동등한 것으로 가정하였다. 이와 반대로 현대 자유주의자들은 인간본성을 고정되고 불변적인 것으로 가정하는 것은 잘못된 것이라고 믿는다. '인간본성'에 대해서 생각할 때, 현대 자유주의자들은 인간의 실제적인 동기와 자질에 관해 서술적인 진술을 하기 보다는 자유주의 사회에서 번창하기 위해 인간이 어떻게 해야 하는지 그리고 다른 사람들은 인간을 어떻게 생각해야 하는지에 대해서 도덕적인 처방을 하는 경향이 있다.

---

64) William Galston, "Civic Education in a Liberal Society," in *Liberalism and the Moral Life*, edited by Nancy L. Rosemblum (Cambridge: Harvard University Press, 1989), p.93.
65) 조직의 결정력에 대해서는, John Kenneth Galbraith, *The New Industrial State* (New York: Signet Books, 1972) 참조.

고전적 자유주의자들처럼 현대 자유주의자들은 모든 사람들이 행복한 삶을 영위해 나가고 행복한 삶이 제공하고 요구하는 것을 확보하는 데 본질적인 관심을 갖고 있는 것으로 믿고 있다. 그러나 이들 자유주의자들은 인간의 인생계획의 상세한 내용들이 특정화될 수 있다고 생각하지는 않는다. 사람들은 행복한 삶을 물질적 안락이라든가 안전과 같은 자본주의적 가치들을 획득하는 것으로 볼 수도 있고, 정서적인 만족이라든가 사회적 귀속감 또는 공공정신을 강조하는 다른 가치들을 획득하는 것으로도 볼 수 있다. 사람들마다 각각 다른 목표를 강조할 수 있고, 각 개인들은 자신들의 현재의 우선순위가 잘못되었다고 생각하면 자기들의 인생계획을 바꿀 수도 있다.[66] 개인들은 완전히 자율적이고 정신과 육체가 분리된 방식으로 자신들의 목표들을 선택하지는 않는다. 그들은 공동체의 전통과 다른 사람들의 가치, 심지어는 다른 문화를 가진 사람들의 가치로부터도 영향을 받는다. 그러나 이러한 외부적 영향들은 특히 다원주의적인 자유주의 사회에서 종종 서로 갈등하는 가치들을 강조한다. 이처럼 대립적인 가치들 사이에서 선택을 하고 각자의 선택을 재고려할 때, 개인들은 자신들과 자신들의 인생계획을 규정하거나 재규정한다.[67] 도덕적 명령은 모든 개인들에게 가능한 한 자율성은 많고 외부적 제한은 적은 가운데 '내부로부터' 자신의 인생계획을 설계하고 수정 보완하는 기회를 제공해 주어야 한다는 것이다.

현대 자유주의자들은 또한 인간이 도구적 합리성을 위한 능력을 갖고 있다고 믿는다. 즉, 인간은 자신들의 목표를 달성할 수 있는 가능성을 높이기 위해 경제적·사회적·정치적 선택을 할 수 있는 능력을 보유하고 있다는 것이다. 그러나 충분히 합리적이기 위해서 인간은

---

66) Will Kymlicka, "Liberalism and Communitarianism," *Canadian Journal of Philosophy* 118 (June 1988).
67) Emily Gill, "Goods, Virtues, and the Constitution of the Self," in *Liberals on Liberalism*.

무엇이 유용한 선택인지를 알아야 하며 다양한 선택을 추구한 그 결과들에 대해 정보를 갖고 있어야 하고 그리고 즉각적인 현시점에서뿐만 아니라 장기적인 측면에서 중요한 가치들을 충분히 실현하는 데 어떠한 선택이 가장 큰 도움이 될 것인지를 분별 있게 판단할 수 있어야 한다. 인간이 충분히 합리적인가 하는 정도는 개인들 간에는 물론이고 개인들이 지적으로 개발됨에 따라 개인 내에서도 다양하게 나타난다. 자유주의자들은 사람들의 합리적인 능력을 부인한다든가 또는 그들에게 최선의 것이 무엇인지를 가부장적으로 제시해 주는 권위를 보유하려고 하기 보다는 사람들이 자신들을 위한 선택의 기회를 제공받음으로써 이성의 능력을 지속적으로 개발해 나가는 것이 필요하다고 주장한다.[68]

 현대 자유주의자들은 또한 만약 자유주의적 원칙과 제도, 정책들이 번창하려면 발전시켜야 할 인간의 다른 자질들에 대해서도 강조를 한다. 예를 들어 이 장의 〈설명상자 1-3〉 '존 롤스와 그의 자유주의적 정의론'에서 우리는 존 롤스가 인간은 위험한 선택을 피해야 하고 정당하게 획득된 불평등을 시기하지 않도록 해야 하며 자기 자신의 환경에 상관없이 정의의 원칙을 채택해야 한다고 주장했음을 지적한 바 있다. 롤스는 (어떤) 인간은 도박을 좋아하며 다른 사람들의 더 많은 부와 권력을 부러워하고 자신들의 이익을 반영하는 '원칙들'을 기회주의적으로 선택한다는 것을 인정한다. 그러나 그는 이러한 인간적 약점들이 극복될 수 있는 것으로 보고 있다. 그래서 자유주의 사회에서는 인간의 도덕적 발전을 증진시키는 것이 절대 필요한 것이 된다.

 마지막으로 고전적 자유주의자들뿐만 아니라 현대 자유주의자들은 모든 사람의 존재의 평등을 받아들인다. 인간의 가치, 합리성 그리고 여타의 능력과 재능상의 현존하는 차이에도 불구하고 자유주의자들

---

[68] 달은 이러한 명령을 "개인적 자율성의 가정"이라고 부르고 있다. Dahl, *Democracy and Its Critics*, pp.97-105 참조.

은 본질적 평등의 사상을 수용하고 있다.[69] 이런 사상의 도덕적 명령은 다른 사람이 생각하고 있는 선의 개념도 꼭 같이 가치가 있는 것으로 간주하고 마치 어떤 사람도 다른 사람보다 선천적으로 우월하지 않은 것처럼 제도를 마련하며 정책을 결정할 때 각 사람의 인생계획과 이익에 대해서 꼭 같이 고려하라는 것이다.

3. 사회

고전적 자유주의자들은 사회를 단순히 개인과 개인들 간 상호작용의 총합인 것으로 보았다. 그러나 현대 자유주의자들은 이러한 사회관으로는 개인에게 영향을 미치고 개인들을 한데 묶는 사회적 힘을 파악하지 못한다고 믿고 있다. 현대 자유주의자들이 볼 때 사회는 서로에 대해 관용하면서 평화롭게 살고자 하는 다양한 집단의 사람들이 연합을 이루어 나타난 것이다. 이들 집단들은 공통의 이해관계와 대립적인 이해관계를 모두 가지고 있지만 이러한 이해관계들은 확립된 자유주의 제도를 통해 가장 효과적으로 관리될 수 있다. 사회는 인종적·종족적·경제적으로 볼 때 상대적으로 동질적일 수 있지만, 대부분의 현대 국가들은 이질적이다. 많은 집단들은 사회적 다원주의와 자유주의 사회의 다원성을 형성한다. 공통의 이해관계를 가진 사람들은 자신들의 공통의 이익을 추구하기 위해 연합을 형성하며, 이렇게 형성된 연합은 인간 정체성의 기초가 된다.[70]

사회를 특징짓는 가장 좋은 방법은 사회 내에서 지배적인 연합의

---

69) Dahl, *Democracy and Its Critics*, pp.84-88.
70) Lowi, *The End of Liberalism*, pp.31-41에 따르면, 아더 벤틀리(Arthur Bentley)나 데이비드 트루만(David Truman)은 현대 자유주의의 출현에 중요한 역할을 했다. 처음에 이들 다원론자들은 집단이란 단지 개인들의 특정한 공통이익의 산물일 뿐인 것으로 믿었지만, 최근의 다원론자들은 현재 나타나 있는 집단의 연합이 개인의 이해관계와 인생계획을 결정하는 데 커다란 역할을 한다는 것을 인정한다. Charles Anderson, "Pragmatic Liberalism: Uniting Theory and Prctice," in *Liberals on Liberalism*, p.210 참조.

맥락에서 파악하는 것이지만, 그러한 연합의 배열은 사회마다 다양하다. 영국과 같이 사회계급의 강한 전통을 갖고 있는 나라들은 계급적 구분을 반영하는 강력한 정당과 이익집단을 발전시켜 왔다.[71] 네덜란드와 스위스 같은 나라들은 '협의 민주주의'를 발전시켜 왔는데, 여기서는 이들 사회의 다양한 종족집단을 대표하는 조직들이 중요한 정치적 역할을 수행한다.[72] 일본에서는 법인체 기업들이 경제생활에서 뿐만 아니라 사회생활에서도 중요한 역할을 수행한다. 미국에서는 직업상 또는 인종적·종족적·종교적 그리고 생활방식 상의 이해관계를 대변하는 매우 다양한 집단들이 나타나 '초다원적' 사회를 만들고 있다. 이는 많은 사람들이 동시에 다양한 집단의 구성원이 되는 사회를 뜻한다. 자유주의자들은 이러한 연합의 구조들 가운데 어떤 것도 자유주의 사회가 발전시키려고 애쓰는 모델을 제공한다고 보지 않는다.

그럼에도 불구하고 자유주의자들은 자유주의 사회 내에 존재하는 사회적 다원주의, 즉 집단과 연합의 다양성은 바람직스럽고 또 다음과 같은 몇 가지 규범적 함의를 갖고 있는 것으로 보고 있다. 첫째, 연합의 목적이 사회의 현존하는 권위와 정책을 반대하는 것이라고 하더라도 개인들이 다른 사람들과 연합하는 것을 허용해야 한다.[73] 둘째, 개인은 개인과 사회의 안정을 증진하기 위해서 다양한 집단에 가담하

---

71) 그래서 현대 자유주의자들은 마르크스주의자들과 그들의 이데올로기적 주장이 계급을 사회의 근본적인 특징이라고 파악하는 데는 종종 타당하다는 것을 인정한다. 그러나 자유주의자들은 계급의 중요성이 공동체마다 그리고 시간에 따라 다양하게 나타날 수 있다는 점을 강조한다. 예를 들어, 영국사회의 특징으로서 계급의 중요성은 근자에 들어 약화되어 왔다고 본다. Richard Rose and Ian McAllister, *The Loyalties of Voters* (Newbury Park, Calif.: Sage, 1990), chap.3 참조.
72) Arend Lijphart, *Democracy in Plural Societies* (New Haven: Yale University Press, 1977).
73) 자유주의자들은 자유주의의 원칙과 제도들을 반대하는 집단에게까지도 관용을 확대해야 하는지에 대해서는 덜 명확한 입장을 취하고 있다. 롤스는 파시

도록 장려되어야 한다.[74] 셋째, 모든 집단은 권력을 추구할 권리를 갖고 있으며 모든 합법적인 이해관계는 쟁점들이 해결될 때 공정하게 반영되어야 한다. 넷째, 다양한 집단들이 꼭 같은 권력을 가질 필요는 없지만, 어떤 집단도 다른 집단을 지배해서는 안 된다. 집단권력의 현존하는 불평등은 공공이익과 정의에 대한 관심에 각 집단들이 얼마나 기여하는가라는 능력의 차이를 반영하는 것이어야 한다.

요약하면, 현대 자유주의자들은 어떤 특정한 사회 개념에 기초하여 정치적 원칙과 제도를 건설한다는 생각에 반대한다. 대신에 그들은 많은 집단과 연합으로 구성된 다원적 사회를 개인의 소속과 정체성의 다양한 기반을 제공해 주는 수단으로서 장려되어야 한다고 생각한다. 그러한 다원적 사회는 또한 전제와 권위주의를 막고 자유와 민주주의를 증진시키는 방식으로 권력을 광범하게 분산시켜야 한다고 본다.

4. 인식론

대부분의 현대 자유주의자들은 고전적 자유주의의 인식론적 토대를 형성했던 정치적 지식의 획득에 관한 데카르트식 접근을 받아들이지 않는다. 『정치사상의 이해』 I권의 제2장에서 살펴보았던 것처럼, 데카르트 과학의 목적은 물질적·사회적 세계와 인간 심리에 대한 의심의 여지 없는 진실들을 발견해서 사람들로 하여금 자연세계의 실제에 조응하는 경제적·정치적 장치들을 창조할 수 있도록 하는 데 있

스트나 공산주의 조직과 같은 비타협적인 집단에 대해서도, 만약 그들이 약하고 자유주의 제도가 강하다면, 관용을 베풀어야 한다고 주장한다. 그러나 자유주의적 시민의 일차적인 의무 가운데 하나는 자유주의 제도를 보존하고 보호하는 것이며, 그렇다면 자유주의의 존속에 진짜로 위협이 될 집단들을 억압할 수도 있다. Rawls, *A Theory of Justice*, pp.216-221.

74) 집단소속은 개인을 사회 내에 안착시킨다. 다양한 집단에 소속함으로써 현안에 대해 대립적인 견해를 알게 되고 정치적 요구를 완화시킨다. 다양한 집단소속을 통해 참가자들은 권위주의나 선동에 덜 취약할 수 있다.

다. 그러나 현대 자유주의자들은 이러한 접근이 근본적으로 잘못된 것이라고 믿고 있다. 자유주의의 정치적 원칙들을 추론해 낼 수 있는, 이른바 우주와 세계 그리고 인간의 성격에 대한 자명한 진리는 존재하지 않는다는 것이다. 만약 자유주의를 옹호하려면, 그것은 고전적 자유주의를 옹호하기 위해서 사용되었던 데카르트 과학과는 다른 데에 기반을 두어야 할 것이다. 현대 자유주의자들은 자신들의 정치적 원칙들을 정당화하기 위해서 다양한 대안들을 제시하고 있다.

최소한 정치이론가들과 철학자들 가운데서 아마도 현대 자유주의의 가장 영향력 있는 옹호는 존 롤스가 제안한 의무론적 정당화일 것이다. 이 접근은 "좋은 것 보다는 옳은 것에 강조점"을 두기 때문에 의무론적이다.[75] 즉, 이 접근은 우리가 "좋은 것을 구성하는 것이 무엇인가"를 알지 않고도 "옳은 것이 무엇인가"를 이해할 수 있다고 주장한다. 고전적 자유주의자들처럼 롤스는 좋은 것과 좋은 삶에 대한 개념들은 주관적인 것이라고 인정한다. 좋은 것에 대한 어떠한 개념도 자유주의 국가에 의해 특별히 보호되든가 지원을 받을 만한 자격을 갖지 않는다. 자유주의 국가는 다양한 개인이나 집단들이 옹호하는 좋은 삶의 다양한 개념들에 대해서 중립을 지켜야 한다. 실제로 정부는 사람들이 좋은 삶에 대한 자신의 견해에 기초하여 자신의 인생계획을 설정하고 이를 추구하는 데 가능한 한 자유로울 수 있는 권리를 보호해 주어야 한다. 만약 사람들이 자신들의 최고의 관심이 가능한 한 정치적·사회적·경제적 제한을 최소화하면서 좋은 삶에 대한 자기 자신의 아마도 독특한 생각을 추구하는 권리의 확보에 있다는 것으로 동의를 한다면, 이들은 또한 다른 사람들도 똑같은 관심을 갖고 있으며 그럼으로써 그들로 하여금 그러한 권리를 증진시켜 주는 자유주의의 원칙과 제도, 관행에 의해 통치를 받도록 하는 그 이상의 동의 내지는 암묵적인 사회계약을 체결한다는 데 동의해야 할 것이다. 이러한

---

75) Rawls, *A Theory of Justice*, p.396.

주장에 따르면, 자유주의 사회는 좋은 삶에 대한 자신들의 진실한 선택을 추구할 권리에 관심을 갖고 있는 모든 개인들의 합리적인 선택의 독특한 결과물이다. 이러한 주장은 사회계약론과 데카르트적인 보편성 가정에 기반을 두고 있는 고전적 자유주의의 옹호와 어떤 공통된 특징을 공유하고 있다.

그러나 이러한 정당화는 데카르트적인 것이 아니다. 왜냐하면 이 정당화는 자유주의의 원칙과 제도에 대해 시민들이 동의를 하는가의 여부가 그들이 동등한 존중, 위험부담이 없는 합리성, 상호무관심, 그리고 자신들의 자연적·사회적 환경들에 대한 무지 등 이러한 것들에 관한 생각을 보유하고 있는가에 달려 있다는 것을 명백하게 인정하고 있기 때문이다(〈설명상자 1-3〉 '존 롤스와 그의 자유주의 정의론'의 논의 참조). 자유주의 이론가들은 이러한 생각들이 합의적으로 보유할 수 있는 것이 아니라고 인정하기 때문에 의무론적인 사회계약론에 기반을 둔 자유주의의 정당화가 절대적으로 또는 보편적으로 강제될 수 있는 것이 아니라고 이해한다.

자유주의의 두 번째 정당화로서 자유주의의 원칙과 제도들이 경쟁적인 원칙이나 제도들 보다 더 우월한 이유는 자유주의 원칙을 채택하면 적극적인 결과들을 가져오기 때문이라고 주장된다. 이러한 정당화의 첫째 주장은 "자유주의 사회에서만이 인간은 충분히 번창할 수 있다"는 것으로 나타난다.[76] 이러한 주장에 따르면, 자유주의 제도는 개인들이 자기결정을 하고 자신들의 행동에 책임을 지며 정책결정의 집단적 논의에 참여하는가 하면 그럼으로써 자신들의 도덕적·지적 발전을 도모해 나가는 자유와 기회를 가장 잘 제공해 준다.

정당화의 둘째 주장은 자유주의 제도가 사회적 평화를 증진시켜 준

---

76) Gary, *Liberalisms*, p.254. 게리는 이러한 주장의 기원을 존 스튜어트 밀, T.H.그린, K.W.홈볼트(K.W.von Humbolt), 어니스트 바커(Ernest Barker)에게서 찾고 있다. 그는 이러한 주장이 무언가 부족하다는 것을 알고 있다.

다는 것이다.[77] 만약 좋은 삶에 대해 다른 개념을 갖고 있는 집단들이 서로를 관용하는 자유주의 이념을 받아들이지 않고 모든 개인들의 기본적인 권리를 확보해 줄 제도를 발전시키지 않는다면, 그들은 지속적으로 서로 간에 '종교전쟁'이나 기타 이데올로기에 기반을 둔 갈등에 휘말리게 되고 강한 집단이 좋은 삶에 대한 자신들의 생각을 다른 모든 사람들에게 강요하게 되지 않을까 하는 두려움 속에서 살아가게 될 것이다.

정당화의 셋째 주장은 자유주의의 원칙과 제도, 정책을 채택하면 많은 분야에서 사회적 진보가 일어날 것으로 보는 것이다.[78] 자유주의의 원칙과 제도, 정책들은 많은 사회적·경제적 문제들을 줄이거나 해소해 왔으며, 장기적이고 안정된 경제성장을 이룩하였다. 기업들로 하여금 자연을 보호하는 것과 같은 공공이익에 관심을 갖도록 함으로써 경제 권력을 규제할 수도 있다. 소득불평등을 줄이기도 했다. 소수 인종과 여성 그리고 여타의 불우한 집단을 위해 기회균등을 증가시켜 왔다. 간단히 말해서, 현대 자유주의의 제도와 원칙, 관행들은 우리들의 일상생활에서 많은 유익한 것들을 제공해 주기 때문에 정당화되고 있다.[79]

현대 자유주의에 대한 세 번째 옹호론은 현대 자유주의가 인간의 오류가능성과 무지에 가장 적합한 원칙과 관행들을 제공해 주고 있다는 것이다. 이러한 주장을 이해하기 위해서 존 듀이로부터 찰스 앤더슨(Charles Anderson)까지의 **실용주의자들**에 의해 제시되고 있는 과학과

---

77) Brian Barry, "How Not to Defend Liberal Institutions," *British Journal of Political Science* 20 (June 1990), pp.4-5.
78) 예를 들면, Schwarz, *The Hidden Success of American Politics* 참조.
79) 자유주의를 옹호하는 데 이와 같은 결과론적인 주장은 중요하다. 그러나 이러한 주장은 자유주의의 당위성을 입증시켜 주지 못한다. 왜냐하면 이는 때때로 논쟁의 여지가 있는 경험적인 주장을 제시하고 있기 때문이며, 또 모든 사람들이 제시된 결과들을 높이 평가한다고 가정하고 있기 때문이다.

자유주의 정치 사이의 관계를 간단히 살펴보아야 할 것이다. 존 듀이에 따르면, 데카르트 방법론은 인간행동을 다스리기 위해서 절대적인 진리를 추구하는 독단적인 작업이기 때문에 이러한 방식으로 과학을 특징짓는 것은 잘못이다. 오히려 과학은 절대적인 진리를 알지 못하고 삶에 대한 자신들의 지식도 잘못된 것일 수 있는 사람들이 시행착오를 통하여 자신들의 이해를 증진시키려고 하는 개방적인 활동이라는 것이다. 자유주의 정치도 단지 "폭 넓게 적용된 과학적 방법"일 뿐이다. 이와 비슷하게 자유주의 정치는 어떻게 통치할 것인가에 대한 절대적인 원칙을 주장하는 것이 아니라 사람들이 그들이 경험한 구체적인 문제들을 해결하려고 애쓰는 개방적인 과정이다.[80] 자유주의 정치과정은 이러한 문제들에 대해 점차적으로 정확하고 유용한 정보들을 만들어 내기 위해 사람들을 조직하고 이러한 문제들을 해결하기 위해 '사회적 지성'을 활용하는 데 관심을 기울인다.

과학과 자유주의 간의 연계에 대한 듀이의 이해는 칼 포퍼(Karl Popper)에 의해 더욱 확장되었다. 그에 따르면, 과학은 이론을 검증하는 것이 아니라 단지 부적절한 생각이 잘못되었음을 밝힐 수 있을 뿐이며, 그래서 모든 지식은 잠정적이고 미래에 수정을 보도록 되어 있다. 『열린사회와 그 적들』(The Open Society and Its Enemies)에서 포퍼가 주장한 바에 따르면, 권위주의적인 폐쇄사회는 정부 당국이 선한 사회의 특성들에 대한 절대적인 지식을 획득할 수 있으며 그 결과 그러한 사회를 건설하는 데 필요한 지식을 보유한 만능의 정부가 될 수 있다고 잘못 가정하고 있다.

반대로 '개방적'이고 자유주의적인 사회는 다음과 같은 이유 때문에 진정으로 과학적인 공동체와 유사하다는 것이다. 즉, 1)사람들이 자신의 정치 강령이 결코 입증될 수 없다는 것을 인정하기 때문이고,

---

[80] David Ricci, *The Tragedy of Political Science* (New Haven: Yale University Press, 1984), p.104.

2)대안적인 생각들에 대해 항상 관용을 베풀기 때문이며, 3)질서정연한 사회변화를 가져올 수 있도록 하는 제도가 존재하기 때문이다. 보다 최근에 찰스 앤더슨은 현대 자유주의가 현행의 관행들을 개혁하고 이러한 관행들이 자유주의적 이상에 보다 긴밀하게 반응하도록 하는 방식으로 실제적인 문제들을 해결하는 데 특별히 잘 들어맞는 일련의 실천들을 제공하고 있다는 주장을 하였다.[81]

현대 자유주의자들은 결코 경제적 효율성을 극대화한다든가 또는 경제적 평등을 증진시킨다고 하는 등의 절대적 원칙을 갖고 시작하지 않으며, 이러한 원칙들에 일치하는 정책이나 실천들을 만들려고도 하지 않는다. 대신에 현대 자유주의자들은 '중간쯤의' 정치생활에 들어간다. 그들은 유독성 폐기물을 어떻게 다룰 것인지 또는 대학 교육과정에서 어떤 과목을 이수하도록 해야 할 것인지와 같은 특정의 문제에 관심을 갖는다. 그들은 각 영역에서 현행 실천들의 성과를 다음과 같은 다양한 기준에 의거하여 평가한다. 예를 들면, 그러한 관례들이 경제적인가, 효과적인가, 공평한가, 이해 당사자들의 선호에 부합하는가 등이 그것이다. 그들은 어떤 일을 할 때 새로운 방식을 고려하며, 다양한 기준들을 사용함으로써 이러한 개혁들이 성과에 어떤 영향을 미칠 것인지를 평가한다. 제안된 다양한 개혁들은 각기 다른 방식으로 다양한 기준에 영향을 미치기 때문에 절대적이고 객관적으로 최선의 개혁이란 있을 수 없다는 것이다.

그러나 다양한 종류의 합리적인 판단을 적용하는 정치적 심의를 통해 사람들은 현재 진행 중인 실천들의 성과를 높여 주리라 기대되는 개혁을 실험해 보자는 합당한 결정에 도달할 수 있다. 게다가 그러한 실험은 지속적인 평가와 재평가를 받는다. 현대 자유주의자들은 절대적인 자유주의 원칙들이 없다고 해도, 다시 말해서 좋은 사회가 무엇

---

[81] Charles A. Anderson, *Pragmatic Liberalism* (Chicago: University of Chicago Press, 1990).

과 같은 것인지에 대해 확실한 생각이 없고 개혁의 효과에 대해서도 잠정적인 지식만을 갖고 있을 뿐임에도 불구하고, 이러한 과정들은 지속적인 사회진보를 가져다 줄 것이라고 믿고 있다.[82] 간단히 말해서, 좋은 사회에 대한 지식은 항상 제한되어 있고 잠정적이기 때문에 가장 좋은 사회는 인간의 자유를 보장해 주고 문제가 있는 사회적·경제적 상황들을 어떻게 개혁할 것인가를 놓고 지속적으로 심사숙고하는 자유주의 사회라는 것이다.

IV. 요약과 결론

아마도 관용의 원칙이 현대 자유주의의 골격을 가장 잘 요약한다고 보겠다. 그러나 관용에 대한 현대 자유주의자들의 생각은 존 로크와 같은 고전적 자유주의 사상가들이 주장하는 종교적 관용을 넘어선다. 고전적 자유주의자들에 비해 현대 자유주의자들은 보다 더 관용적이다. 왜냐하면 현대 자유주의자들은 자신들의 철학적 기반이 매우 취약하다는 것을 인식하고 있기 때문이다. 그들은 자유주의적 원칙들을 우주와 인간, 사회가 어떻게 작동하는가의 명확한 개념에 기반하여 입증할 수가 없다는 것을 잘 알고 있다. 그들은 자유주의 원칙을 옹호하기 위해서는 다른 이데올로기를 옹호하는 사람들로부터는 의문시되는 어떤 자유주의적 가치를 수용할 필요가 있다는 것도 인식하고 있다. 현대 자유주의자들은 공산주의라든가 파시즘과 같은 절대주의적이고 비관용적인 이데올로기에 대해 별로 탐탁하지 않은 견해를 갖고 있다.

---

82) 이런 점에서 현대 자유주의자들은 모순적이라고 할 수 있다. 만약 자유주의자들이 좋은 사회가 무엇과 같은 것인지 알고 있지 않다면, 사회진보를 구성하는 것이 무엇인지를 어떻게 확인할 수 있을 것인가?

그러나 이들은 민주사회주의라든가 현대 보수주의 또는 여성주의나 환경주의와 같은 최근의 이데올로기에 대해서는 그것이 자유주의에 대해 우호적이며 관용적인 한 '친구'가 될 수 있다고 본다.[83] 현대 자유주의자들은 이들 친구들과 몇 가지 원칙들을 공유하고 있다. 민주사회주의자들처럼 현대 자유주의자들은 보다 많은 평등을 추구한다. 현대 보수주의자들처럼 현대 자유주의자들은 자본주의의 존속에 찬성하는 입장이다. 여성주의자들처럼 현대 자유주의자들은 여성에 대한 동등한 권리와 기회균등을 지지한다. 환경주의자들처럼 현대 자유주의자들은 환경문제에 보다 많은 관심을 기울여야 한다고 생각한다. 현대자유주의들을 포함하여 이들 모든 이데올로기들은 입헌적인 대의 민주주의를 옹호한다. 이와 같은 중첩적인 원칙들은 기본적인 자유주의적 제도들에 대한 광범한 지지와 함께 특정의 정책의제에 대한 잠정적인 연합을 이끌어낼 수 있도록 기반을 제공해 준다.

현대 자유주의자들은 '외부적으로' 다원주의적 이데올로기에 대해 관용적일 뿐만 아니라 '내부적으로도' 자유주의 사회내의 다양성에 대해서도 관용적이다. 자유주의자들은 자신들과는 다른 인생설계나 생활방식에 대해 너그럽다. 그들은 종교와 도덕에 대해 다양한 관점의 표현을 인정한다. 자유주의자들은 자신들 내부에서도 많은 실질적인 정치적 쟁점들에 대해 의견을 달리 한다. 어떤 사회적·경제적 문제들이 정치적 의제에서 가장 중요한 위치를 차지해야 할 것인가? 특정의 문제를 다룰 때 효율성과 형평 등과 같이 경쟁적 원칙들 가운데 어느 것에 더 강조점을 두어야 할 것인가?

이러한 질문들에 대한 대답은 현대 자유주의자들의 추상적인 원칙들로부터 도출될 수 있는 것이기 때문에 스스로를 자유주의자로 생각하는 사람들은 이러한 실질적인 문제들에 대해서 다른 자유주의자들

---

83) Bernard Crick, *In Defense of Politics* (Middlesex, England: Penguin Books, 1982).

과 자주 의견의 차이를 보이곤 한다. 현대 자유주의자들은 보다 많은 심사숙고를 통해서 조정이 가능하다고 생각하면서 그리고 미래의 쟁점에 대해서 의견을 달리하는 자유주의적 친구들과 다시 손잡을 수 있으리라 기대하면서 특정의 쟁점에 대해 의견이 다른 자유주의자들에게 너그럽게 대한다. 그러나 특정의 쟁점에 대한 내부적 의견의 불일치가 자유주의적 이데올로기의 원칙들에 의해서 인정되고 있다고 하여 그것이 하나의 통합되고 규율이 잡힌 자유주의 정당의 존재 가능성을 부인하는 것은 아니다.

오늘날 현대 자유주의는 유례없는 성공을 누리면서 동시에 심각한 위기를 경험하고 있다. 한편으로는 공산주의의 몰락으로 인해 이데올로기 갈등은 끝난 것으로 언명되고 있다.[84] 자유주의적 원칙과 가치들이 오늘날 전 세계에 걸쳐 지배적 위치를 점하고 있다. 자본주의가 동유럽에 도입되었다. 현대 자유주의의 과잉에 대한 보수적 공격에도 불구하고 자유주의적 복지국가는 전 세계 많은 곳에서 강하게 자리 잡고 있다. 입헌적인 대의 민주주의 정부가 점점 더 많은 국가에서 채택되고 있다. 시민권의 확대에 대한 지지는 광범위하게 펼쳐져 있다. 자유주의에 수반되는 세속적이고 물질적인 가치가 점차적으로 전 세계 대부분의 문화를 지배하고 있다.

반면에 자유주의는 누구나 싫어하는 'L 글자'로 치부되면서 공격을 받고 있다. '자유주의적' 명칭은 심지어는 자유주의 원칙을 신봉하는 정치가들을 포함하여 대부분의 정치가들로부터 경원시되고 있다. 왜냐하면 자유주의는 적어도 대부분의 미국인들에게는 거대하고 개입적인 정부, 관료적 지배, 경제를 숨 막히게 하는 과도한 기업규제, 역차별, 범죄자에 대한 과도한 관용, 도덕적 방임 그리고 특히 고율의 세금 등과 동일한 것으로 인식되고 있기 때문이다.[85] 아마도 현대 자유

---

84) Francis Fukuyama, *The End of History and the Last Man* (New York: Avon Books, 1992).

주의는 이러한 문제들에 연관되어 있다. 그러나 이러한 문제들을 해결하는 것이야말로 자유주의자들이 최선을 다해 하고자 하는 일들이다. 개혁에 대한 자유주의자들의 헌신과 경험을 고려할 때, 현대 자유주의자들이야말로 자신들이 창조해 낸 사회와 정치를 개혁하고 그럼으로써 자신들의 정치적 원칙들까지도 개혁하는 과제를 가장 잘 수행할 수 있을 것이다.

---

85) 〈미국관객〉(American Spectator) 창시자인 엠넷 티렐(R. Emmett Tyrrell, jr.) 이야말로 아마도 현대 자유주의에 대한 가장 신랄한 비판자이다. 티렐의 비판은 J. David Hoeveler, Jr., *Watch on the Right: Conservative Intellectuals in the Reagan Era* (Madison: University of Wisconsin Press, 1991), pp. 207-231에 잘 요약되어 있다. 자유주의가 오늘날 미국에서 어떻게 평가되고 있는지에 대한 보다 학술적 논의에 대해서는, J. Ronald Pencock, "Liberalism Under Attack," *The Political Science Teacher* 3 (Winter 1990) 참조.

제2장

민주사회주의

미국은 유일하게 민주사회주의 정당이 존재하지 않는 산업화된 민주사회이다. 그럼에도 불구하고 상당한 정도로 자유주의적인 것이기는 하지만 다양한 형태의 급진주의를 통해 다음과 같은 주장을 하는 많은 민주사회주의 사상이 미국의 정치적 담론에 흘러 들어왔다. 자본주의 제도와 과정 그리고 가치가 선한 사회에서 합법적인 역할을 수행할 수 있다고 하더라도 현대사회는 자본주의에 의해 지배되고 있고 그 결과 경제적 비효율성, 사회적 부정의 그리고 도덕적 타락을 낳고 있다. 자본주의적 지배를 줄이기 위해서 사유재산과 경제적 불평등을 제거할 필요는 없지만, 공공이 재산의 사용을 통제하고 경제적 필요를 모든 사람에게 충족시킬 수 있도록 해야 한다.

자본주의적 지배를 줄이기 위해서 개인의 자유와 권리를 포함하는 자유주의적 가치를 철폐할 필요는 없지만, 자유주의적 가치는 사회적 유대, 다른 사람에 대한 존중과 관심 그리고 공동체에 대한 개인적 책무를 강조하는 다른 가치들로 보완이 이루어져야 한다. 자본주의적 지배를 종식시키기 위해서 혁명적 변화를 요구하는 것은 아니지만, 시민들이 사회주의적 가치를 획득하고 정치적으로 권한을 부여받으며 선하고 정의로운 사회를 달성하기 위한 일차적 수단으로서 민주적 정부를 활용해 나가는 점진적인 과정을 통해 자본주의적 지배의 종식이 서서히 일어날 수 있고 또 일어나야 한다.

사회주의적 감정은 인류생활 만큼이나 오래된 것이지만, 사회주의 이데올로기는 자본주의에 대한 반작용이다. 그래서 사회주의의 선구자들, 예를 들면 토마스 모어(Thomas More, 1478~1535),[1] 제라드 윈스탄리(Gerrad Winstanley, 1609~1660?),[2] 프랑수아 노엘 바뵈프(Francois Noel (Gracchus) Babeuf, 1760~1797),[3] 그리고 가장 중요하게는 장-자크 루소(Jean-Jacques Rousseau, 1712~1778)[4] 같은 사람들은 자본주의가 출현하기 시작할 때 글을 썼다. 그럼에도 불구하고 '사회주의'라는 단어는

---

1) 모어는 1516년에 『유토피아』(*Utopia*)를 출간했는데, 여기서 그는 유럽에서 태동하고 있는 취득사회를 강하게 비판하였다.
2) 윈스탄리는 영국내전 기간(1651~1660) 동안 크롬웰 군대 내의 급진파 집단인 디거즈(Diggers)의 지도적 이론가였다. 윈스탄리는 토지에 대한 공동소유와 공동접근을 요구하였다. George Shulman, *Radicalism and Reverence: The Political Thought of Gerrad Winstanley* (Berkeley: University of California Press, 1989) 참조.
3) 바뵈프는 프랑스혁명 기간 동안 사유재산을 폐지하려고 했고 절대적인 평등을 주창했다. 그는 "나이와 성별의 차이를 제외하고는 어떤 다른 차이도 없도록 하자. 모든 사람은 동일한 욕구와 동일한 능력을 보유하고 있기 때문에 모든 사람으로 하여금 동일한 교육을 받고 동일한 식사를 하도록 하자. 그들은 모든 사람을 위해 동일한 태양과 동일한 공기에 만족한다. 왜 같은 양과 질의 영양이 그들 각각에게 충분하게 되어서는 안 되는가?"라고 썼다. 바뵈프에 대한 논의로는, Steven Lukes, "Socialism and Equality," *Dissent* 22 (Spring 1975), p. 155 참조.
4) 사회주의에 대한 루소의 기대는 자신의 책 『첫번째 대화』(*First Discourse*, 1749)에서 18세기 중반 유럽에서 태동하고 있었던 자유주의적 부르주아 사회에 대한 비판과 자신의 책 『두번째 대화』(*Second Discourse*, 1755)에서 불평등의 원인과 발전에 대한 분석, 그리고 자신의 책 『사회계약』(*Social Contract*,

1827년 로버트 오언(Robert Owen, 1771~1858)의 사상을 추종하는 사람이 *Cooperative Magazine*이라는 잡지에 소개될 때까지는 나타나지 않았다. 오언에 따르면 자본주의의 문제는 협동과 사회성 그리고 사유재산과 부에 대한 사회적 통제를 강조하는 새로운 유형의 사회적 공동체를 만들어 발전시킴으로써 극복될 수 있는 것으로 보았다.[5] 그럼에도 불구하고 오언과 다른 초기 사회주의자들은 마르크스와 엥겔스에 의해 공상적 사회주의자라고 비난을 받았다. 왜냐하면 초기 사회주의자들은 철학과 과학에 의해서 사회주의 원칙의 진실성을 보여줄 수 있으며 생산적이고 조화로운 코뮌은 개명된 산업가, 진정한 기독교인, 사회적 개혁가들에 의해 개발될 것이고 이러한 코뮌의 성공을 통해 모든 사람들이 사회주의 원칙을 받아들이게 될 것으로 보았기 때문이다. 단순히 사회주의가 궁극적으로 모든 사람들에게 이익을 가져다 줄 것이라는 이유 때문에 모든 사람이 사회주의를 받아들일 것이라는 초기 사회주의자들의 신념을 마르크스는 거부했다.

상층계급의 즉각적인 물질적 이해관계는 자본주의에 대한 그들의 충성을 강화할 것으로 보았기 때문에 마르크스는 노동자계급에 의한 혁명을 통해서만 사회주의가 가능할 것으로 이론화하였다. 마르크스의 영향력하에서 사회주의는 19세기 후반기 대부분의 기간 동안 혁명적 이데올로기가 되었다. 모어로부터 마르크스에 이르기까지 많은 선구자들이 있었음에도 불구하고 민주사회주의는, 급진주의자들이 자본주의는 혁명적 수단을 통해서만 사회주의에 의해 대체될 뿐이라는 마르크스의 이론을 버리면서 자본주의에 대한 마르크스의 비판적 이해를 받아들이기 전까지는, 다른 것과 구별되는 완성된 이론으로 출현하지 못했다. 영국의 페이비안(Fabian)들과 독일의 수정주의자들은

1762)에서 사람들이 이기심을 초월하고 모든 사람의 선을 원하는 공동체 사회에 대한 비전을 통해서 나타나고 있다.
5) 공상적 사회주의에 대한 여러 가지 재미있는 논의로는 Robert Heilbroner, *The Worldly Philosophers* (New York: Simon and Schuster, 1953), 5장 참조.

이 점에서 중요한 역할을 했으며 그래서 민주사회주의의 적절한 창시자가 되었다.

〈설명상자 2-1〉 주요 민주사회주의자와 그들의 주요 저작

에두아르트 베른슈타인(Eduard Bernstein, 1850~1932)
　　『진화적 사회주의』(Evolutionary Socialism, 1899)
시드니 웹(Sidney Webb, 1859~1947)과 베아트리스 포터 웹(Beatrice Potter Webb, 1858~1943)
　　『영국의 사회주의』(Socialism in England, 1890)
리처드 H. 토니(Richard H. Tawney, 1880~1962)
　　『평등』(Equality, 1931)
조지 콜(George (G. D. H.) Cole, 1889~1959)
　　『사회주의의 역사』(History of Socialism, 1953~1960)
에리히 프롬(Erich Fromm, 1900~1960)
　　『자유로부터의 도피』(Escape from Freedom, 1941)
　　『건전한 사회』(The Sane Society, 1955)
알렉 노브(Alec Nove, 1915~1994)
　　『실현가능한 사회주의의 경제학』(The Economics of Feasible Socialism, 1983)
앤서니 크로슬랜드(Anthony (C. A. R.) Crosland, 1918~1977)
　　『사회주의의 미래』(The Future of Socialism, 1956)
어빙 하우(Irving Howe, 1920~1993)
　　『복지국가를 넘어서』(Beyond the Welfare State, 1982)
　　『사회주의와 미국』(Socialism and America, 1985)
마이클 해링턴(Michael Harrington, 1928~1989)
　　『또 다른 미국: 미국의 빈곤』(The Other America: Poverty in the United States, 1962)
마이클 왈쩌(Michael Walzer)*
　　『정의의 영역들』(Spheres of Justice, 1983)

*현재 생존해 있는 저자

1884년 페이비안사회(Fabian Society)는 시드니 웹(Sidney Webb, 1859~1947)과 그의 부인인 베아트리스 포터 웹(Beatrice Potter Webb, 1858~1943) 그리고 유명한 극작가인 조지 버나드 쇼(George Bernard Shaw, 1856~1950)가 이끄는 일단의 지식인들에 의해 창립되었다. 페이비안들은 자본주의에 대한 마르크스의 비판에 동감하며 평등주의와 인본주의 그리고 기독교 도덕에 깊이 연관되어 있다. 그럼에도 불구하고 그들은 자본주의로부터 벗어나서 사회주의로 이행해 나감에 있어서 점진적이길 원한다. 이러한 정향은 로마의 장군이었던 파비우스(Fabius)의 이름을 따서 명명한 데서 상징적으로 나타난다. 파비우스가 끈기있고 신중한 방어 전략에 의해 BC 209년 한니발의 강한 군대를 물리쳤듯이, 페이비안들은 사회주의가 자본주의보다 경제적·사회적·도덕적으로 우월하다는 것을 보여주는 끈기있고 신중하며 방어적인 캠페인에 의해 자본주의의 압도적인 힘을 굴복시킬 것으로 보았다.

페이비안들은 사회주의에 대한 지지가 증가함에 따라 사회주의자들이 의회에 선출될 것이고 자본주의 체제에 사회주의적 개혁을 도입할 수 있을 것으로 믿었다. 1901년 페이비안들은 영국의 주요 노동조합 지도자들과 손을 잡아 노동당을 창당했고, 1906년에 노동당은 하원에서 29석을 확보했다. 40년이 지난 2차대전 직후 노동당은 하원을 장악했고 영국 의회제도의 규칙에 따라 노동당은 자신들의 정부를 구성했다. 권력을 장악하고 있는 동안 노동당은 전기, 철강, 석탄의 생산을 국유화하고 의료혜택 등 수많은 사회주의적 정책을 입안했다. 20세기를 통해 페이비안사회는 지속적으로 사회주의를 옹호하고 발전시켰으며, 노동당은 영국 정치에서 보수당의 일차적 경쟁자이며 중요한 정치세력으로 자리하고 있다.

유럽 대륙에서는 19세기 말에 독일의 사회당(SPD)을 포함하여 다양한 사회주의 정당과 운동이 형성되었다. 1895년 SPD는 혁명적 내지는 정통적 마르크스주의자와 페이비안의 영향을 받은 수정주의 마르크스주의자로 나뉘어졌다. 가장 유명한 수정주의자인 베른슈타인

(Eduard Bernstein, 1850~1932)은 정통 마르크스주의자들이 마르크스를 잘못 해석하여 마르크스의 변혁 이론을 너무 결정론적인 것으로 만들었다고 주장했다. 베른슈타인에 따르면, 경제력이 예견된 방식으로 발전하여 불가피한 위기를 낳을 때 자본주의는 붕괴하고 사회주의가 등장할 것이라는 정통 마르크스주의자들의 변증법적 유물론은 SPD에게 앉아서 혁명을 기다리면서 세월을 보내는 것 말고는 아무 것도 할 것을 제시해 주지 않는다는 것이다.[6] 1899년 베른슈타인은 『진화적 사회주의』라는 책에서 자본주의는 붕괴할 것 같지 않고 노동자계급은 덜 혁명적으로 되어 가고 있으며 또 민주화의 증대는 SPD로 하여금 정치권력을 획득하여 사회주의로 나아가는 개혁을 도입할 수 있도록 허용해 주고 있다고 주장했다.

그러나 민주적 수단으로 사회주의를 실현하려는 베른슈타인의 기대는 20세기로의 이행기 독일에서는 카이저 빌헬름 2세(Kaiser Wilhelm II)가 이끄는 제국적 통치가 구축됨에 따라 좌절되었다. SPD가 전국적인 의회선거에서 어떤 다른 정당보다도 더 많은 대중적 지지를 얻는다 해도 제2제국(Second Reich, 1870~1918) 동안은 사회주의적 법을 입안하거나 통치를 할 수는 없었다. 바이마르공화국(Weimar Republic, 1919~1933)의 혼란스런 상태나 제3제국(Third Reich, 1933~1945) 동안 히틀러의 전체주의적 통치 모두 SPD에게 개혁을 도입할 기회를 조금도 주지 않았다. 그러나 2차대전 이후 서독에서 독일연방공화국이 창립되자 SPD는 권력의 주요 경쟁자로 재등장했다. 1970년대 동안 SPD는 서독을 통치하는 연합의 지배적인 정당이었으며, SPD의 지도자인 빌

---

[6] 베른슈타인의 주요 비판자인 칼 카우츠키(Karl Kautsky, 1854~1938)도 다음과 같이 주장하면서 이러한 해석을 위한 기반을 제공하고 있다. 즉, "사회민주주의의 과업은 불가피한 파국을 야기하는 데 있는 것이 아니라 가능한 한 그것을 연기시키는 것, 다시 말해서 도발적인 어떤 것도 조심스럽게 회피하는 데 있다." 이 인용은 수정주의자들에 대한 탁월한 요약과 함께 David McLellan, *Marxism After Marx* (Boston: Houghton Mifflin, 1979), pp. 20-41에 실려 있다.

리 브란트(Willy Brandt)는 수상까지 되었다. 오늘날 SPD는 통일 독일의 여러 주와 시를 통치하고 있으며 중앙정부의 관할권을 장악할 수 있는 잠재력을 보유하고 있다.

미국을 예외로 하면 산업화된 서구의 모든 민주국가들은 중요한 사회민주주의 정당을 보유하고 있으며, 이들 국가에서 민주사회주의 이데올로기는 주요한 목소리를 내고 있다. 1975년 이래 영국과 프랑스, 서독, 그리스, 스페인, 포르투갈, 노르웨이, 덴마크 등 서유럽 민주주의 국가에서는 사회민주주의 정당이 한 번 이상 집권하였다. 사회민주주의 정당은 1950년대 이래 캐나다의 여러 지방에서 지방정부를 구성해 오고 있다. 세네갈의 셍고르(Leopold Sedar Senghor), 가나의 엥크루마(Kwame Nkrumah), 이집트의 낫세르(Gamel Abdel Nasser) 같은 탈식민지 아프리카의 지도자들도 민주사회주의를 발전시켜 나갔으며, 탄자니아, 알제리, 기니비소에서는 사회주의자들이 효과적으로 통치해 오고 있다.[7] 1989년 이후로는 동유럽의 많은 구 공산주의 국가들에서도 사회민주주의의 가치와 프로그램이 주도하고 있다. 그러나 사회민주주의의 위대한 승리는 스웨덴에서 이루어졌다.

스웨덴에서는 1932년에 처음으로 사회민주노동당(Social Democratic Labor Party: SAP)이 정권을 잡았다. 이때 이래 거의 지속적으로 통치를 함으로써 SAP는 스웨덴을 유럽의 가난한 국가들 가운데 하나에서 세계의 가장 풍요로운 국가들 가운데 하나로 바꾸는 데 기여했다. 동시에 스웨덴은 세계에서 가장 균등한 소득분배를 이룩한 나라 가운데 하나가 되었다. 경제적 번영과 소득균등을 추구함에 있어 SAP는 포괄적인 복지국가를 발전시켰지만 생산수단의 공공소유는 피하였다. 오늘날 스웨덴 내 산업의 약 85%가 사적으로 소유되고 있다. SAP는 이렇게 페이비안과 수정주의자들의 주요한 프로그램 가운데 하나를 포

---

7) 아프리카 사회주의에 대해서는, Crawford Young, *Ideology and Development in Africa* (New York: Yale University Press, 1982), pp. 97-182 참조.

기했지만, SAP의 성공은 민주사회주의의 관심을 경제적 생산으로부터 경제적 분배로 전환하도록 재조정하는 데 기여하였다.[8]

이 장에서 우리는 간결하게 '사회주의'로 명명하게 될 민주사회주의에 대해 설명을 하게 될 것이다. 우리들의 설명은 민주사회주의가 다양한 형태로 존재한다는 점 때문에 혼란을 가져올 수도 있다.[9] 한편으로는 페이비안과 수정주의자들에 의해 예시되었고 또 사회주의 정당들의 강령에서 자주 나타나는 것으로서 경제적 생산과 분배가 국민국가에 의해서 관리되어야 한다고 주장하는 상대적으로 중앙집중적인 입장이 있다.

다른 한편으로는 공상적 사회주의자들과 최근의 공동체적 사회주의자들에 의해 예시되었고 사회주의자들의 실제적인 통치 관행에서 명백하게 드러나고 있듯이 자본주의적 지배에 대한 지방적 대항, 작업장과 지방 공동체에서의 시민의 포괄적인 참여 그리고 재화와 서비스의 정당한 분배에 대해 '국유화 조치'가 아닌 '사회화'(socialized) 접근을 강조하는 상대적으로 분권적인 입장이 있다.

이와 같이 다양한 사회주의 형태 간의 긴장은, '진화'라는 단어가 사회주의와 연결될 때, 사회주의적 가치를 달성함에 있어서 자신들이 선호하고 있는 변화의 수단은 물론이고 사회주의적 목표와 가치의 지속적인 발전에도 관심을 기울이도록 확실하게 보장해 주고 있다.

---

8) Joanne Barkan, "Sweden: Not Yet Oaradise, but……" *Dissent* (Spring 1989), pp. 147-151; Joanne Barkan, "The End of the Swedish Model?" *Dissent* (Spring 1992), pp. 192-198; 그리고 Robert Heilbroner et al., "From Sweden to Socialism: A Small Symposium on a Big Question," *Dissent* (Winter 1991), pp. 96-110 참조.

9) Anthony Wright, *Socialisms: Theory and Practice* (New York: Oxford University Press, 1986).

I. 정치적 기반

1. 문제점

　민주사회주의자에게 있어 경제적·사회적·정치적 문제들은 자본주의의 만연된 영향력으로부터 온다. 다른 이데올로기들도 자본주의의 문제점에 초점을 맞추고 있기 때문에, 자본주의에 대한 사회주의의 비판을 자유주의자, 파시스트 그리고 마르크스주의자나 공산주의자들이 제시하는 자본주의 비판과 비교하여 대조해 보는 것도 유용할 것이다.

　현대 자유주의자들처럼 사회주의자들도 순수 자본주의 체제는 여러 가지의 시장실패로 인해 곤혹을 당하고 있다고 생각한다. 즉, 반복적인 경기순환으로 인해 경제적 생산성과 번영을 해치는 경제침체가 나타난다. 자유 시장은 주택과 같은 몇몇 일부 재화들과 공중이 필요로 하나 어떻게 조달하기가 어려운 의료 같은 몇몇 서비스들을 적절하게 공급하지 못한다. 시장경쟁으로 인해 기업들은, 예를 들면 쓰레기 폐기물들을 아무렇게나 내버리는 등 공중에게 전가시킨다. 그러나 사회주의자들은 그 경제적 결함에만 초점을 맞추는 자본주의의 비판은 피상적이라고 생각한다. 그들은 우리가 앞으로 보게 되겠지만 자본주의 체제가 인간의 다른 많은 부분을 어떻게 지배하고 해를 끼치고 있는지를 자유주의자들이 제대로 파악하지 못하고 있는 것으로 본다.

　파시스트처럼 사회주의자들도 자본주의의 개인주의적이고 물질주의적인 가치가 단합을 해치고 공동체에 대한 책무를 저버리도록 하고 있다고 주장한다. 그들은 사람들이 단순히 고용자의 개인적 이익을 위해서 일하기보다는 보다 광범한 사회에 기여할 때 자신의 일에 대해 긍지를 갖게 되고 그로 인해 더 많은 성취감을 얻게 된다고 본다. 그러나 사회주의자들은 자본주의에 대한 파시스트적인 대안이 자본주의 원래의 문제점보다 더 해로운 것으로 파악한다. 자본주의를 통제하기 위해서 파시스트들이 만들어낸 전체주의적 국가는 자본주의 사회에서 존재하는 것 보다 훨씬 더 많은 폭정과 억압 그리고 불평등을 가져왔기 때문이다.

마르크스주의자나 공산주의자들처럼 사회주의자들도 자본주의가 인간소외와 경제적 위기에 대한 취약성 그리고 사회적 부정의를 가져오는 것으로 본다. 그들은 자본주의하에서 존재하는 광범한 경제적 불평등을 탐탁하지 않게 생각한다. 또한 대부분의 사람들이 실제적인 노동으로부터 얻는 수입이 얼마 되지 않음을 볼 때 자본가들이 벌어들이는 커다란 수입이 정당한 것인지에 대해 의문을 제기한다. 그러나 사회주의자들은 자본주의에 대한 공산주의적 해결방식이 지나치게 과도한 것으로 본다. 그들은 자본주의를 철폐하기보다 자본주의를 보다 적절한 위치에서 존속할 수 있도록 할 필요가 있다고 믿는다.

그러나 자본주의를 적절한 위치에서 유지하는 것은 쉬운 일이 아니다. 사회주의자들은 자본주의가 사회생활의 모든 측면을 철저하게 규정한다고 보는 마르크스주의자들의 견해에는 동의하지 않는다. 그러나 다음에서 보듯이 자본주의의 제도와 과정 그리고 도덕성이 현대사회를 지배하고 또 광범위하게 영향을 미치고 있다는 견해에는 동의한다.

첫째, 자본주의는 경제적 분배를 지배한다. 사회주의자들은 사람들이 번화가나 상점에서 사고 싶은 상품을 분배하는 데 자본주의가 나름대로 역할을 할 수 있다는 것을 인정한다. 그러나 대부분의 자유주의 사회에서 필수품들이 자본주의 원칙과 제도를 통해서는 제대로 분배되지 않는다. 예를 들면, 미국에서 의료를 받을 수 있는지의 여부는 그 비용을 감당할 수 있는 환자의 능력에 달려있다. 상대적으로 부유한 사람들이 다양한 의료를 위해서 포괄적으로 지불하고자 하게 되면 의사와 병원은 의료수가를 가난한 사람들이 감당할 수 없는 수준으로 올려놓는다. 사회주의자들에 따르면, 의료와 같은 필수품은 지불할 능력과 같은 시장에 기반하는 고려가 아니라 필요에 기초하여 할당되어야 한다.[10]

둘째, 자본주의는 사람들로 하여금 생존하기 위해서 그들이 일상적으로는 하고 싶지 않은 것을 하도록 강제함으로써 인간의 자유를 제약한다. 많은 필수품들이 자본주의 시장을 통해서 분배되기 때문에 사람들은 자주 "필사적인 교환"과 "마지막 수단을 다한 교역"을 하도록 요구된다.[11] 기본적인 의식주를 얻기 위해서 가난한 사람들은 혐오스럽고 위험하며 과도하고 소외시키는 일에 종사해야 한다. 사람들이 생필품을 구입하기 위해서 그러한 일을 받아들여야 하는 데도 그들이 시장교환에 정말로 자유롭게 참여하는 것이라고 주장하는 것은 오류이다.

셋째, 자본주의는 권력을 장악하고 있는 사람들에게 영향을 미침으로써 그리고 정부의 정책을 왜곡시킴으로써 민주적 정부를 지배한다. 사회주의자들은 자유주의 사회에서는 부당하게 돈으로 정치적 영향력을 산다는 데에 강조점을 둔다. 부를 갖고 있거나 또는 부에 접근할 수 있는 사람은 민주적 선거에서 이기고 공직자에게 영향력을 행사할 수 있는 유리한 위치에 놓여 있다. 게다가 자본가의 요구는 민주적 정부의 가장 중요한 의제나 정책에 강력하게 반영된다. 자본가들의 이익을 위협하는 쟁점은 보통 사장된다. 자본가들을 희생하여 가난한 사람들의 권한과 물질적 복지를 증대시키려는 정책은 거의 채택되지 않는다. 경제적 번영과 완전고용은 자본가들의 투자결정에 의존하기 때문에 민주적 정부들은 개인투자에 이익을 가져다 줄 수 있는 정책을 추진한다.[12] 간단히 말해서 사회주의자들에 따르면, 자본가가 지배하는 경제는 정부로 하여금 불가피하게 처음에는 이득이 부유한 사람에게 돌아가도록 하고 그 다음에 이들의 이득이 재투자되어 결국 노

---

10) Bernard Williams, "The Idea of Equality," in *Philosophy, Politics, and Society*, edited by Peter Laslett and W. G. Runciman (Oxford: Basil Blackwell, 1962), p. 122.
11) Michael Walzer, *Spheres of Justice* (New York: Basic Books, 1983), p. 102.
12) Joshua Cohen and Joel Rogers, *On Democracy* (Hamondsworth Middlesex, England: Penguin Books, 1963), pp. 51-53.

동자나 가난한 사람들에게도 이득이 흘러가도록 하는, 이른바 '하향 침투적' 경제정책을 추구하도록 하는 조건을 만들어 낸다는 것이다.

넷째, 자본주의는 기업의 결정들이 자본을 소유하고 관리하는 사람들에 의해 일방적으로 이루어지도록 한다. 노동절약적인 신기술을 도입할지 또는 공장을 이전할 것인지 등 노동자나 공동체 사회에 대해 중대한 영향을 미치는 일련의 결정들이 노동자나 소비자 또는 일반 공중들과의 의논 없이 이루어진다.[13] 오늘날의 많은 사회주의자들은 자본가가 사유재산을 소유하고 그로부터 이익을 챙길 수 있다는 점에 대해서는 기꺼이 받아들인다. 그러나 그들은 자본가가 자본의 사용과 관련한 중요한 결정 권한을 독점하는 것이 정당한 것인가에 대해서는 의문을 제기한다. 정치적 민주주의가 결여하게 되면 정부 당국이 시민들을 부당하게 지배하듯이 산업민주주의가 주어지지 않는다면 자본가가 종업원들을 불법적으로 지배하게 된다는 것이다.[14]

다섯째, 자본주의는 가족생활을 지배한다. 페미니스트적 사회주의자들은 자본주의가 가부장적 가족을 조장하고 지지한다고 주장한다. 아버지는 자본주의로 인해 가족 구성원들이 원하는 상품을 살 수 있도록 일차적 소득원으로서의 역할을 할 수 있음으로 해서 권한을 부여받는다. 어머니는 저임금으로 시간제나 임시직의 유연한 노동력을 제공하거나 아니면 무보수 가내봉사자로서의 종속적인 위치로 전락한다. 어린이들에게는 그들의 많은 잠재력을 활용할 기회가 거의 주어지지 않고, 그 대신에 생산적이고 유순한 사람이 되도록 가족 내에서 사회화되어 자신들의 미래의 일차적인 기능을 자본주의 체제에서

---

13) 자본가들로 하여금 자신들의 공장의 재배치 결정을 통해 지방 공동체의 운명을 좌지우지하도록 허용하는 폭정의 문제는 Barry Bluestone and Bennett Harrison, *The Deindustrialization of America: Plant Closings, Community Abandonment, and the Dismantling of Basic Industry* (New York: Basic Books, 1982)에 의해 논의되고 있다.
14) Walzer, *Spheres of Justice*, pp. 291-303.

성공하는 데 두게 된다.[15]

여섯째, 자본주의는 우리들이 보유하고 추구하는 가치를 결정함으로써 우리들의 문화를 지배한다. 사회주의자들은 자본주의가 직접적으로는 광고를 통해 어떤 상품을 구매하도록 유도하고 간접적으로는 경제적 교환가치에 의해 가치가 측정되는 사회체제를 유지함으로써 시민들의 선호를 조작하고 있는 것으로 보고 있다. 사회주의자들은 자본주의 체제가 모든 사람으로 하여금 일차적 목표로서 물질적 재화와 경제적 진전을 추구하도록 조장한다고 주장한다. 사회주의자들에 따르면, 진정으로 자신들의 필요를 느끼고 있는 사람들, 즉 자신들의 목표를 타락시키지 않고 또 자본주의 영향으로 인한 '허위의식'에 빠지지 않는 사람들은 의미 있고 창조적인 일을 한다든가 건강한 환경 속에서 사는 것 그리고 다른 사람들과 조화를 이루면서 살고 또 자신의 지적이고 정신적인 능력을 개발하는 것 등과 같은 다른 가치들의 표현들도 자신들의 더 중요한 요구사항들에 포함되고 있음을 인식하고 있다. 그러나 이러한 가치들은 그에 상응하는 대우를 받지 못하고 있다는 것이다. 왜냐하면 자본주의 사회에서 이러한 것들에는 경제적 가치가 거의 주어지지 않기 때문이다.

마지막으로, 자본주의는 자아존중과 자신감을 깎아 내림으로써 인간심리를 지배한다. 자본주의는 경제적 시장에서의 성공과 지위에 의해 강하게 영향을 받는 타락한 자아의식을 조장한다. 사람들은 작업장에서 종속되어 있고 의미가 없이 반복되는 일을 하는 한 자신들이 중요하다고 생각하기가 어렵다. 자본주의적 가치와 정향이 삶을 지배할 때, 경제적 경쟁에서 실패한 사람들은 스스로를 경제적 패배자로서 뿐만 아니라 인생의 낙오자로서 바라보게 된다.[16]

---

15) Alison Jagger, *Feminist Politics and Human Nature* (Totowa, N.J.: Rowman and Allenheld, 1983)은 아마도 사회주의적 페미니즘에서 가장 많이 인용되는 책이다.

요약하면, 사회주의자들은 현대 사회의 광범한 문제점들이 무엇인지를 확인해 주고 있다. 이러한 문제들의 근본적 원인 또는 그 뿌리를 자본주의로 추적해 감으로써, 사회주의는 다원주의적 이데올로기 가운데 가장 급진적이다. 사회주의자들은 "자본주의의 타락한 경향들에 대해 경계의 눈초리를 취하고 있다."[17] 왜냐하면 그들은 오늘날의 자유주의자들이나 보수주의자들보다는 자본주의의 해악에 대해 더 잘 이해하고 있기 때문이다. 그러나 여전히 사회주의자들이 자본주의를 용인하고 자본주의를 철폐하려고 하지 않는 한, 사회주의는 다원주의의 전통 내에 존재한다. 대신에 사회주의자들은 자본주의가 경제적·사회적·정치적 생활을 지배하지 못하도록 제한하고자 한다. 그들은 사유재산을 철폐하려고 하기보다는 재산을 소유하고 있는 사람들에게 돌아가는 이익을 줄이려고 한다. 그들은 절대적인 경제적 평등을 실현하려고 하기보다는 부의 집중에 뒤따르는 과다한 자만과 사치 그리고 권력을 제한하려고 한다.

2. 목표

자본주의를 제거하지 않고도 자본주의의 문제점들을 완화하기 위해서 사회주의자들은 문화적 가치를 변형시키고자 한다. 마르크스주의자들과는 다르게 사회주의자들은 민주적 자본주의에 의해 옹호되는 기본적 가치들이 사회주의적 방식으로 재구성되고 확대될 수 있을 뿐만 아니라 자본주의 제도가 중요한 역할을 수행하는 사회의 문화속으로 편입될 수도 있다고 생각한다. 자유주의적 가치들이 사회주의적 가치들로 변형될 때 자본주의의 남용을 줄이고 자본주의의 지배를

---

16) John Schaar, "Equal Opportunity and Beyond," *Equality: Nomos IX*, edited by J. Roland Pennock and John W. Chapman (New York: Atherton Press, 1967), pp. 238-239.

17) Robert Kuttner, "Socialism, Liberalism, and Democracy," *The American Prospect* (Spring 1992), p.7.

제한하도록 하는 광범한 대중적 지지가 개발될 수 있는데, 이러한 지지는 자본주의에 대한 공적인 통제 내지는 정부의 통제를 위한 기반을 제공한다.

자유주의적 가치를 사회주의적 가치로 재구성하고 확장하는 데 주요한 열쇠는 개인주의에 대해 다시 생각하고 공동체에 대해 강조를 둔다는 것과 관련되어 있다. 사회주의자들은 개인주의를 포기하려고 하지는 않는다. 오히려 혼자인 개인들이 어떻게 자신들의 이익과 자유를 극대화할 수 있는지에 초점을 맞춘다. 그럼으로써 사회주의자들은 사람들이 자신들의 개별성을 그대로 유지해 나가면서 동시에 자신들의 참된 자유를 증진시켜 주는 보다 만족스런 공동체 생활을 영위하기 위해서 어떻게 서로 협력할 수 있는지에 초점을 맞추고자 한다.

사회주의자들은 고전적인 자유주의자나 현대 자유주의자 모두 **공동체적 조화와 관련하여 취약한** 개념을 보유하고 있다고 생각한다. 고전적 자유주의자들에게 있어 공동체 내지는 시민사회는 서로의 권리를 침해하지 않도록 하는 원자화된 개인들 간의 동의일 뿐이다. 이러한 자유주의적 공동체에서의 협력은 상호이익이 되는 교환에 관여한다든가 아니면 개인의 권리를 확보해 줄 수 있는 정부를 확립하는 것으로 한정된다. 현대 자유주의자들에게 있어 공동체는 다양한 집단들이 서로에게 관용을 베풀 때 성립된다. 그리고 협력은 문제를 해결하고 사회적 안정을 유지하는 방향으로 일하는 것에 한정된다. 사회주의자들은 이러한 협력이 본질적이라는 것을 인정하면서 동시에 공동체와 박애에 대한 보다 사려 깊은 생각이 필요하다고 생각한다. 사람들이 자유주의적 문화에서 살고 경쟁이라든가 극단적인 개인주의 또는 물질주의를 강조하는 자본주의 경제에서 일하고 있다면, 그들은 진정한 공동체의 경험을 할 수가 없고 그래서 진정한 공동체에 대해 올바른 인식도 가질 수 없다. 자본주의는 사이비 공동체만을 유지할 따름이다. 이러한 사이비 공동체에서 사람들은 다양한 규범과 규칙을 지킴으로써 공존하며 또 서로의 관계가 각자의 개인적인 이익과 관련하여 상호 이익이 되는 한 사람들은 서로에게 즐겁게 대한다. 그러나 진정한 공동체는, 모든 사람들이 동일한 가치를 갖고 있는 공동체 구성원이라고 간주될 때, 사람들이 자신들의 개인적인 차이를 표명하는 것이 안전하다고 느낄 때, 사람들이 자신들의 차이를 발굴해 나가는 과정에서 학습을 통해서 발생하는 상호간의 개발에 헌신적일 때, 그리고 사람들이 집단적인 공동체의 한 구성원이 됨으로써 개인에게 부가되는 소속감과 관심 그리고 상호성을 통해 기쁨을 느낄 때, 비로소 발생한다.[18]

박애는 추상적인 인간 사랑이나 또는 개인과 집단 간의 총체적인 동일시가 아니다. 오히려 박애는 친구, 동료애, 상호존중, 지지, 공감, 민감성, 돌봄과 관련한 태도이다.[19] 그러나 단순히 다른 사람들에 대한 우호적인 태도 이상으로 박애는 사람들이 서로를 정말로 존중하는 협력적인 행동을 의미한다. 사람들이 다른 사람에게 진정으로 경의를 표할 때, 그들은 다른 사람들을 통제하거나 지배하려고 하지 않으며 다른 사람 앞에서 자신의 우월성이나 성공을 과시하려고 하지 않는다. 개인의 권리를 지지하고 고양시키려고 하는 것 이상으로 박애는 공통의 문제를 해결하려는 협력적인 집단행동과 관련되어 있다. 서로를 용인하는 것 이상으로 박애는 서로의 다른 필요를 이해하고 각각의 다른 목표를 지지하는 것과 관련되어 있다.

보다 박애적인 태도와 협력적인 행동의 발전이 개별성을 희생으로 하여 이루어져서는 안 된다. 사회주의자들은 자유주의자들이 개별성과 공동체적 조화 사이의 갈등을 너무 지나치게 강조하고 있다고 본다. 공동체 의식을 획득한다거나 협력적 행동을 통해 공통의 목표를

---

18) M. Scott Peck, *The Different Drum* (New York: Simon and Schuster, 1987), pp. 59-76.
19) 버나드 크릭은 '박애'의 이러한 태도들이 역설적으로 여성운동의 '자매관계'에서 가장 두드러지게 나타날 수 있다고 본다. Bernard Crick, *Socialism* (Minneapolis: University of Minnesota Press, 1987), pp. 102-103 참조.

달성하기 위해서 개별성을 억압하고 개인의 자유를 침해할 필요가 없다. 능력과 목표 모두와 관련하여 개인들 간의 차이는 불가피하고 바람직한 것이다. 그러한 개인적 차이와 불평등에 대해 불만을 갖는 것으로는 아무 것도 얻을 수 없다. 개인적인 차이를 없애려는 시도 역시 아무 소용이 없고 괴이한 것이 될 뿐이다.[20] 개별성을 억누르려고 하기보다 사회주의자들은 개별성이 충분히 발현되도록 하려고 한다. 왜냐하면 그들은 개인적 차이라는 것이 사회적 에너지의 원천이라고 믿고 있기 때문이다. 만약 모든 사람들이 자신들의 특별한 능력과 힘을 활용하도록 허용되고 또 제약을 받지 않고 자유로운 방식으로 자신들의 목표와 이해를 표명하도록 허용된다면, 경제적 생산성과 사회적 진보는 극대화될 수 있을 것이다. 그러나 자유주의 사회는 개별성의 충분한 발현과 개인적인 자유의 극대화에 장애가 되는 것을 적절히 제거하지 못하고 있다.

사회주의자들은 개인의 자유에 대한 자유주의적 관심이 다음과 같은 3가지 방식으로 확대되어야 할 것으로 보고 있다.

첫째, 사회주의자들은 개인들이 여러 대안들 가운데 참된 선택을 할 수 있도록 상황의 수를 확대시킴으로써 구체적인 자유의 범위를 증대시키고자 원한다. 예를 들면, 사회주의자들은 만약 사람들이 자신들의 가족을 부양하기 위해서 수입을 필요로 한다는 것을 고려한다면 자유주의자들이 강조하는 추상적인 경제적 자유와 재산권이 주어진다고 해도 그로 인해 사람들이 난잡하고 착취적인 일을 그만 두기 위해서 진정한 선택을 하도록 보장되는 것은 아니라고 생각한다. 실제로 만약 사람들이 여유가 없다면 유용한 의료혜택을 받지 못한다. 그래서 사회주의자들은 경제적, 사회적 또는 정치적 제약 때문에 자

---

20) 개인적 차이를 없애려는 시도와 관련하여 재미있는 풍자로는, Kurt Vonnegut, "Harrison Bergeron," in *Welcome to the Monkey House* (New York: Dell, 1970) 참조.

신들의 복지를 증진시킬 수 있는 선택을 하지 못하게 되는 상황이 줄어들기를 원한다.

둘째, 사회주의자들은 사적인 영역에서 공적인 영역으로 자유를 확대함으로써 자유의 영역을 증대시키고자 한다. 사회주의자들은 개인들이 다른 사람들에게 영향을 미치지 않는 사적인 행동을 하기로 선택을 함에 있어 자유로워야 한다는 점에서는 자유주의자들과 의견을 같이 한다. 그러나 사적인 영역에서의 자유에 대한 자유주의자들의 강조가 공적 영역에서의 자유에 대해서는 충분한 주의를 기울이지 않고 있는 것으로 파악하고 있다. 사회주의자들은 개인들이 자신들의 집단적인 삶에 대해 공적인 선택을 하는 공공의 일부분이 될 때 비로소 보다 자유로울 수 있다고 본다. 예를 들면, 만약 공동체가 지방의 공장을 문 닫고 다른 곳으로 이전시키려는 사기업의 결정에 의해 위협받게 된다면, 사회주의자들은 이로 인해 영향을 받는 시민들과 노동자들이 이 문제에 대해 공적인 정책결정을 할 수 있어야 한다고 본다. 왜냐하면 만약 기업 관리자들과 소유자들이 주민들에게 이러한 결정을 마음대로 부과할 수 있다면 사람들은 근본적으로 자유롭지 못할 것이기 때문이다.

셋째, 사회주의자들은 가능한 한 많은 사람들에게 사적이고 공적인 생활에서 유용한 선택의 여지를 많이 제공해 줌으로써 자유의 범위를 확대하고자 한다. 사회주의자들이 보기에 자유주의자들은 형식적으로 동등한 자유에 너무 많은 강조점을 두고 있다. 또 많은 사람들이 사회적 제약과 경제적 불평등으로 인해 진정한 선택을 하지 못하고 있는 현실을 무시하고 있는 것으로 파악된다. 예를 들면, 경제적으로 불리한 사람들을 위한 적극행동 프로그램이나 장학금들이 있다고 해도 그것들이 대부분의 흑인이나 여성, 가난한 사람들로 하여금 전문적인 교육이나 직업훈련을 받도록 허용해 주지는 않는다. 왜냐하면 그들의 성장과정이 이러한 교육을 받을 수 있는 자격을 박탈하고 있기 때문이다. 모든 사람들이 양육되는 사회적·경제적·문화적 맥락을 개선시키는 공공행동은 자연적 능력을 보유하고 있는 개인들로 하여금 자격을 갖추도록 해 줄 수 있고, 그래야 이러한 프로그램에 들어갈 수 있는 결정이 개인적 선택의 문제로 전환될 수 있다.

사회주의자들은 개인의 자유를 확대하는 것과 공동체적 조화를 개발하는 것이 대부분의 경우 양립 가능한 목표라고 생각한다. 진정한 공동체가 존재할 때 모든 사람들은 다른 사람들로 하여금 자신들의 독특한 능력을 개발하도록 격려하고 그럼으로써 그들은 공동체에 가장 효과적으로 기여할 수 있다. 그럼에도 불구하고 사회주의자들은 또한 개별성과 공동체 간에는 긴장이 존재할 수 있다는 자유주의자들의 주장을 받아들인다. 예를 들면, 훈련되지 않고 방탕한 생활방식을 추구하는 개인들은 공동체에 파괴적일 수 있다. 이러한 상황에서 개별성의 요구와 사회적 조화의 요구는 균형을 이루어야 한다. 사회주의자들은 어떤 사람들의 자유는 다른 사람들의 자유와 경합을 벌일 것이라는 점도 인정한다. 예를 들면, 개별 자본가들에게 무한정의 재산권을 부여하는 것은 이 재산이 사용되는 방식에 의해 영향을 받는 사람들의 자유를 제약한다. 이러한 상황에서 소수의 더 많은 경제적 자유는 자유의 보다 균등한 분배와 균형을 맞추어야 한다.[21]

그래서 사회주의자들은 보다 평등한 사회를 원한다. 사회주의자들이 보기에 자유주의자들은 평등에 대해 약한 개념을 갖고 있다. 왜냐하면 자유주의자들은 모든 사람들이 자신들의 개인적인 목표를 성취할 수 있는 기회를 동등하게 가지면 된다고 생각하기 때문이다. 동등한 기회가 중요하다는 것을 인정하면서도 사회주의자들은 동등한 기회를 넘어서서 모든 사람들에게 보다 동등한 사회적·경제적 조건을 성취하고자 한다. 그러나 평등한 사회에 대한 사회주의자들의 목표는 모든 사회적·경제적 재화의 동등한 분배와 같은 단순한 것이 아니다. 오히려 평등한 사회란 모든 사람들이 정치적 공동체 내의 개별적

---

21) Crick, *Socialism*, pp. 87-88.

이고 동등한 구성원으로서 동등한 존중을 받는 사회이다. 사람들이 서로에 대해 보다 많은 존중심을 가질 때 그들은 사람들의 신분과 관련하여 덜 분명한 구별을 하게 될 것이고 그럼으로써 사회적 불평등을 줄일 수 있다. 사람들이 정치적 공동체 내에서 동등한 구성원이라는 느낌을 더욱 공유하게 됨에 따라 그들은 자신들의 공통된 물질적 필요가 무엇인지를 명확히 하게 될 것이다. 그리고 모든 사람들에게 기본적인 자격부여로서 어떤 필수품들을 제공하게 될 것이며, 그럼으로써 경제적 불평등을 줄이게 될 것이다. 이렇게 동등한 존중과 동등한 구성원 자격이라는 생각이 확대되어 감에 따라 사람들은 정치권력에서의 광범한 불평등이 정당한 것인가에 대해 의문을 제기하게 될 것이다.

사회주의자들은 공동체에 대한 자신들의 기여와 자신들의 우월한 개인적 덕성으로 인해 어떤 사람들은 다른 사람들보다 더 영예로울 것임을 인정한다. 또한 사회주의자들은 자신들의 남다른 근면과 기술로 인해 어떤 사람들은 다른 사람들보다 더 부유하게 될 것이라는 점도 인정한다. 그리고 사회주의자들은 자신들의 풍부한 리더십 능력과 정치적 이해관계로 인해 어떤 사람들은 다른 사람들보다 더 많은 권력을 향유하게 될 것이라는 점도 인정한다. 사회주의자들의 목표는 이러한 불평등을 제거하는 것이 아니라, 이러한 불평등을 줄이고 이러한 불평등을 모든 사람들을 위해 광범한 자유나 진정한 공동체와 양립할 수 있는 것으로 만드는 데 있다. 우리들은 정의에 관한 절에서 평등사회에 대한 사회주의자들의 목표에 대해 보다 더 자세히 살펴보게 될 것이다.

사회주의자들은 또한 정치적 민주주의를 높이 평가한다. 사회주의자들이 보기에 대의민주주의의 현행 제도에 만족하고 있는 자유주의자들은 민주주의에 대해 '약한' 개념을 갖고 있다. 사회주의자들은 대의민주주의가 완전히 자본주의에 의해 지배되고 있다는 마르크스주의자들의 주장에는 동의하지 않는다. 그러나 그들은 자본가들이 대의적 제도에 대해 불균등하게 많은 영향력을 행사하고 있는 것으로 보고 있다. 그래서 그들은 이들 제도가 보통 사람들의 요구와 이익에 보다 더 많은 반응을 보이기를 원한다. 사회주의자들은 대의민주주의가 중요하다는 자유주의자들의 주장에 동의하면서도, 이러한 대의민주주의 제도가 시민들이 정책결정에 참여하는 기회를 더 많이 제공함으로써 확대되어야 할 것으로 보고 있다. 우리들은 통치자에 대한 절에서 대의민주주의를 참여민주주의로 확대시켜 나가는 사회주의자들의 목표에 대해 자세히 살펴보게 될 것이다.

요약하면, 사회주의자들은 박애와 자유, 평등, 민주주의에 관한 자유주의적 가치들에 대해서 그들의 자유주의적 한계를 넘어서는 설명이 주어질 수 있다고 주장한다. 박애는 관용 이상의 것을 의미하며, 진정한 상호존중과 돌봄을 요구한다. 자유는 형식적인 정치적·경제적·사회적 권리 이상의 것을 뜻하며, 모든 사람들이 가능한 한 많은 상황에서 진정한 선택을 하도록 요구한다. 평등은 동등한 기회 이상의 것을 의미하는데, 이는 사회적 재화의 분배에서 현존하는 불평등을 줄일 것을 요구한다. 그리고 참된 민주주의는 단순히 대의민주주의를 확보하는 것 이상을 의미하며, 광범한 시민의 참여를 요구한다. 이러한 사회주의적 가치들은 종종 서로 경쟁적일 수 있고 그래서 서로가 균형을 이룰 것을 요구한다. 그러나 사회주의자들은 이러한 가치들이 보통은 양립 가능하며 이러한 가치들의 실현은 평화와 번영이라는 보편적인 인류의 가치들로 이어질 것이라고 주장한다. 서로 협력한다는 것은 다른 사람들의 개인적인 힘을 지지하고 그들의 개인적인 자유를 증진시키는 것을 뜻한다. 모든 사람들의 개별성과 자유를 존중하게 되면, 이는 사회적 재화의 분배에서 나타나는 불평등에 대한 관심을 촉발하게 된다.

민주적인 참여는 협력을 하도록 한다든가 모든 사람의 진정한 자유를 확대하고 또는 부당한 불평등을 감축시킬 수 있는 기회를 제공한다. 사람들이 이렇게 양립 가능한 가치들의 순환 내에서 살게 되면, 이기주의라든가 억압, 부정의, 지배와 같은 인간들 간의 갈등의 원천들이 제거될 수 있고 그래서 갈등은 평화로 대체될 것이다. 그리고 사람들이 이와 같은 사회주의적 가치들로 동기부여 될 때, 결핍의 문제는 한편으로는 현재의 소외와 궁핍, 착취로 인해 제약을 받고 있는 인간의 에너지를 분출시킴으로써 그리고 다른 한편으로는 인간의 에너지를 비생산적인 경쟁이나 파괴적인 갈등으로부터 멀리 하도록 재조정함으로써 해결될 수 있다.

대부분의 사회주의자들은 자신들의 기본적인 목표에 대한 이러한 진술을 받아들이고 있지만, 이는 다음과 같은 두 가지 중요한 방식으로 확대되어야 한다.

첫째, 사회주의자들은 이러한 가치들의 변형에 초점을 맞추는 것을 넘어서서 보다 구체적인 목적들을 명세화 하는 것도 중요하다는 점을 인식하고 있다. 사회주의는 사회주의 정당과 그 후보자들이 민주적 선거에서 승리할 수 있도록 공공의 지지를 극대화하고자 하는 이데올로기이다. 그래서 사회주의자들은 예를 들면, 임금인상, 근로시간 감축, 안전한 근로조건의 확보 등 사람들의 삶을 개선시키는 특정의 다양한 조치들을 제안한다.[22]

둘째, 사회주의자들은 자신들의 구체적인 목표와 추상적인 가치들이 계속하여 변화되어 나가야 한다는 점을 이해하고 있다. 예를 들면, 오늘날 스웨덴의 사회주의자들은 21세기를 위해서 두 개의 '새로운' 목표에 초점을 맞추고 있다.[23] 사회주의자들은 과거에는 생태적인 문제에 대해 특별한 관심을 보이지 않았지만, 이제는 협력적인 행동에

---

22) 그러나 이러한 '물질주의적 목표들'은 항상 사회주의 내에서 논쟁이 되어 왔다. 왜냐하면 어떤 사회주의자들은 이러한 실제적인 쟁점들에 초점을 맞추게 되면 사회주의의 보다 근본적인 가치들에 대한 관심을 떨어뜨리게 되고 결국은 사회주의를 '평등주의적 자유주의'로 축소·왜곡시키게 될 것이라고 보기 때문이다.

23) Barkan, "Sweden: Not Yet Paradise, But……" p. 151.

의해서 해결되어야 할 긴급한 문제 가운데 하나가 자연환경의 보존이라는 인식이 점증하고 있다. 그리고 사회주의자들은 주로 노동의 소외와 관련된 측면을 줄이는 데 관심을 기울여 왔지만, 지금은 노동을 어떻게 하면 정말로 즐거운 삶의 한 부분으로 변형시킬 수 있을 것인가에 대해 보다 많은 관심을 기울이고 있다. 협동적이고 다양한 형태를 띠는 노동이라든가 또는 미적이면서도 내구성이 강한 상품을 만들어내는 노동과 같은 '질적인 노동'이 사회주의에서 새로이 부각되고 있는 몇 가지 목표들 가운데 하나가 되고 있다.

II. 실질적인 정치적 원칙

1. 변화

정치적 기반에 있어서 특히 자본주의에 대한 경멸에 있어서 마르크스주의자와 공산주의자 그리고 민주사회주의자들 간에 겹치는 부분이 많다. 그러나 정치적 변화의 원칙에 있어서 민주사회주의자들은 마르크스주의자나 공산주의자들과는 구별된다. 공산주의자들은 노동자계급에 의한 광범위한 봉기라든가 프롤레타리아 독재에 의한 정치권력의 장악, 자본주의를 갑작스럽게 강제적으로 폐지하는 것 등을 포함하여 혁명적인 정치변화를 옹호한다. 하지만 사회주의자들은 모든 시민들의 가치의 광범한 변혁이라든가 선거에서의 사회주의적인 노동자정당의 승리, 자본주의의 과잉을 완화시키기 위해서 진보적인 공공정책과 정치개혁을 채택하는 것 등을 포함하여 점진적인 정치변화를 지지한다.

베른슈타인은 사회주의자들이 혁명적인 변화보다는 점진적인 변화를 추구해야 할 몇 가지 이유를 다음과 같이 제시하였다. 첫째, 베른슈타인은 마르크스가 자발적인 혁명을 위해서 필요하다고 생각하였던 객관적인 조건들이 어느 곳에서도 보이지 않는다고 보았다. 20세기로의 전환 시점에서 유럽의 자본주의는 붕괴할 것 같아 보이지 않는다는 것이다. 자본주의는 대규모의 실업을 가져오기보다 더 다양화되고 전문화됨에 따라 오히려 더 많은 직장을 창출해 주었다. 무절제한 경쟁에 들어감으로써 많은 기업들이 파산하기보다는 자본가들은 서로 간에 협력하는 것을 배우고 또 기업합병이나 기업연합 또는 주식회사 등을 통해 경쟁을 규제하는 것을 배워 나갔다. 그리고 아마도 가장 중요하게는 자본의 소유가 집중되기보다는 오히려 분산되었다. 이러한 모든 추세들은 자본주의가 마르크스가 예견한 것보다 더 조화롭게 발전해 나가고 있음을 보여 주고 있다. 오늘날의 사회주의자들은 자본주의가 붕괴하기보다는 경제적·사회적·정치적 위기를 극복하기 위해서 수많은 장치들을 개발해 오고 있다는 데 동의한다.

둘째, 베른슈타인은 공산주의 혁명의 주관적인 조건도 마찬가지로 쇠퇴해 가고 있다고 보았다. 그는 노동자계급이 더 많아지고 더 단합되어 가고 있다는 견해를 부인했다. 노동자계급은 자본주의하에서 착취와 소외의 '계급의식'을 개발하지 않았으며 혁명적인 변화에 개입하려는 움직임을 보이지도 않았다. 오늘날의 사회주의자들은 자본주의의 계급구조가 복잡하고 그래서 혁명의식을 약화시키고 있는 것으로 바라본다. 왜냐하면 자본주의 사회가 일차적으로는 재산을 소유하고 있는 소규모의 착취적인 자본가 계급과 착취를 받고 있는 대규모의 재산 없는 프롤레타리아 계급으로 구성되지 않고 있기 때문이다. 오히려 성숙한 자본주의 사회에서는 경제적 기업을 소유하고 있지는 않지만 이를 관리하는 사람들, 기술자, 교사, 공무원과 같이 임금을 받는 화이트칼라 전문가들, 노동시장에서 고임금을 받으면서 고도로 전문화된 블루칼라 노동자로 자리를 잡고 있는 '노동귀족' 등과 같이 몇 개의 중간계급들이 발전하고 있음을 보게 된다. 이들 계급의 구성원들은 정치적으로 활발하지만 자신들을 프롤레타리아의 조건이나 혁명적 목표와 동일시하지 않는다. 그러나 이 계급들은 단지 자본주의의 과잉을 길들이고 사회주의의 가치를 증진시키려는 희망으로 사회주의 조직을 지지할 수 있다.

셋째, 베른슈타인에 따르면, 서구 산업사회들이 재산 없는 사람들에게도 투표권을 확대시키는 등 다양한 방법으로 민주화되고 있다. 그래서 자본주의를 규제하고 재산에 대한 공공의 통제를 행사하며 또 재화를 보다 공정하게 분배하도록 하기 위해서 사회주의 정당으로 하여금 권력을 장악하고 국가권위를 활용하는 것이 용이하게 되었다는 것이다. 오늘날의 사회주의자들은 민주주의에로의 진보가 자본주의에 대한 정부의 개혁으로 이어지고 사회주의를 향한 정부와 사회의 진화를 낳는다는 것을 보여주기 위해서 전 세계에 걸쳐 진전되고 있는 민주화 흐름[24]과 많은 사회주의적 정책의 성공[25]을 제시하고 있다.

사회주의자들은 혁명이 실제로 지속가능한 진보적 변화를 가져올 수 있는지에 대해 의문을 제기한다.[26] 페이비안과 수정주의자들이 볼 때 혁명이 처음에는 고상한 목표를 추구하여 시작되었다 하더라도, 혁명 지도자들이 반대자들에 대항하여 자신들의 권력 장악을 공고히 하고 자신들의 프로그램을 실행하기 위해서 강제와 폭력에 의존하게 됨에 따라 불가피하게 억압적인 것으로 화하게 된다는 것을 프랑스혁명은 보여 주었다. 러시아혁명에 이은 스탈린 시대는 그 이후의 사회주의자들에게 자신들의 목표를 달성하지 못하는 혁명가들의 실패를 입증해 주는 또 하나의 사례가 되었다.

사회주의자들에게 있어 개혁은 혁명적 변화보다도 훨씬 더 지속적인 것으로 파악된다. 시드니 웹은 지속적인 변화는 유기적이어야 하며, 그것은 사회에 대해 부과되어서는 안 되고 사회의 내부적 과정으

---

24) Francisco Wefford, "The Future of Socialism," *Journal of Democracy* 3 (July 1992), pp. 90-99.
25) Arnold J. Heidenheimer, Hugh Heclo, and Carolyn Teich Adams, *Comparative Public Policy*, 3rd ed. (New York: St. Martin's Press, 1990).
26) 혁명의 억압적인 결과에 대한 괄목할 만한 분석으로는 Albert Camus, *The Rebel* (New York: Vintage Books, 1953) 참조.

로부터 나오는 것이어야 한다고 주장했다. 유기적인 변화는 다음과 같아야 한다는 것이다.

 (1) 민주적이어야 한다. 그래서 대다수 사람들에게 수용될 수 있고 모든 사람들의 마음에서 수용될 수 있도록 준비되어야 한다. (2) 점진적이어야 한다. 그래서 진보의 속도가 아무리 빠르다고 하더라도 혼란을 야기해서는 안 된다. (3) 대다수 사람들에 의해 부도덕한 것으로 간주되어서는 안 된다. 그래서 어떻든 이 나라에 살고 있는 대다수 사람들을 주관적으로 타락시키는 것이어서는 안 된다. (4) 합헌적이고 평화적이어야 한다.[27]

 최근에 버나드 크릭은 유기적이고 진화적인 변화 과정에서 나타나는 3가지의 시간 틀을 명시한 바 있다. 현행의 행정이나 입법이 그대로 살아 있도록 하는 단기적인 측면에서 볼 때 사회주의자들은 자본주의 체제의 긴급하고 특수한 남용에 대해 문제를 제기해야 하며 미래의 사회주의 운동을 위한 정치적 기반을 구축하기 위해서 시민들에게 특정의 물질적 혜택을 제공해야 한다. 중기적으로 20년이나 25년을 내다보면서 사회주의자들은 사적인 교육이라든가 의료 등과 같은 현존하는 제도의 문제점이 무엇인지 그리고 기업의 의사결정에 노동자들이 참여하는 것과 같은 사회주의적 실천이 얼마나 효율적이고 공정한가를 보여줌으로써 다음 세대의 지속적인 가치를 변화시키려고 해야 한다. 불확실하고 먼 미래의 장기적인 측면은 이상적인 사회주의 사회와 관련된다.

 사회주의자들은 사회주의가 달성되는 유토피아적인 최종의 어떤 부동의 상태에는 관심이 없다. 그들이 보기에 역사란 결코 충분히 실

---

27) Sidney Webb, *Socialism in the England*(1890), quoted in Crick, *Socialism*, p. 68.

현되지 않을 사회주의적 이상을 향한 '긴 여정'일 뿐이다. 그러나 여전히 좋은 사회에 대한 논의가 현존의 자유주의적이거나 보수적인 가치에 한정되지 않도록 하기 위해서 사회주의자들이 미래의 이상적인 사회주의 사회의 비전을 교조적이 아닌 심사숙고한 방식으로 세련되게 하고 역설하는 것은 유용하다.[28] 그러한 이상화는 심지어는 주요 산업을 국유화하거나 포괄적인 복지국가를 창출하기 위해서 민주적인 수단을 사용해 왔던 국가들에서도 사회주의가 아직은 존재하지 않음을 상기시키는 데 도움이 된다. 이러한 '사회주의적' 제도와 정책의 한계는 사회주의의 보다 충분한 달성으로 나아가는 점진적이고 꾸준한 변화에서 위의 국가들이 단지 이행기 단계일 뿐임을 확인시켜 준다.[29]

마지막으로 우리들은 마르크스주의자들과는 달리 사회주의자들이 사회주의적 가치의 실현이나 혹은 사회주의를 향한 진보가 불가피한 것으로 생각하지 않는다는 점에 주목해야 할 것이다. 불가피한 것은 미래에 급진적인 변화가 일어날 수 있다는 점이다. 자본주의와 기술, 과학, 특히 "우리들의 미생물학, 감광성, 초전도체는 인간 생명의 조건을 획기적으로 변혁시키고"[30] 있다. 이러한 변혁들은 고립된 개인주의를 조장하고 진정한 자유를 줄이며 불평등을 증대시키고 궁극적으로는 소규모의 정치 엘리트들에 의해 지배됨으로써 억압적일 수도 있다. 혹은 이러한 변혁들은 사회주의적 가치로 이어짐으로써 진보적일 수도 있다. 사회주의 이데올로기의 과제는 사회주의의 원칙들을 명확히 함으로써 사람들로 하여금 사회주의로 나갈 수 있을 만큼의 많은 소규모의 단계를 채택하여 나가도록 고무하는 데 있다.

---

28) Crick, *Socialism*, p. 113.
29) Irving Howe, "The First 35 Years Were the Hardest," *Dissent* (Spring 1989), p. 136.
30) Michael Harrington, "Toward a New Socialism," *Dissent* (Spring 1989), p. 163.

2. 구조

개혁가로서 사회주의자들은 기존 사회 내에 이미 존재하는 정치제도들을 활용하여 기꺼이 사회주의로의 길을 따라 나아가고자 한다. 정치적인 권리와 민주적인 원칙들을 포괄하고 있는 입헌적이고 제도적인 장치들은 사회주의자들에게 자신들의 가치들을 추구하고 공공의 지지를 획득하며 또 통치를 해 나갈 수 있는 기회를 제공해 준다. 그래서 근본적인 헌법상의 변화를 주창하기보다 사회주의자들은 자신들의 목표 달성을 용이하게 하는 기존의 제도들을 강화시키는 데 초점을 둔다. 그래서 사회주의자들은 선거와 정부 모두에서 정당의 역할을 강화하고자 한다. 왜냐하면 강한 정당, 특히 강력한 사회주의 정당과 노동자 정당은 경제적 자원을 별로 가지고 있지 않은 사람들을 조직하고 힘을 실려 주는 데 도움이 되기 때문이다.

사회주의자들은 산업에서 기업의 힘을 상쇄할 수 있는 중요한 세력으로서 노동조합의 권한을 강화시키길 원한다. 보수적이고 기업적인 이해관계가 국가제도에 깊이 뿌리내리고 있는 상황에서 사회주의자들은 '재구조화'와 재조직화를 제안할 수 있다. 그러나 그러한 제안들은 제한적이고 특수한 것이다. 정부를 어떻게 구조화할 것인가에 대한 명확한 사회주의 원칙이 없기 때문에[31] 제도적 개혁을 위한 사회주의의 제안은 필연적으로 기회주의적이다. 특정의 문제와 기회라는 맥락에서 사회주의자들은 단순히 노동자들로 하여금 정부에 보다 쉽게 참여할 수 있도록 하고 또 노동자의 권력을 증진시키는 데 유용한 정부구조 상의 온건한 개혁을 원한다.

정부를 어떻게 구조화할 것인가에 초점을 맞추기보다 사회주의 이론가들은 보다 광범한 정치경제를 어떻게 구조화할 것인가에 초점을 맞춰 왔다. 그러나 이 점에 대해서는 많은 의견 차이가 존재한다. 한편으로 중앙집중주의자들은 대부분의 생산수단을 소유하면서 많은 경

---

31) Crick, *Socialism*, p. 80.

제적 재화를 분배하는 강력한 국가에 대해서 통제권을 행사하는 강력하고 규율이 잡힌 정당을 강조한다. 반면에 분권주의자들은 정치·경제적 권력이 산업 협력체나 무역조직, 노동조합, 지방 공동체 또는 풀뿌리 사회운동과 같은 그러한 조직들 사이에 분산되는 면대면의 제도적 장치들을 강조한다. 시장사회주의라는 용어는 왕왕 중앙집중주의자들이 강조하는 강력한 국가제도와 분권주의자들이 강조를 하는 시장제도 둘 다를 보유하고 있는 혼합된 정치경제를 지칭하기 위해서 쓰이고 있다.[32] 시장사회주의하에서 상품과 서비스는 최소한 다음과 같은 6가지의 제도적 장치를 통해 생산될 수 있다.[33]

1. **국유화된 기업**에서 중앙집중화된 정부는 생산수단을 소유하고 노동자를 고용하며 대부분의 의사결정을 통제한다.
2. **사회화된 기업**에서 생산수단은 다양한 정부와 그래서 이들 정부의 시민들에 의해 소유되며 이들 기업들은 이들 기업들을 소유하는 정부에 책임을 진다. 그러나 노동자들은 직·간접적으로 대부분의 의사결정을 통제하며 기업을 운영하는 관리자를 고용한다. 국유화된 기업들은 보통 한 나라의 특정 기업에 대해 독점적인 통제권을 보유하고 있다. 반면 사회화된 기업들은 다양한 생산수단과 상품들을 개발하면서 서로 경쟁을 할 수 있다.
3. **협동체**에서는 노동자들이 생산수단을 소유한다. 자신들에 대해 관할권을 갖고 있는 다양한 정부로부터 규제를 받으면서도 대부분의 의사결정을 노동자들이 통제한다.
4. **사기업**에서는 생산수단이 사적인 주주들에 의해 소유되고, 이들

---

32) 시장사회주의에 대한 옹호로는, John Roemer, *A Future for Socialism* (Cambridge: Harvard University Press, 1994) 참조.
33) 다음의 논의는 Alex Nove, *The Economics of Feasible Socialism Revited* (London: HarperCollins Academic, 1991), pp. 212-225에서 광범하게 발췌하였다.

주주들에게 공식적으로 책임을 지는 관리자들에 의해 통제되며, 그리고 노동조합과 같은 다른 조직과의 합의라든가 자신들에 대한 관할권을 보유하고 있는 정부 규제에 의해 제약을 받는다.
5. 노동자 통제하의 사기업에서 생산수단은 주주들에 의해 소유된다. 노동자들과 영향을 받는 다양한 대중들이 직접적으로든 또는 자신들에게 책임질 관리자들을 선택함으로써 의사결정을 통제한다.
6. 개별적인 기업행위에서 자유기고가나 화가, 주주들처럼 어디에 소속되지 않은 사람들이 자신들의 기업에서 사용되는 자원을 소유하고 통제한다.

이러한 생산제도의 어떤 혼합을 보유하고 있는 정치경제는 다양한 '시장적' 특징들을 보여준다. 많은 기업들은 사적으로 소유된다. 다양한 형태의 기업 관리자들은 경쟁적 시장에서 자신들의 자원을 확보해야 한다. 예를 들면, 국유화된 기업들조차도 각 노동자들마다 다른 기업의 관리자들로부터 높은 임금과 기타의 이득을 확보하려고 애쓰는 노동시장에서 그들을 끌어들일 수 있어야 한다. 자신들의 시장에 대한 독점적 통제권을 보유하고 있는 국유화된 기업들을 제외하고는 일반적인 기업들은 다른 유사한 기업들의 제품과 경쟁하는 방법으로 자신들의 제품에 가격을 매겨야 한다. 그리고 국유화된 기업이라 할지라도 가격을 결정할 때 국제적인 경쟁을 고려해야 한다. 대부분의 경우 시장사회주의 경제에서도 기업의 진입과 퇴출의 자유가 존재한다. 성공적인 기업은 다른 기업들도 그 영역에 투자하도록 유인할 것이고 실패한 기업은 그렇게 하지 않을 것이다. 그래서 시장사회주의도 생산성과 혁신을 촉진한다.

생산제도의 이러한 혼합은 또한 많은 '공공적' 특징을 보여준다. 자연적 독점을 하게 되는 철로나 공익시설처럼 어떤 기업들은 공공소유로 된다. 공중은 국유화된 기업이나 사회화된 기업을 창출함으로써 어떤 사업에 투자를 할 수 있다. 또 대부에 대한 국가통제권을 보유함으로써 다른 곳에서의 투자결정에 영향을 미칠 수 있고 사적인 투자자에게 여러 가지 재정적인 유인과 불이익을 제공할 수 있다. 그리고 국가는 노동, 안전, 환경, 무역 등 다양한 형태의 입법을 통해 생산을 규제할 수 있다.

요약하면, 시장사회주의는 경제적 시장의 장점을 인정하고 활용한다. 그러나 공공계획과 규제 그리고 때로는 국가 소유를 통해 정치경제에 대한 대폭적인 국가참여는 경쟁을 완화시키고 다양한 공적 목표들을 확보해 준다.

시장사회주의는 또한 분배와 관련된 조직상의 제도들을 서로 연결시키고 있다:

1. 개인과 조직은 자유교환의 원칙에 입각하여 다른 개인과 조직에게 상품을 분배한다.
2. 국가기관은 시민의 권리로서 잠재적으로 모든 사람들에게 많은 필수품을 분배한다.
3. 구호사회는 상호부조로서 가난한 사람들에게 어떤 필수품과 상품을 분배한다.

분배와 관련된 제도를 고려할 때 사회주의자들은 상품과 필수품을 구분한다. '상품'은 사람들이 원하지만 절실히 필요로 하지는 않는, 예를 들면 사치스런 집과 같은 재화나 테니스 교육과 같은 서비스를 지칭한다. 사회주의자들은 사람들이 광범한 상품들을 원한다는 것과 이러한 상품들은 시장에 의해 가장 효율적으로 분배된다는 것 그리고 "시장의 도덕성은 상품을 원하고 만들고 소유하고 교환하는 축하의 식"[34]이라는 것을 이해한다.

반대로 '필수품'이란 모든 사람이 생존하기 위해서 또는 행복을 추구하는 데 성공적으로 관여할 수 있도록 하기 위해서 그리고 자유로

---

34) Walzer, *Spheres of Justice*, pp. 104-105.

울 수 있고 사회에 대해서 무언가 기여하는 구성원이 되도록 하기 위해서 필요로 하는, 이른바 최소한의 영양이라든가 기본적인 주거와 같은 재화와 경찰의 보호라든가 필수적인 의료와 같은 서비스를 지칭한다.[35] 중앙집중적인 시각을 갖고 있는 사회주의자들은 필수품이 시장에서는 공급될 수 없다고 하더라도 모든 사람들은 이에 대한 권리를 갖고 있기 때문에 필수품은 국가기관에 의해서 분배되어야 한다고 오래전부터 주장해 왔다. 이렇게 국유화된 분배는 서로의 필수품을 제공하고 세금을 통해서 이러한 필수품의 가격을 지불하기 위해서 단순히 한 국가 내 시민들의 대행자로 일하고 있는 국가기관에 의해 제공된다.

그러나 보다 분권화된 시각을 보유하고 있는 사회주의자들은 국유화 분배를 제공하는 데 있어서 국가기관의 역할이 박애의 가치를 훼손시키지 않을까 우려한다. 필수품을 국가기관에 의해 분배하는 것은 상호부조 보다는 납세자의 세금을 소비하는 관료로 보일 수가 있다는 것이다. 이들 사회주의자들은 국유화 분배를 사회화 분배, 즉 국가를 통하기보다는 구호사회를 통해서 시민들이 직접 필요한 개인에게 도움을 주는 분배로 확대시키길 원한다. 구호사회는 다른 사람을 지원하는 비용을 위해서 비자발적인 토대에 기반 하여 세금을 부과하기보다는 자발적이고 면대면의 개인적 토대에서 시간과 에너지와 돈을 제공하고 지불하는 시민들로 구성된다.[36] 그럼에도 불구하고 국유화 생

---

35) Mortimer Adler, *Six Great Ideas* (New York: Macmillan, 1981), pp. 164-173.
36) 국유화된 분배와 사회화된 분배에 대한 이 논의는 Michael Walzer, "Socializing the Welfare State: Democracy in the Distrubutive Sector," *Dissent* (Summer 1988), pp. 292-300로부터 도움을 받았다. 왈쩌는 구호사회를 자비심으로 구호를 제공하는 보수적인 자선단체와 혼동해서는 안 된다고 주장한다. 사회주의적인 구호사회에 비해 미국의 유나이티드웨이(United Way)와 같은 보수적 자선단체는 전형적으로 관료적이며 비인간적이다.

산에 비해 국유화 분배는 시장사회주의의 본질적인 특징으로 남아 있다. 사회주의 정치경제에서 국가의 역할을 이해하기 위해서 우리는 정부권위에 대한 사회주의의 원칙을 고려해야 한다.

3. 권위

현대 자유주의자들처럼 민주사회주의자들은 강력한 국가를 지지한다. 그들은 다양한 사회문제들을 다루기 위해서 정부권위가 필요한 만큼 확대되어야 한다고 생각한다. 그러나 사회주의자들은 통상 자유주의 정부가 자본주의적 생산과 분배체계에 내재하여 있는 사회적 차원의 근원적인 문제를 해결하기 위해서 정부권위를 활용하지 못하고 있는 것으로 보고 있다.

예를 들어, 범죄 문제를 생각해 보자. 자유주의자들은 일차적으로는 사회가 가난한 소수집단의 젊은이들에게 사회·경제적 진전이 가능하도록 적절한 기회를 제공하지 못함으로써 범죄가 발생하는 것으로 보고 있다. 그래서 자유주의 정부는 교육환경을 개선하고 취업기회를 제공하는 등 기회확대에 정부권위를 활용함으로써 범죄를 막을 수 있기를 희망한다. 반면 사회주의자들은 범죄가 자본주의에 본질적인 것이라고 믿는다. 자신들의 생산품에 적절한 시장을 확보하기 위해서 자본가들은 모든 시민들에게서 귀속적이고 물질주의적인 욕구를 자극시킨다. 그러나 자본주의가 생산한 부의 불평등으로 인해 가난한 사람들은 합법적인 수단을 통해서 이러한 욕구를 만족시키지 못한다. 그래서 사회주의자들이 보기에 범죄는, 예를 들면 광고를 제한하는 것처럼 생산품에 대한 지나친 수요를 야기하는 자본가들의 능력을 정부가 통제함으로써 그리고 가난한 사람들도 합법적으로 생산품을 획득할 수 있도록 하는 재원을 갖게끔 부를 재분배함으로써, 최대로 줄일 수 있는 것으로 파악된다.[37]

---

37) Richard Quinney, *Criminology* (Boston: Little, Brown, 1979).

<설명상자 2-2> 학교에 대한 사회주의적 시각

교육 문제에 대한 자유주의자와 사회주의자의 시각을 비교하는 것이 유용할 수 있겠다. 현대 자유주의자에게 있어 중요한 교육문제는 부유한 백인 어린이들이 가난한 흑인 어린이들보다 더 양호한 공립학교에 다닐 때 발생한다. 이에 대한 대응으로 미국의 자유주의자들은 학교의 인종차별을 폐지하고 각 주마다 부유하고 가난한 학교 구역 간의 학생 1인당 비용을 균등하게 하며 가난한 학생들로 하여금 동료들을 따라갈 수 있도록 도와주는 헤드스타트(Headstart)나 엎워드바운드(Upward Bound)와 같은 특별프로그램을 제공하는 데 정부권위를 사용해 왔다. 사회주의자들은 교육문제에 대한 이와 같은 자유주의적 접근의 유용성을 부정하지는 않지만 이것으로는 충분치 않다고 생각한다. 보다 근본적인 문제는 학교가 자본주의의 지배로부터 벗어나지 못하고 있다는 데에 있다. 사회주의자들이 보기에 학교는 보수적이고 자유주의적인 가치와 신념을 가르치며 학생들로 하여금 현존하는 정치·경제적 제도에서 수동적인 역할을 받아들이도록 만든다.

사회주의적 시각에서 볼 때 자본주의 사회에서 대부분의 학교의 일차적인 역할은 학생을 분류하고 서열을 매기는 것이다. 이는 가장 점수가 좋은 학생들은 전문적이고 관리적인 직업으로 가도록 하고 점수가 나쁜 학생들은 저임금의 비전문적인 직업을 받아들이고 이에 종사하도록 하는 것을 확인하는 과정이다. 사회주의자에게 있어 이와 같은 교육문제는 학교를 현존하는 정치경제로부터 완전히 자율적이도록 만듦으로써만 해결될 수 있다고 본다. 학교는 학생들이 자본주의 경제에서 수동적이고 불평등한 노동자가 되도록 배우는 대신에 민주적 사회의 자유롭고 평등한 시민이 되도록 해야 한다. 이렇게 하려면 공립학교의 모든 학생들이 평등한 기본적 교육을 받을 수 있도록 재정적 지원을 하고 또 학교가 교육과정을 자본주의의 목표를 진전시키기 위한 수단으로서 사용하도록 하는 압력으로부터 벗어나도록 하는 데 정부권위를 사용해야 한다.

사회주의자들은 정부권위가 다양한 사회문제들을 다루어야 하고 또 이러한 문제들은 궁극적으로 자본주의에 뿌리를 두고 있다고 본다. 그렇기 때문에 정부권위에 대한 사회주의 원칙과 관련하여 우리들의 논의는 경제적 재화를 생산하고 분배하는 정부의 역할에 초점을 맞추게 될 것이다. 그러나 이러한 논의는 사회주의자들이 경제에 대한 정부권위의 목적이나 목표에만 동의한다는 사실, 즉 그들은 정부가 자본주의의 지배를 줄이고 협력의 정신으로 경쟁의 정신을 순화시키며 진정한 경제적 자유를 고양시키고 보다 많은 평등을 증진시키기를 원한다는 사실 때문에 복잡하게 된다. 사회주의자들은 자주 특정의 정부정책이 이러한 목표들을 달성할 수 있을 것인가에 대해 동의를 하지 않는다.

수정주의자나 페이비안들처럼 민주사회주의의 초기 주창자들은 경제적 생산에 초점을 맞추고 산업 국유화를 지지했다. 그들은 국가가 대부분의 산업을 소유하고 관리하며 그럼으로써 대부분의 노동자를 고용하길 원했다. 그들은 생산이 시장경쟁에 토대를 두기보다는 사회적 필요에 대한 합리적인 평가에 기반함에 따라 국유화는 사회적 조화를 증진시킬 것이라고 보았다. 국유화는 진정한 자유를 증대시킬 것인데, 왜냐하면 노동자들이 더 이상 생산수단의 사적 소유자에 의해 지배되지 않을 것이기 때문이다. 그리고 국유화는 사회적 평등을 증진시킬 것이다. 왜냐하면 모든 사람이 국가를 위하여 일하게 되면 부르주아와 프롤레타리아 또는 다른 계급 간의 구분이 사라질 것이고, 국가는 자본주의하에서 제공될 수 있는 것보다 더 평등하게 임금을 제공할 것이기 때문이다.

이러한 이유 때문에 권력을 장악하자마자 많은 사회주의 정당들은 특정의 산업들을 국유화하였다. 예를 들면, 2차대전 이후 영국에서 노동당은 광산과 철도, 공익시설, 철강과 석탄 산업을 국유화하였다. 1980년대 초 프랑스에서 미테랑(Francois Mitterand)의 사회당은 거의 모든 사적 은행과 철강생산, 주요 군수공장, 몇 개의 다국적기업을 국유화하였다. 스웨덴의 사회당은 공공으로 소유된 산업의 연합체로 '국가기업회사(Statsforetag AB)'를 창설했다. 다만 이 국가기업회사는 단지 스웨덴 생산의 5%만을 담당했다. 그러나 이들 각각의 경우에 국유화는 특정의 산업, 특히 자연적으로 독점하고 있다든가 아니면 광범위한 비효율이 지배적인 산업 또는 국가적인 우선순위가 정부에 의한 대대적인 투자를 정당화시키고 있는 산업들에만 한정되었다는 점에 유의해야 할 것이다.

모든 사기업의 전반적인 국유화에 대해서는 사회주의자들도 여러 가지 이유로 진지하게 고려하지 않는다. 대대적인 국유화의 일차적인 제약은 사기업을 사들이는 데 드는 비용 문제이다. 공산주의 정부는 강제적 수단에 의해 사유재산을 몰수하려고 하지만, 사회주의자들은 자본가들의 재산이 무상 몰수되지 않도록 법적으로 보호되어야 한다는 것을 인정한다. 자유주의적 법은 정부가 사유재산을 수용하는 것은 그러한 수용이 긴급한 공공의 목적을 위할 때와 재산소유자들이 공정하게 보상을 받을 때로 한정하고 있다. 모든 사적 재산의 소유자들에게 정당한 보상을 한다는 것은 어떤 민주사회주의 정부에게도 그 범위를 넘어서는 것이었다. 그래서 사회주의자들은 어떤 산업을 구입하고 관리할 것인가를 선택해야만 한다.

　일반적으로 사회주의자들은 자주 산업국유화가 사회주의적 목표를 달성하는 데 크게 기여하지 않는다고 생각해 왔다. 국유화된 기업은 세계시장에서 많은 다른 나라의 기업과 경쟁을 해야 하는데, 이는 국가로 하여금 국영기업의 노동자들을 사기업의 관리자들이 하는 것처럼 다루도록 할 수도 있다. 그 결과 사기업에 존재하는 것 보다 더 많은 정도로 공동체적 조화라든가 노동자의 자유 또는 경제적 질이 국유화된 기업에 존재하지 않을 수도 있다. 예를 들면, 민주적 사회에서 국유화된 기업은 부와 소득에서 평등을 증진시키는 데 있어 두 개의 커다란 장애에 직면해 왔다. 하나는, 사기업의 소유자들을 보상해 주어야 한다는 것은 산업을 국유화하는 실질적인 행위가 부의 분배에 있어 그다지 실질적인 변화를 가져오지 못한다는 것을 의미한다. 다른 하나는, 숙련된 노동자를 고용할 필요성은 국가로 하여금 노동자 임금을 시장에 대한 고려에 기반하여 산정하도록 요구한다는 것이다. 고용주가 영국석유(British Petroleum)와 같은 국유화된 기업이든 아모코오일(Amoco Oil)과 같은 사기업이든, 석유 기술자는 지방의 주유소에서 석유를 담아주는 사람들보다는 더 많은 임금을 받게 될 것이다.

이러한 어려움 때문에 사회주의자들은 최근에는 생산수단의 국가소유를 덜 강조하고 그 대신 **국가계획**을 통해서 경제생산에 대한 공공의 통제를 강화하는 데 강조점을 두고 있다. 사회주의자들은 국가계획의 주요한 3가지 수준을 구별하고 있다. 즉, (1) 구 소련에서 공산주의자들에 의해 실행되었던 포괄적 계획, (2) 2차대전 이후 서유럽의 사회민주주의 정당들에 의해 실행되었던 부분적인 사회주의적 계획, (3) 미국에서 자유주의적 정부에 의해서 실행되었던 최소한의 거시경제적 계획이 그것이다. 사회주의자들은 포괄적인 계획, 즉 국가의 중앙권위가 경제와 관련된 투자와 생산 모두를 결정하고; 중앙계획이 권위주의를 조장하고 지방의 자율성을 제약하며; 중앙계획자들이 인간의 기호와 기술에 있어서 변화를 예상하려고 함에 따라 불가피하게 불완전한 예측에 의해서 제한을 받게 되고; 중앙계획자들이 생산 성과의 양적인 지표들에 초점을 맞추게 됨에 따라 생산된 상품의 질에 대해서는 그만큼 부적절하게 관심을 보이고; 중앙계획자들이 혁신에 따르는 위험부담을 떠맡으려하기보다는 특정한 최소한의 목표를 달성하는 데 초점을 맞추려고 하기 때문에 생기는 많은 문제들을 인식하고 있다.[38]

이러한 문제들로 인해 사회주의자들은 포괄적인 또는 중앙집중적인 계획을 거부한다. 오히려 사회주의자들은 자유주의 국가의 거시경제적 계획을 수용한다. 자유주의자들과 마찬가지로 사회주의자들은 정부가 전체적으로 경제를 감시하고 안정된 성장을 자극하는 재정·통화 정책을 도입해야 한다고 생각한다. 동시에 사회주의자들은 정부가 거시경제적 계획에 의해서 달성될 수 있는 경제에 대해 보다 명확한 지침을 제공하고 또 다방면의 통제를 행사해야 하는 것으로 본다.

그래서 사회주의자들은 포괄적인 계획과 거시경제적 계획 사이의 중간적인 수준의 국가계획을 옹호한다. 이와 같이 부분적인 사회주의

---

38) Nove, *The Economics of Feasible Socialism Revisited*, pp. 73-85.

적 계획하에서 국가는 통상 다음과 같이 다양한 방식으로 경제를 지도하고 통제한다.

첫째, 계획가들은 경제 전반에 걸쳐 필요와 선호를 예측한다. 생산과정에서의 장애를 막기 위해서, 예를 들면 부적절한 에너지 공급 때문에 생산이 줄어들거나 정지되는 상황을 피하기 위해서 국가계획가들은 생산에 필요한 원자재나 부품, 노동 등과 같은 다양한 자원의 양을 미리 산정하고 이들 자원들을 충분히 확보하는 계획을 마련한다.

둘째, 국가는 국유화된 산업에서 새 장비를 어디에 설치하고 새로운 공장은 어디에 건설할 것이라든가 또는 은행과 재정에 대한 통제를 통해 주요한 사적 투자에 영향을 미치는 등의 주요한 투자결정을 통제한다. 국가는 신규 투자가 요망되는 경제 분야와 더 이상 생산적이지 않아서 실패를 거듭하고 있고 그래서 투자회수가 요청되는 경제 분야를 결정한다.

셋째, 국가계획가들은 규제를 받지 않는 노동시장의 광범하고 부당한 불평등을 줄일 수 있도록 공정한 보상지침을 확립함으로써 임금이나 수당, 기타의 보상을 조정한다.

넷째, 사회주의 계획가들은 노동자들에게 직장의 안정을 보장해 준다. 그러나 실직을 막기 위해서 비생산적이고 실패를 거듭하는 산업에 대해 국가보조금을 지급하기보다는 사회주의 국가들은 노동자를 자의적인 해고로부터 보호할 수 있는 법을 제정함으로써 그리고 노동자들이 보다 생산적인 산업으로 이동을 하기 쉽도록 함으로써 직업안정을 보장한다. 예를 들면, 사회주의 국가는 실직된 노동자들을 위해 직업상담, 직업재훈련, 직장 알선 및 재배치 등을 제공한다.

다섯째, 국가는 공기업과 사기업 모두의 생산물을 조정하고 규제한다. 소비자의 권익을 보호하기 위해서 국가는 과도한 가격을 제한하고 상품의 안전과 신뢰도를 검사하며 회사로 하여금 자신들의 상품을 적절하게 보증하고 수리해 주도록 요구한다. 낭비적인 생산과 비효율성을 방지하기 위해서 국가는 정보를 주기보다는 충동구매를 일으키는 선전이라든가 거짓된 상품차별 또는 화려한 포장과 같은 관행을 규제한다.

여섯째, 국가는 사회의 장기적인 경제적 이익을 보장하고 증진하며 확보해 주는 외교정책협정을 추구한다. 예를 들면, 국가는 수년에 걸쳐 다양한 상품의 국제시장을 확보하기 위한 수단으로 다른 국가와 상품협정을 협상할 수 있다. 덧붙여 사회주의 국가는 남부 국가들에 대한 북부 국가들의 지배를 줄이고 전 세계에서 사회주의를 증진시킬 수 있도록 저발전 국가들과 우호협정을 체결할 수 있다. 남반부 세계에 자본과 기술을 이전하는 국제적 원조를 제공함으로써 사회주의자들은 남북 간의 적대를 완화시키고 오존층의 훼손이라든가 전 지구적 온난화 같은 환경상의 문제들을 줄이며 남부 국가들이 북부 상품을 소비하는 번영된 나라가 되기를 희망한다.[39]

일곱째, 국가는 시민들에게 권리로서 분배된 상품의 생산을 감독한다. 시민들에게 자격부여로서 분배된 대부분의 상품들은 국가에 의해서 생산될 것이다. 예를 들면, 공공교육과 사회화된 의료는 공적으로 소유되고 통제되는 제도이며, 교사와 의사는 국가에 고용된다. 사회주의자들은 어떤 자격부여가 그에 소요되는 비용은 공적 자금에 의해 지불되도록 하면서 제공은 사기업에 의해 이루어지도록 허용할 수 있다. 그러나 그들은 일반적으로 자격부여가 국가에 의해 제공되는 것이야말로 모든 사람들에게 공평하게 자격을 부여하는 것을 포함하여 국가의 계획과 목표에 충실하도록 보장하는 가장 효과적인 방식이라고 생각한다.

포괄적인 국가계획에 대한 이론적인 정당화는 다음과 같이 서로 연관되어 있지만 서로 다른 두 개의 구별에 의존한다. 첫째, 욕구와 필요 사이의 구별이다. 사회주의자들에 따르면, 비계획적인 시장의 생산체계는 개인의 욕구나 선호에 반응하는 데는 제대로 작동하지만 집단적 필요에 조응하는 상품을 생산하는 데는 적합하지 않다. 개인들이 상

---

[39] Harrington, "Toward a New Socialism," pp. 159-160.

품을 원하면서 그것을 구입할 여유가 있을 때 소비자의 수요가 창조되고 이는 자연적인 시장의 힘에 의해서 동기 부여된 생산자들에 의해 충족된다. 그러나 어떤 상품들은 전체로서의 사회나 또는 그 가격을 지불할 수 없는 개인들에 의해 필요한 것으로 요구된다. 사회주의 계획은 이러한 상품들을 생산하기 위해서 요청된다.

둘째는 장기적인 것과 단기적인 것 간의 구별이다. 사회주의자들에 따르면 비계획적 경제는 단기적인 이익이나 힘에는 잘 반응하지만 장기적인 이익이나 힘에는 제대로 반응하지 못한다. 생산자와 노동자, 소비자 각각의 시간대는 보통 한정적이다. 기업은 장기적인 생산성보다는 단기적인 이익에 더 많은 관심을 갖는다. 노동자들은 먼 미래의 자신들의 삶의 질보다는 해마다의 임금에 더 중점을 둔다. 소비자들은 내일에 대해서 걱정하기보다는 즉각적인 욕구충족을 더 원한다. 국가 계획가들은 계획되지 않고 규제되지 않는 시장의 행위자들보다 장기적인 목표와 단기적인 목표 간의 균형을 보다 더 잘 도모할 수 있다. 환경을 보호하고 모든 시민의 교육을 증진시키며 그리고 다양한 질병을 치유할 수 있도록 연구와 개발을 맡는 국가계획은 단기적인 욕구보다 장기적인 필요에 더 많은 강조점을 두기 위해서 사회주의자들이 국가권위를 활용하는 방법 가운데 하나이다.

사회주의자들은 또한 사회주의적 경제계획이 비계획적 경제보다 더 우월함을 보여주는 경험적 사례들이 많이 있다고 주장한다. 한 사회주의자에 따르면,

> 1945년 이후 보다 광범한 계획과 보다 많은 국가개입을 통해 서유럽 경제가 이룩한 성장은 현대사의 어떤 시기보다 더 빠르고 안정된 것이었다… 유럽의 사회주의 국가들에서 경제성장률은 더 높았고, 많은 어려움에도 불구하고 이들 대부분의 나라들은 놀라운 속도로 선진산업사회의 필수적인 기반을 발전시켰다. 또 다른 측면에서 보면 가장 비계획적인 두 자본주의 국가인 미국과 영국이 현재 심각한

경제적 어려움에 봉착하고 있고 쇠퇴의 징조를 확실하게 보여주고 있다는 점에서 계획의 성공을 판단할 수 있다.[40]

그래서 대부분의 사회주의자들은 상품과 서비스의 생산에서 정부의 광범한 역할에 대해 계속 우호적인 입장을 취하고 있다. 다만 그들은 적어도 최근에는 상품과 서비스의 분배에서까지도 정부의 역할을 확대하는 데 더 많은 강조점을 두고 있다. 사회주의자들은 사람들이 선호하지만 필요로 하지는 않는 대부분의 상품들은 시장에 의해서 분배되어야 한다는 것을 이해한다. 그러나 사회주의자들은 국가가 모든 사람들이 필요로 하지만 많은 경우 구입할 능력이 없는 상품들을 보편적인 자격부여로서 분배해 주길 원한다. 현대 자유주의자들도 어떤 상품들은 자격부여로서 국가가 제공해 주길 요구할 수 있지만, **사회복지국가는 다음과 같은 두 가지 점에서 자유복지국가보다 더 광범위하다.** 첫째, 사회주의자들은 자유주의자들에 비해 사람들의 필요가 훨씬 더 광범한 것으로 파악한다. 둘째, 자유주의자들은 가난한 사람들이나 억압받는 사람들의 필요에 초점을 맞추고 또 특정 집단에 대한 자격부여를 목표로 삼는다. 이에 반해 사회주의자들은 어떤 필요들은 보편적이며 그렇기 때문에 자격부여는 모든 사람들에게 주어져야 한다고 주장한다.

고전적인 자유주의로부터 현대 자유주의를 거쳐 사회주의로 이동을 하게 되면서 필요라는 개념과 필요를 제공하는 사회계약이 꾸준히 확장되어 왔다. 고전적 자유주의에서 인간은 자유의지를 가진 존재, 즉 욕구는 많지만 필요는 최소한으로 갖고 있는 존재로 규정된다. 이러한 견해에 따르면 사람들은, 예를 들면 재산소유권과 같은 자신의 천부적인 인권의 보호를 필요로 하며, 따라서 사회계약이란 안전의

---

[40] Tom B. Bottomore, *The Socialist Economy* (New York: Guilford Press, 1990), p. 48.

필요를 제공해 주는 정부권위를 형성하기 위해서 시민들 간에 이루어지는 동의이다. 현대 자유주의에서 인간은 합목적적인 존재로 간주된다. 즉 사람들은 다양한 형태의 삶을 원하며, 교육이나 소득, 권력과 같은 어떤 재화들은 사람들이 추구하고자 하는 다양한 목적을 위해서 필요로 하는 수단인 것으로 파악된다.

이러한 견해에 따르면 사람들은 자신이 선택한 삶을 추구하기 위해 진정한 기회를 가질 수 있도록 하는 최소한의 재화를 필요로 하며, 사회계약은 정부로 하여금 이들 상품의 기본적 양을 제공하도록 하는 시민들 간의 동의이다. 사회주의에서 인간은 자신들의 욕구와 필요가 사회적이고 문화적으로 규정되는 사회적 존재인 것으로 간주된다. 이러한 견해에 따르면 모든 사람들이 필요로 하는 특정의 상품목록표란 존재하지 않는다. 그 대신에 사회적·경제적·문화적 조건들은 이들 조건하에서 개인적으로 만족스런 삶과 사회적으로 생산적인 삶을 살기 위해서 사람들이 무엇을 필요로 하는 지에 영향을 미친다. 사회주의 사회에서 "사회계약은 우리들의 공동생활에 필요한 상품이 무엇인지에 대해 함께 결정하고 그 다음에 이러한 상품들을 제공하려는 동의이다."[41]

최소한 풍요롭고 문화적으로 세련된 사회에서 모든 사람들이 필요로 하는 것으로서 사회주의자들이 인정하는 상품들은 전형적으로 자유주의자들이 특정화하는 상품들보다 훨씬 더 광범할 수 있다. 고전적 자유주의자들처럼 사회주의자들도 경찰과 군사적 보호의 필요성을 인정한다. 현대 자유주의자들처럼 사회주의자들도 모든 사람들을 위한 기본적인 교육과 최소한의 의식주 제공이 필요함을 인식한다. 그러나 보통 사회주의자들은 현대 사회가 모든 사람들에게 유용함에도 불구하고 저소득 시민들은 시장에서 구입하기가 어려운 일련의 부가적인 필요들을 많이 만들어온 것으로 본다. 예를 들면, 의료시설과

---

41) Walzer, *Spheres of Justice*, p. 65.

의술상의 주요한 진보는 사람들의 건강상의 필요에 대해 새로운 개념을 낳았고, 이에 따라 사회주의자들은 건강을 시장에 의해서 분배되기보다는 사회적으로 또는 공동으로 제공되어야 하는 필수품이라고 주장한다.[42]

주거지와 산업지구 그리고 상업지구를 따로 떨어지게 만드는 등 도시를 물리적으로 어떻게 구조화할 것인가 라는 점에서의 광범한 변화는 새로운 교통 수요를 창출하였고, 그래서 사회주의자들은 대중운송을 공적으로 제공해 주길 바란다. 가정생활과 경제에서의 변화는 공장에서 부모가 함께 일하도록 만듦에 따라 어린이를 돌보는 영역에서 새로운 필요를 창출했고, 이에 따라 사회주의자들은 낮 시간에 어린이를 돌보는 공공시설의 확충이라든가 또는 부모로서의 책임을 다하기 위해 직장을 쉴 수 있도록 가족휴식정책의 채택을 요구한다. 이러한 요구표는 무한히 확대될 수 있다. 그러나 인간의 필요에 대한 객관적이거나 자연적인 목록표는 존재하지 않는다. 모든 시민들은 특정의 사회에서 살아가기 위해 필요로 하는 것이 무엇인지를 충분히 인식하고 있기 때문에 공개적이고 민주적인 과정은 자격부여를 결정하는 적절한 수단이다.

또한 사회복지국가는 자유복지국가보다 더 보편적이다.[43] 사회주의자에게 있어 사회적으로 인정된 필요는 결핍이라든가 그 이전의 기여

---

42) Rashi Fein, "National Health Insurance," *Dissent* (Spring 1992), pp. 157-163.
43) 보편적인 사회적 제공의 중요성에 대한 논의는 William Julius Wilson, *The Truly Disadvantaged* (Chicago: University of Chicago Press, 1987), pp. 149-164; Margaret Weir, Ann Schola Orloff, and Theda Skocpol, *The Politics of Social Policy in the United States* (Princeton: Princeton University Press, 1988), pp. 441-445 참조. 스카치폴(Skocpol)은 "Legacies of New Deal Liberalism," in *Liberalism Reconsidered*, edited by Douglas MacLean and Claudia Mills (Totowa, N.J.: Rowman and Allenheld, 1983), pp. 102-103에서 보편적 프로그램을 위한 제안을 민주사회주의와 연관시키고 있다.

와 같은 어떤 다른 기준보다는 공통의 시민권에 기반 하여 모든 사람에게 공여되는 **보편적인 자격부여**가 된다. 그래서 미국의 식품표 프로그램은 사회주의 원칙보다는 자유주의 원칙에 더 부합된다. 왜냐하면 이는 단지 빈곤수준 이하에 살고 있는 사람들에게 영양섭취상의 필요만을 제공하기 때문이다. 이와 비슷하게 사회보장 프로그램도 이 프로그램에 더 기여한 사람들에게 더 높은 퇴직연금을 제공한다는 점에서 사회주의 원칙보다는 자유주의 원칙에 더 부합된다. 이와 대조적으로 공공학교가 모든 어린이들에게 유용한 한, 공공학교는 보편적이고 사회주의적인 자격부여이다. 미국의 시장기반 의료체계와는 달리 사회화된 의료는 얼마나 많은 부를 보유하고 있는지 또는 세금을 얼마나 많이 혹은 적게 냈는지에 관계없이 모든 시민들에게 특정의 의료를 제공한다. 자유주의자들은 가난한 가정에 육아 보조금을 제공하도록 제안한다. 이에 대해 사회주의자들은 탁아소가 보편적인 필요이며 그래서 모든 가정에게 제공되어야 한다고 주장한다.

가난한 사람들을 대상으로 자격부여를 한다는 점에서 이상하게 들릴지 모르지만 자유주의 복지정책이 조건을 평등화하는 사회주의 복지정책보다 더 그럴 듯해 보인다. 왜냐하면 자유주의자들보다는 사회주의자들이 평등을 더 중시 여기기 때문이다. 그러나 사회주의자들은 다음과 같은 몇 가지 이유에서 보편적인 자격부여를 옹호한다.

첫째, 보편적인 자격부여는 사람들이 공통의 문제에 대응하기 위해서 공통의 필요를 갖고 있다고 본다. 가난한 사람이나 부자나 일하는 엄마는 다 일하는 동안 양질의 육아를 필요로 한다. 보편적인 자격부여를 제공함으로써 모든 사람들은 서로에게 공통의 필요를 제공하기로 약속한다.

둘째, 사회주의자들은 보편적 자격부여를 자유주의 복지정책에 대한 중간층이나 상류층의 적대를 누그러뜨릴 수 있는 중요한 해결책인 것으로 파악한다. 상대적으로 부유한 사람들은 수입조사에 의한 자격부여를 재분배적인 것으로 보기 때문에 이들은 사회에 아무런 기여도

하지 않는다고 생각되는 사람들을 대상으로 복지혜택을 주기 위해 고율의 세금을 내고 있다고 불만을 털어 놓는다. 보편적인 자격부여는 모든 사람들에게 이득을 주기 때문에 이는 복지국가에 대한 지지를 높이고, 그럼으로써 복지국가의 장기적인 활력을 증대시키며 복지국가가 확장되리라는 전망을 그만큼 크게 한다.

셋째, 사회주의자들은 보편적인 자격부여가 조건의 평등을 증진시킨다고 생각한다. 모든 사람들이 보편적인 자격부여를 꼭 같이 소비하지만, 이러한 보편적 자격부여는 가난한 사람들에게는 상대적으로 더 많은 재화를 제공하는 데 반해 부자에게는 상대적으로 적은 양의 재화를 제공할 것이기 때문이다. 그래서 보편적 자격부여는 부자보다 가난한 사람들의 삶의 질을 더 많이 개선시킨다. 더욱이 사회주의 국가에서 보편적 자격부여는 보통 고율의 누진과세에 의해 비용충당이 이루어진다. 가난한 사람들보다 부자가 자격부여 비용을 더 많이 떠맡고 있기 때문에 새로운 사회적 제공은 부자와 가난한 사람들 간의 경제적 불평등을 줄인다.

대부분의 사회주의자들은 국유화 분배가 국유화 생산보다 더 성공적일 것으로 간주한다.[44] 사람들에게 공통의 필요를 인식하도록 촉구함으로써 사회복지국가는 공동체의 조화를 증진시킨다. 복지를 시민의 권리로 규정함으로써 사회복지국가는 가난한 사람들이 자선에 의존하는 것을 줄이고 그 결과 가난한 사람들의 자유를 증대시킨다. 몇몇 재화들의 유용성을 불평등한 부가 아니라 동등한 시민권과 연결시킴으로써 사회복지국가는 평등을 조장한다. 그러나 일부 사회주의자들은 사회복지국가의 성공 가능성에 의문을 제기한다. 공동체적 조화라든가 박애적인 동료의식이 국민국가정부가 관장하는 다소 추상적인 사회계약에 의해서 보다 더 잘 달성될 것인가 아니면 자신들의 이웃의 도움에 의해서 보다 더 잘 달성될 것인가? 국가복지의 수혜자가

---

44) Walzer, "Socializing the Welfare State," pp. 293-294.

진정으로 자유로울 수 있을 것인가, 아니면 그들은 국가에 종속되어 자신의 삶을 스스로 챙기지 못하고 사회에 대해 기여도 하지 못하게 될 것인가?[45]

사회복지국가의 한계를 인식하는 사회주의자들은 사회복지국가를 사회주의에로의 발전에서 하나의 단계이며 사회주의 프로그램의 한 요소에 불과한 것으로 간주한다. 그 결과 많은 사회주의자들은 사회복지국가가 점차적으로 자신의 시간과 에너지 그리고 자원을 필요가 충족되지 못하는 사람들에게 공여되도록 하기 위해서는 도우미 단체에 의해서 보강되든지 아니면 대체되어야 한다고 생각한다. 이러한 제안들은 분명 '보수적'인 색채를 띠고 있지만, 이는 강한 국가에 대한 사회주의의 강조가 궁극적으로는 도구적인 것이라는 점을 예시해 보여주고 있다. 생산과 분배의 많은 결정들을 통제하는 강력한 국민국가정부 개념이 사회주의 이념에 내재하여 있는 것은 아니라는 것이다. 사회주의적 가치에 대한 헌신만이 사회주의 본질이며, 강한 국가에 대한 사회주의자들의 지지는 공동체적 조화라든가 개인의 자유, 사회적 평등과 같은 민주사회주의의 가치들을 증진시키는 국가의 능력에 의존한다.

4. 정의

사회주의자들은 '사회정의'를 추구한다. 그들은 자본주의하에서의 경제적 재화나 기타 사회적 재화에 대한 어떤 특정의 분배를 정의로운 것으로 보는 것을 탐탁하게 여기지 않는다. 왜냐하면 사회주의자들이 볼 때 자본주의하에서 생산된 재화의 분배는 명백히 부당하고 불공정하기 때문이다. 그들이 보기에 많은 경우 부는 다른 사람들과 환경을 이용하여 얻어진 것이며 가난한 사람들은 다양한 형태의 억압의 희생자이다. 그들은 사람들의 수입이 그가 얼마나 열심히 일을 했

---

45) Walzer, "Socializing the Welfare State," p. 294.

는지 아니면 사회에 얼마나 많은 기여를 했는지 혹은 그의 도덕적 덕성 등 이러한 것들과 아무런 관계가 없다고 주장한다.

사회주의자들에 따르면, 자본주의가 재화를 공정하게 분배하지 못하는 하나의 이유는 자유주의가 정의의 잘못된 원칙을 제공하기 때문이다. 자유주의자들은 설사 불평등이 발생한다고 해도 모든 사람이 추구하는 재화의 더 많은 몫을 얻기 위해서 경쟁적인 경주에서 이길 수 있는 동등한 기회가 주어진다면 정의가 실현될 수 있는 것으로 파악된다. 형식적인 기회균등은 모든 사람이 꼭 같은 장애에 직면하도록, 다시 말해서 소수인종이나 여성 또는 가난한 사람의 장애가 백인이나 남자 또는 부자의 장애보다 조금도 더 높지 않도록 보장한다. 그러나 공정한 기회균등은 사회적으로 불리한 경쟁자들을 보다 유리한 경쟁자들과 같은 출발선 상에 위치하도록 하는 방식으로 사회적으로 불리한 경쟁자들을 보충해 주는 사회정책이 시행되도록 보장한다. 사회주의자들은 형식적 기회균등과 공정한 기회균등 모두가 다 중요하다는 것을 인정한다. 왜냐하면 이러한 기회균등으로 인해 불균등한 보상은 자연적인 특성이나 사회적인 환경에서의 자격이 없는 차이보다는 개인의 선택이나 노력에서의 차이를 반영할 것이기 때문이다. 그럼에도 불구하고 사회주의자들은 이러한 정의 개념에 대해 몇 가지 제한을 가한다.

기회균등은 사람들로 하여금 단순히 지식을 획득하고 도전적인 일에 종사하는 등을 통해 만족을 느끼도록 하기 보다는 교육과 부, 지위, 권력 등의 피라미드에서 높은 위치를 점함으로써 다른 사람보다 더 성공적이 되는 데 관심을 기울이도록 조장한다. 기회균등은 사람들로 하여금 다른 사람들을 공통의 목표를 달성하기 위해서 협력할 수 있는 동료로서 보기보다는 희소한 재화를 추구하는 과정에서 물리치거나 능가해야 할 경쟁자로서 바라보도록 한다. 기회균등은 이렇게 희소 재화를 둘러싼 투쟁에서 일어나는 승리와 손실을 정당화한다. 승자는 자기가 기회균등의 조건하에서 공정하게 싸워 이긴 것으로 그래서 스스로를 뛰어난 사람으로—많은 경우 다른 사람들도 그렇게 생각하지만—생각한다. 반면에 패자는 공정한 게임에서 진 것으로 그래서 스스로를 열등한 사람으로—다른 사람들도 자주 그렇게 생각한다—생각한다. 이러한 생각은 잘못된 것이다. 왜냐하면 승자는 패자보다 단지 무자비하거나 아니면 운이 더 좋은 것일 뿐일 수 있기 때문이다. 이러한 한계 때문에 사회주의자들은 기회균등을 넘어서는 사회정의의 개념이 있어야 한다고 주장한다.[46]

사회주의자들에게 있어 정의의 보다 기본적인 개념은 종종 이해되는 것처럼 단순한 **조건의 평등**이 아니다. 사회주의자들은 모든 사람이 절대적으로 동등한 양의 교육과 부, 권력, 기타 사회적 재화를 보유하는 사회는 가능하지 않고 바람직하지도 않다는 것을 인정한다. 어떤 사회적 재화의 동등한 분배는 균등한 할당에 의하는 것보다 더 많은 것을 얻을 수 있는 능력과 동기를 보유한 사람들에게 자유의 제한을 가하게 된다. 의사나 과학자에게 발전된 교육을 받도록 하고 또 선출직 공직자에게 더 많은 정치적 영향력을 부여하는 것과 같은 어떤 재화들의 불균등한 분배는 공공에게 이득을 가져다 줄 수 있다. 부와 같은 그러한 재화의 균등한 분배를 유지하려는 시도들은 지속적으로 개인의 삶에 간섭을 하게 되는 전제적 정부를 필요로 하게 된다. 그리고 그러한 전제적 정부조차도 동등한 조건을 달성하는 데 실패한다는 것도 불가피한 것이다.

> 우리들은 일요일 날 정오에 꼭 같이 분배된 돈이 1주일이 가기 전에 불균등하게 재분배되고 있음을 알게 된다. 어떤 사람들은 그것을 저축할 것이고, 어떤 사람들은 투자할 것이며, 또 어떤 사람들은 그것을 다 써 버릴 것이다. 그들은 각기 다른 방식으로 그 돈을 쓸 것이다.[47]

---

46) Schaar, "Equal Opportunity and Beyond."

단순한 기회균등 이상의 것을 제공하는 사회를 추구하면서도 정태적으로 동등한 조건에 대해서 멀리하고자 하는 사회주의자들은 모든 사람들이 서로를 동등한 가치와 잠재력을 가진 형제자매인 것으로 생각하는 **평등 사회를 원한다.**[48] 사회주의자들은 이와 같은 도덕적 감정을 다음과 같은 방식으로 실천에 옮기고자 한다.

첫째, 불평등에 대한 설명과 정당화는 그 유효성 여부에 의해 추구되고 평가된다. 개인의 선택과 노력을 반영하는 불평등은 보통 받아들일 수 있는 것으로 간주된다. 이러한 불평등의 정당한 기반을 발견함으로써 그렇지 않으면 폭발할 수도 있는 사회적 알력을 줄일 수 있다. 그러나 사회적 환경상의 부당한 차이로부터 연원하는 불평등은 비판을 받으며, 이러한 불평등을 줄이기 위해서 공공정책이 채택된다.[49]

둘째, 부와 권력, 기타 재화에서 합법적인 약간의 차이가 존재한다고 하더라도 이러한 불평등을 줄이기 위한 노력이 이루어진다. 예를 들면, 물질적인 조건들은 상속세를 부과하여 이들로부터 나온 재원을 보다 많은 자격부여를 제공하는 데로 활용함으로써 보다 동등해 질 수 있다. 수입은 전국적으로 다양한 산업에 걸쳐 유사한 일에는 동등한 보상을 지불하는 연대주의적 임금정책에 의해 보다 더 동등해 질 수 있다.[50] 정치권력은 불리한 위치의 시민들을 집단적으로 조직하고 참여시키는 정책을 통해 보다 동등하게 된다.

셋째, 불평등한 분배의 유해한 영향을 막기 위한 노력이 있을 수 있

---

47) Walzer, *Spheres of Justice*, p. xi.
48) Crick, *Socialism*, p. 90.
49) 합법적인 불평등과 불법적인 불평등을 구성하는 것이 무엇인지를 결정하는 문제는 민주사회주의자들이 보다 충분하게 다루어야 할 필요가 있는 어려운 과제이다.
50) 이와 관련하여 사회주의자들은 다양한 종류의 일을 어떤 동일 기준으로 명확하게 비교할 수 없다는 데서 제기되는 문제들을 해결해야 한다. 예를 들면, 농부의 일이 공장노동자의 일과 같은 것인지 아닌지는 분명하지 않다.

다. 법은 화폐의 어떤 활용을 통해 부자들이 가난한 사람들에게는 주어지지 않는 과도한 선택지와 기회를 갖도록 하는 것을 막을 수 있다.[51] 예를 들면, 부자의 어린이들이 더 좋고 광범한 교육을 받을 수 있도록 하는 화폐의 능력은 제한될 수 있다. 헌법상의 제한과 공직윤리법은 공직자들이 개인적 이득을 위해 정치권력을 이용하지 못하도록 함으로써 공직자의 행동을 규제할 수 있다.

넷째, 불평등을 덜 영속적인 것으로 만들기 위한 노력이 있을 수 있다. 예를 들면, 몇몇 교수들에게 자신의 남은 경력을 위해서 석좌직을 제공하기보다는 경제적 보너스와 명예를 일 년 단위나 혹은 주기적인 기반에 토대를 두어 자격이 있는 교수들이 순번으로 제공받도록 할 수 있다.

마지막으로, 누적적인 불평등을 피하기 위해서 높은 수준의 어떤 재화를 받은 사람에게는 낮은 수준의 다른 재화가 제공되도록 하는 조치가 있을 수 있다. 이와 관련하여 예를 들면, 정치 캠페인에 공공재정을 활용하도록 함으로써 부와 정치적 권력 간의 연계를 단절시키는 것은 특히 중요하다. 또 하나의 예로서 많은 교육과 높은 지위의 직업을 갖는 사람들에게 반드시 많은 봉급과 장기간의 휴가를 줄 필요가 없다.

이러한 원칙들은 평등주의의 사회주의적 목표가 모든 재화의 균등한 분배처럼 단순한 것이 아님을 보여준다. 오히려 그 목표는 모든 사람이 인간으로서 존중을 받으며 어떤 사람도 다른 사람의 이익을 위한 도구로서 취급되어서는 안 되는 사회로 나아가려는 데 있다. 어떤 특정의 재화 분배도 사회주의의 목표에 부합되지 않는다. 사회정의에 대한 명백한 특징화는 "항구적으로 애매하고, 개방되어 있으며, 유연하고, 논쟁이 가능하며, 결코 완전히 도달되지 않은 채 끊임없이 움직이는 수평선이고, 어떤 경제적 공식이나 최종의 입법적 해결로 환원

---

51) Walzer, *Spheres of Justice*, pp. 100-102.

될 수 없다"[52)]는 데에 있다.

5. 지배자

평등주의에 대한 집착으로 인해 사회주의자들은 민주주의에 대한 해석에 있어서 다른 이데올로기 추종자들보다 훨씬 더 민중주의 입장을 취한다. 보수주의자나 자유주의자, 마르크스주의자 모두 각각 특정 형태의 민주주의를 지지하면서도 그들은 또한 보통 시민들보다 더 능력이 있는 것으로 간주되는 지배계급에게 권력을 집중시킨다.

그러나 사회주의자들은 공동체적 조화, 개인의 자유, 사회정의와 같은 정치의 목표가 소수 엘리트만이 알 수 있는 복잡한 이상이 아니라고 생각한다. 대신에 사회주의자들은 잠재적으로 모든 사람들은 이러한 이상들을 이해할 수 있는 지혜와 이러한 이상들에 수반되는 도덕적 덕성 그리고 사회를 이러한 이상들의 실현에 가깝도록 변화시켜 나갈 특정의 정책과 장치에 대해서 합당한 판단을 할 수 있는 지성을 보유하고 있다고 본다.[53)] 물론 사회주의자들은 모든 사람들이 다 이러한 이상을 따르는 것은 아님을 인정한다. 전통적인 편견과 자본주의의 물질적 경쟁은 시민들로 하여금 사회주의 이상을 받아들이지 못하도록 방해한다. 그래서 사회주의자들은 민주주의가 다가갈 수는 있지만 결코 충분히 실현될 수 없는 이상이라고 믿는다.

19세기에 나타났던 민주주의의 초보적인 형태와 제도는 사회주의자들로 하여금 사회주의가 민주적 수단에 의해서 추구될 수 있으리라는 생각을 갖도록 하였다. 예를 들면, 페이비안들은 1837~1848년의 기간 동안 특히 영향을 많이 끼쳤던 **차티스트**(Chartist)**운동**이 영국의 수많은 선거개혁, 즉 보통선거권, 동등한 선거구역, 비밀투표, 의회입후

---

52) Crick, *Socialism*, p. 90.
53) 루소의 『사회계약론』은 이러한 민주적 이상에 대한 영속적인 비전을 제공하고 있는데, 이로 인해 루소는 민주사회주의를 옹호하는 고전 철학자의 한 사람이 되고 있다.

보의 재산자격 철폐, 의회 구성원에 대한 보수제도 등에 추동력을 가져다주었다고 본다. 이를 통해 노동자계급은 의회에 더 많이 대표될 수 있게 되었으며 의회의 대표들로 하여금 노동자계급의 필요와 가치에 보다 더 많이 반응을 보이도록 하였다는 것이다.[54] 간단히 말해서 19세기에 영국의 정치를 민주화시켰던 선거개혁으로 인해 사회주의 정당은 자본주의하에서 착취를 받고 소외되어 왔지만 이제는 참정권이 부여된 대다수 영국 사람들로부터 선거상의 지지를 얻고자 할 수 있고 그래서 민주적 선거를 통해 영국 정부에 대한 통제권을 확보하는 것도 가능하게 되었다는 것이다.

그러나 사회주의자들은 다음과 같은 두 가지 이유로 대의민주주의가 민주적 이상의 완전한 실현이 아님을 인식한다. 첫째, 사회주의 가치는 시민들과 대표들 사이에서 민주적 과정을 효과적으로 지도할 만큼 충분히 지배적이지 않을 수 있다. 사회주의자임에도 불구하고 대표가 되면 사회주의적 가치의 장기적인 실현보다는 자신의 지역구민들의 즉각적인 경제적 관심에 더 강조를 두기가 쉽다. 둘째, 생산수단의 소유와 통제에서의 불평등은 대의민주주의 체제 내에서 지속적이고 부당한 정치적 불평등을 가져온다. 대표들은 민중의 관심과 선호에 반응을 보이기보다 일차적으로는 자본가들의 필요 또는 많은 부와 높은 지위를 가진 사람들의 선호에 반응을 보인다. 그렇기 때문에 산업가, 은행가, 부동산업자와 같은 자본가들의 이익과 노동조합, 환경보호론자, 이웃동네집단과 같은 대항적인 행동가 사이에 영향력의 균등화를 가져오는 방식으로 대의민주주의에 대한 지속적인 개혁이 이루어져야 한다.

사회주의자들은 또한 대의민주주의 제도를 민중민주주의의 제도로

---

54) 차티스트운동은 급진적인 민주정치를 강조했지 사회주의를 옹호한 것은 아니었다. 예를 들면, 차티스트들은 소규모 재산가들로 운영되는 다소 경쟁적인 시장체계를 창출하기 위해서 고용되지 않은 노동자들에게 소규모의 토지와 자본이 제공되길 원했다.

확대시키기를 원한다. 자유주의자들은 대부분의 시민들이 정치적으로 무관심을 보인다고 해도 별로 신경을 쓰지 않는다. 그러나 사회주의자들은 시민들이 보다 적극적으로 다양한 형태의 공동체 문제들에 대해 보다 적극적으로 관심을 갖고 해결책을 강구하길 바란다.[55]

첫째 그리고 가장 중요하게, 사회주의자들은 경제민주주의 또는 **작업장 민주주의**를 지지한다. 작업장은 민주적 참여의 가장 중요한 영역이다. 왜냐하면 작업장은 사람들이 자신의 삶의 대부분을 보내고 권위와 지배-복종의 관계가 가장 분명하게 나타나는 곳이기 때문이다. 사회주의에 있어 작업장 민주주의의 중요성은 영국의 사회주의자 교수인 G. D. H. 콜에 의해 강조된 바 있다. 그는 노동자가 자신의 사장에게 종속되는 것은 노예나 다름없는 것으로서 가난보다도 더 큰 해악이라고 보았다.[56]

콜은 산업상의 의사결정에서 피고용자들의 관여와 영향력을 강화시키면 몇 가지 긍정적인 효과가 있음을 지적하였다. 즉, 피고용자들로 하여금 조화라든가 자유, 정의와 같은 사회주의적 이상에 대한 인식을 발전시켜 나가도록 할 것이며 민주적 과정에서도 참여의 기술을 증진시키도록 함으로써 보다 더 넓은 세계에서도 민주사회주의를 할 수 있도록 훈련을 시킨다는 것이다. 작업장 민주주의는 권위에 대한 노동자들의 두려움을 감소시키고 관리운영에 있어서는 노동자들의 능력에 대한 새로운 인식을 불어넣음으로써 사회적 내지는 계급적 차이를 줄여나갈 것이다. 그리고 노동자들의 더 많은 관여는 노동자들

---

55) 자유민주주의의 한계에 대한 탁월한 분석과 민중민주주의에 대한 설명으로는, Benjamin Barber, *Strong Democracy: Participatory Politics for a New Age* (Berkeley: University of California Press, 1984) 참조.
56) G. D. H. Cole, *Self-Government in Industry* (London: G. Bell, 1919), p. 33. 작업장 민주주의에 대한 최근의 주장에 대해서는, Carole Pateman, *Participation and Democratic Theory* (New York: Cambridge University Press, 1970), pp. 67-84 참조.

의 억압된 재능과 에너지를 해방시킴으로써 경제적 생산성을 높일 것이다. 경제적 기구의 관리운영에 노동자들이 참여하도록 한 최근의 많은 실험들을 통해 사회주의자들은 물론이고 일부 자유주의자들도 그것의 효율성을 인정하고 있다.[57]

둘째, 사회주의자들은 풀뿌리 민주주의를 지지한다. 사회주의자들은 시민들이 자신의 작업장에서 보다 많은 권력을 행사하길 원하는 것처럼 또한 가족, 종교단체, 학교, 시민사회단체, 종족집단, 이웃집단 등 자신들의 일상적인 삶을 살아가는 다른 조직이나 단체에서도 보다 많은 권력을 행사하길 원한다.[58] 그래서 사회주의자들은 남편과 아내의 권력을 동등화하고 어린이들의 필요와 이익이 충분히 고려되고 존중되도록 보장함으로써 가정을 '민주화' 하길 원한다. 그들은 또한 시민들이 자신들의 긴급한 문제와 목표들에 대해 토론할 기회를 가질 수 있도록 이웃집단회합을 활용하는가 하면 구체적인 정책대안을 개발하기 위해서 공동체 평의회와 작업팀을 이용하고 또 추첨에 의해 선출하거나 의원직의 빈번한 교대와 같은 방식을 통해 시의회의 정책들이 보다 많은 대표성을 띠도록 함으로써 자신들의 지역공동체를 민주화하고자 한다.[59] 풀뿌리 수준에서 민주주의를 보다 많이 실천함으로써 시민들은 전국적인 정치에서도 자신들의 권익을 옹호하는 데 보다 숙달하게 된다. 지방적 수준에서 공동체적 조화와 개인의 자유, 사회정의를 증진시키는 법을 배움으로써 시민들은 이러한 사회주의적 가치들을 전국적인 쟁점들의 분석에로 통합시키게 될 것이다.

---

57) 달은 노동자가 통제하는 기업들이 "주식회사가 이익을 나누어 갖기로 함에도 불구하고 그러한 주식회사로서는 결코 할 수 없을 정도로 노동자들의 창의성과 에너지 그리고 충성심을 불러일으킬 가능성이 많다"(Robert Dahl, *A Preface to Economic Democracy*, Berkeley: University of California Press, 1985, p. 132)는 주장을 하고 있다.
58) Harry Boyte, *The Backyard Revolution: Understanding the New Citizen Movement* (Philadelphia: Temple University Press, 1980).
59) Barber, *Strong Democracy*, pp. 267-278.

셋째, 사회주의자들은 자주 시민들이 대의제도를 넘어서서 공공의 발의하에 전국적인 의제설정에 있어서 특정의 안건을 제기할 수 있고 또 국민투표를 통해 전국적인 문제를 해결해 나가는 **직접민주주의**를 지지한다. 사회주의자들은 광범한 안건들이 불가피하게 정규적인 입법자들에 의해 해결될 수밖에 없다는 것을 인정하고 있기 때문에 대의민주주의를 직접민주주의로 대치하고자 원하지는 않는다. 그러나 몇몇 주요 안건에 대해서 시민들이 직접 투표를 하도록 허용하는 것은 다음과 같은 몇 가지 이득을 가져다 줄 것으로 본다. 첫째, 직접민주주의는 대의적 입법자들이 특정의 이해관계, 특히 기업의 이해관계에 의해서 지배되지 않도록 견제 역할을 한다.[60] 둘째, 어떤 의안이 공공의 투표에 부쳐질 수 있다는 것은 대의자들로 하여금 자신의 선거구민들의 대리자로서 행동하도록 하며, 그럼으로써 공공에 대한 책임감과 반응성을 증대시킨다. 셋째, 주민투표와 주민발안은 시민들의 지혜와 덕성 그리고 판단을 반영할 수 있고 또 시민들로 하여금 이러한 특성들을 더욱 발전시켜 나가도록 고무할 수 있다. 현대 자유주의자들은 모든 사람에게 투표권을 확대시킴으로써 참정권의 양적인 확산 가능성을 다 소진시켜 버렸다. 직접민주주의를 지지함으로써 사회주의자들은 참정권을 질적으로 확대시키려고 한다. 즉, 시민들에게 사회주의 가치를 옹호하는 후보자를 선출할 기회뿐만 아니라 사회를 사회주의로 이끌어 나가도록 하는 정책집행의 기회를제공해 주고자 한다.

6. 시민권

사회주의자들은 시민권에 대해서 자유주의자들보다 더 강한 의식을 갖고 있다고 주장한다. 공동체적 조화에 관심을 두고 있기 때문에 사회주의자들은 사람들이 다양한 집단과 공동체의 구성원을 이루며

---

60) 그러나 기업의 이해관계가 국민투표 과정에서 시민들에게 영향을 미칠 수 있다는 주장에 대해서는, Thomas E. Cronin, *Direct Democracy* (Cambridge: Harvard University Press, 1989), pp. 99-116 참조.

이들 구성원들과 집단들은 서로 지지를 주고받는 관계에 있다고 본다. 개인의 자유에 관심을 기울이지만 정치적 지배에 대해서는 혐오를 하기 때문에 사회주의자들은 시민들이 각각의 공동체의 정책결정에 충분히 참여할 필요가 있다고 강조한다. 그리고 사회정의에 대한 관심은 사회주의자들로 하여금 시민권에 대한 이러한 견해가 부과하는 포괄적인 의무를 인식하도록 요구하고 있다.

자유주의자들은 특정 국가 내의 시민권에 강조를 두고 있는 데 반해 사회주의자들은 다원적 시민권에 관심을 둔다. 사회주의자들은 사람이 국민국가 내지는 다양한 하위정부의 시민이라는 것과 새로이 어떤 사람을 국민국가의 시민으로서 받아들이는 것과 관련한 원칙에서는 자유주의자들과 같은 입장을 갖는다. 그러나 사회주의자들은 사람들이 예를 들면, 세계공동체와 같은 초국가적 단위의 시민들이기도 하며 이러한 시민권은 그들에게 어떤 도덕적 의무를 부과한다는 것을 인정한다. 그들은 또한 사람들이 자신들에게 다양한 요구를 부과하는 산업적 기업, 노동조합, 소수종족집단, 여성단체 등 비국가적 공동체의 시민임을 강조한다. 현대 자유주의자들도 다원적 시민권을 인정하기는 하지만 그들은 비국가적 공동체의 구성원 자격을 개인적 삶의 영역의 것으로 보거나 아니면 국가에 대한 불복종을 정당화할 수 있는 도덕적 의무감을 부과하고 그럼으로써 시민으로서의 정치적 의무감을 제한하는 것으로 바라본다. 이와 대조적으로 사회주의자들은 국가와 비국가적 공동체의 다원적 시민권을 공공생활의 필수적인 부분인 것으로 파악한다. 예를 들면, 협동체적 집단이나 여성 집단의 시민권은 정치적 의무를 제한하기보다는 사람들로 하여금 오히려 공공생활에 참여하고 나아가 이들 공동체의 다른 구성원들에 대해서 부가적인 의무도 감당하도록 할 필요를 확대시킨다.

자유주의자들은 시민권이 시민들의 참여를 제한함으로써 가장 잘 구현될 수 있는 것으로 보는 반면 사회주의자들은 포괄적인 시민참여를 주창한다. 시민참여는 가족, 학교, 교회, 이웃집단 등 지방적 집단에서는 물론이고 가장 중요하게는 일상생활의 작업장에서 시작되어야 한다. 이와 같은 지방적 공동체에 적극적으로 참여함으로써 시민들은 더 많은 소속감, 관심, 다른 사람과의 상호성을 얻는다. 이러한 참여를 통해 시민들은 지방적 집단을 공동의 문제를 해결하기 위한 도구로서 활용할 수 있으며 그럼으로써 자신들의 삶에 대한 집단적인 통제를 더 많이 행사할 수 있다. 다른 사람들도 지방적 집단의 결정에 참여해야 한다는 인식은 정치적 평등에 대한 자신들의 생각을 확대시켜 준다. 지방 공동체와 작업장에 대한 참여증대는 또한 전국적인 선거나 정책결정과정에는 충분하게 참여하지 않아 상대적으로 불이익을 받는 사람들을 정치화하는 데 기여할 것이다. 그 결과 전국적인 수준에서의 정치에 시민들이 보다 많이 그리고 보다 대의적으로 참여하게 되면 그만큼 대의민주주의의 한계를 보강할 수 있고 그래서 정치적 평등이라든가 정부에 대한 인민의 통제라는 사회민주주의의 이상에 더 근접해 나갈 수 있다.

사회주의자들은 자유주의자들이 강조하는 것을 넘어서서 시민의 의무를 확대하고자 한다. 기껏해야 자유주의자들은 시민의 의무를 시민의 권리와 연결시킨다. 왜냐하면 정치적 의무에 대한 자유주의자들의 원칙은 시민들이 다양한 의무를 다하는 데서 어떤 재화와 권리를 얻게 된다는 계약이론에 기반하고 있기 때문이다. 사회주의자들은 자유주의적 사회계약을 너무 개인주의적이고 근시안적인 것으로 바라본다. 복지서비스를 위해 세금을 내거나 국가안보를 위해서 군복무를 하는 등의 의무를 기꺼운 마음으로 하기 전에 자유주의적 시민들은 "이러한 서비스로 인해 내가 개인적으로 얻을 이익은 무엇인가?" 혹은 "정부는 나중에 나에게 무엇을 해 줄 것인가?"를 묻는 경향이 있다. 사회주의자들은 시민들이 사회계약과 그것이 부과하는 의무가 무엇을 의미하는 지에 대해 보다 덜 개인주의적이고 보다 더 분별력 있는 접근을 취하리라 기대한다. 사회주의자들에게 있어 사회계약은 각각의 개인적 권리에 대한 개인들 사이의 동의라기보다는 자신들의 공동적인 필요와 이러한 필요들을 충족시키기 위해서 서로 협력할 의무에 대한 시민들 사이의 공동이해인 것으로 파악된다. 사람들이 필요로 하는 것은 개인의 권리를 제공하는 것뿐만 아니라 공동체 자체이다. 그래서 사람들은 공동체로서 존속해 나가기 위해 필요로 하는 존중과 지원을 서로에게 공여할 의무가 있다.[61]

게다가 시민들은 집단적인 정책결정 과정에 참여해야 한다. 왜냐하면, 그래야 이러한 공동체에서 살아가기 위해서 각 개인이 필요로 하는 것이 무엇인지를 명확히 할 수 있기 때문이다. 일단 기본적인 주거, 의료 그리고 교통과 같은 필요들이 무엇인지를 명확히 하고 나면, 사회주의적 사회계약은 이러한 필요들이 모두에게 충족될 수 있도록 각자 나름대로 '열심히 하기를' 요구한다. 사회주의자들은 시민들의 의무에 관한 특정의 목록표를 제시하려고 하지 않는다. 왜냐하면 이러한 의무라는 것은 각각의 공동체가 무엇을 자신들의 공통의 필요이고 보편적인 의무인 것으로 간주하는가에 달려있기 때문이다. 사회주의자들은 확실히 미국의 공동체에서 제공되는 공통의 재화나 그에 수반되는 의무가 충분하지 않은 것으로 간주한다.[62]

시민의 의무를 바라보는 자유주의자와 사회주의자 간의 견해 차이는 '공공서비스'에 관한 쟁점을 검토해 보면 분명하게 나타난다. 젊은이들로 하여금 자신의 대학등록금 대부를 갚기 위해 공공서비스 직에서 1~2년간 일을 하도록 하는 클린턴 대통령의 제안은 시민의 의무에 대한 자유주의적 개념을 확대하고자 하는 현대 자유주의적 시도의 한 예이다. 이 경우에는 단지 몇몇 시민만이 봉사를 하도록 요구되며, 그들의 봉사 의무는 그렇지 않으면 주어질 수 없는 구체적이고 물질적인 개인의 이익, 예를 들면 학생에 대한 등록금 지원과 직접 연결되고 있다.

---

61) Walzer, *Spheres of Justice*, pp. 64-65.
62) Walzer, *Spheres of Justice*, p. 84.

이와 반대로 사회주의자들은 "모든 미국 시민들로 하여금 남녀 불문하고 1~2년간 군사적이든 아니면 비군사적이든 훈련과 봉사를 위한 단체나 기관에 등록하도록 하는 보편적인 시민봉사 프로그램"[63]을 요구한다. 보편적인 봉사프로그램에 사회주의자들이 참여하는 것은 직업훈련의 경우처럼 일부 사람들에게는 이익을 가져다 준다. 그러나 이를 통해서 얻을 수 있는 가장 커다란 이익은 "동료의식과 박애, 공동행위, 협업, 다른 사람을 위하면서 동시에 다른 사람과 함께 하는 봉사, 공동체의식, ……협력… 그리고 상호성"[64]이다. 자유주의적 봉사와 비교할 때 포괄적이고 또 선택적이기보다 의무적이기는 하지만 사회주의적 봉사는 파시스트 국가에 의해서 이해되는 것보다는 덜 포괄적이고 강압적이다. 왜냐하면 사회주의적 봉사는 젊은이들의 삶에서 잠깐 동안만 하면 되는 것이고 또 사람들에게 어디서 봉사할 것인지, 예를 들면 군대나 국제평화봉사단에서 혹은 나이든 사람을 돌보고 어린애를 보살피고 또는 인프라를 수선하는 등의 일은 도시에서, 그리고 환경 프로그램이나 치산치수와 같은 일은 농촌에서 할 수 있도록 선택의 여지를 제공해 주기 때문이다.

자유주의자들은 포괄적 시민권과 같은 사회주의자들의 제안을 좋아하지 않는다. 공공의 참여보다는 사적인 오락을 더 선호하는 자유주의자들의 입장을 반영하여 오스카 와일드(Oscar Wilde)는 한때 "사회주의의 문제는 그것이 너무 많은 밤을 요구한다는 데에 있다"고 말한 바 있다. 보편적인 전 국민적 봉사에 대해서 생각을 하노라면 많은 학생들은 너무나 많은 시간을 요구한다는 데에 사회주의의 문제가 있다고 생각하게 될 지도 모른다. 사회주의자들이 보기에 이러한 비판들은 사람들의 삶을 시민권의 공적인 영역과 개인적 만족이라는 사적인

---

63) Benjamin Barber, *Strong Democracy*, pp. 298-303. 그리고 Walzer, "Socializing the Welfare State," pp. 298-299 참조.
64) Barber, *Strong Democracy*, p. 302.

영역으로 구분할 수 있다는 자유주의자들의 잘못된 신념을 반영하고 있는 것이다.

사회주의자들에게 있어 모든 삶은 필연적으로 다 사회적 삶이다. 우리들은 우리들 가정의 사적인 영역에서도 시민이다. 왜냐하면 우리들의 가정이나 또는 다른 친밀한 단체들도 협동적인 문제해결이라든가 공통적인 필요의 확인 또는 권력의 적용 등의 일을 하는 사실상의 정치적 결사체이기 때문이다. 우리들은 모두 노동을 하는 시민이다. 왜냐하면 우리들의 작업장은 협동적인 문제해결이라든가 공통적인 필요의 확인 또는 권력의 적용 등의 일에 관여하기 때문이다. 그리고 정부나 다른 공공기관의 결정들은 그것이 아주 사적인 것이 아닌 한 우리들의 '일상적' 삶을 영위하는 방식에 심대한 영향을 미친다. 공적인 삶과 사적인 삶을 구별하는 것이 불가능하기 때문에 사람들은 항상 시민이다. 집단적인 결정에 참여하고 시민으로서의 의무를 받아들이는 사람들의 필요를 인정하고 그에 따라 행동함으로써 공동체적 조화라든가 개인의 자유, 사회적 평등 그리고 정치적 민주주의와 같은 사회주의적 목표들이 충족되어 나갈 수 있다.

III. 철학적 기반

1. 존재론

앞에서 보아 온 것처럼 사회주의자들은 자유주의적 가치를 사회주의적 가치로 변형시킴으로써 그리고 정치권력의 민주적 적용을 통해 사회주의적 가치를 추구함으로써 자본주의가 지배하는 세계를 변화시키려고 한다. 이러한 프로그램은 마르크스주의의 경제결정론적 존재론과는 상치된다. 정통 마르크스주의자들에 따르면, 경제적 하부구조가 문화적 가치와 정치권력의 분배를 포함하는 사회적 상부구조를 결정한다. 자본주의는 경쟁과 조야한 개인주의 그리고 기회균등과 같은 자유주의적 가치를 요구하고 지지하기 때문에 마르크스주의 존재론은 자본주의가 지배적인 한 사회주의 가치는 확대될 수 없다고 주장한다. 자본주의는 자본가 계급의 힘을 강화시켜 주는 그런 형태의 대의민주주의를 요구하고 지지하기 때문에 마르크스주의 존재론은 보다 민중적인 민주적 제도가 발전하는 데 있어서 자본주의는 불가피하게 방해 요인이 될 것으로 보고 있다. 베른슈타인(Eduard Bernstein)은 정통 마르크스주의 존재론이 너무 유물론적이고 결정론적이라고 비판한다. 베른슈타인의 주장에 따르면, 정통 마르크스주의자들은 모든 가치와 사상의 원천을 물질과 경제적 조건에 위치시킴으로써 과도한 환원론에 빠지고 있다.[65] 간단히 말해서 베른슈타인은 이데올로기와 사상 그리고 윤리적 고려라는 것이 궁극적 실체의 중요한 측면일 뿐만 아니라 그러한 것들은 최소한 부분적으로라도 경제적 요인들로부터 독립적이라고 주장한다.

그러나 민주사회주의 주창자들은 마르크스의 유물론을 거부하지만 그렇다고 관념이 유일한 실재이며 관념이 역사과정을 결정한다는 류의 헤겔 관념론과 같은 19세기 대안적 존재론을 받아들이지도 않는다. 오히려 베른슈타인은 이 두 가지 존재론을 종합하기 위해서 **신칸트주의**에 기대고 있다.[66] 간단히 얘기하면, 칸트는 사실과 가치를 구분하였다. 칸트에게 있어서 경제와 역사에 관한 마르크스의 법칙과 같은 사실은 외적 형상의 현상학적 세계 가운데 일부분이며 그것은 경험과 성찰을 통해서 인간에 의해 알려질 수 있는 것이다. 그러나 가치와 도덕성은 신과 영원불멸에서 보듯이 사실적이고 물질적인 고려로부터 독립하여 현상학적 세계를 넘어서는 보다 심오하고 궁극적인 실재의 일부분이다. 신칸트주의는 마르크스의 경제결정론을 거부하지 않으면서도 이를 도덕성과 가치라는 보다 심오한 실재에 종속시키고

---

65) Bernstein, *Evolutionary Socialism*, pp. 13-14.
66) 이에 대한 논의는 McLellan, *Marxism After Marx*, pp. 33-38에 근거하고 있다.

있다. 신칸트주의는 인간에게 사회주의적 가치와 같은 어떤 도덕성에 대해 자유롭게 바라보도록 하는데, 이는 단순히 그러한 도덕성들이 필요한 것으로라기보다는 '옳은' 것으로 판단되기 때문이다.

또한 사회주의적 인식론은 자유주의적 인식론과 비교함으로써 더 잘 이해될 수 있다. 우리가 앞에서 보아 온 것처럼, 고전적 자유주의자들은 역사진보가 자연법에 의해 결정된다고 생각했다. 예를 들면 허버트 스펜서(Herbert Spencer)에 따르면, 인류의 진보를 위해서는 약자와 부적합자를 걸러냄으로써 진보가 가장 잘 이루어질 수 있다는 의미의 인간진보를 요구한다. 그러나 사회주의자들은 그러한 자연법에 의해 좌우지되는 것을 거부한다. 헉슬리에 따르면, "사회진보는 모든 단계에서 질서정연한 자연적 선택과 대체 과정을 저지하는 것을 의미하는데, 이를 윤리적 과정이라고 명명할 수 있다."[67] 간단히 얘기하면, 자기주장과 경쟁 그리고 지배라는 자연 세계에 함몰되기보다는 인간은 도덕적 의지를 활용하여 자기절제를 강화하고 자신의 이웃을 도와주며 정의로운 사회를 건설해 나갈 수 있다는 것이다.

마르크스주의의 유물론과 자유주의적 자연관을 거부하기 때문에 사회주의자들은 자신의 정치적 이데올로기를 어떤 특정의 인식론에 근거시키고 있지 않다고 생각할 수 있다. 어떤 의미에서 그것은 사실이다. 왜냐하면 사회주의자들은 궁극적인 실재를 안다고 주장하지 않으며 인류역사는 결정된 것도 아니고 그렇다고 유한한 것도 아니라고 보기 때문이다. 그러나 다른 의미에서 이것은 사실이 아니다. 왜냐하면 사회주의자들은 어떤 존재론적 가정을 취하고 있기 때문이다. 사회주의자들은 가치가 실재하며 그것은 사회생활에 영향을 미칠 뿐만 아니라 가치는 적어도 부분적으로는 경제적 요인이라든가 자연법 또

---

67) T. H. Huxley, "Evolution and Ethics," in *Selections from the Essays of Huxley*, edited by Alburey Castell (Arlington Heights, Ill.: Crofts Classics, 1958[1893]).

는 우리들의 선택의 자유에 대한 다양한 제한들과는 별개로 독립적이라고 생각한다. 사회주의자들은 인간 또는 인간의 선택이 진보와 역사의 과정에 영향을 미칠 수 있는 것으로 본다. 인간은 민주사회주의를 선택해야 하지만, 다른 이데올로기를 선택할 수도 있다. 그러한 선택은 우리의 것이다. 그리고 역사 과정은 우리들의 선택에 영향을 미칠 것이다.

2. 인식론

사회주의자들은 사회주의적 가치의 진실성을 주장하기 위해서 어떤 독자적인 인식론적 기반이 있다고 생각하지 않는다. 자신들의 신칸트주의적 존재론으로 인해 사회주의자들은 인간이 공동체적 조화라든가 개인의 자유, 사회정의, 민중민주주의의 가치들을 추구해야 한다는 그런 지식을 가질 수 없음을 인정한다. 그런 가치는 배우거나 선험적으로 알게 되는 것이 아니라 선택되는 것이다. 사회주의자들은 사회주의적 가치를 선택함에 있어서 주관성이 개입된다는 것을 인정하기 때문에 그들은 다른 이데올로기적 경쟁자들의 가치도 무시되어서는 안 된다고 생각한다. 그래서 사회주의자들은 사회주의를 용인하는 이들 이데올로기들을 기꺼이 용인하려고 하며 사회주의를 민주적 다원주의의 친구 가운데 하나로 자리하도록 하고자 한다.[68]

그렇다고 이러한 얘기가 사회주의적 목표를 추구하기로 선택하게 된 데에는 타당한 이유가 많이 있다는 것을 사회주의자들이 의문시한다는 뜻은 아니다. 실제로 사회주의자들은 사회주의적 목표를 정당화하기 위해서 다른 이데올로기적 경쟁자들의 인식론적 정향으로부터 빌려온 주장들을 자주 활용한다. 예를 들면, 고전적 자유주의자들로 하여금 여러 가지 보편적인 경제적 자격부여를 용인하도록 설득하기

---

[68] Bernard Crick, *In Defense of Politics* (Middlesex, England: Penguin Books, 1962).

위해서 일부 사회주의자들은 자연법적 주장을 채용해 왔다.[69] 이들 사회주의자들은 본성상 인간은 살아남기 위한 생물학적인 생존의 필요라든가 인간답게 살기 위해서 어떤 형태의 안락에 대한 자연적인 필요를 포함하여 공통된 인간성이라든가 인간에 고유한 특정의 성향에 있어서 동등하다고 믿는다. 이와 같은 자연적이고 동등한 필요를 고려하면서 사회주의자들은 모든 사람이 다 "명예롭고 마음에 드는 일과…쾌적한 환경…그리고 오락 등 모든 형태의 정당한 의무"에 대해 권리를 갖고 있다고 주장한다.[70]

현대 자유주의들을 설득하기 위해서 사회주의자들은 공리주의에 근거하여 보다 많은 경제적 평등이 전체로서 인간 행복의 총량을 극대화할 것이라고 주장해 왔다. 가난한 사람이 일정한 돈을 얻게 됨으로써 경험하게 되는 만족은 부자가 꼭 같은 양의 돈을 잃게 되는 데서 느끼게 되는 불만족보다 클 것이기 때문에 사회 내의 전체적 행복은 부자로부터 가난한 사람에게로 돈을 재분배함으로써 증대될 것이라는 것이다.[71]

보수주의자들을 설득함에 있어서 사회주의자들은 사회주의적 가치의 적용을 정당화하기 위해서 전통에 의존하기도 한다. 예를 들면, 미국에서는 여가시간을 늘리기 위해서 안식일에는 일을 하지 못하도록 '엄격한 법률'을 입법화하거나 또는 보다 많은 국가 공휴일을 지정하도록 하는 데 전통적인 가부장적이고 종교적인 가치를 활용한다.[72]

---

69) Mortimer J. Adler, *Six Great Ideas* (New York: Macmillan, 1981), pp. 164-173 참조. 그러나 대부분의 사회주의자들은 필요는 명확한 인간본성에 의해서보다는 사회적으로 규정되어야 한다고 주장한다.
70) 1884년 1월 13일 윌리엄 모리스(William Morris)의 강연. 이 강연의 전체 내용은 Crick, *Socialism*, p. 62에 들어 있다.
71) Arthur Cecil Pigou, *The Economics of Welfare*, 4th ed. (London: Macmillan, 1948), p. 89.
72) Walzer, *Spheres of Justice*, pp. 184-196. 사회주의자들은 오랫동안 여가시간이 기본적인 인간생활의 필수품이라고 여겨 왔으며 자본주의하에서 부자

사회주의 이론가들은 이러한 정당화가 사람들로 하여금 공동체적 조화라든가 개인의 자유, 사회적 형평 그리고 민중민주주의의 가치들을 받아들이도록 하는 데 도움을 줄 것으로 희망하고 있다. 동시에 그들은 나아가 현존하는 자본주의 사회에서 이러한 가치들을 실현하는 데 어려움이 많다는 것을 보여주는 데 더 많은 관심을 기울이고 있다. 그래서 사회주의 사회과학은 사회주의적 이상으로부터 얼마나 벗어나 있는 가를 설명하는 것으로부터 논의를 시작한다. 공동체로부터 그리고 공동체내 다른 사람들로부터 개인적 일탈의 조건이라고 지칭되는 '사회적 무질서(아노미)'에 대한 연구는 공동체적 가치로부터의 광범하고 점증하는 일탈이 어느 정도인가를 보여준다.[73] '사회통제'에 관한 연구는 개인의 실질적 자유가 자본주의에 의해서 그리고 자유주의 정부의 가장 호의적인 기구에 의해서도 얼마나 많은 제약을 받고 있는지를 보여준다.[74] 소득과 부의 분배에 관한 연구는 평등주의적 생각에 충격을 줄 정도로 불평등이 얼마나 심각한지를 보여준다.[75] 그리고 정치권력구조 연구는 민주적 기구들이 조합주의적 기득권층에 의해 불법적으로 장악되어 있음을 보여준다.[76] 사회주의적 이상과

들은 보통 사람들보다 더 많이 여가시간을 향유할 수 있다며 불만을 제기해 왔다. 많은 공휴일과 안식일을 지키는 것은 전통적인 가치이지만, 그것은 모든 사람들에게 여가시간의 최소한을 제공해 주는 사회주의적 조치에 해당하기도 하다.

73) Steven Lukes, "Alienation and Anomie," in *Philosophy, Politics, and Society*, 3rd ed., edited by Peter Laslett and W. G. Runciman (Oxford : Basil Blackman, 1967), pp. 140-156; Herbert McClosky and John Schaar, "Psychological Dimensions of Anomy," *American Sociological Review* 30 (1965), pp. 14-40.
74) Frances Fox Piven and Richard A. Cloward, *Regulating the Poor: The Functions of Public Welfare* (New York: Vintage Books, 1971).
75) Harrell R. Rodgers, *Poverty Amid Plenty* (Reading, Mass.: Addison-Wesley, 1979) and E. Goffman, "The Income Gap and Its Cause," *Dissent* (Winter 1990).

민주주의적 이상으로부터의 이탈에 대한 자료들을 모아 제시함으로써 사회주의적 정향을 가진 사회과학자들은 사람들이 사회주의적 대안들을 헌신적으로 추구하도록 일깨우게 되길 희망한다.

사회주의 사회과학자들은 또한 사회주의적 이상으로부터의 이탈을 설명하려고 애를 쓴다. 특히 중요한 것은 경제적 불평등과 정치적 불평등의 원인에 관한 것이다. 예를 들면, 만약 소득불평등이 지능지수라든가 유전자와 같이 개인적 자질에 있어서의 차이 또는 교육을 얼마나 더 많이 받았는가와 같은 개인적 노력의 차이 등으로부터 나오는 것이라면 그러한 불평등은 용인할 수 있는 것이 된다. 그러나 소득차이가 인종이라든가 성별 또는 '우연'[77]과 같은 요인에 의해 더 잘 설명될 수 있다고 하면, 사회주의자들은 그러한 소득차이를 불공정한 것이고 그래서 사회주의적 목표를 달성하지 못하는 것으로 바라본다.

마지막으로 사회주의 사회과학은 사회주의적 가치들로부터의 광범한 이탈시 명백하게 나타나는 역효과를 보여줌으로써 그리고 사회주의적 가치들이 충분히 실현될 때 나타나는 이득을 보여줌으로써 사회주의적 가치에 대한 지지를 표명한다. 그래서 사회주의자들은 사회가 보다 많은 경제적 형평을 이룰 때 그 사회는 보다 많은 번영과 보다 많은 자유 그리고 보다 많은 사회적 안정을 이룰 수 있음을 보여주고자 한다.[78]

요약하면, 사회주의자들은 사회주의를 정당화하는 지적인 전통이

---

76) C. Wright Mills, *The Power Elite* (New York: Oxford University Press, 1956); G. William Domhoff, *The Power Elite and the State : How Policy is Made in America* (New York: A. DeGrayter, 1990).

77) Christopher Jencks, *Inequality* (New York: Harper Colophon Books, 1972), pp. 209-246.

78) 예를 들면, Hollis Chenery et al, *Redistribution with Growth* (New York: Oxford University Press, 1974); Ekkart Zimmerman, "Macrocomparative Research on Political Protest," in *Handbook of Political Conflict*, edited by Ted Gurr (New York: Free Press, 1980), pp. 199-202 참조.

〈설명상자 2-3〉 미국 가계소득과 부의 분배*

소득에 의해 분류된 가정	전체 소득의 %			1984년 전체 순가치의 %	1984년 전체 금융자산의 %
	1947년	1971년	1991년		
하위 20%	3.4	4.1	3.8	-1	-4
중위 60%	51.1	52.4	49.7	34	14
상위 20%	45.5	43.5	46.5	67	90

1947년과 1971년 그리고 1991년 미국에서의 부의 분배에 대한 위의 자료는 경제적 불평등의 범위와 정도를 말해 준다. 이 자료는 소득불평등의 정도가 '위대한 사회' 시기에는 조금 완화되었고 또 레이건 시기에 다시 증가하였지만, 대체로 1945년 이래 지속적으로 일관되어 왔음을 보여주고 있다. 이 자료는 또한 미국 국민 가운데 부유한 20%가 가난한 20%에 비해 연평균 소득이 10배가 넘게 더 많음을 보여주고 있다. 이러한 불평등은 그 자체로도 충격적일 수 있지만, 보다 더 커다란 문제는 이 자료가 경제적 불평등을 제대로 평가하지 못하고 있다는 점이다.

첫째, 이들 수치에 접근함에 있어서 10만 달러 이상의 소득을 보유한 가계의 평균 소득은 정확히 10만 달러로 가정하고 있다. 이러한 가정은 상위소득 그룹 20%의 몫을 실제에 비해 자료표 상에서는 보다 적게 하는 효과를 갖는다. 둘째, 1984년도 부의 분배 계수는 소득분배 계수가 시사하는 것보다 훨씬 더 많은 불평등이 존재하고 있음을 보여준다. 부를 개념화함에 있어서 채무를 뺀 가계자산 가치로서 나타낼 경우 위의 자료에서 보여주고 있는 바는, 가난한 가계는 전형적으로 자산보다는 부채를 더 많이 갖고 있고 또 부유한 가계는 모든 순가치의 67%를 보유하고 있다는 것이다. 더욱이 부를 개념화함에 있어서 이를 전적으로 주택과 자동차를 배제하고 은행예금이나 주식 및 채권 보유처럼 미래의 교환을 위해서 유용한 자산만을 고려하는 식으로 순금융재산만을 염두에 둘 경우, 위의 자료에 따르면 그러한 부의 약 90%를 부유한 상위 20%가 보유하고 있는 것으로 된다.

* 1947년도 소득분배 자료는 Edward Budd, "Positive Changes in the Size Distribution of Income in the U.S.," *American Economic Review, Papers and Proceedings* 60 (May 1970), p.253에서 빌려 왔다. 이 자료는 가족과 그리고 관련이 없는 개인들에 의해 모아진 것이다. 1971년도와 1991년도 소득분배 자료는 U.S. Bureau of the Census, "Money Income in 1991 of Households in the United States," *Current Population Reports*, P-60, no.180(Washington, D.C.: U.S. Government Printing Office, 1992), p. xv에 실려 있다. 이 자료는

> 가계별로 모아져 있다. 분석 단위에서 이러한 변화는 불평등으로 측정된 정도를 약간 줄이는 영향을 가져온다. 1984년도 순가치와 금융자산의 분배에 관한 자료는 Melvin L. Oliver and Thomas Shapiro, "Wealth of a Nation: A Reassessment of Asset Inequality in America Shows at Least One-Third of Households Are Asset-Poor," *The American Journal of Economics and Sociology* 49 (Apr. 1990), p.137에 실려 있다.

하나밖에 없는 것으로는 생각하지 않는다. 그 결과 민주사회주의는 "이론적으로 무겁지" 않으며 그 인식론적 뿌리도 마르크스주의에 비해서 훨씬 덜 조밀하다.[79] 사회주의자들은 자신들의 이데올로기에 대한 '입증'으로서 강력한 지적 추상화를 개발하려고 하기보다는 자신들의 가치를 주창하고 옹호하는 데 더 많은 관심을 기울인다. 그러나 사회주의자들은 성찰적인 사람들을 사회주의로 향하도록 하는 어떤 고려사항들이 있다고 생각한다. 이런 고려사항들 가운데 가장 중요한 것은 자본주의 사회에서는 사람들이 자신들의 독특한 잠재력을 발휘하지 못하고 있다는 점과 자본주의 사회가 불필요하고 부당한 불평등과 위계로 가득 차 있다는 점이다.

3. 인간본성

사회주의자들은 전체적으로 인간의 본성을 신비하며 그래서 딱히 이렇다고 규정하기가 어려운 것으로 보고 있다. 이렇게 각 사람이 다 특이하기 때문에 인간에 대해 어떤 추상적인 일반화를 유효하게 제시하는 것은 불가능하다고 본다.[80] 사람들은 지력과 손재주 그리고 체력 등과 같은 자연적 재능에 있어서 차이가 있다. 각 사람들은 다른 사람들에 의해서 영향을 받고 또 영향을 준다. 그리고 이렇게 상이한 영향으로 인해 사람들은 다른 목표와 이해를 갖게 된다. 각 사람은 각기 독

---

79) Crick, *Socialism*, p. 66.
80) Schaar, "Equal Opportunity and Beyond," p. 248.

특한 방식으로 다른 사람들에 의해 인식되고 인정을 받는다. 간단히 애기하면, 각 사람들은 각자 상이한 특성과 각기 다른 경험적 영향, 각기 다른 방식에 의해 사회적으로 구성된 목표와 관점 그리고 독특한 인지에 근거하여 그 나름의 독특한 정체성을 보유하고 있다.

그러나 사회주의자들에 따르면 자본주의 사회에서는 우리들의 독특한 정체성이 충분히 용인되지 않고 인정을 받지도 못한다. 자본주의는 사람을 대량생산 과정에서 대치할 수 있는 부속품으로 생각하거나 아니면 거대시장에서 상호 교환할 수 있는 소비품인 것으로 간주한다. 이와 같이 자본주의를 둘러싸고 있는 문화는 개인성에 대한 자유주의적 사고에 대해 공치사를 제공하는 듯싶지만 실제에 있어서는 개인의 정체성을 억압하고 있다고 본다.

그러한 억압의 결과 사람들은 자신들의 개인적 능력을 충분히 알지도 못하고 개발하거나 활용하지도 못한다. 물론 사람들은 시장제도에서의 보상을 통해 자신들의 능력을 개발하는 데 따라 일정하게 경제적 유인을 제공받는다. 그러나 그들로 하여금 자신들의 다른 능력을 개발시키도록 하는 데는 어떤 사회적 유인도 존재하지 않는다. 경쟁에 의해서 특징되는 사회에서 사람들은 다른 사람들의 성취에 대해 경계를 한다. 왜냐하면 다른 사람들의 성취가 자신의 복지에 대해 위협을 줄 것으로 간주하기 때문이다. 반면 다른 사람들에 대한 존중과 경의를 표하면서 공동체적 조화를 취하는 사회에서 사람들은 전체로서의 사회가 번영해 나갈 수 있도록 하기 위해서 다른 사람들로 하여금 자신들의 잠재력을 실현해 나갈 수 있도록 격려한다. 불평등이 큰 사회에서 많은 경우 사람들은 자신의 잠재력을 발휘할 수 있는 자원을 보유하지 못한다. 그러나 사람들의 기본적 필요가 충족되는 사회에서는 자아실현을 방해하는 사회적·경제적 제한이 그만큼 적을 것이다.

자본주의 문화에 고유한 다양한 형태의 억압하에서 사람들은 자신들의 독특한 정체성이 충분하게 인정받고 존중되며 또 발전되어 나가도록 하는 데 실패하게 된다. 비록 사람들이 특정의 시민적 자유를 보장받아서 자신의 인간적 또는 사적인 삶의 어떤 요소를 지켜나갈 수 있다고 하더라도, 그들은 자본주의체제의 필요를 반영하는 인습적인 목표들을 추구하도록 고무되든가 아니면 순응에 대해 보상을 제공하는 교육체계를 통해 사회적 세계에 대한 인습적인 이해를 갖게 될 것으로 기대된다.(〈설명상자 2-2〉 학교에 대한 사회주의적 시각 참조) 사회주의자들은 인습적인 목표와 이해가 사회적으로 구성되는 것이며 그렇기 때문에 어떤 특정 집단에 쏠려 있는 편견과 무지에 의해 제약을 받게 될 것으로 본다. 사람들은 자신들의 가까운 집단의 편협성으로부터 벗어남으로써 보다 도전적인 목표와 심오한 이해는 물론이고 그에 따라 인습을 넘어선 정체성을 발전시켜 나갈 수 있다. 사람들은 자신들과는 다른 사람들로 구성된 집단과 공동체에 가담함으로써 그리고 자신들에게는 낯설은 문화에 빠져듦으로써 자신들의 독특한 정체성을 발전시켜 나갈 수 있다. 그러한 독특한 정체성을 발전시켜 나가는 과정에 대해서는 이를 격려할 필요가 있고, 그에 따라 나타나는 정체성에 대해서도 이를 존중할 필요가 있으며, 그리고 그들의 가치도 인정을 받아야 한다.

4. 사회

사회주의자들은 사회에 대한 개인주의적 개념과 전체주의적 개념 모두를 반대한다.[81] 사회를 단순하게 개인들의 총합인 것으로 바라보는 자유주의적 사회관은 분석적으로 결함이 있다. 왜냐하면 그러한 사회관은 개인이 사회적 힘에 의해서 어떻게 규정되는 지를 이해하지 못하기 때문이다. 그리고 그러한 사회관은 도덕적으로도 결함이 있는데, 왜냐하면 이는 이기주의와 자기중심적인 사고를 조장하기 때문이다. 사회를 개인보다 앞서서 독립적으로 존재하는 것으로 파악하는

---

81) Nove, *The Economics of Feasible Socialism*, p. xii.

보수주의적이고 전체주의적인 사회관도 분석적으로 결함이 있다. 왜냐하면 이 경우는 개인이 사회를 어떻게 만들어가는 지를 인식하지 못하기 때문이다. 이러한 사회관 역시 도덕적으로 결함이 있는데, 왜냐하면 공동체의 선을 위해서 특정 개인이 희생하는 것을 당연한 것으로 보기 때문이다. 사회주의자들에게는 사회에 대한 개인주의적 개념과 전체주의적 개념이 통합되고 균형을 이루어야 하는 것으로 파악된다.

사회주의자들에게 사회는 상호 교제하는 개인들 간의 단순한 결합이다. 그러한 결사체는 개인들 간의 관계뿐만 아니라 그들이 집단으로서 달성하려고 애쓰는 목표까지도 규정한다. 많은 유형의 사회가 있으며 각 사회는 독특하다. 그래서 인간에 대한 일반화가 어려운 만큼이나 사회에 대한 추상적인 일반화를 만드는 것도 쉽지 않다. 정치적 공동체, 학교, 교회, 조합, 작업장 그리고 기타 결사체가 다 사회이다. 그래서 국가도 단 한 유형의 사회만을 구성할 뿐이다. 이런 종류의 사회 내에서 그리고 이러한 종류의 사회를 가로질러 다음과 같은 두 개의 중요한 차이가 분석되어야 한다. 첫째, 각 사회는 구성원들이 서로 연관되는 정도와 공통의 생활을 추구하는 정도에 있어서 차이가 있다. 둘째, 각 사회는 권력과 특권이 공동체 구성원들 사이에서 분배되는 맥락에서 다르다.

사회는 구성원들의 집단적 삶이나 공동의 생활을 약화시킬 수도 있고 강화할 수도 있다. 사회가 공동생활을 줄이게 되면, 사회는 개인들이 서로 상품을 교환함으로써 자신들의 이익을 추구해 나가는 시장 이상의 것이 될 수가 없다. 그러한 사회에서 자주 제기되는 질문은 '내가 어떻게 살아야 하는 가' 이다. 반대로 사회가 공동생활을 강조할 때의 질문은 '우리가 어떻게 살아야 하는 가' 가 된다. 그런 사회에서 구성원들 또는 그 대표들은 자신들의 집단적 목표가 무엇인지를 규정하기 위해서 회합한다. 그들은 그 사회내 사람들이 무엇을 필요로 하는지 그리고 이러한 필요들을 어떻게 제공해 주어야 할 것인지를 결정한다. 그들은 전체로서 사회에 속해야 할 재화 등 어떤 형태의 집단적 투자가 추구되고 보호되어야 하는 지를 결정한다. 가장 중요하게는 그러한 사회의 개인들은 기꺼이 자신들의 시간을 투자하려고 할 것이고 자신들의 재원을 바쳐 공동생활을 개선하려고 할 것이다. 사회주의자들에게는 구성원들의 공동생활을 강조하는 사회가 개인주의적 사회보다 훨씬 더 매력적인 것이라고 파악된다.[82]

사회는 권력과 특권의 분배에 있어 어느 정도 평등을 기할 수는 있을지 모르지만, 사회주의자들이 보기에 계급 없는 사회 같은 그런 사회는 존재하지 않는다.[83] 모든 사회에서 개인들은 다양한 방식으로 계층화되어 있다. 통상적으로 사회의 생산재원을 많이 소유한 계급이 생산재원을 적게 보유하고 있는 계급을 지배하기 때문에 생산재원의 소유에 근거한 계층화를 강조함에 있어서 마르크스는 옳다. 그러나 사회 내 권력과 특권의 분배에서 불평등은 직업상의 지위, 권위에 대한 접근성, 교육적 성취, 인종과 종족 그리고 성별과 같은 다른 요인에 근거할 수도 있다. 예를 들면, 사유재산을 제거하려는 공산주의 사회조차도 계급 없는 사회가 되지 못한다. 왜냐하면 공산주의 사회도 재산에 기초한 계층화를 권위적 권력이나 지위에 기초한 계층화로 대체하고 있기 때문이다. 모든 사회는 위에서 얘기한 다양한 요인들의 결과로 불평등하지만, 사회주의자들은 이러한 불평등이 최소화되고 그래서 그렇게 존재하는 불평등으로 인해 모든 개인이 사회에서 다 평등한 구성원들이며 인간으로서 동등하게 존중을 받을 자격이 있다는 인식이 제약되거나 방해받지 않는 그런 사회를 선호한다.

박애와 평등에 대한 사회주의적 윤리는 구성원들로 하여금 공동생활을 영위하고 또 어떤 개인이 다른 개인을 지배하는 것을 최소화하

---

82) Michael Walzer, "The Community," *The New Republic*(Mar. 31, 1982), pp. 11-14.
83) Tom B. bottomore, *Classes in Modern Society*, 2nd ed. (London: HarperCollins Academic, 1991), p. 29.

도록 강력한 헌신을 보여주는 사회를 건설하는 데 도움이 될 수 있다. 사회주의 정당과 사회주의 이론가들은 이러한 윤리를 설파할 수는 있지만, 만약 사회주의 사회를 건설하려고 한다면 그러한 윤리는 매일매일의 일상에 기반을 두어야 할 것이다. 그래서 작업장, 이웃집단, 학교 등과 같은 지방적 공동체는 사람들이 실제적으로 공동생활을 규정하기 위해서 함께 일하고 또 동등한 존중으로 서로를 대우해 주는 터전이 된다. 이들 지방적 공동체는 사회주의자들이 선호하는 공동체적이고 평등주의적인 결사체에 아주 근사하기 때문에 이들 지방적 공동체를 통하여 전국적인 사회가 사회주의적 방향으로 발전해 나가는 것이 점차 가능해 질 것이다.

IV. 요약과 결론

사회주의는 간혹 위험한 정치 이데올로기로 간주된다. 최근 서유럽과 미국의 정당들은 보다 더 보수적인 방향으로 나아가고 있다. 구소련 제국에서 공산주의의 몰락은 자주 사회주의가 국가를 통치하는 이념체계로서 유용하지 않음을 보여주고 있는 또 하나의 입증 사례가 되고 있다. 물론 민주사회주의자들은 공산주의의 붕괴가 사회주의의 취약성을 드러내 보여주고 있다는 것을 부인하지 않는다. 실제 민주사회주의자들은 공산주의의 권위주의적이고 전체주의적인 성향 때문에 그에 반대를 하였고 그래서 공산주의를 자신들과는 다른 이데올로기로 간주해 왔다. 민주사회주의자들에게 더욱 당혹스러운 것은 현대 보수주의와 자유주의의 형태로 제시되고 있는 '이기주의 이데올로기'의 대두이다. 민주사회주의자들은 많은 사람들이 전례 없는 수준의 번영을 구가하고 있는 '현대생활의 혼란'에 대해 우려를 표명하고 있다.

그들은 "우리들 모두 함께 번영해 나갈 것인가 아니면 전혀 그렇지 않은가"의 문제를 외면하면서 그리고 사회주의의 핵심이라고 할 수 있는 상호주의 정신으로부터 후퇴하면서도 스스로는 "자신들의 길로 잘 나아가고" 있다고 잘못 생각하고 있다는 것이다.[84] 그럼에도 불구하고 민주사회주의자들은 이러한 퇴조 움직임이 되돌릴 수 없을 정도로 사회주의 가치로부터 멀리 떨어져 있는 건 아니라고 생각한다. 사람들이 자본주의의 지배에 따른 도덕적 타락이라든가 이기주의 이데올로기의 만연 그리고 기타 경제적·사회적 문제점들을 다시 경험하게 되면, 오히려 현금의 퇴조에 이어 사회주의적 방향으로의 새로운 운동이 일어날 수 있다고 본다.

아마도 민주사회주의가 부활할 수 있는가에 대한 전망은 다른 그어느 지역보다도 미국에서는 커 보이지 않는다. 이데올로기 연구에서 자주 얘기되는 것 가운데 하나가 미국은 예외적이라는 것이다. 이는 미국이 민주사회주의 이데올로기와 민주사회주의 정당이 일상 정치 세계의 외부에 있는 것처럼 무시되고 있는 유일한 선진국이라는 것을 뜻한다. 미국 예외주의의 주창자들은 이러한 현상에 대해 많은 설명을 제공해 왔다.[85]

문화적 설명은 미국에서 사회주의가 조야한 개인주의와 상향 이동성의 신화 그리고 평등에 대한 우려 등으로 인해 제약을 받고 있다고 본다. 경제적 설명에 따르면, 산업화의 진전과 동전의 양면을 이루고 있는 미국의 풍부한 천연자원은 경이적인 경제발전을 가져왔고 그에 따라 대다수 미국인들에게 자본주의 내에서 성공할 수 있는 기회를 제공해 주었으며 미국인들로 하여금 자본주의를 반대하는 데 나서지 못하도록 하였다는 것이다. 역사-정치적 설명은 미국 헌법의 독특한 규정으로 인해 사회주의 정당과 같은 어떤 특정의 계급 기반 정당이

---

84) Walzer, "The Community," p. 11-12.
85) 미국예외주의 문헌에 대한 개괄로는 Irving Howe, *Socialism and America* (New York: Harcourt, Brace, Jovanovich, 1985), pp. 105-144 참조.

미국의 정치체제를 지배하기가 어렵게 되어 있다는 점을 들고 있다. 사회학적으로는 미국의 종족적 및 인종적 이질성이 다양한 종족적 및 인종적 집단의 노동계급들로 하여금 자신들의 공통된 경제적 이해관계를 대변하는 사회주의정당을 중심으로 단합을 꾀하기가 어렵도록 하였다는 설명이 제시되고 있다. 미국은 예외라는 이러한 명제가 확실히 중요하고 또 민주사회주의를 지지하는 사람들에게는 당혹스러운 것이지만, 동시에 이러한 명제는 좀 사태를 잘 못 파악하는 측면도 있다.

아마도 미국사람들이 특별하게 민주사회주의적 가치나 정책에 대해서 적대적 태도를 취하는 것은 아니다. 아마도 미국에 대해서 가장 놀라운 것은 미국이 자본주의에 대한 포괄적 규제라든가 다양한 형태의 사회적 분배 그리고 민중주의적 방식의 민주주의 과정을 다각적으로 활용함으로써 "중간계급의 사회주의를 실행"하면서 "그것을 대단한 것으로 생각하고" 있다는 점이다.[86] 미국 사람들은 사회주의의 가치와 이상 가운데 많은 부분을 인정하며 여러 가지 방식으로 실행하고 있음에도 불구하고 미국 사람들이 싫어하는 단어가 바로 사회주의라는 말이라고 보아야 할 것이다.

사회주의에는 존중할 만한 많은 생각과 이상이 존재한다. 사회주의는 자본주의의 문제에 대해서 도전적인 통찰을 제공해 주고 있다. 공동체적 조화라든가 개인의 자유, 사회정의, 민중민주주의와 같은 사회주의의 목표는 단순히 자유주의적 가치의 논리적이고 진보주의적 연장에 다름 아니다. 시장사회주의의 정치경제를 지지하고 자본가 지배를 견제하는 정치적 권위를 옹호하며 그리고 경제적 재화와 정치적 권력을 보다 공정하게 분배하려고 애쓰면서 더 강력한 시민의식을 강조하는 사회주의적 원칙에 대해 이를 불합리한 것으로 매도하기는 어렵다. 민주적 행동과 설득을 통해 점진적인 진보를 추구하는 사회주

---

86) Alan Ryan, "Socialism for the Nineties," *Dissent* (Fall 1990), p. 438.

의자들의 전략은 확실히 받아들일 수 있을 만한 다원주의적 정치세계의 틀 안에서 작동하고 있다.

  그렇다면 정치적 식견으로서 사회주의의 결함은 무엇일까? 아마도 자본주의에 대한 사회주의의 비판은 이 세상에서 가장 생산력이 높고 번영하는 경제체제를 해체시키는 쪽으로 나아가게 될 지도 모른다. 개인의 자유를 증진하고 보다 평등한 조건을 제공하며 보다 많은 공동체적 조화를 발전시키고자 하는 사회주의의 목표는 사회주의자들의 주장만큼이나 그렇게 서로 양립할 수 있는 게 아니다. 어쩌면 사회주의자들이 추구하는 변화는 사회적 안정을 위협할 수도 있다. 강한 정부에 대한 지지는 정부 엘리트에 의한 억압적인 지배를 초래할 수도 있다. 아마도 사회주의 사회는 불가피하게 관료적 형식주의라든가 비인간화 또는 비효율적 낭비를 보이게 될 것이다. 사회정의에 대한 사회주의자들의 생각은 도저히 달성할 수가 없는 데도 그러한 평등한 사회에 대해 잘못된 환상을 갖도록 할 수가 있다.

  사회주의자들은 너무 많은 민주주의를 추구한다. 그래서 시민들에게 너무 많은 권력을 부여할 경우 자칫 선동가나 협잡꾼을 선출하는가 하면 공공재라든가 소수집단의 권리를 훼손시키는 정책을 추진할 가능성도 있다는 것을 그들은 망각하곤 한다. 전반적으로 사회주의적 프로젝트들은 인간본성이나 사회에 대한 순진하고 낙관적인 가정에 기반을 두고 있다. 인간과 사회 내에서 박애가 가능할 수 있다는 점에 강조점을 두고 있을 뿐 사회주의자들은 인간에게는 내재적인 약점이 존재한다 라든가 또는 그러한 취약점을 책임지도록 사회구조를 건설할 필요성에 대해서는 눈을 감고 있다.

  현대 보수주의자들은 사회주의는 물론이고 덜 급진적인 현대 자유주의에서도 이와 같은 결점들이 많이 발견된다고 주장한다. 다음 장에서는 이들 현대 보수주의자들의 생각과 주장들이 무엇인지를 살펴보게 될 것이다.

제3장
현대 보수주의

로널드 레이건과 마가렛 대처 같은 유명 정치인, 토머스 소웰과 진 커크패트릭 같이 잘 알려진 학자들, 그리고 러시 림보(Rush Limbaugh)와 팻 부캐넌(Pat Buchanan) 같은 미디어 전문가들을 포함하여 현대 보수주의자들은 정치생활을 통해 성취할 수 있는 것에 대해 공산주의자나 민주사회주의자 그리고 현대 자유주의자들이 비현실적인 기대를 갖도록 하고 있다고 본다. 그들은 정부가 인간사회의 광범한 문제들을 해결할 수 없다고 파악한다. 물론 국가안보와 사회질서를 제공하는 데 부분적으로 정부의 권위가 필요하다.

그러나 보다 광범한 정부 권력의 행사는 개인의 자유와 시민사회의 자율성 그리고 자유 시장에 의해 제공되는 경제적 번영을 위협한다는 것이다. 현대 보수주의자들이 보기에 이러한 문제들을 해결하기 위한 대부분의 정부 프로그램들은 실패한 것으로 간주된다. 이들 정부 프로그램들은 더 많은 개인적 유인과 선택을 제공하는 방식으로 조정되거나 감축되고 폐기되어야 한다. 만약 진보가 이루어지도록 하려면,

전통적인 덕성들을 시현하는 사람들이나 아니면 시장에서 주어지는 보상을 통해서 동기화되는 사람들 또는 자발적 결사체에서 헌신적 활동을 하는 사람들이 남다르게 애쓰는 과정에서 진보가 이루어질 것으로 본다.[1]

그래서 현대 보수주의는 공산주의와 민주사회주의 그리고 현대 자유주의에 대한 반작용으로 등장하고 있다.[2] 이들 이데올로기들에 의해 자유라든가 자본주의에 대해 제기되는 '위협'을 비판하기 위해서 현대 보수주의자들은 고전적 자유주의 사상에 많이 기대고 있다. 공산주의나 민주사회주의 또는 현대 자유주의가 전통적인 정치적 관행이나 사회적 관습에 가하는 공격을 비판하기 위해서 현대 보수주의자들은 전통적 보수주의자들에 의해 개발된 사상을 부분적으로 차용하고 있다. 현대 보수주의는 역사적·철학적으로 적대적 입장을 취했던 두 개의 이데올로기 가운데 부분적으로 취사선택된 혼성물이다. 현대 보수주의는 공산주의와 민주사회주의 그리고 현대 자유주의 때문에 생겨난 문제점들에 대해 집중적으로 주목함으로써 전통적 보수주의와 고전적 자유주의 간의 모순과 긴장을 부분적으로 극복해 나가고 있다.

---

1) 현대 보수주의자들이 주장하는 이념들에 대해 광범한 목록표를 제시하고 있는 Rush Limbaugh, *The Way Things Ought to Be* (New York: Pocket Star Books, 1992), pp. 2-3 참조. 인기 있는 토크쇼 사회자에 의해 쓰인 이 베스트셀러는 미국인들에게 가장 많이 읽힌 일련의 보수주의 시리즈 가운데 가장 최근의 책이다. 이러한 보수주의 전통에서 쓰여진 최초이자 가장 호평을 받은 책은 Barry Goldwater, *The Conscience of a Conservative* (New York: Macfadden Books, 1960)이다.
2) 영국의 윈스턴 처칠(Winston Churchill)과 같은 현대 보수주의자들은 파시즘이나 나치즘과 같은 전체주의 이데올로기에 대해 강한 반대의 입장을 취한다. 그러나 현대 보수주의는 이러한 이데올로기들의 전성기가 지나면서 왕성하게 발전되어 왔기 때문에 현대 보수주의의 원칙들은 대개의 경우 정치적 좌파들의 입장에 대해 반대하는 것으로 규정되고 있다.

특히 미국에서 현대 보수주의가 일관된 이데올로기로 등장한 것은 1955년 National Review가 처음 출간되면서 크게 힘을 얻었다. National Review의 첫 편집자인 윌리엄 버클리(William F. Buckley)는 2차대전 이후 현대 자유주의자와 사회주의자 그리고 공산주의자들이 추진하는 진보에 대해 불만을 가진 지식인들이 자신들의 우려를 표명할 수 있는 잡지를 제공했다. 이들 지식인들 가운데 많은 사람들은 언론이나 위락산업, 정부관료 그리고 대학 등에서 난삽한 현대 자유주의적 입장이나 심지어는 급진적인 편향을 보인다고 생각한 것들을 받아들이기가 어려웠다. 버클리의 잡지는 현대 보수주의자들이 비슷한 관심을 갖는 동료들과 함께 현안들에 대해 보다 지속적으로 비판을 제시해 나갈 수 있는 장으로 역할을 하였다.

1950년대 동안 보수주의자들은 학계와 정치권 문제의 주된 흐름 밖에서 일하는 지식인 엘리트로 자신의 위치를 자리매김 하는 데에 자부심을 가졌다. 1960년대 보수주의자들은 자신들의 비판을 대중들에게 전달하기 시작하였으며 점차 발전되어 나가는 보수주의 이데올로기에 기반하여 정치적 캠페인을 벌여 나갔다. National Review와 연관된 보수주의자들은 대부분의 경우 미국 동부로부터 온 지식인들로 구성되었다. 이들은 조야한 개인주의와 자유시장 경제에서의 경쟁을 칭송해 마지않는 미국 서부의 공화당원들에게서 동맹자를 발견하였다. 이들 서부 지역의 보수주의자들은 많은 경우 동부 지역의 보수주의자들에 비해 훨씬 더 자유지상주의자들이었다. 그러나 이들 모두는 외국의 공산주의와 미국 국내의 거대정부야말로 2차대전 이후 미국 사회가 직면하게 된 가장 긴급한 문제라는 데 의견을 같이 하였다.

1960년대 동안 미국에서 일어난 몇 가지 사태 발전으로 인해 보수주의 운동은 추동력을 얻을 수 있었다. 복지국가의 성장, 대학 캠퍼스에서 일어난 자유언론 운동과 반전시위, 여성운동, 시민권운동, 도시지역에서의 폭동 등은 많은 시민들로 하여금 현대 자유주의에 대한 자신들의 신봉을 재고하도록 촉구한 몇 가지 사태 발전들에 해당한

〈설명상자 3-1〉 주요 현대 보수주의자들과 그들의 저작

윌리엄 버클리(William F. Buckley, Jr.)*
　　『매카시와 그의 적들: 기록과 의미』(McCarthy and His Enemies: The Record and Its Meaning, 1954)
　　『자유주의로부터 올라가기』(Up From Liberalism, 1959)
　　『침착하자: 현대 미국의 보수주의 사상』(Keeping the Tablets: Modern American Conservative Thought, editor, with Charles R. Kesler, 1988)

밀턴 프리드먼(Milton Friedman, 1912~2006)
　　『자본주의와 자유』(Capitalism and Freedom, 1962)
　　『선택의 자유: 개인적 진술』(Free to Choose: A Personal Statement, with Rose Friedman, 1980)

조지 길더(George Gilder)*
　　『부와 빈곤』(Wealth and Poverty, 1981)

프리드리히 폰 하이에크(Friedrich von Hayek, 1889-1992)
　　『예종(隸從)에의 길』(The Road to Serfdom, 1944)
　　『자유의 헌법』(The Constitution of Liberty, 1960)

진 커크패트릭(Jeane J. Kirkpatrick, 1926~2006)
　　"독재와 이중기준"("Dictatorships and Double Standards," 1980)

어빙 크리스톨(Irving Kristol)*
　　『자본주의를 위한 두개의 환호』(Two Cheers for Capitalism, 1978)

토머스 소웰(Thomas Sowell)*
　　『특혜정책: 국제적 시각』(Preferential Policies: An International Perspective, 1990)
　　『미국 교육의 내부: 쇠퇴, 사기 그리고 도그마』(Inside American Education: The Decline, the Deception, and the Dogma, 1993)

조지 윌(George Will)*
　　『사람다루기로서의 치국책: 정부의 과제』(Statecraft as Soulcraft: What Government Does, 1982)
　　『덕성의 추구와 다른 보수적 개념들』(The Pursuit of Virtue and Other Tory Notions, 1983)

*현재 생존해 있는 저자

다. 1970년대 초에 이르면 처음에는 존슨(Lyndon Johnson) 대통령의 '위대한 사회 구상'과 같은 현대 자유주의적 프로그램을 지지해 왔던 많은 지식인들이 보수주의 운동에 가담을 하였다. 그 이유는 이러한 프로그램들이 현실을 잘 반영하지 않고 있을 뿐만 아니라 위험한 실패인 것으로 생각되었기 때문이다. 이들에게는 '신보수주의자'라는 이름이 붙여졌다. 그들은 이전에 자유시장에 대한 정부의 규제와 간섭을 통해서 추구하고자 하였던 많은 목표들을 달성함에 있어서 시장 자체를 활용하는 방안을 제안함으로써 보수주의에 혁신적 이념을 덧붙였다. 이러한 생각들을 담은 가장 중요한 표현매체로는 1965년에 처음 출간된『공공이익』(The Public Interest)과 보수주의자들의 양대 정책연구소인 헤리티지재단(Heritage Foundation)과 〈미국기업연구소〉(American Enterprise Institute)에서 나온 다양한 출판물들을 들 수 있다.

1980년대는 선거에서 보수주의자들이 수많은 승리를 거둔 것으로 특징지어진다. 미국에서 로널드 레이건과 조지 부시가 승리하고 캐나다에서 브라이언 멀로니(Brian Mulrony)가, 영국에서는 마가렛 대처가 그리고 독일에서는 헬무트 콜이 승리한 것은 당시 보수주의가 널리 인기를 얻고 있음을 실증한 대표적 사례들이다. 이들 정치가들이 승리를 할 수 있었던 것은 많은 경우 현대 자유주의와 사회주의 그리고 공산주의가 시민들에게 행복한 삶을 제공해 주는데 실패했다고 신랄하게 비판받은 데서 가능한 것이었다. 1990년대 보수주의자들은 1980년대만큼 선거에서 승리를 거두지 못했다. 그러나 지난 40년을 통틀어 보면 그들은 공산주의와 민주사회주의 그리고 현대 자유주의 이데올로기에 대한 지속적인 대항이론으로서 대중적 호소력을 가진 이데올로기를 만들어 내는 데 성공을 거두었다.

I. 정치적 기반

1. 문제점

보수주의자들은 최근에 서유럽과 미국에서 직면하게 되는 4가지 일반적 문제점으로서 1) '자유세계'의 이익을 옹호하지 못한 서방권 외교정책의 실패, 2)점점 더 강력해 지는 중앙정부에 의한 사회주의적 국내정책의 증대, 3)특히 대학을 포함하여 교육제도 내에서 급진적인 개혁가들과 사회공학자들 그리고 사회주의적 이상주의자들의 권력 및 비중 강화, 그리고 4)견해와 습관에서의 무분별한 획일성과 가치의 상대주의를 결합하고 있는 자유방임주의 문화를 제시하고 있다. 보수주의자들이 항상 이러한 문제들에 대한 해법에서 의견의 일치를 보이지는 않는다. 그러나 이들의 관심 영역은 다양한 시각들을 보수주의 운동 내에서 한데 모아나가는 결집점으로서 역할을 하고 있다.

2차대전 이후 10년 동안 몇 개의 국제적 비극이 일어났다. 보수주의자들은 이러한 비극들을 점증하는 공산주의의 위협과 서방권 민주국가들의 외교정책 실패 탓으로 돌렸다. 소련은 세계 곳곳에서 서방권의 이익을 위협하는 세계적 강국으로 등장했다. 유럽은 '철의 장막'으로 나뉘어져서 자유로운 서유럽과 소련 지배하의 동유럽 전체주의적 정부로 분리되었다. 아시아에서는 중국이 공산주의에로 넘어갔고, 값비싼 전쟁을 치렀음에도 불구하고 한국은 친소의 북한과 친서방의 남한으로 구분되는 분단국가로 남았다.[3] 국제적 영역에서의 이와 같은 공산주의의 진전은 확실히 불안 요인으로 작용했다. 그러나 보수주의자들, 특히 미국의 보수주의자들을 더욱 더 불안하게 한 것은 서방권의 정치 지도자나 정책 결정자들이 공산주의로부터 제기되는 심대한 위협을 제대로 인식하지 못하고 있다는 점이었다. 나아가 보수

---

3) 한국전쟁은 1950~53년 기간 동안 전개되었으며, 미국인 사상자는 35,000명에 달했다. 전쟁이 끝난 후 남북한의 경계는 그대로 남게 되었다.

주의자들은 공산주의 간첩과 동조자들이 서방권의 정부 기관이나 군사 관련 연구 프로젝트에 침투해 있다고 생각했다. 1950년대 소련의 급속한 핵폭탄 개발은 미국의 국가안보 체제 내에 공산주의자들의 음모가 내재하고 있음을 입증하는 것으로 보수주의자들은 파악했다.

보수주의자들에 따르면, 공산주의를 반대하는 외교정책 결정자들마저도 공산주의의 확대로 인해 제기되는 위협을 완화시키는 수단으로서 너무 지나치게 국제협력과 국제제도에 의존하고 있었다. 미국의 보수주의자들은 언제나 유엔에 대해서 매우 비판적인 입장을 취하였다. 이들은 유엔이 국가들로부터 합법적인 주권을 빼앗아 단 하나의 '세계정부'를 만들려고 한다고 주장했다. 이러한 세계정부는 미국이나 서방권 동맹 국가들의 핵심적 이익과는 거리가 먼 세계관을 가진 국가와 관료들에 의해 통제될 것으로 보았다.

서방권의 외교정책에 대한 보수주의자들의 비판은 4가지 "C's"로 요약된다. 서방권은 소련이 동유럽에 대한 영향력 행사를 주장하고 모택동의 공산주의자들이 중국 본토를 장악할 때 이에 대해 강력하게 대응하지 못함으로서 항복(capitulation)을 수용했다. 미국은 봉쇄(containment) 정책을 채택하여 세계 곳곳에서 소련의 침공을 막았을 뿐 역공격을 하지 않았다. 서방권은 국제 공산주의에 의해 수행되는 간첩과 음모(conspiracies)에 대해 경계를 소홀히 하였다. 마지막으로 서방권은 국제적 협력(cooperation)과 유엔의 노력이 국가주권에 위협을 가하고 있음에도 불구하고 이러한 국제적 협력들이 갈등해결에 기여할 것으로 순진하게 받아들였다.

보수주의자들에 따르면, 서방권은 보다 더 많은 도덕적 열의와 보다 더 강한 군사력으로 공산주의의 위협에 대처해야 한다. 그들은 1952년 성공적인 공화당 대통령후보인 아이젠하워(Dwight D. Eisenhower)가 필수적인 도덕적 열의를 제공하고 더 강력한 군사력을 활용할 것으로 기대하였다. 그러나 보수주의자들은 아이젠하워가 초당적인 온건 노선을 택하고는 자신들이 비판을 가했던 정책 가운데 많은 부분을 수용함에 따라 실망을 하였다. 실제로 1980년 로널드 레이건이 대통령으로 선출되고서야 비로소 현대 보수주의자들은, 예를 들면 소련은 '악의 제국'이라는 레이건의 주장과 같은 도덕적 수사와 자신들이 그토록 오랫동안 갈망해 왔던 대대적인 군사적 증강을 목도할 수 있었다.

강력한 반공주의는 '냉전' 기간을 통하여 현대 보수주의자들을 묶어낸 '접착제'였다. 1990년대 구소련의 붕괴와 동유럽 국가들에 대한 소련의 영향력 상실은 현대 보수주의자들 사이의 반공적 연대를 약화시켰다. 그러나 공산주의 정부는 아시아에 존재하고 있으며, 카스트로는 쿠바에서 권력을 유지해 나가고 있다. 중남미와 아프리카에서도 공산주의에 대한 강력한 옹호자들을 발견할 수 있다. 공산주의는 구 소련뿐만 아니라 동유럽의 일부 지역에서 다시 나타날 수도 있다. 보수주의가 자신의 이데올로기에서 결정적 문제점을 상실했는지 여부를 결정하기에는 아직 이르다. 보수주의자들이 니카라과와 쿠바, 중국, 베트남을 지속적으로 비판하고 있다는 것은 현대 보수주의의 열렬한 반공주의가 결속의 몇 가지 고리를 제공하고 있음을 시사해 주고 있다.

현대 보수주의는 중앙집권화된 관료에게 권한을 부여하는 사회주의적 정책을 가장 심각한 국내적 문제점인 것으로 바라본다. 유럽의 보수주의자들은 산업의 국유화와 정교한 복지 프로그램의 발전에 개탄을 금치 못하였다. 미국에서 루스벨트(Franklin D. Roosevelt)의 '뉴딜' 정책은 1930년대의 대공황 동안 자본주의를 구하기 위한 조처로서 파악되기보다는 기업의 이익과 개인의 선택에 대한 공격인 것으로 간주되었다. 1937년 루스벨트에 의해 확립된 미국의 사회보장체계는 오랫동안 보수주의자들이 선호하는 공격 대상이 되었다. 그 이유는 사회보장체계가 거대한 관료기구를 만들고 시민의 참여를 강요하며 부자로부터 가난한 노동자에게로 온건하게 부를 재분배하기 때문이다. 사회보장은 개인들로 하여금 자신의 미래에 대해 독자적으로 사려 깊게 결정을 할 필요성을 덜 느끼도록 하면서 위험부담을 사회화하는 것이다. 오늘날에는 사회보장이 대부분의 보수주의자들이 보기에는 직접적인 공격을 가하기에는 너무 정치적으로 민감한 사안이 되고 있지만, 그래도 사회보장은 간접적인 공격 대상으로 남아 있다. 보수주의자들은 계속해서 연금 계획의 민영화를 주창하고 있다.

미국의 보수주의자들이 볼 때 2차대전부터 1980년대까지의 국내정책은 자본주의 경제에서 최선을 추구하기가 어려울 만큼 너무나 반기업적이고 친노동조합적이었다. 정부의 규제는 비용이 많이 들고 간섭적이며 과도한 것으로 파악된다. 루스벨트와 그 이후 민주당 대통령들에 의한 노동조합 지지로 인해 임금이 노동에 대한 시장가격을 넘어서도록 상승함으로써 인플레이션을 초래하였다. 기업에 대한 값비싸고 불필요한 규제와 노동자에 대한 높은 임금으로 인해 세계경제에서 미국 기업의 경쟁력은 약화되었다. 보수주의자들의 이와 같은 반규제적 입장은 중소 규모의 기업 소유자들로부터 우호적으로 수용되었다. 이들의 반규제적 입장으로부터 지원을 받으면서 현대 보수주의자들의 호소력은 보수주의 운동을 주도해 나간 동부 지역 지식인들의 범위를 넘어설 수 있었다.

특히 린든 존슨 대통령의 위대한 사회 프로그램 이후 정부가 사회주의적 방향으로 전환해 나감에 따라 보수주의자들은 중앙정부의 규모를 확장해 나가는 수많은 프로그램에 대해 매우 비판적이었다. 그들은 정부의 개입으로 많은 사회·경제적 문제들을 해결할 수 없을 뿐만 아니라 오히려 정부의 개입은 원래의 문제들을 더 복잡하게 만들거나 해결을 더 어렵게 할 뿐이라고 주장한다. 『부와 빈곤』(*Wealth and Poverty*)에서 조지 길더는 1970년대 동안 미국 연방정부의 사회 프로그램을 검토하고는 이들 프로그램 가운데 많은 것이 그가 도덕적 해이라고 부른 이른바 예기치 않은 역효과를 낳았다고 주장하였다. 길더에 따르면, "도덕적 해이란 어떤 정책이 자신이 방지하려는 행태를 조장하거나 혹은 재앙을 증진하게 되는 위험을 지칭한다."[4] 자유주의적 사회 프로그램의 실패와 관련하여 길더는 이들 프로그램의 역효과적 결과에 주목하고 있는데, 이는 다른 현대 보수주의자들에 의해 광범하게 공유되고 있는 견해이다:

> 현행 프로그램의 도덕적 해이는 명백하다. 실업 보상은 실업을 조장한다. 어린이 양육을 맡는 가정에 대해 지원(AFDC: Aid for Families with Dependent Children)을 하는 것은 보다 많은 가정으로 하여금 의존적이고 아버지가 없는 가정이 되도록 만든다. 다양한 형태로 이루어지는 장애보험은 조그마한 병을 일시적인 장애로 만들고 일시적인 장애는 영구적인 장애나 총체적인 장애로 만들도록 조장한다. 사회보장지출은 노인들에 대한 관심을 줄이고 세대 간의 연결을 해체할 수 있다. 낮은 농장가격과 높은 에너지 비용을 보증하는 보험 프로그램은 농업생산품의 과잉과 연료의 부족을 초래한다. 정부의 실업대책 사업에 대한 포괄 고용훈련법(CETA: Comprehensive Employment and Training Act)의 보조는 이따금씩 참된 일을 기운내서 하지 않고 국가에 대한 의존 심리를 높일 수 있다. 전적으로 가난한 사람들을 위해 고안된 자산조사 프로그램은 빈자 증명서를 통해 '가난'하게 있는 게 좋다는 심리를 조장하여 종국에는 가난을 영구화한다. 도덕적 해이가 복지 효과를 넘어서는 정도까지 이들 모든 프로그램들은 수정되어야 하며, 대개의 경우 복지혜택을 줄여야 한다.[5]

길더는 미국의 사회정책에 공격을 집중하였다. 그러나 정부보조 때

---

4) George Gilder, *Wealth and Poverty* (New York: Bantam Books, 1981), p. 132. '도덕적 해이'란 용어는 보험 사업에서 차용한 것이다. 예를 들면, 보험회사는 재산에 대한 화재 손상을 지나치게 보증하지 않도록 주의를 해야 한다. 왜냐하면 지나친 보증은 보험계약자로 하여금 안전장치를 소홀히 하거나 최악의 경우는 방화에 기대도록 조장할 수 있기 때문이다.

5) Gilder, *Wealth and Poverty*, pp. 135-136.

문에 생기는 문제점에 대한 길더의 비판은 많은 서유럽 국가들의 보다 생동력 있는 복지정책에도 적용될 수 있다.

현대 보수주의자들은 자유주의적 국내정책이 자주 역효과를 가져올 뿐만 아니라 많은 경우 사회문제의 근원에 대한 잘못된 분석에 깊게 근거하고 있다고 주장한다. 보수주의자들은 사회문제가 많은 경우 개인적 성격의 실패 때문에 발생하는 것이 아니라 구조적 문제의 결과인 것으로 바라보는 것에 대해 이의를 제기한다.[6] 예를 들면, 마약 복용은 보수주의자들이 보건대 개인적 성격의 결여라든가 '절대 안 돼 하고 말하지' 못하는 무능력 때문에 일어나는 사회적 문제이지 마약 복용자가 가난하거나 힘이 없어서 발생한 것은 아니다. 자유주의적 정책결정자들은 항상 사회문제를 가난과 같은 구조적 문제인 것으로 비판한다. 그렇기 때문에 그들은 정부를 지나치게 확대하려 하는가 하면 질서정연한 시민사회에서 개인적 책임과 덕성이 수행해야 할 중요한 역할을 무시하게 된다.

현대 보수주의자들에 따르면, 자유주의적 정책에 의해 조장된 정부활동의 점증하는 영역은 광대한 중앙집중적 관료와 거대한 정부지출을 초래한다. 이와 같은 막대한 지출로 인해 서구 정부들은 고율의 진보적인 세율에 의존하지 않을 수 없게 된다. 고율의 세금은 사적 경제로부터 돈을 끌어다 씀으로써 일반적인 경제성장을 지체시킨다. 그리고 진보적인 세율은 더 많이 돈을 벌어 사기업에 투자하려는 부자들의 유인을 깎아내린다.

보수주의자들은 국내 정책, 특히 정부규제나 비용지출과 관련하여 아담 스미스 등 고전적 자유주의자들의 생각과 유사한 입장을 취한다. 이들 가운데 하나는 정부가 경제 문제에 대해서 최소한의 역할만을 취하고 경제가 스스로 운영될 수 있도록 허용해야 한다는 인식이

---

6) James Q. Wilson, "The Rediscovery of Character: Private Virtue and Public Policy," *The Public Interest* 81(Fall 1985), pp. 3-16.

다. 경제를 부흥시키고 경제침체를 막기 위해서 케인스 식의 재정정책을 채택하는 현대 자유주의자들의 시도는 인플레이션에 취약한 약체경제를 낳을 뿐이다. 보수주의자들은 1930년대 이래 자유주의적 정책결정자들이 자본주의 경제에 대한 신뢰를 조금도 갖고 있지 않는 것으로 바라본다.

보수주의자들은 자본주의 경제에 대해 신뢰의 상실이 발생하게 된 주요한 이유 가운데 하나로서 고등교육 내부에 존재하는 자유주의적 또는 진보적 편향을 지적한다. 적어도 2차대전 이후 서구의 대학들은 자유주의적 개혁에 지나치게 경도되어 있는가 하면 사기업 경제의 성과에 대해서는 매우 비판적이었다. 사회과학 전공의 교수들은 사회공학이 필요할 뿐만 아니라 용이하다는 신념을 고무해 왔다. 그들은 광범한 구조적 개혁들이 지방정부와 사적 행위자들을 희생시킨 대가로 중앙정부의 권력을 강화시킬 뿐이라는 사실에 대해 눈감아 왔다.

현대 보수주의자들은 또한 대학에 대해서도 비판적이다. 왜냐하면 그들은 이들 대학 기관들이 서구의 전통과 사적 경제에 대해 전혀 경의를 표하지 않는 사회주의적 학자들과 공산주의 동조자들에게 피난처가 되고 있다고 보기 때문이다. 미국에서 특히 *National Review*와 같은 보수적 잡지는 대학이 전복적이고 급진적인 사상의 온상이었으며 현재도 그렇다고 불평을 털어놓는다. 1980년대 동안 마가렛 대처 수상은 영국의 대학이 사회주의자와 공산주의자들을 숨겨주고 있을 뿐만 아니라 반서구적 가치를 전파시키는 역할을 하고 있다고 비난했다. 대처의 일차적 공격 대상은 공적으로 재정지원을 받는 대학의 사회학과였다. 그녀의 보수당은 이들 학과를 약화시키거나 없애고 또는 재정지원을 감축하려고 하였다.

미국의 보수주의자들은 특히 1960년대 동안 대학에 대해 비판적이었다. 1960년대 초 '자유언론운동'은 전통과 권위에 대한 공격으로 간주되었다. 1960년대 말 베트남 전쟁에 대한 항의는 자주 대학 캠퍼스에서 제기되었는데, 여기에는 때때로 온건하고 보수적인 교수들에 대한 구두 공격이 동반되었다.[7] 대학은 또한 '흑인 자부심'(black pride)을 위한 항의라든가 히피 등의 사랑의 모임(love-ins), 생태학 토론회(teach-ins), 여성권 시위 그리고 전통적 교과 과정에 대한 항의를 하는 광장이었다. 대학은 더 이상 서구적 전통을 찬양하고 전수하는 제도가 아니었다. 오히려 대학은 서구적 신념이나 관행에 대한 무자비한 비판의 광장이 되어 왔다.

보수주의자들은 또한 대학이 1970년대와 그 이후 사회에 스며들어 온 **자유방임**(permissiveness) **문화**를 조성하고 있다고 비판한다. 보수주의자들에 따르면, 상당히 많은 교수들이 행위의 절대적인 기준이라든가 가치의 명백한 위계체계를 적극 방어하려고 하지 않는다. 문화적 차이에 민감하면서도 독자적이고 비판적인 사고력을 키우려고 애쓴 결과 대학은 모든 가치들을 상대적인 것으로 간주하는 학생들을 잘못 키우고 있다는 것이다.[8]

실제로 보수주의자들에 따르면, 교육에 있어서 자유주의적 개혁은 공공교육 모두에서 자유방임을 조장해 왔으며 사회 전반에 걸쳐 권위에 대한 존중이 사라지도록 기여해 왔다. 이와 같은 자유방임 문화는

---

7) 여기서 놓치지 말아야 할 역설은, 지난날 자유언론을 주창했던 사람들이 최근에는 미국의 많은 엘리트 대학들에서 '정치적으로 올바른 언론'을 들고 나오고 있다는 데 보수주의자들이 주목했다는 점이다. 보수주의자들이 만들어 낸 '정치적으로 올바른'(politically correct)이라는 용어는 호전적인 소수민족이나 여성주의자들의 언어와 의제를 자유주의자들이 용인하는 것을 깎아내리기 위한 것이다. 자유주의자들이 '민감하지 않은' 인종주의나 여성주의적 발언을 생략하고자 노력하는 한, 보수주의자들은 자유주의자들이 그들 자신의 자유언론의 원칙을 저버리고 있다고 나름대로 타당한 비판을 가할 수 있게 된다.

8) Allan Bloom, *The Closing of the American Mind* (New York: Simon and Schuster, 1987) 참조. 고대 그리스를 존중하는 자신의 입장 때문에 블룸은 현대 보수주의자로 명명되는 것을 좋아하지 않는다. 그러나 미국의 고등교육에 대한 그의 견해는 현대 보수주의자들에 의해 제기되는 비판을 상당한 정도로 수용하고 있다.

자유주의의 상대주의를 먹고 자라는 것인데, 이러한 상대주의로는 '선'이 무엇인지를 규정하지도 못하고 규정할 수도 없다. 보수주의자들이 볼 때 서구 사회가 직면하고 있는 문제의 많은 것들은 덕성과 개인적 특성의 중요성을 자유주의적 관점에서 소홀히 한 때문에 발생한 것이다. 범죄와 사회적 무질서, 홀부모, 거대한 복지명부, 과도한 공공지출 등은 이와 같은 자유방임 문화 때문에 초래된 것이다. 윌슨(Q. Wilson)은 이와 같은 현대 보수주의적 시각을 다음과 같이 명확하게 요약하였다.

> 당연히 양심과 품성으로는 충분하지 않다. 여전히 규칙과 보상을 활용해야 한다. 현 세대의 이익을 위해서 다음 세대를 가난하게 만드는 것과 같은 어떤 행동의 진행은 저항할 수 없는 호소력을 갖고 있음을 고려할 때, 다소 엄격한 몇 가지 규칙들만으로 충분할 수도 있다. 그러나 우리를 심대하게 괴롭히는 대부분의 사회 문제들의 경우, 필요한 것은 주의 깊게 그리고 실험적으로 바로 젊은이들 가운데서 품성의 형성을 강화시키는 방법을 탐색하는 것이다. 장기적으로 보면 공공의 이익은 개인적 덕성에 의존한다.[9]

현대 보수주의자들은 서구 사회가 직면하는 광범한 문제들이 무엇인지를 명확히 해 왔다. 그들은 또한 다양한 형태의 특정한 비판을 정리하고 있는데, 이러한 비판의 많은 것들은 다음의 절에서 검토하게 될 것이다.

---

9) Wilson, "The Rediscovery of Character," p. 16. 전 교육부장관인 윌리엄 베넷(William Bennett)은 최근 *The Book of Virtues*라는 책을 펴냈는데, 이는 덕성을 갖춘 남녀들의 품성이 어떠한 것인지를 담고 있는 위대한 문헌들을 편집한 책이다.

2. 목표

전통적 보수주의자들과 마찬가지로 현대 보수주의자들은 공상적이거나 유토피아아적인 목표를 제시하는 것은 바람직하지 않다고 믿는다. 그들은 자신들의 이데올로기적 적대자들이 유토피아적인 목표들을 명세화 함으로써 비현실적인 기대를 낳고 있다고 생각한다. 예를 들면, 보다 더 평등한 사회를 건설하겠다고 약속하는 것은 평등을 달성하는 데는 실패하고 오히려 좌절과 불신 그리고 사회적 불안을 야기할 것이 뻔한 정부 프로그램에 대해 기대만 높일 뿐이다. 현대 보수주의자들은 자신들의 목표가 경제·도덕·사회적 생활의 재조정을 의도하기 때문에 보다 온당하고 현실적인 것이라고 파악한다. 이러한 맥락에서 3가지 일반적 목표는 현대 보수주의자들을 한데 통합시킬 뿐만 아니라 상당한 정도로는 이들 현대 보수주의자와 전통적 보수주의자를 구별시켜 준다. 전통적 보수주의자들이 자본주의에 대해서 일정한 두려움과 회의적 입장을 취하고 있는 데 반해 현대 보수주의자들은 자유시장을 옹호한다.

자유시장을 옹호하고 확장하는 것은 현대 보수주의자들의 중심 목표가 되어 왔다. 전통적 보수주의자들이 하느님에 대한 경외심을 중심적인 윤리적 가치로 생각하는 성스러운 도덕성을 강조하는 데 반해 현대 보수주의자들은 직업윤리와 같은 보다 더 세속적인 윤리에 초점을 맞추고 있다. 사람들로 하여금 말초적인 쾌락을 삼가고 그 대신 교육을 받고 숙련된 생산적인 노동자가 되도록 고취하는 것이 현대 보수주의자들의 주된 도덕적 관심이 되고 있다. 전통적 보수주의자들은 유기적 사회가 되기 위해서는 보다 많은 소규모의 자발적 단체들을 유지해 나가야 한다고 생각하는 데 반해 현대 보수주의자들은 가족을 가장 중요한 사회적 단위로서 중시한다. 왜냐하면 점차적으로 개인주의적이면서 동시에 집단주의적으로 변해 가는 사회에서 가족은 사람들에게 피난처를 제공하기 때문이다. 가족을 유지해 나가는 것이 현대 보수주의자들의 주된 사회적 목표가 되고 있다.

현대 보수주의자들은 자본주의가 바람직하다는 것과 연관된 다음의 두 가지 점에서 고전적 자유주의 경제학자인 아담 스미스와 의견을 같이 한다.[10] 첫째, 최소한의 정부개입은 역동적인 국내경제를 만들어 낸다. 정부가 경제행위에 대한 규제를 철폐할 때, 국내 경제는 가장 효율적이 되며 보다 많은 경제성장을 가져오고 또 국가의 부도 증진된다. 둘째, 국가들 간의 자유시장은 조화로운 국제질서에 도움이 된다. 국가들 간의 자유무역은 국가들 사이의 긴장을 줄일 뿐만 아니라 장기적으로 국제무역에 관계하는 모든 당사자들에게 경제적 이득을 가져다준다.

2차대전 이후 공산주의는 국제자유시장에 대한 가장 근본적인 위협으로 간주되었다. 실제로 대부분의 보수주의자들에게는 **국제자유시장**의 목표가 너무 중요하기 때문에 다른 정치적 목표들은 두말할 필요도 없이 부차적인 것으로 생각되었다. 만약 제3세계의 권위주의적이거나 전제적인 정부가 반공의 입장을 취하거나 아니면 우호적인 무역정책을 펴는 한, 보수주의자들은 이들 정부들을 용인해 왔다. 보수주의자들은 국가가 민주적으로 통치되길 원하지만, 그러나 반공과 친자유시장 입장을 취하는 비민주적 정부보다는 공산주의 또는 사회주의 입장을 취하는 민주적 정부에 대해 훨씬 더 비판적이다.[11]

국내의 자유시장 경제를 옹호함에 있어 현대 보수주의자들은 민영화를 적극 추진한다. 서유럽에서 보수주의자들은 국유화된 기업을 재민영화하려고 애써 왔다. 예를 들면, 대처의 집권 기간 동안 국가가 소

---

10) Milton Friedman, *Capitalism and Freedom* (Chicago: University of Chicago Press, 1962)는 보수주의자들에 의해서 자유시장 자본주의에 대한 가장 중요한 현대적 찬사인 것으로 간주된다.
11) Jeane Kirkpatrick, "Dictatorships and Double Standards," in *Keeping the Tablets: Modern American Conservative Thought*, edited by William F. Buckley, Jr., and Charles R. Kesler (New York: Harper and Row, 1988), pp. 392-414.

유하고 있었던 산업자산 가운데 반 이상이 영국석유(British Petroleum), 재규어(Jaguar), 롤스로이스(Rolls Royce), 영국철강(British Steel) 등의 사기업에게로 넘어 갔다. 보수주의자들에 따르면, 국유화된 기업과 비교할 때 민영화된 기업이 보다 더 효율적이며 보다 더 혁신적이고 관료적 타성으로부터 덜 제약받으며 노동분쟁에 덜 휘둘린다.

산업의 국유화가 드문 미국에서 보수주의자들은 **탈규제**의 이득에 초점을 맞춰왔다. 보수주의자들은 정부규제가 혁신을 줄이며 투자를 저하시키고 소비자의 부담을 늘리며 미국 기업의 국제경쟁력을 약화시킨다고 주장한다. 어떤 규제들은 필요하겠지만, 그러나 대부분의 규제는 지나치고 모든 규제는 쓸데없이 산더미처럼 쌓인 서류를 요구하는 관료적 형식의 값비싼 비용을 치르게 한다. 그래서 개인 소유의 기업이 엄격한 규제로부터 해방된 시장에서 경쟁을 하도록 할 때 국내 경제는 건강하게 된다.

보수주의자들은 효율적인 자유시장이 교육을 받고 잘 훈련된 원기왕성한 노동력을 요구한다고 본다. 그래서 그들은 직업윤리가 활기차게 작동하도록 만들려고 애쓴다. 보수주의자들에 따르면, 공공학교의 학생들은 사회에 대해 효과적인 기여를 하는 학문적 또는 직업적 기술을 개발시켜 나가도록 동기화되고 있지 않다. 보수주의자들은 사회가 지속적으로 자격부여와 복지를 증가시켜 나감에 따라 어려운 직장일로 인해 동력을 잃게 될까 봐 걱정한다. 나아가 중간계급과 노동자계급, 소규모 기업소유자들에 대한 과세는 직업윤리를 쇠퇴시키고 생산성을 저하시킬 수 있다. 특히 보수주의자들에게 있어 소규모기업의 소유자들은 '소홀히 대접받고 있는 영웅들이다.' 왜냐하면 이들 기업가들은 기꺼이 자신들의 아이디어를 실험하고자 하며 자신의 저축을 사업에 투자하고 과다한 정부과세와 관료적 형식주의에 직면해서도 장시간 일을 하고 있기 때문이다.

보수주의자들은 사회에서 가장 중요한 중재집단인 것으로 생각하고 있는 전통적 가족을 강화시키고자 한다.[12] 한 보수주의 집단에 따르면,

결혼과 가족—공공의 인정과 법적 구속에 의해 함께 하는 남편과 아내 그리고 자식들—은 어린애를 돌보고 성적 충동을 통제하며 공동체의 인간 번성을 도모하는 데는 가장 효과적인 제도이다 …… 관계들 사이를 구별할 필요가 있다. 예를 들면, 동성애자들 사이의 '내부 당사자들'은 결혼과 같은 도덕적 상응을 가진 관계인 것으로 간주되어서는 안 된다. 결혼과 가정은 우리들의 지속적인 사회복지를 위한 제도이다. 모든 제약으로부터의 해방에 기울어져 있는 개인주의적 사회에서 결혼과 가족은 주의 깊게 지속적으로 옹호해야 할 취약한 제도이다.[13]

그럼에도 불구하고 전통적 가족은 정부정책, 학교, 여성주의자, 아동권 옹호자들에 의해서 공격을 받아 왔다. 아버지의 부양을 받지 못하는 어린이를 지원하기 마련된 정부의 복지정책은 여성이 가장을 맡는 홀부모 가정의 출현을 조장해 왔다. 학교는 어린이에게 가치관을 주입함에 있어서 가족의 역할을 낮게 평가하는 교과과정과 관행을 가르친다. 자유주의적이고 급진적인 여성주의자들은 전통 가족에서의 노동 분업을 비판하면서 여성으로 하여금 가족 내에서 전통적으로 맡아 온 안살림 역할을 맡지 말도록 촉구한다. 아동의 권리는 자신들의 부모에 의해서 전통적으로 행사되어 온 권위에 의문을 제기하면서 이러한 권위를 약화시킨다. 전통적 가족에 대한 이러한 공격들을 반대하는 필리스 쉴라풀라이(Phyllis Schlafly)나 벱 라헤이(Bev LaHaye)같은 많은 보수주의적 여성들은 현대 자유주의자들, 특히 자유주의적 여성주의자들에게 "반가족주의자"라고 비난을 가하고 있다.[14]

---

12) 전통적인 핵가족은 18세기와 19세기에 출현하여 최근에는 전통이 되었다.
13) The Ramsey Colloquium, "Morality and Homosexuality," *The Wall Street Journal* (Feb. 24, 1994), p. A20; *First Things* (Mar. 1994)에 처음 선보인 이 논문의 저자들은 종교와 공공생활연구소(Institute for Religion and Public Life)로부터 지원을 받았다.

보수주의자들은 가족이 직면하는 이러한 위협들을 어떻게 해결할 것인가에 대해 결코 의견의 일치를 보이지는 않는다. 그러나 공공정책과 문화 그리고 제도가 가족을 강화시키는 방식으로 개혁되어야 한다고 믿는다. '아무런 문제가 없이' 자유롭게 이혼을 하는 경향은 역전되어야 한다. 어린이들은 자신들의 부모의 권위를 존중하도록 가르쳐야 하며, 부모들은 자신들의 자식들에게 도덕적 가치를 북돋아 주는 것도 부모들의 책임이라는 점을 인정해야 한다. 학교는 어린이들에게 자유주의적인 도덕적 상대주의를 가르치는 데서 한 걸음 물러나 있어야 하고, 적정한 도덕적 교육을 제공하는 것이 부모의 역할임을 인정해야 한다.

현대 보수주의자들의 목표가 고전적 자유주의자들의 경제적 목표와 흡사하다는 것은 확실하다. 그렇다고 하더라도 현대 보수주의자들은 이러한 목표에 마치 전통적 보수주의자들에 의해 표명된 몇 가지 정감들을 그대로 반영하는 방식으로 가족, 전통, 권위에 대한 관심을 다시 불러들이고 있다.

II. 실질적인 정치적 원칙

1. 권위

보수주의자들은 정부권위가 제한되길 바라지만, 그 제한 내에서 정부는 강력해야 한다고 생각한다. 모든 사회적 문제를 해결하기 위해서 정부권위를 사용해서는 안 된다. 오히려 보수주의자들이 보기에 에이즈와 마약의 확산을 개인적 문제가 아닌 사회적 문제로 분류하는 것은 이와 같이 사회적 문제로 주장되고 있는 것들에 대해 정부의 해

---

14) Phyllis Schlafly, *Power of the Positive Women* (New Rochelle, NY: Arlington House, 1977).

결책을 불러오는 전형적인 자유주의적 전략이다. 모든 집단들이 자신들의 특수한 목표를 실현하는 데 도움을 주는 방식으로 정부권위가 사용되어서는 안 된다. 서구의 정부들은 적정하게 규정된 정부의 역할을 수행하는 데 필요한 정도로 권위를 약화시키면서 자신들의 몸집을 줄여왔다.

현대 보수주의자들에게 있어 정부의 가장 중요한 과제는 국가안보와 국내질서를 제공하는 것이다. 정부는 효과적으로 외교정책에서 국익을 추구해야 하며 공산주의의 확장, 국제테러 그리고 민족주의적 침공을 저지할 수 있을 만큼 충분하게 강력한 군사력을 제공해야 한다. 복지국가에 대한 재정지원을 위해서 군사비를 줄이는 것은 적정한 정부 역할의 우선순위를 뒤집는 것이다. 정부는 또한 국내의 무질서에 초점을 맞추어야 한다. 범죄자의 권리에 대한 지나친 관심 때문에 자유주의자들은 경찰을 포함하여 다른 법 집행자들이 제대로 일하지 못하도록 만들었고 범죄에 대해서는 '관대한' 입장을 취하고 있다. 반대로 보수주의자들은 경찰력을 강화시키길 원하며 피의자들이 쉽게 법망을 빠져나갈 수 있도록 허용하는 법의 '틈새'를 줄이고자 할 뿐만 아니라 처벌은 확고하고 엄중하도록 하며 특히 가중스러운 범죄의 경우에는 사형을 언도해야 한다고 본다.

현대 보수주의자들은 전통적인 문화적 가치와 공적인 덕성을 증진하기 위해서 정부권위를 사용하는 것이 중요하다고 믿는다. 일부 보수주의자들, 특히 '신우익' (new right)[15]과 관련된 사람들은 자신들이 보기에 도덕적으로 공세적인 문학과 영화, 예술, 음악에 대해 정부가 검열하는 것을 인정한다. 이들 보수주의자들은 유산을 금지하고 동성애자들의 권리를 제한하며 기타 '논쟁이 되는' 생각이나 관행들이 확

---

15) 미국 정치에서 '신우익'은 보수적 기득권층에 대한 실망으로 1970년대에 등장한 보수적 대중영합주의자들을 지칭하는 말이다. 아마도 '신우익'을 가장 잘 다루고 있는 책으로는 Kevin Phillips, *Post-Conservative America* (New York: Random House, 1982)가 있다.

산되지 못하도록 하는 법을 지지한다. 그리고 보다 온건한 보수주의자들도 정부가 도덕적으로 공세적인 생각이나 관행들을 고무시켜서는 안 된다고 생각한다. 예를 들면, 그들은 정부가 '음란한' 예술의 전시에 재정지원을 하거나 동성애자들이 차별금지법에서 보호를 받는 것에 대해 반대한다.

물론 좌파 쪽에 위치해 있는 이념적 반대파들에 비하면 훨씬 덜 하기는 하지만 현대 보수주의자들도 경제에 대한 부분적인 정부개입이 필요한 것으로 파악한다. 그들은 완전하게 규제되지 않는 시장은 일부 사례에서 보듯이 바람직하지 않은 결과를 낳을 수 있다고 본다. 부정적인 외부효과, 공공재의 부적절한 제공, 가난 등과 같은 문제들을 다루기 위해서 몇 가지 정부정책이 개발되어야 하지만, 그러나 그러한 정책들은 현대 자유주의자들이나 사회주의자들의 정책보다는 훨씬 덜 엄격해야 하고 시장의 유인을 잘 이용해야 하다.

기업 활동에 대한 일부 정부규제는 필요할 수 있다. 예를 들면, 수질오염에 대한 정부규제가 없다면, 아마도 오폐물을 강에 무단 방류함으로써 생산가격을 낮추는 것이 기업의 최대 이익이 될 것이다. 오염은 제3자에게 비용을 전담하고 시장 메커니즘을 회피하는 '부정적 외부효과' 이다. 오염자들은 오염물을 방류함으로써 이익을 얻을 수 있지만, 더러운 물의 비용은 강 하류에 사는 주민들이 부담하게 된다. 최대의 이익을 남기려는 기업의 입장에서 볼 때, 자신들의 생산 과정에서 배출되는 쓰레기들을 치울 유인이 전혀 없거나 거의 없다고 보아도 무방하다.

보수주의자들은 공공정책을 통해 외부효과로 인해 야기되는 시장의 비효율을 고쳐 나갈 필요가 있다고 본다. 그럼에도 불구하고 그들은 자유주의적 정책결정자들에 의해 취해진 규제들이 너무 엄격하고, 과다하게 관료적이며, 규제를 위한 '시장친화적' 전략의 이익에 부합하지 않는다고 주장한다. 찰스 슐츠의 영향력 있는 저작인 『사익의 공적 활용』(The Public Use of Private Interest)에서 요약되고 있는 주장에 따르면, 보수주의자들은 미국의 정책결정자들이 '명령통제' 규제에 대해 거의 배타적인 의존을 하는 것을 반대한다.[16] 예를 들면, 그들은 오염규제를 통해 기업이 가장 유용한 기술을 사용할 뿐만 아니라 거대 관료에 의해 명문화되고 집행되어야 하는 정부의 통제와 기준에 맞춰 자신들의 상품을 가공하도록 압력을 받아야 한다고 주장한다. 이들 규제들은 기업에 의한 혁신적 해법의 발전을 제약하지 않지만, 그렇다고 이들 규제들이 거대 관료에 의해 책정된 기준 이하로 오염을 줄이도록 할 어떤 유인도 기업에게 제공하지는 않는다.

신보수주의 경제학자들은 많은 명령-통제 규제들을 대체하기 위해서 시장친화적 유인을 발전시켜 왔다. 예를 들면, 오염자들이 자신들이 배출한 오염에 대해서 가격―대가 혹은 비용―을 치르도록 하는 상황을 만듦으로써 오염은 상당한 정도로 줄어들 수 있다. 정부 관리들은 오염 방출을 감시하고 방출된 오염에 대해서는 그에 상응한 과태료를 물도록 압박한다. 그렇게 하면 오염의 비용은 오염을 발생시키는 회사에 의해 내부화될 것이다. 회사는 자신들의 제품 가격을 낮추기 위해서 자신들의 오염을 줄이도록 압박을 받게 될 것이다. 가장 혁신적인 오염방지 기술을 보유한 회사들은 경쟁적 시장에서 보상을 받는다. 회사의 개별 이익은 깨끗한 수로와 같은 공공선을 위해 억제될 것이며, 정부 관료의 규모와 폭은 줄어들 것이다. 물론 어떤 오염물들은 너무나 유독해서 어떤 수준의 방출도 용납해서는 안 될 것이다. 이런 경우에는 명령-통제의 접근이 여전히 필요하다. 그럼에도 불구하고 이러한 접근은 최소한으로 예외적인 사례에 머물러야 한다. 부정적인 외부효과의 문제에 대한 '오염자의 비용 부담'이라는 접근은 사적 이익을 공공선으로 전화시키는 시장의 능력을 활용하는 것이다.

---

16) Charles L. Schultze, *The Public Use of Private Interests* (Washington, D.C.: Brookings Institution, 1977); Allen V. Kneese and Charles L. Schultze, *Pollution, Prices, and Public Policy* (Washington, D.C.: Brookings Institution, 1975) 참조.

보수주의자들은 또한 필수적인 공공재를 정부 지출로 지불해야 하는 데 시장친화적 접근을 활용하려고 애쓴다. 공공재는 자신들을 위해서 소비하거나 비용을 부담하지 못하는 사람들에게 이득을 가져다 주는 긍정적 외부효과를 갖는다. 예방접종은 질병의 확산을 막는 데 도움이 되기 때문에 예방접종에 대한 정부의 재정보조는 공공의 이익에 기여할 수 있다. 교육은 정보와 기술을 보유한 시민을 키우고 중요한 가치를 확산시키는 데 도움이 되기 때문에 학교에 대한 정부의 재정지출은 공익에 기여할 수 있다. 그러나 보수주의자들은 공공재가 반드시 혁신을 가로막고 재화의 비용을 증대시키는 공적 관료에 의해서 배포되어야 한다고는 보지 않는다. 학교가 제대로 교육을 시키는지에 관계없이 학생들의 배정을 확보하도록 지정된 공공학교에서 학생들이 교육을 받도록 하기보다는 정부는 학부모들에게 공립학교든 사립학교든 자신들이 선택한 학교에 자기 아이들을 보내는 데 사용할 수 있는 지불보증서를 제공할 수도 있는 것이다.[17]

그리하여 **지불보증제도**는 한편으로는 정부의 재정지원을 받는 지불보증서가 주어지지 않는다면 사적 교육을 받을 수가 없는 가난한 사람들도 교육을 받을 수 있도록 보장해 주기 위해서 정부의 권위를 활용하는 것이다. 다른 한편으로는 그것은 학부모들이 자신들의 아이들을 위해서 선택할 만큼 학교가 혁신적이고 효율적이 되도록 유인을 제공하기 위해서 시장친화적인 메커니즘에 의존한다. 공공학교라고 하더라도 학생들을 끌어당기지 못하는 열악한 학교들은 문을 닫게 된

---

17) 이와 같은 식의 가장 사려 깊은 접근으로는 John E. Chubb and Terry M. Moe, *Politics, Markets and America's Schools* (Washington, D.C.: Brookings Institution, 1990) 참조. 학교 지불보증제도에 대한 유용한 비판으로는 Jeffrey Henig, *Rethinking School Choice* (Princeton: Princeton University Press, 1994) 참조. 정부의 학교 지불보증 제도가 해결할 수 없는 문제들로는 여러 가지 이유로 학습 능력이 떨어지거나 학습에 어려움을 겪는 학생들에게 특수 교육을 제공하지 못한다는 점을 들 수 있다.

다. 왜냐하면 이들 학교들은 지불보증제도에 의해 창출된 시장에서 경쟁을 할 수가 없기 때문이다. 그러나 좋은 학교들은 현행의 '독점적' 공공학교에 의해서 제공되는 것보다 나은 양질의 교육을 제공하면서 번성해 나갈 것이다.

보수주의자들은 가난이 부분적으로 정부의 대응을 필요로 하는 문제임을 인정한다. 그러나 그들은 현대 자유주의자들과 사회주의자들에 의해 만들어진 대규모의 복지국가에 대해서는 반대의 입장을 취한다. 보수주의자들은 가난을 어떻게 해결할 것인가의 접근방법에 대해서 의견을 달리한다. 그러나 이들 모두는 복지에 대한 정부 지출을 줄이고 복지 서비스를 제공하는 데 관료화를 막아야 하며 나아가 복지수혜자들로 하여금 복지에 대한 자신들의 의존을 줄이거나 없애는 방향으로 교육과 직업기술을 받도록 해야 한다는 데에 의견을 같이 한다. 보수주의적 접근 가운데 하나는 역소득세이다. 이는 소득이 최소수준 이하에 있는 사람들에게 국세청이 보조금 수표를 발행함으로써 복지 관료에 의존할 필요를 없애는 제도이다.

또 하나의 보수적 접근은 '도시진흥지대'에 위치하면서 이들 지역의 가난한 사람들을 고용하는 기업에 대해 세금경감을 제공하는 것이다. 다른 보수적 접근은 복지 혜택을 받을 수 있는 자격 요건을 강화하고 또 복지 혜택을 받는 시기를 제한하는 것인데, 그럼으로써 복지수혜자의 수를 줄이고 나아가 이들로 하여금 '공적 부조'에서 벗어나도록 고취하는 효과를 갖는다. 일반적으로 보수주의자들은 사회에서 부의 불균등 분배가 공정하지 못한 것인가에 대해 의문을 제기하며 또 소득을 재분배하는 것이 정부의 역할이라는 생각을 거부한다. 소득이 보다 더 균등하게 분배되도록 하기 위해서 정부의 권위를 사용하기보다 오히려 소득분배를 "정부가 개입하지 않는" 자유시장의 작동에 맡기는 것이 더 낫다고 본다.[18]

현대 보수주의자들은 자유주의적 입법자들이 너무 많은 집단에게 너무 많은 프로그램과 자격부여를 제공하고 또 자유주의적 법원이 너무 많은 권리를 뒷받침할 때 오히려 정부의 권위가 손상될 수 있다고 주장한다. 입법부는 실업자, 가난한 사람, 노인들에게 자격부여 프로그램을 개발해 왔고, 그래서 이들 집단들은 모두가 이러한 자격부여가 자신들의 정당한 몫의 일부분인 것으로 간주하고 있다. 법원은 집단과 개인의 권리를 확대해 왔으며, 이들 권리들은 자주 공공의 권위와 충돌을 빚는다. 법원은 복지 수혜자들의 권리를 인정할 뿐만 아니라 범죄 피의자, 수감자, 요양원 환자, 난민, 어린애, 동성연애자들에게도 권리를 부여해 왔다. 이들 집단과 개인 그리고 이들의 후원자들이 자신들의 권리 주장을 밀어붙일 때마다 그들은 정부의 권위를 약화시키고 공공 관리들의 선택을 제한하게 된다.

예를 들면, 과다하게 수용된 감옥이 수감자들의 권리를 훼손하고 있는 것으로 알려짐에 따라 판사는 주정부에 대해 예산을 증액하도록 압력을 가할 수 있고, 그럼으로써 선출된 관리의 선택을 제약하게 된다. 제도적 수준에서 판사는 어떤 사안에 대해 책임을 지고 있는 정부 관리의 권위를 약화시킬 수도 있다. 예를 들면, 판사들은 요양원 환자들이 특정의 의료를 거부할 수 있는 권리를 갖고 있는 것으로 판결을 내려 왔다. 이와 같은 권리의 확대는 정부의 권위뿐만 아니라 공적 권위의 이름으로 일을 하고 있는 관리들의 권위까지 약화시킨다.

공적 권위는 '이익집단 자유주의'의 출현에 의해서도 줄어들 수 있다. 보수주의자들은 자유주의자들이 사회의 모든 집단들을 만족시키려고 하기 때문에 그 결과 이익집단의 번성과 권한 강화를 낳고 있다고 주장한다. 정부는 공공재보다는 자신들의 이익을 추구하는 이들 이익집단들에게 공적 결정의 권위를 나누어 주었다. 나아가 이들 이익집단들은 자신들이 이미 획득해 있는 이득을 훼손시킬 수도 있는

---

18) Schultze, *The Public Use of Private Interest*, pp. 76-83. 여기서 슐츠는 정부보다는 시장이 덜 책임을 질 수 있고 또 시장은 형평의 문제를 은폐하는 경향이 있기 때문에 시장을 선호한다는 주장을 펴고 있다.

> **〈설명상자 3-2〉 보수적 국가주의**
>
> 미국의 보수주의자들은 제한적으로 정부의 권위가 필요하다고 생각하면서도 과다한 권위가 개인의 자유를 위협하지 않을까 우려한다. 그래서 보수주의자들은 언론의 자유를 춤과 나체, 국기소각 등 여타 형태의 '비정치적' 표현들에까지 확대하는 것으로 권리장전을 해석하는 자유주의자들에 대해 비판적인 태도를 취하면서도 권리장전에서 피력하고 있는 것처럼 정부권한과 다수횡포로부터 개인의 권리를 보호하는 것이 중요하다고 본다. 그럼에도 불구하고 일부 보수주의자들은 토마스 홉스(Thomas Hobbes, 1588~1679)의 견해에 의존하여 개인의 자유에 대항하여 국가의 권위를 옹호하기도 한다. 홉스는 개인의 권리가 무정부를 방지하고 질서를 정착시키기 위해서 필요로 하는 권한 강화에 양보해야 한다고 주장했다. 헌법상의 제한으로부터 자유로운 강력한 국가만이 인간의 상호작용에 의한 자연적인 무질서를 방지할 수 있다는 것이다. 홉스는 자연적인 권리 주장에 반대하였으며 '힘이 권리를 가져오며' '제한 없는 다수지배'를 정당화하기 위한 것으로 해석될 수 있는 국가권력 옹호론을 제시했다. 홉스의 국가주의적 입장에 대한 가장 강력한 보수주의적 지지자는 미국 대법원장인 윌리엄 렌퀴스트(William Rehnquist)이다.
>
> 대법원 판사(1971~1986)로서 그리고 대법원장(1986~2006)으로서 대법원의 결정에서 렌퀴스트가 정부가 관여된 소송에서 개인이나 소수집단의 편을 드는 경우는 거의 드물었다. 연설이나 저술에서 렌퀴스트는 미국의 헌법이 개인의 권리를 보호하기 위해서라기보다는 개인에 대한 직접적인 정부권위를 도출하기 위해서 고안된 것이라고 주장했다.* 현대사회가 직면하는 가장 커다란 위험은 정부의 횡포가 아니라 무정부의 위협이다. 렌퀴스트는 정치적 언론에 제약을 가하고 또 다수의 '주권적 힘'에 대항하여 소수자를 보호하는 데 아무런 예외도 인정하지 않는다는 이유로 권리장전에 비판적이다. 로버트 보크(Robert Bork) 판사의 입장과 매우 유사한 입장을 취하면서 렌퀴스트는 다수의 지배가 자주 권리장전이나 헌법 수정 조항 제14조와 제15조에서 보장되고 있는 소수자 보호에 의해 너무 자주 훼손되고 있다는 주장을 펴 왔다.
>
> * Samuel Blumenthal, "How Rehnquist Came Down in Hobbes v. Locke," *The Washington Post Weekly Edition* (Oct.6, 1986), pp. 23-24.

정책에 대해서는 그 실현을 막음으로써 공적 권위를 좌절시킨다. 보수주의자들은 민주당이 단호하게 원칙을 고수하는 정당이기보다는 이익집단들을 달래는 데 중점을 두는 정당이라고 비난을 가한다. 민주당원들과 자유주의자들은 이익집단의 눈치를 보는 행위가 얼마나 정부의 권위를 손상시키고 정부가 취할 수 있는 대안의 범위를 제한하는지를 고려하지 않은 채 표를 얻기 위해서 이익집단들의 비위를 맞추려고 한다는 것이다. 이와 같은 비위 맞추기는 특히 연방예산을 둘러싼 투쟁에서 두드러지게 나타난다. 이 경우 정부지출을 줄이려는 시도는 그 전 해에 자신들에게 주어진 경제적 이득을 어떻게든 보존하려고 하는 이익집단들에 의해서 봉쇄되어 왔다.

정부는 1940년대 이래 사회 전반에 걸쳐 자신의 영향력을 확대해 왔다. 그러나 자격부여와 권리가 점점 더 확대해 나가고 또 이익집단이 공공재를 희생시키면서 자신들의 권한을 증대시킴에 따라 정부는 권위를 상실해 왔다.

2. 정의

정의에 대한 현대 보수주의자들의 견해는 고전적 자유주의자들의 것과 매우 흡사하다. 고전적 자유주의에서 우리가 논의한 바 있던 로버트 노직(Robert Nozick)의 자격부여 이론은 대부분의 현대 보수주의자들에 의해 수용되고 있다. 노직에 따르면, 사람들은 다른 사람들의 권리를 손상시키지 않는다면 어떤 형태의 취득-교환 방식으로든 자신들이 취득한 재화의 모든 것에 대해 이를 소유할 자격이 있다. 정의는 사람들이 재화를 취득하고 교환할 자유를 보유할 것을 요구한다.

이러한 자유를 고려하면 재화의 분배는 평등하지 않겠지만 그렇다고 그것이 불공정한 것은 아니다. 각 개개인이 보유하게 되는 소득과 부는 부분적으로는 시장에 대한 그(또는 그녀)의 노력과 기여뿐만 아니라 또한 그(또는 그녀)가 얼마나 운이 좋은가도 반영할 것이다. 시장경제에서 운이 어떤 역할을 한다는 것은 경제적 분배가 대부분의 경우 예측할 수가 없고 또 정형화되어 있지도 않다는 것을 의미한다. 그러나 만약 모든 시민이 자신들의 재능을 시험해 보고 또 자신들의 행운과 불운에 대처할 수 있는 평등한 기회를 부여받는다면 경제적 불평등은 불공정한 것이 아니다. 보다 많은 공평을 이루기 위해서 부를 재분배하려고 애쓰기보다는 오히려 공정한 사회는 개인들에게 법 앞에서의 평등한 대우와 교육 및 고용에서 기회균등을 제공해야 할 것이다. 정부는 개인이 축적한 사유재산을 보호해야 하며 개인이나 집단에 대한 특례를 입법화 하지 않아야 한다.

그래서 현대 보수주의자들은 개인이 취득한 최종 산출물로 공평 여부를 판단하는 이데올로기에 대해 비판적이다.[19] 그들은 사회주의자, 공산주의자, 공동체주의자들에 의해서 주창되는 평등주의적 경제정의관을 거부한다. 그들은 현대 자유주의의 평등지향적인 정향에 반대하며, 특히 인구학적인 목표나 할당제를 명세화하는 차별조치 프로그램을 활용함으로써 불평등을 '해결'하고자 하는 현대 자유주의자들의 시도에 비판적이다. 만약 시장 과정과 기회가 모든 참가자에게 공평하다면, 경제적 불평등은 불공정한 것이 아니며 그래서 정책적 관심이나 사회적 조치를 요구하지 않는다.

산출보다는 과정에 대한 이러한 강조는 현대 보수주의와 전통적 보수주의 사이의 중요한 차이를 보여주고 있다. 전통적 보수주의자들은 위계와 불평등을 복잡한 유기체적 사회에 필요한 요인으로 옹호한다. 공정한 사회는 상당한 정도로 예상 가능한 유형의 산출을 가져오며, 선량한 시민들은 각각의 사회마다 상당한 수준의 안정된 위계 내에서 자신에게 할당된 역할을 받아들인다. 각각의 시민마다 다양한 역할과 책임이 주어지게 될 것이며, 그들은 사회 내의 위치에 따라 다양하게

---

19) 하이에크(Friedrich von Hayek)에 따르면, 시장은 운이 중요한 역할을 하고 또 결과를 갖고 공평 여부를 판단할 수가 없는 자발적인 과정이다. Hayek, *Law, Legislation and Liberty*, Vol.II: *The Mirage of Social Justice* (London: Routledge, 1982) 참조. 오랫동안 *The Public Interest*의 편집인을 맡았던 어빙 크리스톨(Irving Kristol)은 아마도 평등주의적 정의관에 대해 가장 많은 반대론을 편 사람이다. 그의 견해에 대해서는, Irving Kristol, *Two Cheers for Capitalism* (New York: Basic Books, 1978), esp. pp. 141-238 참조.

대우받을 것이다. 자유시장 경제는 시민들을 전통적 역할로부터 해방시키고 시민들 간의 경쟁을 조장함으로써 예상할 수 없는 산출을 초래하여, 결국 사회적 안정을 위협하게 된다. 그래서 전통적 보수주의자들은 항상 질서정연하고 공정하며 안정된 사회에서 자유시장이 초래하게 될 산출에 대해 우려를 표시해 왔다.

현대 보수주의자들도 위계와 산출의 불평등을 옹호해 왔다. 그러나 현대 보수주의자들이 볼 때, 위계와 부의 분배는 법 앞에서 평등하게 대우받고 자신의 교육과 경제적 목표를 추구함에 있어 평등한 기회를 부여받는 개인들 사이의 경쟁으로 인해 예상 가능하지 않는 역동성을 띤다. 불평등은 항상 존재할 것이지만, 각각의 개인은 보다 나은 위치와 보다 많은 수입을 위해서 경쟁할 동등한 기회를 부여받는다. 위계의 구조와 불평등의 범위는 사회에서 매우 안정적일 수 있지만, 이러한 구조와 범위 내에서 특정의 위치를 차지하는 개인들은 항상 변화하게 될 것이다. 정부는 개인들 사이에 일어나는 이러한 경쟁의 결과를 '고치기' 위해 어떤 시도도 해서는 안 된다. 시민은 만약 기회가 동등하게 주어진다면 산출의 경제적 불평등이 공정하지 않다는 생각을 버려야 한다. 정부 공무원과 민간단체들은 경제적 영역에서 제대로 경쟁을 하지 못하는 사람들을 지원할 수는 있다. 그러나 그러한 지원은 동정의 행위이지 정의를 강요하는 것이 되어서는 안 된다.

현대 보수주의자들은 자유시장과 자본주의를 재화와 보답을 공정하게 분배하기 위한 메커니즘인 것으로 옹호한다. 시장은 상품을 효율적으로 생산하고 분배하며, 자유 시장은 인종이나 성별과 같은 특성에 기반 한 차별을 사장시킨다. 왜냐하면 이러한 특성들은 경제적 생산성과는 무관하기 때문이다. 그래서 시장은 판매자와 소비자로 하여금 '인종차이를 무시하도록' 촉구한다. 자기의 개별이익을 추구하는 개인은 그 개인의 인종, 종족, 종교, 성별에 관계없이 가장 능력 있는 개인을 고용하고 이들을 승진시키며 이들과 거래를 한다. 이들 보수주의자들에 따르면, 집단에 대한 차별은 그 차별자의 인력 수급시장을 제한하고 사고파는 대안을 줄임으로써 결국 그 개인에게 불이익을 가져다 줄 것으로 본다.

자유시장이 인종차별을 하지 않도록 촉구한다고 하더라도, 현대 보수주의자들은 만약 인종차별이 존재한다면 자유주의자들이 '형식적'이라고 부르는 기회균등의 법을 정부가 강제할 수 있다고 생각한다. 정부는 교육과 직업의 기회 균등에서 차별을 금지해야 한다. 부동산업자들이 백인 마을에서 흑인이 집을 사지 못하도록 종용하는 것과 같은 차별적인 주택구매 관행을 불법화해야 할 뿐만 아니라 어떤 형태의 인종차별 정책도 무효화해야 한다. 미국의 일부 보수주의자들은 1960년대 반인종차별 개혁에 처음에는 반대했지만, 그들은 이제는 그러한 개혁을 소수인종, 특히 이전의 백인에 주어진 우호적인 특례 정책으로 인해 손해를 보아 온 아프리카계 미국인들에게 균등한 기회를 제공하는 데 필요한 수단인 것으로 받아들이고 있다.

그러나 현대 보수주의자들은 오히려 할당제라든가 적극적인 차별금치 조치와 같이 지난날의 차별 희생자에 대한 보상으로써 **특혜조치**를 제공하는 정책 때문에 불공정이 발생하는 것으로 파악한다. 보수주의자들은 대학에서 특혜집단 학생들을 위한 할당제와 같은 역차별 정책의 부당성에 주목한다. 대학 신입생 등록이 일반적인 인구구성을 반영해야 한다는 주장은 자주 이러한 목표나 할당을 맞추기 위해서 자격을 갖춘 학생의 입학을 거부하고 그 자리를 자격미달의 특혜집단 학생들로 메우도록 할 것이다. 그러나 이는 두 집단의 학생들 모두에게 불공정하다. 왜냐하면 자격을 갖춘 학생들에게는 인종차별 금지의 공정성이 부인되며, 자격미달의 학생들은 많은 경우 실패할 가능성이 높은 상황에 처하게 될 것이기 때문이다. 예를 들면, 미국의 10위권 내 대학들은 소수인종 학생 할당 기준에 맞추기 위해서 다른 학생들보다 훨씬 낮은 점수의 학생 수학능력평가(SAT)를 받은 아프리카계 미국인들을 받아들인다.

이 때문에 아프리카계 미국인들이 유명대학에서 실패하는 경우가 많을 뿐만 아니라 이른바 '하향 밀어내기 효과'가 나타날 수 있다. 즉, 이류나 삼류 대학들은 일류 학교에 더 나은 소수집단 학생들이 들어가 있다는 것을 보고는 자신들도 소수집단 학생의 할당을 맞추기 위해서 자신들의 기준을 더 낮추게 된다는 것이다. 할당제를 채우기 위해서 입학이 허가된 이들 자격 미달의 학생들은 이류대학에서라면 더 잘 해 냈을지도 모르는데 일류대학에 들어와서 어려움을 겪게 된다. 삼류대학에서라면 성공을 했을 지도 모를 이들 소수집단 학생들은 이류대학에서 다른 학생들과의 경쟁에서 어려움에 시달린다. 할당제는 모든 수준의 미국 대학에서 학생들을 잘못 배치하게 하는 결과를 가져올 수 있다.

경제와 교육에서의 할당은 특혜집단 구성원들을 도와주기보다는 비특혜집단의 구성원들에게 손해를 끼칠 수 있고, 그래서 전체 사회 체계에 대해 경제적·교육적 손실을 가져올 수 있다. 할당을 통한 최종의 경제적·교육적 산출은 자유주의적 개혁가들이 약속한 정의나 공평을 가져오지 않는다. 할당제의 도입은 시장을 통해서 창출된 인종차별 금지의 보수적 규범을 훼손할 뿐이다.

특혜정책의 위험에 대해 가장 많은 저술을 하고 심사숙고의 글을 쓴 보수적 작가는 토마스 소웰(Thomas Sowell)이다. 특혜조치에 대한 그의 비판은 도발적이다. 왜냐하면 적극적인 차별금지 조치와 할당제가 필요한 이유에 대해 이를 반박하는 증거자료들을 많이 제시하고 있기 때문이다. 이와 관련 그의 가장 중요한 주장은 인종주의가 여전히 미국 사회의 어두운 면을 보여주고 있음에도 불구하고 불공정한 경제적 산출을 가져오는 중요한 요인은 아니라는 것이다. 소웰은 미국에서 인종주의에 직면하고 있는 소수집단들 모두가 가난한 경제적 상태에서 살고 있지 않다는 점을 지적한다. 예를 들면, 미국의 유대인들과 아시아인들은 전국 평준보다 더 높고 앵글로-색슨의 평균보다 더 높은 가계소득을 벌어들이고 있다는 것이다.[20] 전국 평균보다 낮은 가계소득을 갖는 소수집단들은 인종주의보다는 다른 요인들의 결과로서 낮은 소득에 머물 수 있다. 특혜정책의 옹호자들은 인종주의가 소수집단과 백인 사이에 다른 소득수준을 가져오는 가장 중요한 요인인 것으로 가정한다.

그러나 소웰은 소수집단과 저소득 간의 인과관계가 보다 복잡함을 보여주고 있다. 미국의 경우 소득이 북부와 도시 지역에서 높은 반면 소수집단들은 상대적으로 남부와 농촌지역에 집중되어 있다. 소득은 나이에 따라 올라가는 반면 소수집단의 중간 소득의 나이는 보다 더 어리며 소수집단의 가정은 보다 더 많은 어린애를 갖는 경향이 있다. 소득 수준은 교육 성취에 따라 올라가는 경향이 있는 반면 소수집단은 백인에 비해 교육에 대한 문화적 가치를 높게 두지 않는 경향이 있다. 소수집단과 백인 사이의 소득격차를 분석할 때 이러한 요인들도 통합되도록 하면 개별적인 요인으로서 인종 또는 인종주의의 영향은 더 작은 것으로 나타난다는 것이다.

소웰은 인종차별을 정부의 특혜조치가 없어도 시간이 지나면 자연스럽게 없어지는 것이며 그래서 역사적으로 일시적인 현상이라고 주장한다. 미국의 경험을 볼 때 아일랜드인, 유대인, 아시아인, 폴란드인들과 같은 이민들은 미국에 도착하자마자 박탈을 겪었고 시간이 지나야 미국의 평균 가계소득을 따라잡거나 혹은 평균 이상의 소득을 벌 수 있었다. 서인도와 같은 지역에서 최근 이민 온 사람들을 포함하여 아프리카계 미국인, 히스패닉인, 토착 인디안들 모두 특혜조치가 시행되기 이전에 전국적 수준의 임금을 받는 방향으로 점진적으로 나아가고 있다.[21]

소웰은 또한 많은 증거를 열거하면서 인종차이를 무시하는 것으로부터 '인종차이를 인지하는 데'로 나아가지 못하는 이유를 제시·설

---

20) Thomas Sowell, *Ethnic America: A History* (New York: Basic Books, 1981), pp. 5-7.
21) Sowell, *Ethnic America*, pp. 273-296.

명하고 있다. 사람들이 자격을 가장 잘 갖추고 있다는 이유 때문이 아니라 여성이라든가 혹은 다른 형태로 '손해를 보고 있는' 인구학적 집단 등이 소수집단이라는 근거로 위상과 기회를 보상받게 되면, 다음과 같은 몇 가지 부정적인 효과가 발생할 수 있다는 것이다.

첫째, 특혜정책은 한편으로는 특혜집단에서 개인의 성취를 깎아내리고, 다른 한편으로는 이전 세대의 잘못을 부담해야 하는 것이냐며 투덜대는 비특혜집단 구성원들로부터 적의를 북돋우게 된다. 소수집단의 개인들이 성공할 경우 이들은 다른 사람에게는 주어지지 않는 특례와 기회를 부여받았다는 의혹을 받으면서 자신들의 성과를 거두어들이게 된다. 그러나 그들과 다른 소수집단 구성원들은 스스로가 특혜를 받지 않은 집단의 구성원이라고 느끼고 있는 사람들로부터 제기되는 적대와 '신인종주의'에 직면하게 된다.[22] 특혜정책은 일부 나라에서 특혜집단에 대한 대대적인 폭력을 야기해 왔으며, 미국에서는 적극적 차별금지 정책과 연관하여 아프리카계 미국인과 히스패닉인들을 반대하는 인종주의의 대두를 가져왔다.[23]

둘째, 특혜정책은 자주 특혜집단 구성원들을 도와주기보다는 손해를 끼쳐 왔다.[24] 적극적 특혜 할당이 특혜집단 구성원들에게 손해를 끼치게 되는 이유 중의 하나는 할당제가 고용자로 하여금 '자격중시주의'를 채택하도록 압박하기 때문이다. 소웰에 따르면, 미국에서 자

---

22) 미국 대학에서의 '신인종주의'에 대한 소웰의 논의는 Thomas Sowell, *Inside American Education: The Decline, the Deception, and the Dogma* (New York: Free Press, 1993), pp. 132-173 에 요약되어 있다. 그러나 소웰은 유대인, 아랍인, 아시아인 그리고 이들과 같은 종교적·인종적 배경을 갖고 있는 미국 시민들 각각에 대한 특혜조치가 시행되지 않고 있음에도 불구하고 이들을 대상으로 '신인종주의'가 나타나고 있다는 점을 경시하고 있다.
23) 특혜집단에 반대하는 폭력적 대응에 대해서는 Thomas Sowell, *Preferential Policies: An International Perspective* (New York: Quell, 1990), pp. 20-35 참조.
24) Sowell, *Preferential Policies*, p. 171.

격중시주의는 고용자가 작업장에서의 할당제에 대응하기 위한 논리적 결과이다.

> 업무 능력에 대한 응모자 자신의 평가에 기반하여 직업응모자를 자유롭게 선택하려 하는 고용주는 특혜정책 때문에 면담에 관여하지도 않았을 뿐만 아니라 능력평가의 기반이 될 적정한 경험마저도 갖추지 않은 제3자에게 자신의 채용 결정이 (자신의 기업에 대해 잘 알지 못하는 사람들에 의해 이해되고 받아들여지고 있다는 점에서) 얼마나 쉽게 정당화 되는지를 고려하게 된다. 이러한 환경에서는 일반적으로는 '객관적인' 기준이 그리고 특별하게는 교육이수 자격증이 더 중시되기가 쉽다. 왜냐하면 실제로는 다른 자질이 더 중요시 된다고 하더라도 제3자에게는 이러한 객관적 기준이나 교육이수 자격증을 사용하는 것이 더 이해시키기가 쉽기 때문이다.[25]

고용주는 이미 경력을 갖추고 있고 직장에서 성공을 거둔 적이 있는 특혜집단의 구성원들을 고용하려고 하지 특혜집단이라고 하더라도 적절한 자격을 갖추지 못한 사람들이나 경력을 쌓는데 실패한 사람들을 채용하려고 하지 않을 것이다. 고용주들이 자격을 제대로 갖추지 않은 특혜집단 구성원을 고용하지 않으려는 이유는 적극적인 차별금지 조치의 절차적 요건 때문에 고용주가 자격미달의 피고용자들을 해고하는 데 비용이 많이 들고 시간도 많이 걸리기 때문이다. 그래서 할당제는 특혜집단 가운데 이미 성공을 거둔 구성원들에게는 도움이 되겠지만, 불이익을 받고 있다는 이유로 할당제의 수혜 대상이 될 것으로 기대되는 구성원들에게 기회를 주지는 않는다.

셋째, 특혜집단이 이미 민주정치에 의해 남용되어 왔기 때문에 이들 정책들은 가장 크게 박탈된 집단에게 별 이득을 가져다주지 않는

---

25) Sowell, *Preferential Policies*, p. 171.

다. 특혜정책은 대개의 경우 처음에는 일부 몇몇 집단만을 대상으로 한다. 그러나 정치가들이 이익집단의 요구에 반응하게 되면서 점점 더 많은 집단이 보호집단에 포함되고 있다. 예를 들면, 처음에는 아프리카계 미국인과 히스패닉, 인디언들에게 특혜를 줄 의도였던 적극적 차별금지 정책이 자주 수정되면서 여성에게 특혜 대우를 확대하는 것으로, 그 다음에는 퇴직군인에게, 이어서 노인들에게 그리곤 동성애자들 등으로 확대되고 있다. 소웰에 따르면, 자격중시주의와 연관되어 나타나는 보호집단의 확대는 적극적 차별금지 프로그램이 없었다면 교육 수준이 낮아도 채용이 될 흑인 남성에게 오히려 취업 기회를 더 줄여버리는 결과로 나타나고 있다.[26]

나아가 미국에서는 전형적으로 중간층 백인여성이 흑인 남성보다 더 많은 자격증을 보유하고 있기 때문에 고용주들은 자신에게 주어진 차별금지 할당을 필요한 자격증을 보유하고 있는 여성으로 채우는 경우가 많다. 그리고 다른 방법으로 자격을 갖춘 흑인 남성은 여전히 실업으로 남아 있곤 한다. 인종차이를 무시하는 기회균등 정책은 시간이 지남에 따라 박탈된 집단이 점차 나아지도록 허용하지만, '인종 차이를 인지하는' 적극적 차별금지 정책은 가장 많이 박탈을 받은 집단의 출세를 오히려 가로막는 정치경제의 항구적 특징을 존속시킬 뿐이다. 특혜 대우가 점점 더 많은 집단으로 확대됨에 따라 이들 집단의 지도자들은 자신들 집단의 구성원들이 적극적인 차별금지법 아래에서 계속 보호를 받는 지위를 누리도록 하려고 애쓴다. 과거의 부정의를 다루기 위한 '일시적' 조치로서 언명된 특혜정책은 자유주의 정부의 항구적인 특징으로 변하게 된다. 그리고 이러한 특혜정책에 대해 인종차이를 무시하는 정책으로 대체하는 것은 결코 특정화되지 않는 어느 미래의 시기로 연기된다. 그리하여 '인종차이를 인지하는' 불균등 대우는 자유주의적 체제의 항구적인 부정의로 남게 된다는 것이다.

---

26) Sowell, *Preferential Policies*, p. 171.

3. 구조

현대 보수주의자들은 대의민주주의 제도를 합법적인 것으로 수용한다. 서유럽에서 보수주의자들은 의회제도 내에서 살고 있으며, 미국의 보수주의자들은 권력의 분립과 연방제를 포함하여 대통령제를 지지한다.

현대 보수주의자들은 보편적인 구조적 원칙들을 포용하기보다는 자신들의 국가의 특수한 역사적 정체성을 담고 있는 제도를 보유하거나 때로는 그러한 제도로 복귀하려고 애를 써왔다. 지난 25년 동안 캐나다의 정치는 한편으로는 강력한 전 국민적 캐나다 정부를 세우려고 노력해 온 이전의 자유주의적 수상인 피에르 투르도(Pierre Trudeau)의 노력과, 다른 한편으로는 주권을 가진 퀘벡을 건설하려는 퀘벡당(Parti Quebecois)과 그에 이어 창당된 퀘벡연합(Bloc Quebecois)의 노력으로 점철되어 왔다.

캐나다의 보수주의자들은, 예를 들면 미치레이크(Meech Lake) 헌법개정안이나 샬럿타운(Charlottetown) 헌법개정안에서처럼 통합되고 다종족적인 캐나다 국가를 유지하면서 동시에 각 주나 지방정부에게 더 많은 권한과 자율성을 제공하는 다양한 형태의 조화를 개발하고 제공함으로써 이들 세력 간의 중간에 서려고 했다. 이전의 보수적 수상인 마가렛 대처가 강력하게 반대했던 이른바 영국을 유럽연합 속으로 통합시키는 쟁점에 대해 영국의 보수주의자들은 이를 유럽공동시장에 참여함으로써 영국의 주권과 정체성이 훼손될 우려가 있다는 시각에서 다루어왔다. 물론 독일도 동서독의 재통합과 관련한 쟁점을 이런 식으로 접근했었다. 이 쟁점과 관련하여 보수적 독일 수상인 콜은 통일에 대한 강력한 지지자였다. 하지만 그는 독일 공동체가 대의민주주의의 원칙을 보유하는 헌법하에서 재구성되도록 하려고 애를 썼다.

미국의 보수주의자들에게 가장 커다란 관심 대상이 되어 온 구조적 쟁점은 미국 연방제의 특성과 관련되어 있다. 미국의 보수주의자들은 일반적으로 주정부의 권리와 지방정부의 권한에 대해 호의적이다. 그들은 자유주의자들이 연방정부의 규모와 범위, 권한을 너무 과도하게 확장하려 하고 있다고 비난한다. 보수주의자들이 정치권력의 분권을 지지하는 이유는 주정부와 지방정부가 강력한 중앙정부에 대한 보호막이 되고 지역과 지방의 가치와 책임을 증진시킬 것으로 보기 때문이다. 지방정부는 지방의 정보를 잘 알고 있기 때문에 법과 정책에 반영되어야 할 적절한 문화적 가치를 가장 잘 결정할 수 있다는 것이다.

자유지상주의적 보수주의자들, 다시 말해서 최소 정부와 함께 포괄적인 경제적·사회적 자유를 가장 우선시하는 이들 보수주의자들은 공동체의 기준을 충족시켜야 한다는 이러한 주장에 대해 항상 편안해 하지는 않는다. 왜냐하면 공동체의 기준을 충족시키려 하다가는 개인의 자유를 훼손할 수도 있기 때문이다. 그러나 이들 보수주의자들은 많은 정책에 대한 지방정부의 통제로 인해 시민들이 공공 프로그램을 값비싼 것으로 인식하게 될 것이라고 보는 다른 보수주의자들과 의견을 같이 한다. 1980년대 연방정부의 몇 개 프로그램에서 분권화를 해야 한다는 레이건 대통령의 제안은 시민들로 하여금 정부가 부담하고 있는 많은 책임들이 많은 비용을 요구한다는 것을 깨닫도록 하기 위한 것이었다. 레이건은 각성을 한 시민들이 이러한 프로그램들을 많이 줄이도록 원하길 바랐다.

실제로 1968년 이래 공화당 대통령들은 연방정부의 3단계 수준에서 책임을 새로운 형태로 분화시켜야 할 것으로 일관되게 주장해 왔다. 닉슨과 레이건 모두 연방정부의 규모를 줄이면서 몇몇 정책에서는 지방정부에게 증가된 자유재량의 지출을 허용하는 '신연방주의적 접근'을 강조했다. 닉슨은 레이건보다 책임의 분배에 대해 더 세부적이었다. 그러나 닉슨의 구상은 이행되지 못하였다. 레이건의 접근은 책임의 적정한 영역에 대한 관심에 의해서라기보다는 경비지출을 중앙정부로부터 지방정부로 이전시키려는 생각에서 시행되었다.[27]

---

27) 닉슨의 '신연방주의'에서 지침 역할을 했던 아이디어에 대한 논의로는, Tobert

4. 통치자

보수주의자들은 인민주권과 대의민주주의를 옹호한다. 선거인단에서 보듯이 통치자를 대중의 열정으로부터 벗어나도록 하는 메커니즘이 합당하다고 하더라도 통치자는 시민에 의해서 선출되어야 한다. '전문가 정치인'에 대해 비판적이면서도 보수주의자들은 재능을 갖춘 개인이 입법부와 사법부의 권력 자리를 차지하는 것이 좋다고 생각한다. 선량한 통치자는 인민에게 귀를 기울여야 하지만, 동시에 국가를 위한 지침과 방향을 제공해야 하다. 특히 선량한 통치자는 공익보다는 사익을 추구하는 이익집단에 휘둘리지 않아야 한다.

보수주의자들은 특히 미국에서 대의민주주의가 적정하게 기능하지 못하도록 하는 몇 가지 위협이 존재한다고 생각한다. 하나의 위협은 평등주의와 절대적 인권과 같은 추상적인 자유주의적 가치를 옹호하는 자유주의적 전문가, 지식인, 언론인, 공공관료, 문화계 스타들로 구성된 일군의 엘리트인 '신계급'이다. 추상적인 경제적 평등을 지지하는 이들 신계급은 정치적 엘리트주의를 배격한다. 커크패트릭에 따르면, '신계급'은 지적인 탐색과 예술가적인 상상력을 통해 도달된 아이디어라고 할 수 있는 유토피아의 가능성을 믿지만 인간본성과 경제적 희소성의 실제적 제약을 망각하곤 한다.[28]

'신계급'은 곧잘 대중의 신념과 잘 맞지 않는 가치나 생각을 옹호하기도 하지만, 그럼에도 불구하고 그들은 언론에서는 미국의 이상을 대변하는 것으로 언명되며 그럼으로써 많은 구체적인 쟁점에 대해 대중들의 사고에 영향을 미치고 있다. 정치적 생활의 실재가 '신계급'의 이상에 비해 더 오래가지 않기 때문에 신계급 집단들은 정치적 생활에 대해 냉소와 실망을 불러일으킨다. 간단히 말해서 신계급은 대

P. Nathan, *The Plot That Failed: Nixon and the Administrative Presidency* (New York: John Wiley, 1975), 특히 pp. 13-34 참조.

28) Jeane Kirkpatrick, "Politics and the 'New Class'," *Society* 16 (Jan./Feb. 1979), pp. 42-48.

중과 대의민주주의에 대해 정당하지도 않고 민주적이지도 않은 권력을 보유하고 있다. 신계급들은 미디어와 교육, 정부에 대해서도 많은 영향력을 발휘하고 있는데, 이는 민주적 통제로부터 벗어나 있으며 보수적인 미국 국민들 가운데 '말 없는 다수'의 견해를 대변하고 있지도 않은 영향력이다.

대의민주주의에 대한 또 하나의 위험은 제임스 페인이 정부통치(autonarchy)라 명명한 것으로부터 제기된다. '민주주의'는 정부가 인민에 의해서 통제되는 정부를 의미하며 그리고 '과두제'는 정부가 부자에 의해서 통제되는 정부를 뜻한다. 이에 반해 '정부통치'는 정부를 위해서 일하고 정부에 의해서 봉급을 받는 사람들이 정책결정 과정 자체를 지배하는 "그 자체의 동일정부"를 지칭한다.[29] 페인에 따르면, 의회 청문회에서 증언하는 거의 모든 사람들은 새로운 정부구상과 지출을 지지한다. 이들 대부분의 사람들은 이익의 영역에서 프로그램을 관장하는 연방정부 관리이며, 자신들의 구상을 위해서 자금을 추구하는 주와 지방의 관리들이다. 또한 이들은 프로그램에 이해관계를 갖고 있는 다른 의원들이고, 프로그램의 수익자들을 위해 로비를 하는 사람들이다. 간단히 말해서, 정부는 정치체제의 일부분을 구성하고 있을 뿐만 아니라 정치체제가 특정 집단에게 이득을 갖다 주기 위해서 사용될 수 있다는 것을 이해하고 있는 사람들에 의해서 지배되고 있다. 이러한 프로그램을 위해 세금을 내야 하는 사람들이라든가 또는 장차 이러한 프로그램 때문에 생겨나는 국가채무를 떠맡아야 할 미래세대는 전혀 '그 자체의 동일정부'를 통제할 위치에 있지 않다.[30]

---

29) James Payne, "The Congressional Brainwashing of Congress," *The Public Interest* (Summer 1990), p. 12.

30) 이 문제에 대한 보다 이론적인 논의는, William Mitchell, "Efficiency, Responsibility, and Democratic Politics," in *Liberal Democracy: Nomos XXV*, edited by Ronald Pennock and John Chapman (New York: New York University Press, 1983), pp. 343-373.

'신계급'과 정부통치 개념은 민주적으로 선출된 지도자가 이상주의적인 엘리트와 자기이익을 추구하는 내부자에 의해 제대로 역할을 하지 못하게 되지 않을까 우려하는 보수주의자들의 생각을 담고 있다. 이와 관련 다른 보수주의자들은 대의제가 민중 세력에 의해 압도되지 않을까 하는 걱정을 한다. 실제로 미국의 보수주의자들은 대의정부에서 민주화가 얼마나 건실할 수 있는가를 놓고 내부 논쟁을 벌여 왔다. 서부 미국의 자유지상주의적 보수주의자들은 적어도 동부 미국의 보수주의자들이 보기에 실망스러울 정도로 민중주의적 성향을 보이고 있다. 동부의 보수주의자들은 통치자와 피치자를 구분하는 공화주의적 구조와 과정을 옹호한다. 그들은 의회가 열정적인 민주주의의 싸움을 넘어서야 한다고 믿는다. 동부 보수주의자들은 항상 대의정치에서 보여지는 상원과 그의 엘리트주의적 기여도에 대해 거의 전통적으로 보지해 왔던 보수주의적 경의를 보여 왔다.

심지어 조지 윌(George Will)은 상원에 대한 미국의 공공케이블 방송인 C-SPAN 2의 전담 방송 때문에 상원이 대중으로부터의 거리와 고립을 빼앗기고 있다는 주장을 한다.[31] 반면에 서부 보수주의자들은 주민소환, 주민투표, 주민발안 등과 같은 민중주의적 메커니즘을 옹호하고 활용해 왔다. 동부 보수주의자들은 이러한 민주적 제도를 사려 깊은 대표와 선거구민의 열정 사이의 거리를 줄이게 되는 불필요한 장치인 것으로 파악한다. 신보수주의자들은 서부의 민중주의에 비판적이며 이와 같은 서부와 동부 보수주의자들 간의 논쟁에서 동부 보수주의자의 편에 서 있다.

---

31) 미국의 역사와 정치제도에 대한 조지 윌의 견해는, J. David Hoeveler, Jr., *Watch on the Right: Conservative Intellectuals in the Reagan Era* (Madison: University of Wisconsin Press, 1991), pp. 53-80에 잘 나타나 있다. 호에블러(J. David Hoeveler)는 자신의 사려 깊고 연구 성과가 큰 책에서 미국의 주요 보수주의자들의 생각을 잘 그려내고 있다.

자유지상주의적인 보수주의자들은 임기제한 규정을 통해 선출된 대표들을 보다 더 자신의 선거구민에게 관심을 갖도록 할 수 있을 뿐만 아니라 전국적인 이익집단들로부터 영향을 덜 받도록 할 수 있다고 보기 때문에 임기제한 규정을 지지한다. 동부 보수주의자들은 임기제한에 탐탁하지 않아 한다. 왜냐하면 그러한 제한은 재능이 있고 현명한 정치가들이 입법정치에 참여할 수 있는 기회를 제한할 것으로 보기 때문이다. 보통은 동부 보수주의자들과 입장을 같이 하고 있음에도 불구하고 조지 윌은 이 문제에 관해서는 임기제한을 지지했다. 그 이유는 임기제한이 있어야 정치가들이 재선에 대한 관심에서 벗어나서 현명하게 국가적인 결정을 하는 데 요구되는 선거구민과의 거리를 확보할 수 있을 것으로 보았기 때문이다.[32] 그래서 대부분의 보수주의자들은 임기제한의 유용성에 동의하는 것으로 파악된다. 그러나 그들은 임기제한이 선출된 관리와 그들의 선거구민 사이의 연관에 어떠한 영향을 미칠 것인가에 대해서는 의견을 달리한다.

마지막으로, 보수주의자들은 현대 민주주의에서 집행부 권한이 어떤 것인가라는 쟁점에 관심을 기울여 왔다. 미국의 보수주의자들은 프랭클린 루스벨트(Franklin Roosevelt)가 4번에 걸쳐 대통령직을 맡게 되면서 대통령 권한을 강화하여 온 것이라든가 루스벨트 대통령이 의회와의 투쟁에서 대중의 지지를 얻기 위한 수단으로 국민에게 직접 호소하는 방식을 이용한 것에 대해 비판적이다. 루스벨트는 **제왕적-국민투표적 대통령**이라고 명명할 수 있는 것을 창출한 것으로 본다.[33] 집중화된 권력에 대해서 뿐만 아니라 열정적인 대중과 너무 긴밀하게 연계된 권력에 대해서도 이를 동시에 우려하는 보수주의자들은 의회

---

32) George F. Will, *Restoration: Congress, Term Limits, and the Recovery of Deliberative Democracy* (New York: Macmillan, 1992).
33) 미국의 대통령 역사라는 맥락에서 나타나는 국민투표적 요소에 대해서는, James W. Ceaser, *Presidential Election: Theory and Development* (Princeton: Princeton University Press, 1979) 참조.

권력을 옹호하고 대중적 충동의 위험성을 경고해 왔다. 이러한 관심에도 불구하고 1980년대 보수주의자들은 로널드 레이건의 강력하고 국민투표적인 대통령직 수행을 아무 걱정 없이 지지했다. 강력하고 대중적인 대통령만이 연방정부의 권한강화를 줄이고 또 워싱턴의 고립되고 자유주의적인 정치 세계를 흔들어 놓을 수 있는 것으로 보았기 때문이다. 서부 미국의 보다 대중적인 분위기에서 보수주의자로 성장해 온 레이건은 의회와의 입법 투쟁에서 대중적 지지를 동원하는 데 능숙했고 프랭클린 루스벨트의 대통령 스타일에 대해 공개적으로 찬사를 보냈다.

그래서 현대 보수주의자들 사이에는 긴장관계가 존재한다. 한편으로는 강력한 행정부 리더십에 대해서 뿐만 아니라 대중적 정치에 대해서도 우려를 표명한다. 왜냐하면 대중적 정치는 열정을 조장할 수가 있고 또 지도자들이 사려 깊게 통치하기 위해서 요구되는 대중과의 거리를 줄일 수 있기 때문이다. 다른 한편으로는 보수주의의 목표들은 때로는 '신계급'에 대항하여 효율적인 견제자가 될 수 있는가 하면 정부가 스스로 통치하는 정부통치에 대항하여 대중을 결집해 낼 수 있는 강력한 대중적 대통령이 존재할 때 비로소 얻어낼 수 있는 것이기도 하다. 그래서 통치자에 대한 공화주의적 원칙은 미국 보수주의자들의 목표를 위한 실용주의적 관심과 충돌하기도 하는데, 이 때문에 미국에서 리더십에 대한 보수주의적 논평은 일관되지 않게 나타나고 있다.

5. 시민권

시민참여의 문제는 현대 보수주의자들을 분열시켜 왔다. '신우익'의 대중주의자들은 '보통 미국 국민들'의 권한을 강화시켜야 한다고 주장한다. 그들은 보수적 유권자들이 누구인지를 명확히 하고 이들을 동원하기 위해서 정교한 기법을 개발해 왔다. 신우익들은 자신들의 지지자들이 지방정치에 적극적으로 참여하길 바라고, 특히 학교에서 예배를 허용하고 도서관에서 '수치감을 불러일으키는' 책들을 제거하며 낙태병원에 쉽게 접근하지 못하도록 제한할 것을 요구해 왔다. 그들은 국회에 보수적 의안을 제기함에 있어서 전국적인 로비의 광범한 망을 개발했다. 잭 켐프(Jack Kemp), 배리 골드워터(Barry Goldwater), 필 그램(Phil Gramm), 하워드 자비스(Howard Jarvis), 팻 부캐넌(Pat Buchanan) 등은 바로 전국적인 발의를 허용함으로써 시민들로 하여금 정책결정에 직접 참여할 수 있는 기회를 주자는 제안을 하고 있는, 이른바 *Initiative America*(미국민의 전국적 발의)를 지지하는 저명한 보수주의자들이다. 잭 켐프에 따르면, 국가적 차원의 발의를 허용하는 헌법 수정은 "여러분에게 균형예산과 같은 쟁점에 대해 가와 부의 투표를 하도록 하게 함으로써 소득세와 세금기한 등 여러 가지를 줄일 수 있게 한다."[34]

그럼에도 불구하고 대부분의 동부 미국의 보수주의자들은 시민들이 적절한 정책선택을 할 수 있는 지혜와 기술적 지식 그리고 덕성을 보유하고 있는 지에 의문을 제기하면서 보다 많은 시민의 정치참여에 대해 부정적이다. 『자본주의, 사회주의, 민주주의』(*Capitalism, Socialism, and Democracy*)라는 고전적 저술을 통해 조셉 슘페터는 시민의 적절한 역할을 경쟁적인 정당들 간의 정부 선택에 한정시켜야 한다고 주장하는 '현실주의적' 민주주의 이론을 발전시켰다.[35] 슘페터는 정치에 많은 시민들이 개입하는 것을 제한해야 한다고 보았다. 왜냐하면 시민들은 불합리한 대중적 충동에 의해 휩쓸리는 경향이 있는가

---

34) Thomas Cronin, *Direct Democracy* (Cambridge: Harvard University Press, 1989), p. 173에서 재인용. 전국적인 발의와 국민투표를 허용하는 것은 헌법 개정을 요구한다. 왜냐하면 미국 헌법의 1조 1항은 미국의 모든 입법권은 의회에 두고 있기 때문이다.

35) Joseph Schumpeter, *Capitalism, Socialism, and Democracy* (New York: Harper and Row, 1942). 슘페터는 오스트리아 정부의 보수당 재무장관과 베를린대학의 교수를 지내다가 히틀러가 권력을 잡자 미국으로 망명하였다.

〈설명상자 3-3〉 현대 보수주의자들과 노동계급

1980년대까지 미국과 영국의 보수주의자들은 새로운 동맹으로 노동계급의 지지를 받았다. 오랫동안 사회주의 정당이나 자유주의 정당의 지지자였던 많은 노동계급들은 자신들의 충성을 보수주의 정당으로 바꾸었다. 부분적으로는 이와 같은 새로운 분위기 때문에 로널드 레이건과 마가렛 대처는 노동계급의 지지표를 얻어내는 데 성공을 거두었다. 특히 레이건은 보수주의를 친근하게 느끼면서 대중적 인기를 얻는 데 성공적이었다.

1980년 선거에서 레이건은 노동자 가구로부터 40%의 지지를 받았다. 1984년 레이건은 이들 표의 48%를 받았다. 레이건은 1932년 프랭클린 루스벨트(F.D.R)의 대통령 선출 이후 유지되어 왔던 민주당과 노동계급 간의 약한 연결망을 끊는 데 성공을 거두었다. 레이건의 인간적 특성이 노동계급의 지지를 공화당으로 돌리는 데 도움을 주었지만, 그러나 많은 노동계급은 항구적으로 민주당으로부터 이탈해 온 것 같아 보인다. 최근 민주당의 대통령 지명자들은 노동계급 유권자들과 좋은 관계를 유지하지 못하고 있다. 1988년 마이클 듀카키스(Michael Dukakis)는 노동자 지지의 57%에 머물렀고, 1992년 빌 클린턴(Bill Clinton)은 이들 노동자 지지의 55%를 간신히 얻었을 뿐이었다. 민주당은 노동조합 가구로부터의 압도적 지지에 더 이상 기댈 수가 없게 되었다.

대처는 민족주의에 대한 호소를 통해 노동계급의 지지를 끌어낼 수 있었다. 그녀는 보수당의 미래 지도자들을 노동계급으로부터 충원했다. 존 메이어(John Major)가 1990년 수상이 되었을 때, 그는 노동계급의 지지를 받는 최초의 보수당 수상이 되었다.

서구에서 현대 보수주의는 계급 구분을 넘어서서 유권자들에게 호소력을 갖고 있다. 이는 이들 나라의 전국적 정치에서 중요한 변화가 일어나고 있음을 뜻하는 것이다. 선거정치에서 역사적인 구분은 사라졌으며, 사회주의 정당과 자유주의 정당은 자신들의 오래된 지지 기반을 상실하고 있다.

하면 또 시민들의 선호가 선동정치가에 의해 조작되고 조종될 수 있고 혹은 그렇게 될 것이기 때문이다. 더욱 최근 들어 신보수주의자들은 너무 많은 시민들의 참여가 정치에서 분열적 요인으로 작용하게 되는 민주적 소란을 경고해 왔다.[36]

---

36) Samuel P. Huntington, "The Democratic Distemper," *The Public Interest* 42 (Fall 1975), pp. 9-38.

하버드대학의 정치학 교수인 사무엘 헌팅턴에 따르면, 대부분의 경우 시민참여는 시민에 의한 요구의 제시이다. 소수집단, 여성, 가난한 사람들, 어린애, 학생, 노인 등등 시민의 다양한 집단들로부터 제기되는 필요와 기대는 곧 '권리'에 대한 요구가 되며, 이는 정부 활동의 확대와 함께 공공재정에 대한 요구로 나타난다. 그러나 정부는 자신에게 제기되는 경쟁적인 요구 모두를 만족시킬 수도 없고 만족시켜서도 안 된다. 시민참여가 권리에 대한 자신들의 요구를 만족시킬 수 없을 때, 그들은 정부에 대해 냉소적이고 존중을 하지 않게 되며 종국에는 정부권위의 위기로 이어지게 된다. 그래서 보수주의자들은 투표를 제외하고는 정부에 대한 시민참여는 억제되어야 한다고 본다.

보수주의자들은 정책결정에 시민들이 참여하는 것을 놓고는 서로 의견을 달리한다. 그러나 특히 자발적 결사체에 회원이 되어 공동체의 삶에 보다 적극 관여하는 것에 대해서는 지지하는 입장을 공유한다. 도움을 필요로 하는 다양한 사람들에게 정부의 지원을 제공하기 위해서 정부를 확대하려고 하기 보다는 시민들이 다양한 형태의 지방적 자선단체나 서비스 조직을 만들어서 불리한 상황에 있는 사람들에게 도움을 주고 자발적 봉사를 하는 사람들에게는 품성과 공동체 의식을 제고시켜 주어야 한다고 본다. 조지 부시는 이러한 자발적 단체들을 '불 밝히는 수천의 거점'이라고 묘사하면서 이러한 집단에 시민들이 참여하는 것이야말로 1830년대에 출간된 유명한 저작인 『미국의 민주주의』(Democracy in America)에서 토크빌이 얘기하고 있는 미국의 시민정신에 해당하는 것으로 보았다.

보수주의자들은 또한 자유주의 사회가 시민들의 덕성을 개발시키는 데는 거의 아무 것도 한 것이 없다고 파악한다. 자유주의 정부는 핵가족을 유지해 나가는 데 거의 아무런 유인도 제공하지 않았다. 또 공공학교 역시 학생들에게 만약 그들이 고상한 시민이 되려고 할 경우 필요로 하는 지침을 거의 제공해 주지 않았다. 자유주의자들과 그들의 제도는 필요한 것이 자기절제의 윤리일 때에도 자기표현의 윤리를 가르쳐 왔다. 선량한 시민은 자기규율과 좋은 덕성을 보유해야 한다. 제임스 윌슨(James Q. Wilson)은 선량한 시민에 대한 보수주의자들의 견해를 다음과 같이 묘사한 바 있다.

> 덕성이란 온건한 행동을 습관화하는 것을 뜻한다. 보다 특정적으로는 자신의 충동을 일정하게 제한하면서 행동하고, 다른 사람의 권리에 대해 상응한 존중을 표하며, 그리고 나하고는 관계가 먼 결과에 대해서도 합당한 관심을 기울이는 것을 뜻한다.[37]

보수주의자들은 정부가 시민들의 덕성과 특성을 발전시키는 데 제한된 역할만을 갖는다고 생각한다. 입법부는 매춘, 마약남용, 포르노 등과 같은 가장 명백한 폐습을 규제하는 법을 통과시킬 수 있다. 입법부는 빈민지원(Aid to Families of Dependent Children)과 같이 책임을 질 행동을 포기하도록 유인을 제공하는 공공정책이나 프로그램을 개혁하거나 폐기할 수 있다. 학교는 학문적 성취를 장려하고, 과제물을 통해 규율을 심어주며, 인간 덕성의 합의된 기준에 부합되는 행위를 표창하는 것 등을 통해 어린이들의 선량한 특성을 개발해 나갈 수 있다.[38] 경찰은 다른 사람의 권리를 침해하고 사회질서를 훼손시키는 사람들을 잡아들이고 법원은 처벌을 할 수 있다. 보수주의자들은 자유주의자들이 '범죄의 근본적 원인'에 대해 합당한 주의를 기울이지 않음으로써 시민덕성의 쇠퇴를 더욱 악화시켜 왔을 뿐이라고 믿는다.[39]

설사 일부의 범죄 행위들은 가난과 가정의 붕괴, 마약남용, 생계의 존 등의 결과라고 하더라도, 여전히 "범죄를 마치 경쟁적인 대안들 가운데 개인이 자유롭게 선택한 결과"인 것으로 파악하는 것이 오히려

---

37) Wilson, "The Recovery of Character," p. 15.
38) Wilson, "The Recovery of Character," pp. 5-9.
39) Wilson, "The Recovery of Character," p. 13.

사회에게는 최선의 이익이 될 수 있다.[40] 범죄에 대한 엄격한 재판, 가석방 기회의 감축, 강력한 경찰 등은 범죄 행위를 막을 수 있는 좋은 방법이 될 수 있다. 범죄의 근본 원인을 해소하려는 현행의 시도보다는 이러한 방법들이 비용 면에서 훨씬 더 효과적인 결과를 가져다 줄 것임에 틀림없다.

그럼에도 불구하고 보수주의자들은 도덕적 운동을 위해 국가권력이 사용될 때 개인의 자유와 사회적 질서가 위협을 받게 될 것이라고 보기 때문에 국가에 의한 '도덕적 제국주의'에 대해 우려를 표명한다.[41] 예를 들어, 윌리엄 버클리에 따르면, 정부는 금연을 입법화해서는 안 된다. 그러나 정부는 사람들이 흡연 습관의 위험성에 대해 경각심을 갖도록 합법적으로 노력할 수 있다. 궁극적으로 선택은 개인이 해야 한다.[42] 제임스 윌슨에 따르면, 시민은 정부에 대해 도덕적 덕성을 가르치도록 요구하지 않는다. 왜냐하면 대부분의 시민들은 동정심, 공평, 자기통제, 의무 등에 대한 심오한 제도들을 보유하고 있기 때문이다. 필요한 것은 시민들이 확신을 갖고 자신들의 '도덕감'을 인식하고, 자유주의자들에 의해 장려되어 왔던 근거 없는 회의주의와 과장된 관용을 거부하는 것이다. 또 부도덕한 행태에 대해 비판을 가하는가 하면, 나아가 가정생활, 교회, 학교, 그리고 시민들에게 덕성을 심어주는 데 헌신해 온 자발적인 여타의 기구들을 포함하여 건실한 시민적 기구들을 통해 덕성을 강화시키는 것이다.[43]

---

40) Wilson, "The Recovery of Character," p. 14.
41) Hoeveler, Watch on the Right, p. 37.
42) William J. Buckley, Jr., The Jeweler's Eye: A Book of Irresistible Political Reflection (New York: Putnam, 1968), pp. 257-259.
43) James Q. Wilson, The Moral Sense (New York: Free Press, 1993).

6. 변화

보수주의자들은 사회적 관행에서의 변화를 탐탁하지 않게 생각한다. 그들은 복잡한 사회에서 사회적 공학이 제기할 위험성과 예기치 않은 결과에 대한 전통적인 보수주의자들의 생각에 동감한다. 그러나 변화에 대한 현대 보수주의자들의 견해는 다음과 같은 3가지 점에서 전통적 보수주의자들의 주장과 다르다.

첫째, 현대 보수주의자들은 자유시장 경제가 만들어내는 변화에 훨씬 더 너그럽다. 전통적 보수주의자들은 시장이 창출하는 새로운 기술이라든가 변화하는 사회관계 그리고 예기치 않은 발전에 대해 비판적이었다. 이와 대조적으로 현대 보수주의자들, 특히 자유지상주의자들과 신보수주의자들은 자본주의의 역동적이고 창조적인 특성들에 대해 기꺼이 찬사를 보낸다. 노박에 따르면, 자유시장은 자기규율과 창의성을 강화함으로써 유용한 사회경제적 변화를 적극 유도해 나간다.[44]

둘째, 전통적 보수주의자와 비교할 때 현대 보수주의자들은 장기간에 걸쳐 시장관계에 개입을 해 온 현행의 자유주의적 개혁을 원상태로 되돌림에 있어 자신들의 전통적 능력에 대해 훨씬 더 많은 확신을 갖고 있다. 1980년대 선거 직에 선출된 현대 보수주의자들은 장기간에 걸쳐 내려온 자유주의적 개혁을 역전시킬 수 있는 기회를 맞게 되었다. 예를 들면, 영국의 대처 수상은 오랫동안 사회주의적 개혁이 실천되어 왔음에도 불구하고 신속하게 기업과 공공주택을 민영화 하였다. 미국의 레이건 대통령은 수년 동안, 어떤 경우에는 90년 동안 규제적 구조하에서 운영되어 왔던 산업에 대해 규제 완화를 시행했다. 실제로 레이건은 1970년대에 사회보장을 그만두어야 한다고 주장했다.

---

44) Michael Novak, *Freedom with Justice: Catholic Social Thought and Liberal Institutions* (San Francisco: Harper and Row, 1984) and *Will It Liberate? Questions about Liberation Theology* (Mahwah, N.J.: Paulist Press, 1987).

〈설명상자 3-4〉 항의에서 공치(governance)로:
1994년 미국의 중간선거에서 보수주의의 득세

　1994년 중간선거의 결과 공화당은 이전에 민주당이 장악해 왔던 의회에서 50개 이상의 의석을 더 얻어냈으며 이로써 40년 만에 처음으로 미국 하원에 대한 통제력을 장악하였다. 대부분의 경우 보수적이거나 신우익적 견해를 보유하고 있는 공화당원들은 8석을 더 얻어 미국 상원에서도 다수당이 되었다. 게다가 공화당은 민주당으로부터 11개의 주지사 직을 빼앗았다. 이러한 공화당의 승리는 보수적 입법자의 역할이 더 이상 자유주의적 발안과 프로그램을 비판하는 데 머물지 않을 것임을 시사한다. 오히려 공화당의 승리는 자신들의 보수주의적 이상에 기반하여 통치를 할 새로운 기회를 제공한 것으로 받아들인다.

　통치 기능에서 보수주의의 득세는 단지 공화당 의원이나 주지사의 수가 증가한다는 것에서뿐만 아니라 새로운 입법 지도자들의 이데올로기적 학습에서도 명백하게 드러난다. 104차 당 대회에서 하원의 새 대변인은 '바보' 깅리치(Gingrich)가 맡았다. 그는 공화당의 보다 보수적 세력의 지도자이자 루스벨트(FDR)의 뉴딜(New Deal)과 존슨(LBJ)의 위대한 사회(Great Society) 동안 확립된 자유주의적 프로그램에 대해 가장 격렬하게 반대를 하는 정치인이다. 미국 상원에서 두 번째 강력한 위치를 차지하고 있는 새로운 다수 비판은 트렌트 로트(Trent Lott)가 담당하였다. 그는 많은 쟁점에서 깅리치와 연합을 취하면서 상원의 다수당 리더인 밥 돌(Bob Dole)로부터 지원을 받는 온건한 후보자에 대해 자신의 위치를 지키는 데 성공을 거두었다. 오랫동안 자유주의적 민주당에 대해 신랄한 비판을 제기해 온 밥 돌은 의회에서 가장 온건한 공화당 지도자로 널리 인식되고 있는데, 이는 이데올로기적 시계추가 오른쪽으로 얼마나 멀리 옮겨갈 수 있는지를 시사해 준다.

　깅리치는 10개 항으로 구성된 '미국과의 계약'의 설계자이다. 미국과의 계약은 유권자에게 선거상의 지지에 대한 대가로 보수적인 원칙을 구체화한 법을 신속하게 실천에 옮길 것임을 약속한 것이었다. 보수적인 공화당원들은 물론이고 많은 평론가들은 선거상의 결과가 다음과 같은 영역에서 정책변화를 가져오도록 명령을 하고 있는 것으로 해석하였다.

1. 균형예산을 요구하는 헌법 개정의 실현
2. 범죄 줄이기(예를 들면, 부가적인 법집행 요원에 대한 자금지원 및 사형을 포함한 엄격한 재판의 시행을 통해서)
3. 복지지출 감축과 2년간만 복지수혜의 제공 그리고 복지수혜만큼의 근로요구
4. 가족가치의 강화(예를 들면, 양자결연 장려와 어린이 교육에 대한 부모의 권한 강화를 통해서)

> 5. 중간계급을 위한 세금공제의 제공
> 6. 국방의 강화
> 7. 노인에게 유리한 방향으로의 사회보장법의 개정
> 8. 자본소득세와 기업규제 줄이기를 통한 경제성장의 촉진
> 9. '끊임없는 소송 제기의 흐름'을 막기
> 10. 선거직의 임기제한법 실현
>
> 이러한 변화를 달성하기 위해서 보수주의자들은 자유주의자들이 사회적·경제적·환경적 문제들에 대한 중요한 대응으로 간주해 온 많은 연방 프로그램을 줄이거나 없애고 또는 주정부로 이양해야 할 것이다. 104차 당 대회의 구성원들은 이와 같은 제안들을 고려하고 있기 때문에 현대 보수주의자와 현대 자유주의자 간의 치열한 논쟁을 벌일 것으로 기대된다.

왜냐하면 그는 사회보장을 자유시장에서 자신의 은퇴 프로그램을 선택할 수 있는 시민의 권리에 대한 불필요한 정부개입인 것으로 보았기 때문이다. 전통적 보수주의자라면 1937년에 시작되어 수 세대에 걸쳐 시민들의 기대와 관행을 규정해 온 사회보장 프로그램을 종식시키는 데에 대해 우려를 표명했을 것이다.

셋째, 현대 보수주의자들은 전통적 보수주의자들에 비해 기꺼이 새로운 개혁을 실험하고자 한다. 전통적 보수주의자들은 만약 문제가 지속적이고 비용이 많이 드는 것이거나 혹은 기구가 확실하게 붕괴된 경우라면 사회적 개혁을 찬성한다. 그러나 이들 보수주의자들은 개혁이 자주 값 비싸고 의도하지 않은 결과를 가져오지 않을까 걱정을 한다. 현대 보수주의자들은 때때로 이와 같은 전통적 보수주의자들의 견해를 옹호한다. 그러나 그들은 다양한 영역에서 영향을 미치는가 하면 또 광범한 영역에서 예기치 않은 결과를 가져올 수도 있는 개혁을 기꺼이 추진하려고 한다. 현대 보수주의자들은 일반적으로 학교 선택, 다시 말해서 공공 교육에 대한 지불보증 접근을 지지한다. 교육을 보다 더 시장친화적인 것으로 만들려는 시도는 교육제도와 공동체를 극적으로 변화시킬 지도 모른다.

예를 들면, 부모가 자신의 어린애를 대도시의 다양한 어떤 지역의 학교든 거기에 보낼 수 있는 학교선택 제도는 관련 부모들로 구성된 새로운 공동체 집단을 만들 수 있다. 그러나 그런 학교선택 제도는 지방 학교를 피폐시킴으로써 이웃들 간의 공동체 의식을 약화시키게 된다. 임기 제한에 대한 현대 보수주의자들의 지지 역시 지나치게 열광적으로 전통적 보수주의자들을 공격하는 것이 될 수도 있다. 임기 제한은 예측하기가 어려운 다양한 결과를 낳을 수 있다. 일부 보수주의자들은 임기 제한이 입법자들로 하여금 자신의 이상이 보다 더 선거구민의 것에 더 가깝게 다가가도록 하리라는 생각에서 임기 제한을 지지한다. 그러나 다른 보수주의자들은 그러한 임기 제한이 입법자를 선거구민으로부터 거리를 두도록 하는 데 도움이 될 것이라고 생각하면서 임기 제한을 지지한다. 현대 보수주의자들과 대조적으로 전통적 보수주의자들은 이러한 개혁의 주요한 결과가 매우 불확실하다는 이유로 임기 제한에 신중한 입장을 취한다.

현대 보수주의자들은 전통적 보수주의자들에 비해 변화에 대해 보다 긍정적이다. 그러나 그들도 자유주의적이거나 사회주의적인 사회공학자들에 의해 추구되는 평등주의적 개혁과 같은 변화에 대해서는 반대를 한다. 그들은 특히 어떠한 변화가 필요함을 사전에 시민들에게 설득하지 않고서 행동의 변화를 요구하는 자유주의적 개혁에 반대의 입장을 취한다. 윌무어 켄달이 1971년 다음과 같은 글을 쓸 때 그는 정치적으로 지시된 변화에 대한 현대 보수주의자들의 반대를 가장 강하게 대변하였다.

> 보수주의자들은 일부러 늦장을 부린다. 자유주의자들은 다음과 같은 나의 논점에 주목하도록 하라. 보수주의자들이 신문을 통해서 남부 지역의 학교 가운데 90%가 여전히 인종차별을 하고 있다거나 혹은 남부 지역의 학교가 차별폐지를 하는 비율이 점점 줄어들고 있다는 것을 알게 될 때, 그는 자유주의자들과는 달리 널리 주장되고 있

는 바와 같은 남부 백인들의 악의에 찬 방식에 대해 이를 비난할 생각을 하지 않는다 … 보수주의자들이 코네티컷(Connecticut) 같은 미국의 중류도시에서 공립학교의 어린이들이 교실이나 복도에서 '성모송'을 암송한다는 증거에 대해 반대의 입장을 취할 때에도, 그는 미국에서 자유가 사라졌다고 생각하지 않는다 … 그리고 뉴헤븐(New Haven)이나 하트포드(Hartford)의 선량한 주민들이 자신들의 인원수로 보면 충분히 자격이 있는 데에도 불구하고 입법부 내에 자신의 대표를 가지고 있지 않다는 반박하기 어려운 사실을 갖고 자유주의자들이 보수주의자들에게 일격을 가한다 하더라도, 내가 봤을 때 보수주의자들은 공화정 형태의 정부를 회복하기 위해서 코네티컷에 미국 육군의 몇 개 부대를 진주시킬 필요를 느끼지 않는다. 반복하건대, 나의 논점은 시민권, 동등한 대표, 차별철폐 등 최신 유행처럼 불리어지는 것들에 대해 보수주의자들이 꾸물거리면서 제 때에 일 처리를 하지 않는다는 것이다.[45]

망설임에 대한 켄달의 옹호는 일부 보수주의자들에게는 너무 지나친 것일 수 있다. 그러나 이는 평등주의를 장려하기 위해서 고안된 자유주의적 개혁에 대해 보수주의자들의 반대가 어떤 것인지를 잘 포착하고 있다.[46]

자본주의의 역동성에 대한 방어를 고려하여 현대 보수주의자들은 변화를 불가피한 것으로 수긍한다. 그러나 변화는 그것이 자유주의적 개혁의 피해를 원상 복구시키기 위해서 기획된 것이 아니라면 정부에 의해서는 예외적으로 수행되어야 한다.

---

45) Wilmoore Kendall, "Equality and the American Political Tradition," in *Keeping the Tablets*, p. 81.
46) 해리 자파(Harry V. Jaffa)는 자신의 책 *How to Think About the American Revolution* (Durham, N.C.: Carolina Academic Press, 1978)에서 평등에 관한 켄달의 견해를 비판하고 있다.

III. 철학적 기반

대부분의 경우 현대 보수주의자들은 심오한 철학적 논쟁을 회피해 왔다. 그들은 사회주의자나 자유주의자들이 인간본성과 사회가 어떤 것인가에 대한 생각을 발전시켜 나가는 데 철학을 사용해 왔지만 이러한 이상들이 순진한 환상일 경우가 많은 것으로 본다. 그들은 인간과 사회의 가능성에 한계가 있다는 생각을 수용한다. 또한 조지 부시(George Bush)처럼 그들은 '미래의 비전들'과 함께 문제점도 보유한다.

현대 보수주의자들은 자신들의 현실주의를 자랑스럽게 여긴다. 그들은 세계, 인간, 사회를 있는 그대로 받아들인다. 이들 모두가 경이로운 것인가 하면 또 모두가 다 결함을 갖고 있다는 것으로 본다. 그들은 모든 인간사를 어떻게 해결할 것인가에 대해 순수 지식을 제공하고 완전한 세계로 나아갈 길을 제시해 주는 어떤 인식론의 존재에 대해서도 회의적 입장을 취한다.

보수주의자들은 보수주의적 철학을 제공하는 에릭 포글린이나 레오 스트라우스 같은 정치철학자들의 저술에 주목을 하지만, 그렇다고 보수주의자들의 특정 사례가 이들 저술에 기반 하는 경우는 드물다.[47]

---

47) 버클리(William J. Buckley, Jr.)가 편집한 *Keeping the Tablets*에는 포글린과 스트라우스의 다음과 같은 글이 포함되어 있다: Eric Voegelin, "Gnosticism—The Nature of Modernity," pp. 181-197과 Leo Strauss, "The New Political Science," pp. 198-216. 그러나 이 글들은 다른 논문들 어디에서도 잘 언급되지 않고 있다. 호에벨러(Hoeveler)의 *Watch on the Right*에서 포글린과 스트라우스는 보수주의의 중요한 정치철학자로서 정당한 평가를 받고 있다. 그러나 이 책에서 검토되고 있는 보수주 사상가들은 포글린이나 스트라우스에 대해 거의 언급을 하지 않는다. 포글린과 스트라우스가 해리 자파(Harry Jaffa)나 허버트 스토링(Herbert Storing)과 같은 보수적 학자들에게 영향을 미치고 있는 반면, 보수주의의 보다 대중적인 저술에서 이들의 영향력을 찾아보는 건 쉽지 않다.

1. 존재론

보수주의자에게 실재의 본질에 관한 의문은 그다지 큰 관심 대상이 아닙니다. 보수주의자들은 보통 추상적인 설명을 꺼려하며, 실재란 사람들이 자신들의 행동에 대한 지침을 제공하는 데 도움이 되도록 하기 위해서 상식과 과학에 근거하여 도출되는 물질세계로 파악한다.

종교는 보수주의자에게 중요하다. 그러나 대부분의 보수주의자들에게 종교는 물질세계를 이해하는 데 본질적인 지침으로서 역할하지 않는다. 종교는 가치 증진을 통해 사회질서에 기여하며, 종교 기관은 연대와 자선사업을 위한 지방적 터전을 제공한다. 종교는 개인에게 선한 삶이 무엇인지를 규정하고 형상화하는 데 도움이 되지만, 보수주의자들은 세계가 어떻게 질서 정연하게 되는 지에 대해 종교적 설명에 매달리지는 않는다.

미국에서 주류 보수주의자들과 '신우익' 간의 갈등의 많은 부분은 후자가 종교적 설명에 기대고자 하는 데서 비롯된다. 예를 들면, 신우익의 일부 지도자들은 처음에는 에이즈를 동성애에 대한 처벌로서 하느님이 내린 질병이라고 주장하였다. 그러나 대부분의 보수주의자들은 이와 같은 설명으로부터 거리를 두고자 한다. 대부분의 보수주의자들은 또한 공립학교의 교과과정에 창조론을 넣으려는 신우익의 시도에 지지를 표하지 않는다. 왜냐하면 이들은 창조론이 성서에 대한 특정의 검증되지 않은 해설에 의존하고 있는 것으로 보고 있기 때문이다. 보수주의자들은 현대 자유주의가 종교적 생활을 지지하지 않는다고 주장하지만, 그렇다고 실재에 대한 종교적 설명을 추구함에 있어 신우익과 입장을 같이 하려고도 하지 않는다. 보수주의자에게 있어 세계는 질서 정연한 것이며 궁극적인 설계에 대한 추론은 별 이득이 없는 것으로 파악된다.

현대 보수주의자들에 따르면, 자연세계는 미의 원천으로서 인간의 남용에 대해 극단적으로 저항하지만, 인간의 활용을 위해서 '열린 공간'으로 남아 있어야 한다. 그래서 보수주의자들은 환경 운동에 대해서 매우 비판적이다. 보수주의자들이 볼 때 지구 온난화와 같은 쟁점을 둘러싸고 환경론자들이 제시하는 종말론적인 예언은 자연의 자생력을 깎아내리는 것이며, 인간의 사용으로부터 자연을 '보호'하려는 환경론자들의 노력은 자연 자원의 지속적 관리를 방해한다. 자연은 우리의 사용을 위해서 거기에 존재한다. 그리고 주의 깊은 관리를 통해 자연과 인간 모두가 이득을 볼 수 있다. 보수주의자들에 따르면, 자연에 대한 적정한 접근에는 보호와 관리를 통한 사용이 포함된다. 그리고 그것은 상식에 기반하고 있는 것이지 어떤 추상적인 가정에 근거하는 것이 아니다.

2. 인간본성

보수주의자들에게는 사람이 선천적으로 선한 것도 아니며 악한 것도 아니다. 사람은 자신을 덕성으로 추동시켜 나가는 도덕적 감정을 갖고 있지만, 이것은 극단적인 이기주의와 자유주의 사회의 상대주의에 의해서 제약을 받을 수 있다. 선한 사회는 덕성 있는 행동을 장려하고, 처벌을 활용하여 악을 억누른다. 개인은 일반적으로 유인 구조에 적절하게 반응할 만큼 충분한 합리성을 보유하고 있다. 합리성은 열정에 의해 제약을 받지만, 구조가 잘 정립된 사회에서는 합리적인 행동이 주류를 이룬다.

현대 보수주의자들은 전통적인 보수주의자들이 존재한다고 생각하는 것보다 훨씬 더 넘는 수준에서 개인의 합리성을 가정한다. 그들은 개인들이 일반적으로 자신의 이익을 지성적으로 추구할 수 있으리라고 믿는다. 실제로 자유 시장을 정당화함에 있어서 현대 보수주의자들은 자주 합리적인 의사결정과 인내 그리고 자기통제가 보상을 받는 장소로 시장에 주목을 한다.[48]

---

48) 이 점은 자본주의와 가톨릭을 화해시키려는 마이클 노박(Michael Novac)의 시도에서 중심 주제가 되고 있다. Michael Novac, *The Spirit of Democratic Capitalism* (New York; Simon and Schuster, 1982) 참조.

현대 보수주의자들은 개인의 의사결정에 대해 얼마만큼의 통제를 행사해야 하는가의 쟁점을 둘러싸고 의견이 나뉜다. 그러나 그들 모두는 개인이 정치 · 경제 · 사회 · 사적 생활에서 광범한 의사결정을 수행할 수 있는 능력을 보유하고 있다고 가정한다. 그래서 현대 보수주의자들이 시민에게 허용될 수 있는 선택의 자유에 대해서 의견이 갈릴 때에도 이들의 주장은 이 문제와 관련하여 전통적 보수주의자들이 표명하는 관심과는 전혀 다른 모습을 보이고 있다.

현대 보수주의자들 사이에서도 보다 자유지상주의적인 보수주의자들은 만약 다른 누구에게도 의도적으로 해를 입히려고 하지 않는 한 개인에게 자신의 삶에 대한 광범한 선택지를 부여하려고 한다. 고전적 자유주의자들과 의견을 같이 하는 자유지상주의적인 보수주의자들은 행동을 통제하려는 시도가 자유를 제한하고 정부의 자의적 힘을 확대하게 될 것으로 파악한다. 그러나 대부분의 보수주의자들은 자유에 대한 자유지상주의적 접근이 실현 가능하다고 생각하지 않는다. 개인은 광범한 선택을 자유롭게 해야 하며, 정부의 규제는 확대되지 않아야 한다. 그러나 자기 파괴적인 행위나 기존 규범을 훼손하는 행동은 규제되어야 한다. 예를 들면, 보수주의자들은 마약 남용과 포르노, 매춘 등을 불허한다. 왜냐하면 이러한 행위들은 동의를 한 어른에게도 유해할 뿐만 아니라 사회적 비용을 초래하기 때문이다. 악덕이 허용되면 사람에게서 가장 안 좋은 것이 팽배하게 되는 환경이 조성될 것이지만, 선량한 사회는 덕스러운 시민을 고취할 것이다.

덕을 격려하고 악을 제어하려는 시도는 보수주의자들이 즐기는 유토피아적 이상의 결과로 나타나는 게 아니다. 보수주의자들은 인간 본성이 완벽할 수 있다고 생각하지 않는다. 그들은 인간의 불완전성을 받아들인다. 인간은 항상 열심히 일하는 사람이면서 동시에 게으른 사람이고, 현명한 사람이면서 동시에 바보스럽다. 또한 다재다능하면서 동시에 아무런 재능이 없는가 하면 재치가 넘치면서 동시에 평범하다. 평등주의적 이상주의자에 의한 어떤 개혁도 자유를 부인하거나 또는 평범함을 강요해야만이 비로소 개인의 성향과 능력에서의 광범한 차이를 변화시킬 수 있다. 보수주의자들은 나쁜 행동을 제한하려고 애쓰지만, 그렇다고 완전한 개인을 만들려고도 하지 않는다.

보수주의자들은 또한 때때로 법 앞에서의 다른 대우를 정당화하는 본질적인 차이가 남성과 여성 사이에 존재한다고 생각한다. 예를 들면, 미국의 보수주의자들은 대부분의 여성에게는 남성 군인들의 특성인 힘과 용맹성이 결여되어 있다고 주장하면서 여성을 군대에 징집하는 것에 대해 반대한다. 보수주의자들은 특히 여성 군인을 전투에 참여시키는 것에 반대한다. 왜냐하면 고도로 책임감을 요하고 위험스러운 상황에 남성과 여성을 혼합시키는 것은 군인들 사이에 긴장과 감정상의 동요를 불러일으켜 결국은 군대 사기를 해치게 될 것이기 때문이다.

보수주의자들은 일반적으로 남성과 여성이 법 앞에서 평등해야 하며 여성의 기본적인 경제적 권리를 부인해 왔던 전통적인 법에 대해 의문을 제기한다. 그러나 그들은 남녀 사이의 실질적인 차이를 무시하는 평등주의적 개혁은 반대한다. 예를 들면, 미국의 보수주의자들은 평등권 수정 조항을 반대하는데, 그 이유는 이 수정 조항 때문에 평등주의적 개혁이 젠더 차이를 무시할 것으로 보기 때문이다.

3. 사회

현대 보수주의자들은 사회를 조심스럽게 다루어야 할 복잡한 메커니즘으로 바라본다. 그들은 '정치체'(body politic)로 표현되는 전통적 보수주의의 유기체적 은유를 거부한다. 그러나 현대 보수주의자들도 사회와 그 구성요소들이 매우 복잡하고 긴밀하게 연계되어 있다고 보기 때문에 사회적 생활에 대해 전통적 보수주의자들과 유사한 결론을 도출한다.

현대 보수주의자와 전통적 보수주의자 모두 개혁이 사회적 구조를 찢겨놓는 예기치 않은 결과를 가져올 것으로 우려를 한다. 두 보수주의자 모두 가족이나 교회와 같은 중간적 기구들을 지지한다. 그 이유는 이들 기구들이 사람들을 지방 공동체에 결속시켜주고 중앙정부에 대항하여 보호를 제공해 준다고 보기 때문이다. 그렇기는 하지만 현대 보수주의자들은 전통적 보수주의자들이 안정된 사회에 대해 불행한 영향을 미친다는 이유로 의혹의 눈초리를 보내고 있는 역동적인 시장경제에 대해서 지지를 표한다. 현대 보수주의자들이 보기에 잘 구조화된 사회는 사회생활의 정치적·문화적·사적 영역에서 보수주의자들이 그토록 중시여기는 보다 안정된 관계에 대해 경제적 영역이 이를 훼손되지 않도록 하면서 동시에 시장의 역동적 특성을 더욱 촉진할 것으로 파악된다.

그래서 보수주의자들에게 있어 좋은 사회란 각기 다른 사회적 생활의 영역에서 각기 다른 속도로 운영되는 메커니즘으로 인식된다. 경제 영역에서의 기술 변화와 사회적 이동성은 사람들이 살아가고 상호작용하는 방식에서 급격한 변화를 가져온다. 그러나 정치영역에서의 변화는 훨씬 더 점진적이어야 하며 주의 깊고 신중한 고려의 결과이어야 한다. 문화 영역에서의 변화도 종교와 전통적 가치가 경제 영역에서 야기되는 혼란스런 변화를 제어할 수 있도록 하기 위해서 서서히 변화되어야 한다. 문학과 예술에서의 전위파에 대한 보수주의자들의 비판, 특히 공적으로 이들에 대한 지원을 하는 데 대한 보수주의자들의 부정적인 시선과 '건실한 중간계급의 가치'에 대한 보수주의자들의 지지는 문화적 생활에서의 '새로움'에 대한 자신들의 우려를 반영하고 있다. 개인과 가정이라는 사적인 영역에서 개인이 확실한 것을 즐기고 예측 가능한 것을 기대할 수 있도록 하기 위해서 변화는 매우 점진적으로 이루어져야 한다. '신중한 감시'의 은유는 권위주의적으로 조율된 사회를 묘사할 때 유용하다.[49] 변화의 속도에서 볼 때 시

---

49) '신중한 감시'는 고전적 자유주의자들이 사용했던 은유이다. 그들은 경제에 대한 개입이 신중하게 그리고 간결하게 이루어져야 하며 그리고 경제가 '제

계의 초침은 경제학이고, 분침은 정치학이며, 시침은 문화와 개인생활이다.

사회의 각기 다른 영역에서 각기 다른 속도를 유지하는 것은 보수주의자들에는 어려운 과제이다. 이는 이중언어 교육을 인정하는 것과 같이 다문화주의의 정책을 수용하는 최근의 자유주의자들 때문에 더욱 어렵게 되고 있다. 보수주의자들에 따르면, 사회는 예민하고 심지어는 매우 취약하다. 정치적·문화적 전통에 대한 공유된 가치와 존중은 사회가 제각기 분열되는 것을 막아 준다. 세계관의 다양성과 다양한 문화의 풍요함에 찬사를 보내는 다문화주의는 사회적 결속을 위해서 요구되는 이해와 가치의 공유된 틀을 마련하는 데 도움이 되지 않는다. 다문화주의는 사회적 안정을 위해서 요구되는 가치에 대해 심각한 이의제기를 하도록 조장한다. 그것은 서구의 중간계급의 가치가 우월하다는 것을 인정하지 않음으로써 문화적 상대주의를 부추긴다. 이중언어 교육은 항구적인 문화적 분리를 촉진하며 이민자 집단들로 하여금 교육적·경제적 성공을 위해서 필요로 하는 주류사회의 가치에 순응하지 못하도록 방해한다. 자유주의자들은 자신들이 이중언어 교육을 옹호함으로써 소수자들을 지원하고 다른 문화에 대한 존중을 예시해 주고 있는 것으로 생각한다. 그러나 보수주의자들은 모든 이민자들이 직면하고 있는 문화적 적응의 정상적 패턴을 자유주의자들이 사실상 무시하고 있으며 그럼으로써 이민자와 소수자의 미래를 훼손하고 있다고 주장한다.

대로 잘 진행되어 나가지 못할 때'에만 경제에 개입해야 한다는 것을 지적하기 위해서 신중성의 특성을 강조했다. 여기서 다시 한번 보수주의자들은 고전적 자유주의의 프로그램 가운데 일부를 채택하고 있다. 그러나 고전적 자유주의자들은 각기 다른 생활 영역들이 각기 다른 속도로 움직인다는 생각에 대해 관심을 갖지는 않았다. 고전적 자유주의의 정치경제사에서 자주 나타나는 은유로서의 감시에 대한 논의는 Albert O. Hirschman, *The Passions and the Interests: Political Arguments for Capitalism Before Its Triumph* (Princeton: Princeton University Press, 1977), 특히 pp. 81-93 참조.

미국에서 보수주의자들은 비슷한 인종적·종족적·종교적 배경을 가진 시민들이 통합된 공동체의 '용광로' 속으로 급속히 흡수되기보다는 인근 거리에서 함께 살려고 하는 것을 반대하지는 않는다. 미국의 19세기와 20세기의 경험에 의존하는 이들 보수주의자들은 분리된 공동체란 단지 일시적인 현상에 불과하며 이들 집단이 지배적인 문화 속으로 서서히 통합됨에 따라 사라지게 될 것으로 본다.[50] 보수주의자들이 볼 때, 다문화교육과 이중언어 교육은 분리에 대한 일시적인 선호를 항구적인 장치로 정착시킬 위험이 있다. 사회의 항구적인 '분할주의'(balkanization)는 보수주의자들이 기대하는 공유된 문화적 규범을 불가능하게 만들고 사회적 규범의 분열을 조장할 가능성이 높다.[51]

사회를 구성원들이 다양한 영역에서 다양한 속도로 움직이면서도 함께 어우러지는 복잡계로서 파악하는 이와 같은 비전은 보수주의자들로 하여금 사회적 조화에 대한 다소 어려운 설명을 수용할 것을 요구한다. 사회적 조화는 사회주의자나 공산주의자들의 평등주의에 의해서 구축되는 것이 아니며 전통적 보수주의자들이 주창하고 있는 유기체적 안정을 통해서 확보되는 것도 아니다. 사회적 조화는 구성원들이 그들 각각의 속도로 움직임에 따라 발생하는 다양한 영역에서의 상호작용을 조심스럽게 보살핌으로써 나타나는 결과이다. 시장경제의 역동성은 격려되어야 하지만, 문화적 변화의 속도는 경제로부터 야기된 급격한 변화로부터 보호되어야 한다. 문화가 경제의 혁신으로부터 벗어나 보호될 수 있는지는 확실하지 않다. 보수주의자들은 익숙하고 전통적인 것을 고수하는 자연적인 성향이 존재한다고 대답할 수는 있다.

---

50) Sowell, *Ethics America*, pp. 277-280.
51) 보수주의자들은 공유된 규범의 이러한 문제점들이 학교선택이나 교환권 지불보증 제도를 통해서 해결될 것으로 보지 않는다. 학교선택권은 다양한 형태의 교육·문화적 규범을 촉진시킴으로써 사회적 결속을 제공하는 데는 실패할 것으로 파악한다.

그러나 보수주의자들은 이러한 주장을 끝까지 밀고 나갈 수는 없으며 또 경제적 영역에서 창조적이고 혁신적으로 행동하는 기업가들의 성공을 설명할 수도 없다. 그럼에도 불구하고 공공정책 문제에서 보수주의자들이 주창하는 것은 정부가 문화적·개인적 영역에 대해 경제적 변혁의 속도에 맞추도록 압력을 가해서는 안 된다는 것이다. 나아가 보수주의자들은 사회에 존재하는 다양한 생활영역 사이의 복잡한 관계와 관련하여 자유주의자들이 이를 무시하는 것에 대해 반대 투쟁을 전개할 수는 있다.

4. 인식론

보수주의자들은 인식론적 이론을 개발하기보다는 이해와 행동의 지침으로서 4가지 형태의 이성을 강조한다. 전통의 검토, 역사적 지식에 대한 의존, 상식의 활용, 과학의 발전이라는 이들 4가지 형태의 분별력은 세계에 대한 통찰을 제공해 줄 수는 있다. 그러나 이들 이성 가운데 하나나 또는 종합을 한 것으로 완전한 지식을 보장해 주지는 않는다. 세계에 대한 우리의 지식은 개선될 수 있다. 그러나 그것은 항상 제한적일 것이다. 보수주의자들은 광범위하게 이해된 분별력에 의존한다. 그러나 그들은 자유주의적 사회개혁가들이나 공상적 사회공학자들의 낙관주의는 배제한 채 이성에 의지한다.

현대 보수주의자들은 이성과 관련하여 전통적 보수주의자들이 표방한 몇 가지 견해를 수용한다. 전통적 보수주의자들은 전통이란 이전 시대의 축적된 이성이기 때문에 존중되고 높게 평가받을 만한 것으로 파악한다. 현대 보수주의자들은 전통적 보수주의자들이 경의를 표해 왔던 과거를 재창조하고자 하지는 않는다. 그러나 그들은 전통적 신념과 관행이라는 것이 오랜 시간에 걸쳐 검증되어 온 이성의 결실이라는 전통적 보수주의자들의 의견에 동의한다. 현대 보수주의자들에 따르면, 전통은 사회적 세계에 대한 몇 가지 지식을 추출해 준다. 그러나 전통은 사회적 생활에 대한 불확실성을 제거해 주지 않으며 더욱이 변화가 불가능한 사회적 질서에 대해 어떤 인식론적 기반을 제공해 주지도 않는다. 실제로 현대 보수주의자들이 옹호하는 사회적·경제적·정치적 전통 가운데 200년이 넘게 오래된 것은 매우 드물다. 현대 보수주의자들이 존중하는 전통들은 전통적 보수주의자들이 전통을 옹호하던 시기나 그 이후에 출현했던 신념과 관행들이다.

'역사의 교훈'에 주목하는 것이 이성의 두 번째 유형이다. 적절한 행동을 규정하는 수단으로서 역사적 지식에 의존하게 되면, 이는 시행착오의 반복을 예방하고 효과적인 실행을 담보해 준다. 예를 들면, 서유럽 연합이 히틀러로 하여금 그가 팽창주의적 전쟁을 더 이상 하지 않을 것이라는 약속하에 체코슬로바키아의 일부를 독일로 병합하는 것을 허용한 '뮌헨의 교훈'은 민주주의자들에게 어떤 일이 있어서도 침략 행위와 타협해서는 안 된다는 점을 일깨워 준다. 그리고 '워터게이트 교훈'은 은폐 공작은 거의 성공하지 못하며 과오에 대한 즉각적인 공개가 최선의 방책임을 가르쳐 준다. 그러나 역사적 지식은 결코 완전하지 않다. 왜냐하면 같은 사건으로부터도 다른 교훈이 도출될 수 있으며 또 이전의 사건들은 현재의 상황에서는 거의 아무런 유사성을 갖지 못하기 때문이다. 역사는 일반적 방향만을 가르쳐 주는 지침에 불과하다.

이성의 한 형태로서 상식에 대한 보수주의자들의 의존은 일상적 경험의 가치에 대한 인정과 함께 과학적 사고의 추상적이고 이론적인 성향에 대한 반대 논리를 제공해 준다. 예를 들면, 상식은 핵무기와 관련하여서는 소련을 믿을 수 없으며 그래서 핵공격은 억지되어야 하는 것이 최선의 방책일 뿐만 아니라 군축협정을 추진한다든가 혹은 소련의 선의에 의존하여 일방적인 군축정책을 추진하는 것은 어리석은 것이라고 말한다. 전통이 시대의 검증을 받은 것처럼 상식도 이성과 행동이 검증을 거친 결과이다. 상식은 이론적 정식화가 없이도 작동하는 이성의 한 형태이며, 사람들의 일상적 필요에 초점을 맞추고 있는 이성의 한 형태이다. 상식은 추상적 사상가들의 공상적 이론을 거부한다.

현대 보수주의자들은 전통적 보수주의자들만큼 과학에 대해 비판적이지 않다. 전통적 보수주의자들은 인과관계의 논리에 도전을 함으로써 지식에 대한 과학적 접근의 근본적 가정에 의문을 제기하였다. 현대 보수주의자들은 이성의 한 형태로서의 과학에 대해서 상당한 정도로 유보의 입장을 취한다. 그러나 그들은 인과관계의 논리에 대해 부정적 입장을 취하지 않을 뿐만 아니라 자연세계와 사회적 세계에서의 행동들을 설명하는 과학의 능력에 대해 이의를 제기하지도 않는다.

현대 보수주의자들은 자신들의 연구에서 과학적 방법을 원용하며 자신들의 주장과 해석을 정당화하기 위해서 과학적 결과에 의존한다. 많은 보수주의자들, 특히 신보수주의자들은 사회과학으로 훈련을 받았으며 사회적 행동을 묘사하고 설명하기 위해서 사용되는 기법과 수단에 익숙해 있다. 허시만에 따르면, 신보수주의자들의 발견은 다음과 같은 3가지 기본적 명제로 요약될 수 있다.[52]

첫째는 **역효과 명제**(perversity thesis)이다. 보수적 사회과학은 잘 정비된 사회정책이라 할지라도 자주 의도된 것과는 정반대의 역효과를 낼 수 있다고 주장한다. 예를 들면, 어린이의 시내횡단 버스통학 정책은 학교를 통합시키려는 자유주의적 정책이었다. 하지만 이 정책은 백인들을 도심의 공립학교로부터 사립학교와 교외로 이주하도록 조장함으로써 학교의 분리를 더욱 촉진하는 결과를 가져왔다.[53]

둘째는 **무용지물 명제**(futility thesis)이다. 보수적 사회과학은 사회적 개선 시도에 저항하는 심오한 사회적 법칙이 존재함을 자유주의적 개혁가들이 망각하고 있다고 주장한다. 예를 들어, 스티글러에 따르면,

---

52) Albert Hirschman, *The Rhetoric of Reason: Perversity, Futility, and Jeopardy* (Cambridge, Mass.: Belknap Press, 1991).
53) James Coleman and Sara Kelly, "Education," in *The Urban Predicament*, edited by William Gorham and Nathan Glazer (Washington, D.C.: Urban Institute, 1976).

소득분배는 재분배적인 연방정책으로는 의미 있게 변화될 수가 없는 자연적 특성을 갖고 있다고 한다.[54]

셋째는 위험 명제(jeopardy thesis)이다. 보수적 사회과학에 따르면 이전의 사회 개혁을 확대하려는 순진한 시도는 이러한 개혁들이 산출해 낸 이득마저 훼손할 따름이다. 예를 들면, 1960년대의 기회균등법은 소수인종의 고용을 가로막는 많은 장벽들을 깨뜨리는 데 성공을 거두었다. 그러나 급진주의자들이 적극적 지원정책을 통해 평등을 확대시키려고 하자 의도하지 않는 결과가 나타났는데, 즉 소수인종의 권익증진에 대한 백인들의 저항이 증가하고 소수인종에 대한 고용기회가 줄어드는 것 등이 그것이다. (정의를 다루는 절에서 토머스 소웰에 대한 논의는 위험 명제를 생생히 보여주고 있다.)

자유주의적 프로그램의 실패를 보여주기 위해서 사회과학을 활용하고 있음에도 불구하고 보수주의자들은 일반적으로 과학을 회의적 시각으로 바라본다. 과학은 전통이나 역사적 지식 그리고 상식을 갖추지 않고도 학자들로 하여금 세계가 실제보다 훨씬 더 유연하고 개혁하기가 쉬운 것으로 가정하도록 촉구한다. 그래서 과학에 대한 지나친 의존은 전통과 역사적 지식 그리고 상식에 기대됨으로써 얻게 되는 신중함에 의해 완화되어야 한다.

과학은 신중함에 비해 무엇인가를 놓치기가 쉽다. 보수주의자들은 과학이 지식을 추구함에 있어서 적정한 근거를 잘 찾아내지 못한다고 본다. 자연과학은 시민의 생활수준을 높이려는 생각으로 추구되어야 한다. 농작물의 질과 양을 개선하려는 농업연구자는 블랙홀을 설명하려는 천문학자나 인류 선조의 유적을 추구하려는 인류학자들보다 더 가치가 있는 정보를 제공해 준다. 보수주의자들은 실질적으로 응용되지 않는 연구에 대해서 높은 평가를 주지 않는다. 만약 공산주의자들

---

54) George Stigler, "Director's Law of Public Income Distribution," *Journal of Law and Economics* 13 (Apr. 1970), pp. 1-10.

의 우주 프로그램에 대해 미국의 것이 더 우월하다는 것을 입증하지 않는다면 혹은 핵방어 체제를 위해서 배치될 수 있는 것이 아니라면, 미국의 대부분의 보수주의자들은 우주 프로그램에 재정지원을 하는 것을 찬성하지 않는다. 예측 가능한 응용이 거의 없어 보이는 이론적 통찰을 추구하는 것에 대해 보수주의자들이 반대를 하지는 않는다. 그러나 그들은 정부가 그러한 연구를 지원할 이유가 있는지에 대해서는 부정적 입장을 취한다.

보수주의자들은 에릭 포글린과 레오 스트라우스의 저작에 근거하여 사회과학의 관심에 의문을 제기해 왔다. 포글린과 스트라우스에 따르면, 고전적 사회과학자들이 사회적 세계를 이해하려고 애쓴 것은 정치생활을 개선하고 선량한 시민의 덕성을 높이기 위한 데 있었다. 그러나 현대 사회과학자들은 사회적 생활이 어떻게 작동하고 있는가에 대해 '객관적인' 설명을 제공하기 위해 좋은 정부의 선량한 시민에 대한 추구를 저버렸다는 것이다. 사회과학은 행태를 설명하지만, 그러나 이러한 행태를 가장 바람직한 행동 모델과 관련하여 판단을 하지는 않는다. 왜냐하면 사회과학자는 이러한 행태를 설명함에 있어서 중립을 취하기 때문이다. 그리하여 현대 사회과학자들은 선량한 정치생활에 대한 관심으로부터 멀어지고 정치생활을 비판하는 고전적 능력을 상실해 버렸다는 것이다.[55]

설명만 하고 판단을 하지 않는 사회과학은 사회에 대해 해로운 영향을 미친다. 학자의 중립성은 교실에서 상대주의로 연결된다. 좋은 정치에서 선량한 시민의 기준이 제시되지 않기 때문에 모든 형태의 정치생활이 주목을 받고 존중될 만한 가치가 있는 것으로 간주된다. 대학의 프로그램은 다문화적 용인을 조장함으로써 학생들의 비판적

---

55) 정치학 연구에 적용되는 이러한 연구에 대해 자세하고 명확하게 설명을 하고 있는, *Essay on the Scientific Study of Politics,* edited by Herbert J. Storing (New York: Holt, Rinehart and Winston, 1962) 참조.

능력이 충분히 기능을 하지 못하도록 하는가 하면 또 서구적 전통에서 최선의 것에 대한 시민의 충성을 제대로 확보하지도 못하게 한다.[56] 보수주의자들은 사회적 세계에 대한 현대의 지식이 인간 행동에 대한 평가는 없고 너무나 자주 단순하게 행태에 대한 설명이나 예측에 머물고 있다고 주장한다.

보수주의자들은 이성을 옹호한다. 그러나 그들은 인간이 통달할 수가 없을 만큼 복잡다단한 자연세계와 사회세계를 이해함에 있어 모든 형태의 이성에는 한계가 있음을 인정한다. 인간의 조건을 가장 잘 이해하기 위해서는 보수주의자들이 활용하는 4가지 형태의 이성을 혼합할 필요가 있다. 이를 통한 이해는 폭이 넓고 다면적이겠지만, 그렇다고 이러한 이해가 우리들 삶의 풍요로움과 복잡성을 다 아우르지는 못할 것이다.

IV. 요약과 결론

현대 보수주의는 이데올로기로서 극적이고 급속한 성공을 이룩했다. 보수주의자들은 특히 1980년대 이후 많은 서구 국가에서 선거상의 승리를 구가하였다. 보수주의자들은 한 때 언론에 대해 매우 비판적이었고 또 자신들이 배제되었다고 생각하고 있었다. 그러나 오늘날에는 신문과 잡지의 많은 사설과 논평의 공간을 장악하고 있으며 라디오와 텔레비전의 많은 공간도 통제하고 있다. 정치적 쟁점에 대한 보수주의자들의 생각은 스스로를 보수주의자라고 생각하지 않는 많은 정책결정자들에 의해 진지하게 고려되고 있다. 아마도 보수주의자들의 성공에서 가장 두드러지게 나타나는 것은 비보수주의적인 정치가들이 자신을 자유주의자라고 묘사하지 않으려 한다는 점이다. 보수

---

56) Sowell, *Inside American Education*, esp. pp. 70-74.

주의자들은 효과적으로 자유주의를 10개 글자로 구성된 '탐탁해 하지 않는 것'으로 바꾸어 놓았다.

물론 이 얘기가 이데올로기로서의 보수주의에 아무런 어려움이 없다는 것을 뜻하지는 않는다. 보수주의자들은 역동적인 시장경제에 대한 옹호와 안정된 사회적·사적 관계에 대한 바람으로 인해 발생하는 여러 가지 도전에 직면하고 있다. 시장이 혁신과 혼란을 야기하는 데에도 공동체는 단합과 안정을 이룩할 수 있는가? 교육에 대한 시장논리의 접근은 보수주의자들이 공동체의 원천으로서 높게 평가하는 이웃간 정의에 해를 끼치는가? 많은 서구 국가에서 경제적 상황이 부부 모두 일하도록 강요하거나 적어도 그렇게 하도록 촉구하는 데에도 핵가족은 그대로 유지될 수 있는가? 보수주의자들로부터 칭송을 받는 자기규율이 많은 경우 즉각적인 충족을 옹호하는 시장경제에서도 나타날 수 있는가? 이러한 것들은 자유주의적이거나 급진적인 개혁을 비판하는 것만으로는 대답이 주어지지 않는 질문들이다.

외교정책 부문에서도 보수주의자들은 그들의 주적인 공산주의가 더 이상 강력하지도 않고 위협이 되지도 않는 세계에 대응을 해야 한다. 국제기구를 포용하는 데 보수주의자들이 인색하기 때문에 보수적인 외교정책의 미래를 예측하기가 쉽지 않다. 보수주의자들은 지금도 국제주의를 얼마나 많이 수용해야 하는지 그리고 외교정책 목표를 어떻게 수행해야 하는지에 대해 논쟁을 벌이고 있다.

국내정책 영역에서 보수주의자들은 국내정책에 대한 자신들의 접근이 얼마나 효율적인지를 보여주기 시작해야 한다. 보수주의자들은 자신들도 국가권력을 행사할 기회를 갖고 있기 때문에 이전의 자유주의적 정부의 실패를 단순히 지적하는 것으로 끝나서는 안 된다. 1990년대 서구의 정부들은 오염과 교육에 대해 시장친화적 접근을 추구하는 것 같아 보이는데, 이러한 시도들의 결과로 보수주의자들은 자신들이 선거에서 계속 이기는 데 요구되는 적극적인 의제를 제공받게 된다. 또한 보수주의자들은 자신들이 권력을 잡지 못하고 있었을 때 그렇게 자주 비판을 가했던 재정적자를 지속시키지 않으면서도 감세를 추진해 나갈 수 있음을 보여주어야 한다.

  선거의 영역에서 보수주의자들은 또한 곤란한 질문과 결정에 직면하게 된다. 1980년대 선거에서의 승리는 서구 국가들의 국민들 사이에서 발생한 이데올로기 상의 광범한 변화 결과인가 아니면 레이건이나 대처와 같은 지도자들의 카리스마와 단호함의 결과인가? 보수주의자들은 '신우익'이나 신파시스트 집단과의 연합을 이루지 않고도 선거에서 이길 수 있는가? 미국의 1992년 선거에서 조지 부시는 신우익을 소외시킴으로써 손실을 입었지만, 또한 조지 부시는 공화당 전국대회의 전야제를 신우익이 주최하도록 허용했을 때도 타격을 받았다. 왜냐하면 부시의 신우익 지지자들은 귀에 거슬리는 저질의 연설로 많은 유권자들을 실망시켰기 때문이다. 프랑스와 독일에서 보수적 정치인들은 신파시스트 집단과 정당으로부터 어느 정도나 반이민적 수사와 정책을 빌려와야 하는지를 결정해야 한다.

  보수주의자들은 또한 자신들의 이데올로기를 희석시키지 않고도 서구 국가들에 대한 호소력을 확대해 나갈 수 있는지를 결정해야 한다. 환경 문제에 대한 젊은 사람들의 관심은 자연에 대한 보수적 생각과 어울리지 않는다. 그래서 보수주의자들은 환경 문제에 대한 자신들의 공리주의적이고 '관리·보호적'인 접근방식을 재검토해야 한다. 보수주의자들은 또한 여성과 소수인종에게 보수주의 이데올로기가 널리 수용되지 못하고 있음에 주목해야 한다. 물론 보수주의는 여성과 소수인종 사이에도 일부 지지자를 보유하고 있다. 보수주의에 대한 강력한 지지는 백인 남성으로부터 나온다. 보수주의자들은 자신들의 이데올로기를 보다 더 포용적인 것으로 만드는 데 그다지 효과적이지 않았다. 보수주의에 대한 지지기반을 손상시키지 않으면서 보수주의를 포용적으로 만드는 게 가능할 것인가?

  이와 같은 많은 도전에도 불구하고 보수주의는 강력한 이데올로기로 자리하고 있다. 고전적 자유주의의 경제적 이념에 대한 보수주의의 옹호는 계획경제가 역동성과 성공을 보여주지 못하는 현실에서 보수주의에 대한 지지자를 발견하기가 쉬울 것이다. 안정적인 사회적·개인적 관계의 추구가 현대 세계의 의제에서 사라질 가능성은 거의 없다. 보수주의자들이 두 개의 강력한 지지자들 사이의 긴장을 어떻게 다루어 나갈 것인가가 향후 현대 보수주의의 성공과 실패를 결정하게 될 것으로 보인다

제4장

근본주의

강력한 근본주의는 2차대전 이후 유대교와 기독교 그리고 이슬람교에서 태동했다. 이 3가지 유형의 근본주의는 초기의 정통 교리운동에 기원을 두고 있다. 그러나 이 3가지 근본주의 모두 종교적 신념을 위협하고 공동체의 도덕적 특성을 파괴하는 것으로 파악되고 있는 이른바 현대 자유주의와 세속적 인본주의와 같은 '서구적' 사상에 대한 특정의 비판을 발전시켜 왔다. 근본주의자들은 자신들의 종교의 신성한 경전에 의지하여 기존 이데올로기에 대한 비판과 대안을 제시한다. 과거의 근본주의 운동들은 많은 경우 세상으로부터 떨어져서 신도들만의 고립되고 순수한 공동체를 건설하려고 한 데 반해 현대 근본주의자들은 정치적 투쟁을 벌이고 심지어는 폭력적인 전략을 택하기도 한다.[1]

---

1) 일부 이슬람과 유대 근본주의자들은 자신들의 적에 대해 무장 공격을 가한다. 물론 그렇게 많지는 않지만 주로 기독교 근본주의자들로 구성되는 급진적인 반낙태론자들은 낙태 시술을 하는 의사에게 폭력적 행동을 마다하지 않는다.

근본주의자들은 또한 자신들 종교의 주류에 대해서도 비판적이다. 근본주의자들에 따르면, 주류 신도들은 현대의 사회·정치적 관행에 너무 많이 타협을 하고 있고 그래서 정통 교리로부터 벗어나 있다. 자신들의 역사 전반에 걸쳐 유대교나 기독교 그리고 이슬람교는 근본적인 교리가 폐기되고 있고 전통적인 관행도 제대로 지켜지지 않는다고 주장하는 신도들로부터의 비판에 직면해 왔다. 구약성서는 일련의 타락에 대한 대한 히브리인들의 이야기라고 볼 수 있는데, 이러한 타락은 참된 믿음으로의 극적인 복귀를 통해서 중단될 수 있는 것으로 파악된다.[2] 기독교 역사에서 성프란시스(St. Francis)와 마틴 루터(Martin Luther)는 예수가 살았던대로 그리고 사도 바울이 신약에 묘사한 바와 같이 원래 형태의 기독교로 돌아가야 한다고 주장한 유명 인사들이다. 시아파 무슬림은 역사적으로 수니파 무슬림에 반대해 왔는데, 그 이유는 수니파가 근본적으로 공과 사의 구분을 잘못 받아들이고 있다고 보았기 때문이다.[3]

이 3가지 종교에서 근본주의는 풍부한 역사를 갖고 있다. 현대 근본주의자들은 이러한 역사에 기대면서도 또한 20세기의 특징적인 몇 가지 발전들에 대해 불가피한 반응을 보여 오고 있다.

현대의 유대 근본주의자들은 유럽에서의 집단학살 및 1948년 이스라엘 국가의 건국 이후 출현하였다. 많은 극단적 정통주의 유대인 집

---

[2] 유대교, 기독교, 이슬람교 모두 특정의 개인이 신념과 행동에 있어서 잘못을 행할 때 이에 대한 신의 경고 메시지를 전달하는 구약을 존중한다. 예를 들면 모하메드는 율법학자나 번역자들에 의해 잘못 해석되고 있음에도 불구하고 구약과 신약 모두 성스러운 영감을 주는 것으로 보았다.
[3] 시아파와 수니파 무슬림 모두 정통교리의 입장에서 주류 이슬람에 대해 비판적이다. 그러나 일반적으로 시아파는 자주 수니파에 대해 근본주의적 기치를 내걸어 비판한다. 시아파의 비판에서 공통적인 논점은 종교와 정치리더십간의 분리를 수니파가 수용하고 있다는 데에 있다. 근본주의적인 시아파들은 교회와 국가의 분리는 코란에 의해 금지되어 있다고 주장하면서 무슬림의 나라는 종교지도자에 의해서 지도되어야 한다고 믿는다.

> **〈설명상자 4-1〉 주요 근본주의자들과 그들의 주요 저작**
>
> **유대 근본주의자**
> 랍비 메이어 카헤인(Rabbi Meir Kahane, 1932~1990)
>   『세상에 귀기울이고 유대인에 귀기울이라』(Listen World, Listen Jew, 1978)
> 랍비 즈비 예후다 쿡(Rabbi Zvi Yehuda Kook, 1891~1982)
>   『이스라엘의 오솔길에서』(In the Pathways of Israel, 1968)
>
> **기독교 근본주의자**
> 제리 포웰(Jerry Fawell, 1933~2007)
>   『근본주의자 현상』(The Fundamentalist Phenomenon, 1981)
> 팀 라헤이(Tim LaHaye)*
>   『마음을 위한 전장』(The Battle for the Mind, 1980)
> 팻 로버트슨(Pat Robertson)*
>   『비밀왕국』(The Secret Kingdom)(로버트 슬로서 Robert Slosser와의 공저)
>
> **이슬람 근본주의자**
> 아야톨라 루홀라 호메이니(Ayatollah Ruhollah Khomeini, 1900~1989)
>   『이슬람과 혁명』(Islam and Revolution, 1981)
>
> * 현재 생존해 있는 저자

단들은 이스라엘을 적극적으로 지지하지 않았다. 그 이유는 초기 이스라엘의 건국 지도자들이 세속적 시온주의, 다시 말해서 국가적인 통일을 위하여 유대인을 팔레스타인에 복귀시키려는 유대민족운동자들이었기 때문이다. 그러나 특히 랍비 아브라함 이츠학 하코헨 쿡(Rabbi Avraham Itshak Hacohen Kook)과 그의 아들인 랍비 즈비 예후다 쿡과 같은 일부 극단적 정통 유대교리 학자들은 현대 이스라엘의 건국을 대이스라엘을 창설하기 위해서 원래의 약속된 땅의 모든 것들이 되돌려지는 신호인 것으로 받아들였다. 그러한 국가는 구세주의 도래를 위한 영적인 봉화이며 모든 진실된 신자들에게 풍요와 행복의 시대가 왔음을 보여주는 것이었다. 일단의 총명하고 열정적이며 헌신적인 이스라엘인으로 구성된 쿡(Kook)의 추종자들은 1967년의 6일전쟁을 자신들의 구세주적 메시지를 드러내는 기적인 것으로 해석하였다. 쿡의 추종자들이 6일전쟁을 기적으로 간주한 이유는 이스라엘이 4천년 전에 하느님이 아브라함에게 약속했던 땅을 얻었기 때문이기도 하지만 또한 이스라엘이 대규모의 중무장한 아랍군대를 쳐부숨으로써 그 땅을 얻었기 때문이었다. 1967년 이후 쿡의 추종자들은 유대 근본주의의 중심 세력이 되었으며 이스라엘 최초이자 가장 강력한 근본주의자 정치조직인 구시에무님(Gush Emunim: "충실한 신자들의 조직"을 뜻하는 이스라엘의 종교적 극우조직)을 형성하였다.[4]

구시에무님과 다른 극단적 정통 유대인들은 토라(Torah, 모세의 5서로 구성된 유대교 율법)와 할라카(Halakah, 유대교 관례 법규집)에 자세히 기술된 대로 전통적인 종교적 신념에 엄격하게 순종해야 한다고 주장한다.[5] 그러나 그들은 이스라엘이 가자지구(Gaza Strip)와 점령하고 있는 요르단 서안지구(West Bank)에 유대인 정착지를 유지하고 확대해야 한다고 강력하게 주장한다.[6] 그들은 대이스라엘의 땅을 평화와 맞바꾸는 방식으로 아랍국가들과 평화협정을 체결하는 것을 반대한다. 유대 근본주의자들은 이스라엘 내의 저항과 정당정치에 개입해 왔지만 선거에서는 썩 좋은 결과를 내지는 못하고 있다. 그럼에도 불구하고 그들은 이스라엘 의회체계 내에서 자주 나타나는 연립정부에 일정한 영향을 미치고 있으며, 그들의 견해는 많은 비극단적 정통 유대 지도자

---

4) 쿡의 추종자들과 구시에무넌의 등장에 대한 탁월한 논의로는 Ehun Sprinzak, *The Ascendence of Israel's Radical Right* (New York: Oxford University Press, 1991) 참조.
5) 토라는 구약 성서의 첫 5권인 창세기, 출애굽기, 레위기, 민수기, 신명기로 구성된 모세 5경으로 유대교 율법의 중심적 규약이다. 탈무드의 법규적 부분인 할라칸은 충실한 정통 신자들의 일상을 안내할 수천 가지의 법규를 제공한다.
6) 1967년 아랍-이스라엘 전쟁 이후 이스라엘이 점령한 이 지역들은 여전히 분쟁지역으로 남아 있다.

들에 의해서 존중을 받고 있다. 이스라엘 근본주의자들은 또한 특히 대이스라엘의 기치에 손상을 가하게 될 어떤 평화구상에도 반대 입장을 표하고 있는 미국 내 근본주의적 유대인들로부터 자금을 모금해 올 수 있는 능력에 의해 힘을 발휘하고 있다.

현대 기독교 근본주의자들은 20세기 초에 출현하였다. 그들은 다른 무엇보다도 성경의 **무오류성**에 지지를 표한다. '무오류성'이란 성경은 그 주장하는 모든 것에서 문자 그대로 그리고 절대적으로 틀림이 없다는 신조이다. 이 신조는 1910~15년 사이에 출간된 12권의 『기본서』(The Fundamentals) 전집에서 자세하게 설명되고 있다. 주류 교회가 정치와 사회정책에 개입하는 것을 비판하면서 『기본서』는 개인적인 구원과 신앙의 힘에 강조점을 둘 것을 촉구한다. 초기 근본주의자들은 예수 그리스도가 다시 세상에 와서 악을 쳐부수고 평화의 천년왕국을 열 것으로 믿었다. 평화의 천년왕국에 이어 물질적 세계의 종식과 '심판의 날'이 도래할 것이다. 근본주의자들에 따르면, 미래에 대한 최선의 준비는 사회적 개선보다는 개인적 구원에 집중하는 것이다. 그렇기 때문에 대부분의 기독교 근본주의자들은 정치적 행동을 멀리했다.[7]

미국에서 정치에 대한 기독교 근본주의자들의 관심은 1950년대와 60년대 빌리 그레이엄(Billy Graham) 목사와 같은 온건한 복음주의자들에 의해 처음 나타났다. 이들은 공산주의의 팽창과 그의 무신론적 교의에 대해 우려를 표시하였다. 그러나 이들 근본주의자들을 정치화하

---

7) 공적인 생활로부터 멀리 떨어지고자 하지 않았던 기독교 근본주의자들에게 최후로 가해진 정치적 타격은 1925년 유명한 스코프스(Scopes) 재판에 의해서 주어졌다. 근본주의자들은 미국 테네시주의 공립학교에서 진화론을 가르치지 못하도록 하고자 하였다. 근본주의자 측의 변호사인 클레렌스 다로우(Clarence Darrow)는 고도의 선전전으로 진행된 법정 투쟁에서는 이겼지만 공공관계 전쟁에서는 졌다. 진화론에 대한 근본주의자들의 거부는 반동적이고 '편협한' 집단으로 널리 인식되었기 때문이다.

게 만든 더 중요한 요인은 로에 대(對) 웨이드(Roe v. Wade) 소송에서 낙태에 대한 1973년 미국 대법원의 판결이었다. 대법원이 태아에 대한 '살인'을 허용한 것으로 간주하게 된 이 판결로 인해 극도로 마음의 상처를 입게 된 근본주의 성직자들은 정치적 쟁점에 대해 목소리를 높여야 한다고 생각하게 되었고 그래서 정치운동에 관여하게 되었다.

근본주의자들은 공공연한 정치적 운동인 '신우익'을 공고히 하기 위해서 점점 더 공화당 내의 극우보수주의자들과 제휴하게 되었다.[8] 비록 일부 근본주의 성직자들은 1976년 대통령선거 기간에서 지미 카터(Jimmy Carter)가 '새로이' 종교적 세례를 받았다는 이유로 그를 지지하기도 했다. 그러나 근본주의자들은 1980년대 동안 로널드 레이건이 내건 보수주의 기치에 적극 지지를 표하였다. 현대 자유주의에 대한 반대가 기독교 근본주의자들을 단합시키고 있다. 왜냐하면 미국의 도덕적 타락에는 자유주의적 사상과 정책이 자리하고 있다고 보기 때문이다. 오늘날 대부분의 기독교 근본주의자들은 공화당 내의 다른 보수주의자들과 연합하여 자신들의 목표를 달성하고자 하고 있다.[9]

현대 이슬람 근본주의자들은 2차대전을 전후한 중동의 탈식민화,

---

8) 기독교 근본주의자들의 이와 같은 발전에 대한 내부의 설명으로는, Richard Vigurie, *The New Right: We're Ready to Lead* (Falls Church, Va.: Vigurie, 1980) 참조.
9) 미국 내 근본주의자들의 정치적 권한은 아마도 단순히 그들의 수만으로 생각하는 것보다 더 크다. 그들은 많은 형태의 효과적인 이익집단과 정치적 행동위원회를 형성하고 있기 때문이다. 근본주의자들은 이전의 비정치적 기독교인들을 등록시키거나 특히 지방선거에서 투표자들을 조직함에 있어 효과적이었다. 그들의 모금 또한 매우 성공적이었다. 가장 극적인 것은 텔레비전을 통해 근본주의 목사들이 자신들의 종교적·정치적 메시지를 전달하기 위해서 수백만의 가정에 다가간다는 것이었다. 낙태를 둘러싸고 전개되는 지속적인 공적 논쟁을 통해 근본주의자들은 미디어에 접근할 수 있었으며, 이러한 논쟁 대결은 기독교 근본주의 운동에서 적극적인 역할을 해 온 다양한 종파들에게 단합의 기회를 제공해 주었다.

〈설명상자 4-2〉 복음주의 종교와 근본주의

미국 복음주의 종교의 기원은 1730년대부터 1750년대 사이에 일어났던 '대각성'으로 거슬러 올라간다. 대각성의 시기 동안 복음주의 성직자들은 뉴잉글랜드의 농촌 지역과 중부 대서양 지역의 개척지에서 종교적 열광과 민족주의적 열정을 불러 일으켰다. 도시 해안지대의 주류 프로테스탄트 종교에서 나타나는 합리주의를 거부하면서 복음주의자들은 구원의 기쁨과 속죄의 끝없는 고통 모두에 대해 얘기를 했다. 복음주의자들은 인간의 타락뿐만 아니라 신앙의 자유 선택을 통한 구원의 가능성에 대해서도 강조를 하였다. 그래서 복음주의자들에게 가장 중요한 성사는 성인 세례였다. 복음주의자들은 또한 미국이 구세주의 도래지이자 천년 평화번영의 수혜지라는, 이른바 '새로운 이스라엘'이라는 의미의 천년 미래 비전을 제시하였다. 물론 지방과 순회 설교자들이 전파하는 신앙의 감정적인 정당화를 들으려 수천의 사람들이 자그마한 읍내 마을에 모여들던 대각성의 복음주의적 열정은 미국혁명이 시작되기 오래 전에 사라져 버렸다. 그러나 대각성은 지금까지도 여전히 힘을 발휘하고 있는 정치·종교적 이념을 널리 퍼뜨리고 있다.

복음주의 종교는 19세기 초 서부로의 팽창 기간 동안에 만들어진 정착지에서 민족주의의의 중요한 원천이었다. 이 민족주의는 개척자들에게 혁명전쟁과 미 연방의 창설 시기에 필요로 했던 유대감을 제공해 주었다. (현대 근본주의자들은 지금도 계속하여 천년지복주의의 메시지에서 미국의 역할을 신봉하고 있다. 일부 '신우익' 민족주의는 미국이 선택된 나라라는 이러한 견해에 의존하고 있다.) 복음주의 종교는 또한 전통적인 관행과 규범이 아직 채 확립되어 있지 않은 변방 지역에서 사회·경제적 규율을 증진시켜 주었다.

비록 복음주의의 종교적 열정은 1750년대에 사라졌다고 하더라도 복음주의의 종교적 이념은 번창했다. 많은 조합교회주의자, 장로교파, 침례교파 그리고 나중에는 감리교파들까지도 복음주의의 생각과 관행을 채택하였다. 복음주의의 교리는 매우 다양한 형태의 조합교회주의 운동에서 적극적인 역할을 하였다. 이들 조합교회주의자들은 세례 문제와 성경의 무오류성 문제에 대한 복음주의의 생각을 받아들였을 뿐만 아니라 좀 색다른 형태의 예배 관행에 대해서도 수용의 입장을 취했다. 복음주의의 교리는 미국 내의 많은 프로테스탄트 종파의 형성을 고취시켰다. 이들 가운데 어떤 종파는 '모국어로 말함으로써' 그리고 '치료'를 통해서 능동적인 성령에 대한 복음주의적 믿음을 표명했다. 이러한 복음주의자들은 '신의 은총을 받은' 것으로 칭해지는데, 이들은 복음주의적 신념을 열광적인 형태로 실천에 옮긴다. 그러나 많은 복음주의자들과 일부 근본주의

> 자들은 이러한 방식을 거부한다.
>
> 미국에서 복음주의 종교의 오래된 전통으로 인해 장로교파와 같은 일부 복음주의 교회들은 다른 복음주의자들로부터 전통적인 복음주의의 지침이 될 근본주의적 교리를 상실하고 있는 주류 교회로 인식되고 있다. 현대 근본주의자들은 주류 복음주의자들을 포함하여 주류 기독교인들이 길을 잃어버렸다고 보는 복음주의자들이다. 근본주의자들이 볼 때, 주류 교회들은 성경의 무오류성이라든가 종교적 신념의 비합리적 기쁨에 대해 너무나 아무런 주장도 하지 않는다는 것이다. 복음주의자들은 '다시 태어난' 기독교인들이다. 왜냐하면 그들은 자유롭게 자신의 신앙을 선택했으며, 많은 경우 성인 세례를 통해 이 점을 표명했기 때문이다. 미국 성인의 1/3에서 1/2은 스스로를 복음주의자나 다시 태어난 기독교인으로 생각한다. 그러나 근본주의자들은 복음주의자나 다시 태어난 기독교인은 미국 성인의 1/10에서 1/5 사이에 불과하다고 본다.

이스라엘의 건국, 그리고 이슬람 국가들에 대한 서구의 사상과 관행의 지속적인 영향에 대응하면서 태동하였다. 많은 아랍인들에게 근본주의자는 또한 범 아랍민족주의의 출로였다. 탈식민화 과정에서 생겨난 국경은 대개의 경우 서구 제국주의 국가들에 의해 주어진 것이었고, 그래서 많은 아랍인들은 이와 같은 인위적인 경계를 해체하려고 하는 아랍 국가를 지지했다. 그러나 아랍 근본주의는 비아랍 국가인 이란에서 가장 강력한 지원 세력을 얻게 되었는데, 즉 1979년 이란 시아파에 의해서 수행된 근본주의적 혁명이 그것이다.

과거 페르시아였던 이란은 급진적인 시아파에게는 역사적 요새였다. 2차대전 이후 그리고 서유럽 국가들의 지원하에 이란은 '입헌' 군주제를 가진 독립국가로 자리를 잡았다. 이란의 군주 샤(Shah)에 대한 반대는 군주인 샤, 이란의 서구화, 경찰과 보안대의 잔인한 탄압, 이란의 경제적 불평등에 대한 근본주의자들의 비판을 통해 가속화되었다. 샤 정부에 대한 가장 지속적이고 강력한 비판은 시아파들에 의해 덕망 있고 지혜로운 종교학자로 널리 존경을 받고 있었던 시아파 근본주의 지도자 아야톨라 호메이니(Ayatollah Khomeini, 1900-1989)에 의해서 제기되었다. 시아파 근본주의자들은 종교 지도자들이 정치권력을 보유하길 바랐다. 많은 이란 시민들의 지지 속에 호메이니는 프랑스에서의 망명으로부터 이란으로 돌아와서 1979년 이란의 종교·정치적 지도자가 되었다.

이란혁명은 무슬림 세계 전반에 걸쳐 근본주의적 감정을 흔들어 놓았다. 아랍 세계에서 근본주의에 대한 지지는, 이집트와 이스라엘이 1979년 캠프데이비드 평화협정을 체결하자 이에 대한 반발로 더욱 증가하였다. 많은 아랍인들은 이집트 대통령 사다트(Sadat, 1918~1981)가 이스라엘의 생존권을 인정함으로써 팔레스타인과 아랍 세계를 배반했다고 주장하였다.[10]

근본주의자들은 아랍 국가의 '세속적' 정부들이 중동 지방에서 이스라엘을 제거하는 데 실패했다고 비판하면서 이들 정부들이 서구 국가들의 장식을 너무 많이 차용하고 있다고 문제를 제기했다. 이슬람 근본주의자들은 또한 파키스탄과 같은 비아랍 국가의 주민들에게도 호소력을 갖고 있다. 그 이유는 파키스탄 국민들이 자신들 나라의 서구화로부터 아무런 이득을 보지 못하고 있기 때문이다.[11]

---

10) 사다트 대통령은 1981년 이슬람 근본주의자들에 의해 암살되었다. 스스로를 근본주의자라고 생각하지 않는 많은 아랍인들도 사다트의 암살을 용인했다.
11) 기독교 근본주의와 이슬람 근본주의의 발전에 대한 보다 더 자세한 설명은, Martin Riesebroat, *Pious Passion: The Emergence of Modern Fundamentalism in the U.S. and Iran* (Berkely: University of California Press, 1993); and *Fundamentalism in Comparative Perspective*, edited by Lawrence Kaplan (Minneapolis: University of Minnesota Press, 1992) 참조.

Ⅰ. 정치적 기반

1. 문제점

　유대교, 기독교, 이슬람교의 근본주의자들은 현대 사회에서 많은 문제들을 비슷하게 확인한다. 이들은 가장 위험스런 위협으로 세속적 인본주의의 지속적인 영향력을 들고 있다. 많은 경우 현대 자유주의에 기반을 두고 있는 세속적 인본주의자들은 신앙의 문제를 사적인 개인의 문제로 간주하며 과학과 이성을 공공 영역에서의 실천과 결정, 행동을 위한 지식의 원천으로 바라본다. 세속적 인본주의자들은 종교와는 다른 일련의 세속주의에 기반하여 인간의 권리와 개인의 자유를 옹호한다. 그들은 개인의 자율성이라든가 교회와 국가의 분리에 대한 자유주의적 견해를 지지한다. 그들은 사회 내에서 생각과 관행의 다양성을 용인할 뿐만 아니라 문화적 다원주의를 통해 사려 깊은 개인과 사회적 담화가 누리게 되는 이득을 평가함에 있어서 존 스튜어트 밀의 입장을 따른다. 근본주의자들에게는 세속적 인본주의가 종교적 생활을 구분 짓고 신앙을 과학으로 대치하며 항상 쾌락주의에 기울여지는 개인주의를 옹호하는 경쟁적 이데올로기이다.

　근본주의자들은 자유주의 사회에서의 공사 구분은 물론이고 종교를 사적인 영역으로 한정시키는 것에 대해 이의를 제기한다. 그들은 공공 제도와 정치적 결정 그리고 사회적 관행에 대해 종교가 영향을 미치게 되길 원한다. 그들은 공적이고 사적인 결정 내지는 행동에 지침을 주는 데 유용한 그들 각자의 성스러운 교본을 보유하고 있다. 예를 들면, 음식물 규제와 같은 문제들에서 유대교와 이슬람교의 지침이 기독교의 지침보다 훨씬 더 상세하고 특정화되어 있다고는 하지만, 이들 세 종교의 근본주의자 모두 어떤 개인적 행동은 법으로 금지되어야 한다고 생각한다. 또 하나의 예로서 이들 근본주의자들은 동성애에 반대하는 데, 이는 동성애가 그들 각자의 경전에서 금지되고 있기 때문이다. 그래서 근본주의자들은 성인들 사이에서 의견의 일치를 보는 많은 개인적 행동들이 사실은 사적인 것이 아니라 규제되어야 할 공적인 사항이라고 주장한다.

미국의 기독교 근본주의자들은 공과 사의 경계를 완전하게 해체하려고 하지는 않는다. 그러나 그들은 종교적 표현을 제한하고 사회생활에서 종교의 역할을 제한하는 방식으로 대법원에 의해 종교와 국가 간의 분리가 잘못 해석되고 있다는 주장을 펴고 있다.[12] 그들은 미국 건국의 시조들이 교회와 국가의 제한적 분리를 의도한 것은 정부가 하나의 종교를 국교로 삼지 못하도록 함으로써 종교적 관용을 높이기 위한 데 있었던 것으로 파악한다. 이러한 설명에 따르면, 미국 헌법의 창시자들이 종교적 신앙을 제한하려 한다거나 공공행사에서 종교적 연설을 못하게 하고 또는 공공건물에서 종교적 상징을 제거하려고 한 것은 아니었다.

근본주의자들은 미국을 비기독교 종교에 대해서 관용을 베풀면서도 기독교 가치를 추구해야 하는 기독교 국가인 것으로 생각한다. 교회와 국가의 제한적 분리를 통해 공공생활에서 종교의 역할을 부정하지 않으면서 종교의 자유를 증진할 수 있다는 것이다. 유대 근본주의자나 이슬람 근본주의자들과는 달리 기독교 근본주의자들은 기독교 신앙을 갖고 있지 않는 시민들에게 어떤 권리를 제약하려고 하지 않는다. 그들은 썩 내키지 않아 하면서도 기독교를 믿지 않는 사람들의 완전한 시민권과 종교적 자유를 인정한다.

모든 근본주의자들은 계몽과학에 의해 제시된 기여들, 특히 자신들의 경전에 담겨있는 존재론에 대해 위협을 가하는 것들에 대해 회의적 태도를 취한다. 근본주의자들에게 과학은 문제가 있다. 왜냐하면 과학은 우주에 대해 물질주의적 해석을 제시할 뿐만 아니라 경전에

---

12) 많은 기독교 근본주의자들과 현대 보수주의자들은 미국 헌법제정자들의 종교적 견해에 대한 Robert L. Cord, *Separation of Church and State: Historical Fact and Current Fiction* (New York: Lambeth Press, 1982)의 해석에 의존하고 있다.

나타나 있는 생명기원론에 대해 의문을 제기하기 때문이다. 미국의 근본주의자들은 진화론에 대한 대안적 설명으로서 '창조론'의 교리를 지지한다. 창조론은 세계와 인간의 기원에 대한 설명인데, 이는 창세기에서 얘기하고 있는 것처럼 하느님이 세계를 창조했다는 것을 문자 그대로 해석하는 것이다.[13]

근본주의자에 따르면, 개인주의가 득세하게 된 데에는 세속적 인본주의가 책임이 크다. 그래서 근본주의자들은 전통적 보수주의와 현대 보수주의자들에 의해 피력되고 있는 바와 같이 개인주의에 대한 많은 우려들을 공유하고 있다. 그들은 개인주의를 가족과 공동체 그리고 기독교의 복음주의적 신앙에 위협이 된다고 본다. 개인주의는 사람들로 하여금 개인적 권리와 즉각적인 행복을 추구하도록 하며 가족과 공동체에 대한 자신들의 의무를 소홀히 하도록 만든다. 또한 개인주의는 하느님에게 전적으로 헌신함으로써 얻게 되는 지속적인 기쁨을 막아 버린다. 근본주의자들이 보기에 이와 같은 개인주의는 즉각적인 욕구충족으로 나아가는 추세를 조장할 뿐이다. 쾌락주의적 행태라든가 전통적인 도덕적 규율에 대한 무시는 개인주의의 소산이다.

상대주의와 문화적 다원주 역시 근본주의자들이 공격을 하고 싶어 하는 문제들이다. 상대주의는 근본주의자들의 신념이나 관행을 포함하여 모든 신념과 관행을 단순하게 개인적 선호의 문제인 것으로 바라본다. 상대주의자들은 어떤 신념이나 관행도 객관적으로 옳다고 주장하지 않는다. 쾌락주의와 연결된 상대주의는 근본주의자들이 개탄해 마지않는 도덕성의 결여와 공동체의 상실을 가져온다. 예를 들면, 문화적 상대주의는 학생들에게 다양한 형태의 문화와 전통을 이해하도록 가르친다. 그래서 미국의 남부 지역에서 근본주의자들은 자신의 아이들이 다양한 문화에 대해 우호적인 시각으로 묘사하고 있는

---

13) 이것이 근본주의자들이 모든 과학적 이해를 부정한다거나 또는 계몽과학을 통해서 성취된 기술상의 발전을 거부 또는 부인한다는 것을 의미하지는 않는다.

다문화적 저술들을 읽지 못하도록 하기 위해서 법원에 소송을 냈다.[14] 근본주의자들은 다문화적 접근이 어린이들을 혼란에 빠뜨리며 상대주의적 생각을 조장하게 될 것이라고 주장한다. 근본주의자들에게 있어 교육은 근본주의자들의 특정 문화와 종교가 우월하다는 것을 명확히 하는 것이어야 한다. 다른 문화와 전통에 대해 관용을 베풀 수는 있지만, 그것들이 근본주의자들의 문화나 전통과 동일한 것으로 인정되어서는 안 된다는 것이다.

이슬람 근본주의자들이 보기에 세속적 인본주의에 의해 조장되는 쾌락주의는 자본주의적 관행에 의해 더욱 고무되고 있다. 이슬람 근본주의자들은 자본주의를 비판하는 데, 그 이유는 자본주의가 탐욕과 경쟁, 이기주의를 조장하기 때문이다. 그러나 이슬람 근본주의자들은 공산주의에 대해서도 동조를 하지 않는다.[15] 다른 근본주의자들과 마찬가지로 이슬람 근본주의자들은 공산주의의 무신론과 개인 기업가에 대한 기회의 결여에 대해 비판적이다. 유대 근본주의자들도 자본주의로부터 공동체에 대해 초래할 수 있는 부정적인 폐해, 특히 삶의 양식에서의 급격한 변화에 대해 우려를 하고 있지만, 이슬람 근본주의자들에 비해 자본주의에 대해 훨씬 덜 비판적이다. 미국의 기독교 근본주의자들은 자본주의가 공평할 뿐만 아니라 세속적 국가로부터 일정한 자유를 확보해 준다는 이유로 자본주의를 지지한다. 그들은 자본주의로부터 제기되는 위협보다는 경제에 대한 정부규제의 위험에 대해 더 깊은 우려를 갖고 있다. 그들은 매춘이라든가 포르노, 마약

---

14) *Mozart v. Hawkins*, U.S. District Court for Eastern District of Tennessee, 24 Oct. 1986. 이 소송에서 다루어진 쟁점에 대해 간략하면서도 흥미있게 논의한 Amy Gutemann, "Undemocratic Education," in *Liberalism and the Moral Life*, edited by Nancy Rosenblum (Cambridge: Harvard University Press, 1989), pp. 81-83 참조,
15) 이란 혁명 이후 아야톨라 호메이니의 연설에서 자주 등장했던 쟁점 가운데 하나가 서구 자본주의와 동구 공산주의로부터 초래되는 '존재의 위협' 이었다.

등과 같이 인간성을 황폐화시키는 재화나 서비스의 판매를 정부가 금지해야 한다는 것을 제외하고는 자유시장의 비전을 옹호한다.

　근본주의자들이 볼 때, 최소한의 어떤 도덕적 관심에 의해 지도되지 않는 정치경제를 채택할 경우 그 사회는 상대주의와 개인주의의 폐해에 봉착하게 될 것이다. 그래서 3가지 형태의 근본주의 모두 언론의 자유라든가 사상의 자유시장화를 옹호하는 현대 자유주의자들의 견해에 대해 비판적이다. 이슬람 근본주의자들은 자유로운 저술을 금지하길 원하며, 그래서 이슬람 신앙에 대해 비판적인 책을 출간해 왔던 이슬람 저작가들의 행동반경에 대해서도 제약을 가하고자 한다. 유대 근본주의자들도 자신들이 보기에 불경스러운 것이라고 생각하는 책의 저술과 배포를 금지하려고 한다. 기독교 근본주의자들은 시장에서 보다 다양한 책이 유포되는 것을 용인하려고 하지만, '정치적 언론의 자유'라는 미명하에 깃발을 불태우거나 유혹적인 방식으로 춤을 추고 또 외설적인 그림을 전시하는 등의 행위를 비호하고자 하는 자유주의자들에 대해 매우 비판적이다.[16]

　기독교 근본주의자들은 현대 보수주의자들처럼 자유로운 언론으로서 충분한 권리를 보장받을 자격이 있는 정치적 언론과 보호를 덜 받아도 되는 비정치적 언론을 명백하게 구별한다. 미국에서 기독교 근본주의자들은 자신들의 견해와 크게 다르다고 해도 그 분파에 관계없이 그들의 종교적 자유언론을 지지한다. 그러나 기독교 근본주의자들이 항상 주류 교단이나 미국 정부로부터 따뜻한 대접을 받지는 못하였다. 그래서 그들은 나중에 자신들을 겨누게 될 전례들에 미리 훼방을 놓으려고 한다. 기독교 근본주의자들은 미국 내에 공존하는 다양한 종교들에 대해 '어떻게 할 수 없는' 것으로 수용하면서, 자신들의 종교적 메시지를 받아들이는 사람들에게 이러한 메시지를 전파할 수

---

16) 기독교 근본주의자들은 공공학교의 서가에 온갖 형태의 책이 전시되는 것을 막고자 하는 데 매우 열성적이다.

있도록 하기 위해서 종교의 자유는 보호되어야 한다고 파악한다. 그럼에도 불구하고 모든 근본주의자들은 여러 사상들 간의 경쟁을 허용하는 체제가 지성적으로 건전하며 진보를 촉진할 것이라는 가정에 대해서는 의문을 제기한다. 그들은 많은 사상들, 특히 종교적 사상에 대해서까지 경쟁을 할 필요가 있는지 회의적이다. 왜냐하면 올바른 사상은 자신들의 경전에 이미 나타나 있는 것으로 보기 때문이다.

근본주의자들이 보기에 세상은 물질세계의 종말이 다가오고 있다는 게시를 전혀 준비하지 않고 있다. 세속적 인본주의하에서 물질적·기술적 진보가 이루어졌다고 하더라도 이러한 것들은 도덕적 타락에 의해 더 압도되고 있다는 것이다. 현재의 부도덕성을 포함하여 모든 사회에서 명백하게 나타나고 있는 바와 같은 신앙의 상실은 많은 경우 세속적 인본주의의 탓이 크다. 세속적 인본주의에 의해 조장된 개인주의는 사람들을 서로에 대해, 자신의 가족과 공동체로부터, 그리고 하느님으로부터 분리시키고 있다. 이와 같은 도덕적 타락을 고려할 때, 구원은 신앙을 갖고 있는 사람들에게만 주어질 것이다.

2. 목표

근본주의자들은 종교적 신앙이 완벽하게 정치적이고 공적인 생활로 통합되는 신도들의 공동체를 건설하려고 한다. 그들은 물질적인 세상이 종말을 기하게 되는 미래를 위해서 준비를 하는 그러한 공동체를 기대한다. 기독교, 유대교, 이슬람교 등 3개 종교의 근본주의 모두 천년지복적인 미래를 공유하고 있다. 여기서 근본주의자들의 역할은 신도들로 하여금 올바르고 정통 교리적인 신앙과 관행을 유지함으로써 이러한 미래를 준비시키는 데 있다.

모든 근본주의자들은 한편으로는 신도들의 공동체를 추구하면서 다른 한편으로는 그러한 공동체의 범위에 대해서 각기 다른 견해를 갖고 있다. 유대 근본주의자들은 자신들의 공동체가 비유대인들을 포함하는 데로 확대되는 것에는 관심이 없다. 기독교 근본주의자들은 유대 근본주의자들에 비해 보다 더 포섭적이다. 그들은 전 세계에 걸쳐 복음을 가르치면서 전도할 의무가 있다고 생각한다. 그러나 그들은 국민국가를 대체할 신도들의 세계공동체를 추구하지는 않는다. 오히려 그들은 국민국가의 발전을 수용하면서 각 나라에서 신도들의 공동체가 발전해 나가길 바란다. 이상적으로는 모든 기독교인들 사이에서 우애관계를 추구하지만, 그것은 국민국가의 경계를 위협하지 않는 정신적인 우애관계이길 원한다.

이슬람 근본주의자들도 기독교 근본주의자들처럼 세계의 모든 사람들을 개종시키려고 한다. 그러나 기독교 근본주의자들과는 달리 이들 이슬람 근본주의자들은 국민국가의 경계를 없애고 모든 신도들의 공동체를 꿈꾼다. 이들 근본주의자들이 볼 때 이슬람은 유대교도나 기독교도들을 개종하도록 요구하지 않는다. 그러나 그들은 다른 모든 사람들을 신도들의 공동체로 개종할 필요가 있는 이교도인 것으로 바라본다.

모든 근본주의자들은 자신들이 하느님과의 만남을 준비할 때 신앙의 정화에 도움이 되는 방향으로 신도들의 공동체를 확립하길 원한다.

II. 철학적 기반

1. 존재론과 인식론

근본주의자들에게 있어 세상은 하느님의 창조물이며 하느님은 세상의 원동력이다. 우주에 대한 물질적인 설명으로는 하느님이 세상사에 대해 얼마나 능동적인 역할을 하는 지를 잘 알 수가 없다. 세상에 대한 정신적인 이해를 통해서야 비로소 성스러운 창조의 일부분이나마 알 수 있다. 진실은 물질적인 것일 뿐만 아니라 정신적인 것이기도 하다. 과학은 사물이 세상에서 작동하는 방식을 설명할 수 있지만, 사물이 왜 그렇게 존재하는지를 설명할 수는 없다.

모든 근본주의자들은 창세기의 창조론 얘기를 물질적인 창조 배후의 정신적인 힘에 대한 정확한 표현인 것으로 바라본다. 세상을 창조한 이후 일부 고전적 자유주의자들의 무신론적 주장처럼 하느님이 세상으로부터 손을 떼고는 자신의 창조물들이 어떻게 하는 지를 바라보고만 있었던 것은 아니다. 오히려 하느님은 개인의 삶뿐만 아니라 인민과 국가의 운명에 대해서도 지속적으로 적극적인 역할을 하고 있다. 근본주의자들은 세상이 하느님에 의해서 수행된 기적들로 가득차 있을 뿐만 아니라 독실한 신자들은 세상에서 하느님의 의지를 실현해 나갈 수 있다고 주장한다. 근본주의자들은 기적과 같은 하느님의 개입이 항상 있을 것이기 때문에 압도적인 강적과 대항해서 자신들이 견디어 나갈 수 있고 또 견디어 나갈 것이라는 신념을 갖고 있다.

모든 근본주의자들은 세상의 종말이 가까이 왔다는 믿음을 공유하고 있다. 그때에 하느님은 독실한 신앙의 길에서 떨어져 나간 사람들을 벌할 것이고 독실한 신앙을 지켜 온 사람들에게는 보상을 할 것이다. 근본주의자들은 이와 같은 물질적인 세계의 최종 시기를 위해서 세상과 동료 신도들이 준비를 할 수 있도록 기여할 역할을 맡고 있다.

모든 근본주의자들은 자신들의 경전이 절대적 권위를 갖고 있다는 데 의존하고 있다. 근본주의자들이 볼 때 경전에 쓰인 거룩한 복음들은 하느님의 말이며, 그렇기 때문에 잘못된 것일 수가 없다. 경전에 대한 절대적 의존으로 인해 근본주의자들은 신앙의 인식론과 대대적인 경전 원문연구로 나아가게 된다. 하느님과 하느님의 창조에 대한 완벽한 인식은 인간의 능력을 벗어나는 것이기 때문에 믿음이 필요하다. 경전을 이해하고 경전에 서술된 사상과 관행을 제대로 파악하기 위해서도 경전 원문연구가 필요하다고 본다.

자신들의 경전에 조금도 잘못된 것이 없다는 근본주의자들의 주장은 이들 경전이 제시하고 있는 역사에 대해 자주 의문을 제기하게 되는 '과학적' 증거와 충돌을 빚게 된다. 근본주의자들은 처음에는 자신들의 신념에 비추어 이러한 증거들을 부인한다. 그러나 유대교나 기독교 세계에서의 진지하고 신학적으로 보수적인 학자들은 이들 경전에 대한 자신들의 입장을 지지하는 중요한 주장들을 제시해 왔다. 근본주의자들은 많은 다른 현대 이데올로기들에 의해서 지속적인 연구가 요구되는 공개적인 많은 의문점들에 대해 절대적인 지식을 주장한다.

2. 인간본성

모든 이슬람 근본주의자들뿐만 아니라 많은 기독교 근본주의자들에게도 인간본성은 타락하도록 되어 있다. 그래서 인간은 이기적 죄악이나 육체의 유혹에 빠지지 않도록 하기 위해서 종교 지도자들에 의해 제공되는 바와 같은 하느님의 지속적인 정신적인 지침을 필요로 한다. 자유주의 사회에서 교회와 국가의 구분이란 어떤 인간적인 이해관계가 종교적 통제 범위 밖에 있다고 보는 이기주의의 한 징후이다. 유대 근본주의자들은 유대교의 주류 신도들에 비해 인간본성에 대해 보다 더 회의적이다. 그러나 이들 유대 근본주의자들은 일반적으로 인간의 타락에 대해 관심을 갖기 보다는 인간 내부에 잠재해 있는 올바름을 촉진하는 데 더 많은 관심을 갖는다.

모든 근본주의자들에게 있어 인간은 본성적으로 가족구조와 종교적 공동체 안에서 자신들의 잠재력을 실현할 수 있는 사회적 존재이다. 근본주의자들은 개인적인 의사결정의 중요성을 강조하지만 동시에 이러한 의사결정에서 '착한' 인간은 가족과 공동체로부터 지원을 받는다고 본다.

모든 근본주의자들은 남자와 여자가 사회 내에서 각기 다른 역할을 갖는다고 본다. 근본주의자들은 인간본성과 사회적 관행을 이해하는 데 성별에 기반을 둔 차이가 중심적인 이슈가 아니라고 보는 자유주의적 주장이나 여성주의적 주장을 거부한다. 많은 근본주의자들이 보기에 여성은 가족 내에서 중요한 사적인 역할을 갖고 있다. 그러나 여성은 종교적·정치적 권위의 세계에 충분히 접근할 기회를 가져서는 안 된다. 경전에서뿐만 아니라 자신들 사회 내에서 발전되어 온 전통에 비추어 보더라도 남성과 여성의 구별은 유지되어야 한다. 여성은 아이를 낳고 기르는 등의 이른바 가족 내의 사적 영역에 머물러 있어야 한다는 것이다.[17]

3. 사회

근본주의자들에게 있어 가족은 사회의 기본적 단위이다. 근본주의자들에 따르면, 개인적 책임은 필요하지만 개인은 자신의 가족이나 종교적 공동체에 묶여 있을 때에 비로소 충분하게 책임을 질 수 있다. 종교적 공동체는 개별 신도들의 공동체인 것 못지않게 종교적 가족들의 공동체이다.[18]

이슬람 가족의 구조는 전형적인 유대 가족이나 기독교 가족과 상당히 다르다. 왜냐하면 이슬람 남자들은 합법적으로 부인을 4명까지도 둘 수 있기 때문이다. 그러나 근본주의자들은 사회정책이 자신들의 전통적인 가족 단위를 유지하는 데 도움을 주어야 할 것이라는 데에 동의를 한다. 미국에서 기독교 근본주의자들은 자신들의 정치적 프로그램에서 '가족 가치'를 강조하면서 사회에서 도덕적 타락의 원인을 전통적 가족의 붕괴와 한부모 가족의 증가 탓으로 돌리고 있다. 실제로 기독교 근본주의자들과 '신우익' 정치가들은 자주 전통적 가족을 부활시키는 것이 국민의 도덕적 재생을 가져오는 본질적인 요인이라고 얘기한다.

---

17) 일부 기독교 근본주의 여성들은 적극적으로 정치적·종교적 역할을 수행한다. 그러나 그들은 근본주의의 남성 목회자들로부터 그다지 많은 지원을 받지 못한다. 예를 들면, 남부 침례교파(Southern Baptist)의 1994년 연례 총회에서 제리 포웰(Jerry Falwell)은 근본주의 교도들의 여성 지도자 역할에 대해 공개적으로 비난을 하였다.
18) 여기서 근본주의자들은 반드시 고립된 핵가족이라는 자유주의적 개념에 대해서 얘기하고 있지 않다는 점에 유의해야 할 것이다.

III. 실질적인 정치적 원칙

근본주의자들에게는 이 '실질적인 정치적 원칙'이라는 절에 "실질적인 원칙"이라는 이름을 붙이는 게 더 적절할 것이다. 근본주의자들은 정치적 원칙이 다른 원칙들과 구분될 수 있다는 서구의 자유주의적 가정을 거부한다.

1. 권위

유대교와 기독교, 이슬람의 '주류' 입장은 다양한 형태의 세속적 정부를 수용해 왔지만, 근본주의자들은 권위가 종교와 사회·국가 사이의 경계를 없애거나 넘어서는 것으로 보는 입장을 지지한다. 유대교와 기독교 근본주의에서는 종교적 권위가 정치적 권위에 대해서 심대한 영향력을 행사해야 하는 것으로 되어 있다. 이슬람 근본주의에서는 종교적 권위가 정치적 권위와 동일한 것이어야 한다. 그러나 어떤 근본주의 국가에서든 정부의 권위는 신도들의 공동체를 가꾸어 나갈 뿐만 아니라 이들 신도들에게 요구되는 도덕적 행동을 고취하도록 하는 데 사용되어야 한다. 정부 권위는 종교적 신앙의 표현을 억누르는 데 있는 것이 아니라 지배적인 종교적 정향이 자유롭게 표출할 수 있도록 도와주어야 한다.

공공교육은 세속적 인본주의라든가 상대주의, 문화적 다원주의를 가르치기보다는 근본주의자들의 종교와 문화가 우월하다는 것을 명확히 해 주어야 한다. 정부는 절제되지 않은 자본주의를 허용해서는 안 되고 재화와 서비스의 자유로운 매매가 여러 가지 악폐를 가져오지 못하도록 금해야 한다. 정부 권위는 언론의 완전한 자유를 허용하기 보다는 성스러운 가치와 널리 수용되고 있는 도덕을 훼손시키는 비정치적 '언론'을 규제해야 한다. 간단히 말하면, 근본주의자들은 개인의 자유를 받아들이면서도 정부와 종교의 권위가 자신들의 특정한 종교적 신념에서 강조되고 있는 도덕적 가치와 행위를 조장하는 데 기여하길 바란다.

2. 통치자

여성도 권위를 가진 통치자가 될 수 있다고 보는 일부 기독교 근본주의자들을 제외하면, 통치자들은 자신들 종교의 경전에 대해서 권위적으로 해석을 할 수 있을 만큼 충분하게 종교적 학습을 거친 남성이어야 한다. 어떤 유대 근본주의자들은 "산헤드린(Sanhedrin : 고대 이스라엘의 의회 겸 법원: 고대 이스라엘의 성전 파괴 이전 시기에 최고법원이자 최종적인 유대법전 권위체였던 70명 현자들의 평의회)의 복구"[19]를 주창한다.

대부분의 시아파 무슬림들은 공공의 권위가 단 한 사람의 종교·정치적 지도자에게 귀속될 수 있다고 생각한다. 이란에서 호메이니는 정치적 리더십이 종교 지도자들의 손에 있어야 한다고 주장했다. 그리하여 종교 지도자는 모든 정치적 쟁점에 대해 완벽한 권위를 갖고 얘기한다.[20]

미국의 기독교 근본주의자들은 세속적 지도자를 받아들여 왔다. 그러나 그들은 복음주의파 후보에 대해 명백한 선호를 표명했고 연방체계의 모든 수준에서 기독교 리더십에 대한 지지를 표출했다. 기독교 근본주의자인 팀 라헤이(Tim LaHaye)는 다음과 같은 입장의 말을 하였다.

> … 인본주의자는 미국에서 상원의원과 하원의원, 각료, 주정부의 책임자는 물론이고 그들로 하여금 미국의 최선의 이익이 무엇인가를 생각하도록 요구하는 다른 직책을 포함하여 어떤 형태의 정부 직책도 맡을 자격이 없다.[21]

---

19) Sprinzak, *The Ascendence of Israel's Radical Right*, p. 278.
20) 이러한 견해는 이슬람 경전으로부터의 급진적인 이탈인 것으로 간주된다. Mangol Bayat, "Shi'a Islam as a Functioning Ideology in Iran: The Cult of the Hidden Imam," in *Iran since the Revolution*, edited by Barry M. Rosen (New York: Columbia University Press, 1985), pp. 21-29.

3. 시민권

유대 근본주의자나 기독교 근본주의자, 이슬람 근본주의자들 모두에게 있어 시민권에 대한 논의는 권리나 특권보다는 의무나 책임에 강조점을 둔다. "자신을 하느님께 바친다"는 생각은 근본주의자 공동체 내의 시민권 개념과 일치한다.[22] 사람은 개인주의를 버리고 올바른 삶의 길을 추구한다. 순종이란 개념은 종교적 공동체의 도덕적 복지를 훼손하게 될 개인적 욕망을 버리고 공동체 내에서 도덕적 삶을 살아가야 할 개인의 책임을 받아들이는 것을 뜻한다.

많은 유대 근본주의자들에게 있어 이스라엘은 시민이자 유대인으로서 자아가 충분히 실현될 수 있는 영토적 공간이다. 유대 근본주의자들이 꿈꾸는 미래의 이스라엘은 신정국가이다. 여기서는 이방인들이 개인적 권리와 제한적인 소유권을 보유하지만 정치적 권리는 갖지 않는다. 급진적인 유대 근본주의자들의 주장에 따르면, 이방인은 이스라엘의 땅에서 아무런 권리도 갖지 못한다. 가장 급진적인 유대 근본주의자들은 이스라엘로부터 모든 이방인의 축출을 주창한다.

시민권에 대한 기독교 근본주의자들의 논의는 어린이들에게 자신들의 교육의 일환으로 기독교 근본주의적 가치들을 주입함으로써 종교적이고 애국적인 시민을 육성해 나갈 필요성에 초점을 맞추고 있다. 이들은 공공교육의 교과목에 종교사와 도덕적 가치가 들어 있지 않다는 이유로 공공교육에 대해 매우 비판적이다. 더욱이 이들 공공학교들은 다문화주의를 고취시킴으로써 애국주의와 도덕적 가치를 훼손시키고 있다는 것이다. 법원은 공공학교에서의 예배를 위헌이라고 선언하고 있는데, 이것이야말로 학교가 더 이상 미래 시민을 길러

---

21) Tim LaHaye, *The Battle for the Mind* (Old Tappan, N.J.: Revell, 1980), p. 78; A. James Richly, *Religion in American Public Life* (Washington, D.C.: Brookings Institution), p. 331에서 재인용.
22) '이슬람'은 '순종한다'를 뜻한다.

낼 수 없다는 것을 입증하고 있다. 근본주의자들은 '재택수업' 운동에 가장 적극적인 집단 가운데 하나이다. 그들은 재택수업이 미국의 기독교 전통을 이해하고 책임 있게 시민의 의무를 다 할 수 있도록 그러한 시민을 육성하는 지름길 가운데 하나라고 생각한다.

이슬람 근본주의자들은 국민국가의 틀 안에 놓여 있는 시민을 궁극적으로 는 움마(ummmah)라고 하는 신도들의 세계 공동체로 나아가는 일시적 상황인 것으로 바라본다. 시민의 권리는 사람들 사이의 계약관계로부터 나온 산물이 아니라 쿠란(Koran)에 서술되어 있는 대로이다.

4. 구조

자신들의 경전의 권위에 대한 믿음을 고려할 때 근본주의자들이 서구 국가들의 민주적 전통에 기반을 두고 있는 정부의 권위와 항상 양립하는 것은 아니다. 모든 근본주의자들은 통치의 대의적 구조에 양해를 하면서도 다수가 입법 문제에 대해 특별한 통찰력을 갖는다고 생각하지는 않는다.

이스라엘을 위한 정부의 적정한 구조가 무엇인지를 둘러싸고 유대 근본주의자들 간에 상당한 의견 불일치가 존재한다. 구시에무님에서 많은 근본주의자들은 이스라엘의 크네셋(Knesset: 국회 이름)의 의회적 구조를 받아들인다. 토라(Torah)와 할라카(Halakah)의 범위 안에서 행동하는 크네셋은 하느님과 이스라엘 인민 사이의 중재자로서 받아들여진다. 그러나 최근의 보다 더 급진적인 근본주의자들은 크네셋과 다른 대의기구에 대해 비판적이다. 이들 근본주의자들이 볼 때 정부의 적절한 구조는 다윗 왕 시대에 존재했던 구조이다. 대의기구는 이스라엘의 선택된 국민들에게는 적절성이 없는 서구적 이념인 것으로 간주된다.

미국의 근본주의자들은 현행 정부의 일반적 구조를 받아들인다. 오히려 정부의 구조보다는 특정의 정책이나 정부의 인물에 대해 비판을 가한다. 근본주의자들은 대법원의 사법적 법률심사에 대해 비판적이지만, 사법부의 입법 거부가 '신우익'의 입장에 유리할 때는 비판의 목소리가 수그러든다. 그래서 기독교 근본주의자들은 미국의 현행 정부구조에 순응하면서도 인간이 만든 법이 하느님의 법에 어긋나는지를 판단하고 그리하여 세속적 정부의 어떤 법이 거부되고 폐기되어야 할 것인지를 결정하는 자신들의 능력과 권리를 주장한다.

5. 정의

유대 근본주의자와 기독교 근본주의자들은 일반적으로 이스라엘과 미국에 현존하는 정의의 개념을 받아들인다. 유대 근본주의자들은 이스라엘 정부가 종교의 법과 전통에 보다 더 충실해야 한다고 생각을 하지만 그렇다고 이스라엘 사회를 특징짓는 부와 소득의 불평등이 정의롭지 못한 것으로 보지는 않는다. 유대 근본주의자들이 볼 때 가난한 사람들이 국가의 광범위한 복지프로그램으로부터 지원을 받아야 하는 것은 아니다. 오히려 다른 사람을 돌보아야 하는 종교적 신념에서 가난한 사람들에 대한 의무가 도출되는 데, 이는 선량한 유대인이라면 자발적으로 취하는 의무이다. 미국에서 현대 보수주의자들에 의해 개발된 이론에 힘입어 기독교 근본주의자들은 자본주의적 분배를 공평한 것으로 간주한다. 그래서 그들은 '복지국가주의'나 사회적 약자를 보호하는 적극행동(affirmative action) 정책에 대해 비판적이다. 유대 근본주의자와 기독교 근본주의자 모두 시장경쟁에서 비롯되는 상품의 불평등 분배를 용인한다.

이슬람 근본주의자들은 자본주의적 관행이라든가 시장경쟁에서 비롯되는 불평등, 그리고 중동 지방의 자원에 대한 다국적기업의 착취 등에 대해 매우 비판적이다. 호메이니는 자본주의적 관행, 특히 샤(Shah)의 통치 기간 동안 제국주의자들이 이란에 대해 가했던 강탈에 대해 자신의 혐오를 조금도 숨기지 않았다.

우리들의 억압적인 반민족적인 통치자가 외국의 국가나 기업과 협정을 체결할 때마다 그들은 우리 국민들의 돈 가운데 많은 양을 빼앗아 외국인 주인들에게 갖다 바친다. 그것은 바로 우리들이 바라보는 앞에서 휙 지나가는 금지된 소비의 실제적 흐름이다. 이와 같은 모든 부의 횡령은 지금도 계속되고 있다. 이는 외국과의 무역에서는 물론이고 우리들의 광물자원을 착취하기 위해서, 우리들의 삼림자원 등 기타의 자원을 활용하기 위해서, 토목사업과 도로건설 그리고 서구와 공산권 국가들 모두로부터 무기를 구입하기 위해서 체결한 계약을 통해서 계속되고 있다. 우리들은 우리의 부에 대한 이와 같은 모든 형태의 침탈과 유용을 종식시켜야 한다.[23]

　이란에서 호메이니는 자본주의도 아니고 공산주의도 아닌 경제노선을 추구했다. 시민들은 다양한 형태의 경제활동에 자유롭게 관여하며, 소득과 부의 차이는 용인되었다. 특히 에너지라든가 운송과 같은 일부 산업은 국유화되었고, 은행도 이란 지도자들이 주장하는 바와 같이 이슬람 교리에 의해 규정되고 있는 무이자 대부를 제공하기 위해서 국유화되었다.

　이와 같이 국유화된 부문들의 작동은 일반적으로는 사회에 대해 영향을 미치기 위해서였고 그리고 특수하게는 경제적으로 가장 많이 박탈을 당한 사람들에 주목하기 위한 것이었다. 국가는 가난하고 불리한 위치에 있는 사람들에게 복지를 제공할 의무를 갖고 있으며 그래서 세금을 부과하여 이들 불행한 사람들을 위해서 쓴다. 소득과 부의 극단적인 불평등은 용인되어서는 안 되며 기업은 공동체의 필요에 민감해야 한다. 만약 국가가 재분배를 통해 사회에 더 많은 이익이 돌아가도록 결정할 수 있다면 국가는 토지와 상품을 재분배할 것이다.

---

23) Ayatollah Khomeini, *Islam and Revolution: Writings and Declarations of Iman Khomeini*, translated by Hamid Algar (Berkeley: Mizan Press, 1981), p. 116.

6. 변화

　기독교와 유대교 그리고 이슬람 근본주의자들은 변화하는 세계에 어떻게 대처할 것인가의 접근에서 의견을 달리한다. 어떤 근본주의자들은 통치의 현존 체제 내에서 행동하며, 다른 근본주의자들은 항의 정치에 개입하고 또 다른 근본주의자들은 폭력적 행동을 마다하지 않는다.

　대부분의 기독교 근본주의자들은 정치체제 내에서 행동한다. 그들은 후보자를 지원운동하고 투표와 로비를 하며 법정에 소송을 제기한다. 그러나 낙태는 기존 정치체제 내에서 행동하는 것이 바람직한지 또는 효율적인지를 둘러싸고 근본주의자 운동권 내에서 논쟁을 불러일으켰다. 낙태에 대해서 입법적 혹은 사법적 차원에서 금지하는 것을 확보하는 데 실패하자 이에 좌절을 한 일부 낙태반대 근본주의자들은 의료병원에서의 항의집회 등 시민불복종 운동을 벌였다. 이러한 시민불복종의 가장 일반적인 형태는 낙태수술을 하는 병원에의 출입을 막는 것이었다. 일부 낙태반대 근본주의자들은 아마도 한 천 명 정도도 안 되는 인원으로 의료진과 그 가족들에 대해 공갈·협박을 하고 귀찮게 뒤를 따라다녔다. 이러한 유형의 행동들은 전통적인 형태의 시민불복종을 넘어서는 것이었다. 소수이긴 하지만 일부 근본주의자들은 낙태 수술을 하는 의사에게 폭력을 가하고 위협하였다. 모두가 그런 것은 아니지만 많은 근본주의자들은 폭력의 사용을 비난하며 안 좋게 생각한다.

　세 가지 형태의 근본주의자 모두 '성전' 또는 영광스런 투쟁을 받아들인다. 성전인 경우 폭력은 하느님으로부터 인가를 받은 것이며, 근본주의자들 사이에서 사망자들은 순교자로 간주된다. 도덕적으로 재무장화된 미국을 위한 자신들의 영적인 투쟁에서 기독교 근본주의자들은 자주 성전의 개념을 촉구하지만, 그러나 그들은 그러한 투쟁을 신중하게 수행한다. 전쟁은 성스럽지 못한 결과를 가져오기 때문에 기독교 근본주의자들과 유사하게 유대 근본주의자와 이슬람 근본주의자들도 성전이라든가 폭력적 행위에서의 윤리와 같은 문제에 대해 오랫동안 논쟁을 벌여 왔다.

유대 근본주의자들, 특히 구시에무님의 회원들은 원래 폭력의 사용을 반대했었다. 구시에무님은 통상적인 정치적 전략을 택하기로 결의를 한 바도 있다. 실제로 1970년대 초 구시에무님은 랍비 메이어 카헤인(Rabbi Meir Kahane)이 아랍 테러리스트의 공격에 대항하여 싸우는 유대 테러리즘을 옹호하자 이에 비판을 가했다. 미국에서 태어나 유대방위동맹(JDC: Jewdish Defense League)을 창립한 카헤인은 1971년 이스라엘로의 귀국을 전후하여 자경단의 공격을 촉구했다. 카헤인의 극단적인 반아랍 수사는 일부 유대 근본주의자들로부터 열렬히 수용되었다. 그러나 거의 모든 유대 근본주의자들은 1978년 캠프데이비드 평화협정이 체결될 때까지 카헤인의 폭력적 전술을 계속하여 거부했다.

캠프데이비드 평화협정은 구시에무님 내의 영토적 확장론자들에게 치명적인 일격을 가하였다. 1968년 이래 구시에무님은 1967년 6일전쟁 이후 점령된 땅에 대한 정착을 적극적으로 그리고 때로는 불법적으로 지원하였다. 캠프데이비드 평화협정은 실질적으로 유대인이 정착하고 있었던 땅을 이집트에게 되돌려 주는 것을 포함하고 있었다. 근본주의자들은 평화를 위해서 땅을 거래하는 것은 불법적인 것일 뿐만 아니라 메시아의 도래를 준비할 '대이스라엘'의 목표와도 배치되는 것으로 간주했다. 평화협정 이후 제기된 아랍의 폭력에 분노하고 대이스라엘의 창설로 나아가지 못한 데 대한 좌절 속에서 구시에무님의 일부 회원들은 다른 근본주의자들과 손을 잡고 '유대지하조직'을 결성하고 자경단의 행동을 계획하고 수행해 나갔다.

변화에 대한 지하조직의 접근에서 볼 수 있는 사례로는 이슬람 사원인 〈도움락〉(Dome of the Rock: 이 도움락은 한때 이스라엘의 제1차 성당과 제2차 성당이 존재했었던 옛 성전 터에 건립되어 있었다)에 대한 계획적인 파괴였다. 유대지하조직의 지도자 가운데 한 사람인 예후다 에찌온(Yehuda Etzion)은 '대이스라엘'로의 진전이 봉쇄되었다는 주장을 폈다. 왜냐하면 이스라엘은 옛 성전 터의 소유권을 주장하지 못하게 되었을 뿐만 아니라 제3차 성당의 건립을 시작할 수도 없었기 때문이었다. 도움락의 파괴는 하느님을 기쁘게 할 뿐만 아니라 이스라엘로 하여금 자신의 책무를 일깨워 주는 것이었다.[24] 이스라엘 당국은 유대지하조직의 계획을 수행하지 못하도록 막았지만, 그러나 에찌온은 유대지하조직의 이러한 행위가 정당하다고 주장했다. 왜냐하면 유대인들은 하느님의 계획을 실현하도록 명령하고 유대인들로 하여금 국민국가의 '실정법'을 지키지 않아도 된다고 허용하는 '하늘의 법'에 의해 지배를 받는다고 보았기 때문이다.[25]

많은 유대 근본주의자들은 테러의 수행이라든가 '하늘의 법' 개념을 거부하지만, 점령된 영토의 정착민들에 대한 정부의 이주정책에 대해서는 기꺼이 투쟁하려고 하였다. 나아가 정착민 근본주의자들 가운데 많은 사람들은 아랍에 대한 폭력을 정착을 목표로 하고 있는 아랍의 폭력에 대항하기 위해서 필요한 것으로 파악한다. 만약 군인들이 자신들을 정착지로부터 이주시키려고 한다면, 정착민들은 정부군에 반대하는 폭력으로 저항하겠다고 위협을 가했다. 평화협정 과정이 중동 지방에서 계속되는 한, 폭력에 대한 근본주의자들의 이와 같은 태도도 시험을 받게 될 것이다.

모든 이슬람 근본주의자는 아니라 하더라도 많은 이슬람 근본주의자들은 이슬람 국가를 창설하기 위해서 폭력이 필요하다고 믿는다. 테러 행위는 일부 이슬람 종교 지도자들에 의해서 묵과되고 있을 뿐만 아니라 어떤 경우에는 폭력적 행위가 '지하드'(jihad)의 기치 아래 성스러운 것으로 선언된다. 지하드는 성스러운 전쟁 혹은 전투를 뜻한다. 지하드는 독실하기 위한 개인적 투쟁인가 하면 집단적으로 종교적 목표를 달성하기 위한 정신적 투쟁이며 아랍의 세속적 지도자와

---

24) Sprinzak, *The Ascendance of Israel's Radical Right*, pp. 94-99, 252-269.
25) Sprinzak, *The Ascendance of Israel's Radical Right*, pp. 257-258.

이스라엘에 반대하는 테러적 투쟁이고 방어적 행동을 포함한 이슬람 전사들의 군사적 행동을 의미한다.

호메이니가 볼 때 중동 내의 반이슬람 세력에 대항하여 지하드를 이끄는 것은 종교적 지도자의 책무이다. 이슬람 근본주의자들 모두가 이슬람 투쟁을 묘사하기 위해서 호메이니가 자주 지하드를 언명하는 것에 동의를 하는 것은 아니다. 이들 학자들은 지하드가 "율법을 잃어 버린 사람들"(the Lost Iman)에 의해서만 요구될 수 있는 것이며 종말 (Apocalypse)이 가까워질 때 일어나는 것으로 파악한다. 그러나 지하드에 대한 호메이니의 해석은 이슬람 국가의 창건 가능성이 전혀 보이지 않는다고 생각하는 많은 근본주의자들에 의해서 수용되어 왔다.

Ⅳ. 요약과 결론

유대 근본주의는 여러 근본주의들 가운데 가장 짧은 시기에 끝날 수 있다. 중동 지역에서의 평화를 위해 취하는 조치들에는 '평화를 위한 땅' 협약이 포함되어 왔다. '대이스라엘'의 목표는 점점 더 멀어져 갈 수 있지만, 이는 유대 근본주의의 호소력을 더 강화시켜 나갈 수 있다. 점령된 영토에 정착했던 사람들은 설사 그들이 다른 곳으로 이주된다 해도 이스라엘에서 중요한 세력으로 남게 될 것이다. 여기서 제기되는 의문은 '그들이 정치적으로 행동화할 것인가 아니면 정치적 활동으로부터 철수하여 정통파 공동체주의로 들어갈 것인가'이다.

기독교 근본주의자들은 특히 미국에서 강력한 정치세력으로 남을 것 같다. 대부분의 경우 그들은 공화당을 지지하겠지만, 그렇다고 그들이 정당 내의 포섭이라는 '거대한 천막' 속으로 빨려들어 갈 것 같지는 않다. TV에 대한 그들의 영향력을 고려할 때, 기독교 근본주의자들이 단순히 주류 보수주의에로 통합될 것이라고 보기는 어렵다. 만약 기독교 근본주의자들이 정치권력의 자리에 자신들의 동료를 뽑으려고 한다면, 그들은 특히 실질적인 정치적 원칙들과 관련하여 자신들의 이데올로기적 입장을 보다 명확히 할지도 모른다. 그러나 그들은 정치가 자신들이 생각하는 것보다 더 복잡하다는 것을 알게 될 것이다. 권력의 획득이 오히려 환멸로 이어질 가능성은 항상 존재한다.

이슬람 근본주의는 일부 중동과 아프리카 국가들의 미래에 심대한 영향을 미칠 수 있다. 그러나 이슬람 근본주의자들은 정치적 리더십과 정치적 의사결정의 문제에 직면하지 않을 수 없다. 호메이니의 카리스마가 없다면, 그들은 정치활동의 구조와 정치적 책임에 더 많은 관심을 기울여야 한다. 그럼에도 불구하고 이슬람 근본주의자들은 이란에서의 사태진전에 관계없이 많은 아랍인들에게 계속하여 호소력을 갖게 될 것이다.

유대교와 기독교 그리고 이슬람교에 대한 근본주의자들의 접근은 항상 그들이 보기에 주류 종교와 세속적 세계가 너무 지나치게 야합함으로써 좌절을 느끼는 일부 사람들에게 호소력을 갖게 될 것이다. 지난 30년간의 근본주의 운동에서 두드러지게 나타난 현상은 근본주의자들이 종교적 폐쇄공동체로 퇴각하기보다는 정치적 행동에 개입해 왔다는 점이다. 현대 종교적 근본주의의 미래는 근본주의자들이 정치의 지저분한 세계에서 얼마나 기꺼이 '자신들의 손을 더럽히려고' 할 것인가에 달려 있다.

제5장
환경주의

1960년대와 70년대 동안 서유럽과 미국의 환경운동에서 새롭고 급진적인 목소리가 나타났다. 현존하는 환경단체들의 '피상적인' 보수주의에 반발하여 이들 새로운 환경론자들은 현행의 사고와 행동에서의 근본적인 결함을 드러내는 데 초점을 맞추는 '심층' 생태학적 운동을 요구했다. 심층 생태론자 내지는 녹색주의자들에 따르면, 전통적인 환경집단들은 환경파괴의 이차적 원인을 제대로 파악하지 못하면서 "단순히 발전된 나라에 사는 주민들의 건강과 풍요"[1]를 보호하려 할 뿐이다.

---

1) Arne Naess, *Ecology, Community, and Lifestyle: Outline for an Ecosophy* (Cambridge: Cambridge University Press, 1984), p.28. 네스(Arne Naess)는 이러한 논지를 먼저 "The Shallow and Deep, Long-Rage Ecology Movement: A Summary," *Inquiry* 16(1973), pp. 95-99를 통해 발전시켰다. 환경주의의 정치이론에 대한 유용한 개괄로는, Robyn Eckersley, *Environmentalism and Political Theory: Toward an Ecocentric Approach* (Albany: State University of New York Press, 1992) 참조.

녹색주의자들이 보기에 발전국가들의 현행 이데올로기들은 모두가 생산, 소비, 기술발전에 대한 문제 있는 견해들에 의존하고 있다. 현생 서구 이데올로기들에 내재하여 있는 반환경론적인 가정과 관행으로부터 벗어나기 위해서는 새로운 윤리가 요청된다는 것이다.

　녹색주의자들은 현행 이데올로기에 대한 대안을 제시하는 데 있어 자의식이 크다. 그들은 자신들의 대안을 이데올로기라고 부르는 걸 탐탁하지 않게 여기지만, 그러나 어떤 포괄적이고 일관된 세계관을 제시하려고 무척 애를 쓰고 있는 것은 확실하다. 대부분의 신생 이데올로기처럼, 문제점을 해결하기 위해서 필요로 하는 원칙, 절차, 제도들에 대해 합의가 이루어지는 경우보다 해결되어야 할 문제점들에 대해서 녹색주의자들 간에 더 많은 합의가 이루어지고 있다.

Ⅰ. 정치적 기반

1. 문제점

　녹색주의자들은 환경오염, 자원고갈, 동물학대 등이 긴급한 현안이라는 데는 기존의 보수적인 환경단체와 의견을 같이 한다. 그러면서도 녹색주의자들은 이러한 문제점들을 두 개의 보다 기본적이고 상호 연관된 문제들의 징후인 것으로 파악한다. 이러한 기본적인 문제 가운데 하나가 서구의 발전국가들에서 나타나는 인간 중심적 시각이다. 이 시각에 따르면, 자연은 인간이 사용하고 통제하며 지배하기 위해서 존재한다. 발전국가의 사람들은 자연 안에서 자연과 더불어 살기보다 환경을 활용하고 지배하려 한다. 발전국가의 사람들은 자연의 본질적인 가치를 인정하기보다, 환경을 인간에 의해서 활용될 때 가치를 발휘하는 창고인 것으로 바라본다. 생태학적 체계의 복잡성과 과학의 현존하는 한계를 제대로 이해하지 못한 채 발전국가의 개인들은 자연을 재정비하고 지배하려고 한 나머지 환경파괴만을 낳을 뿐이다. 녹색주의자들에 따르면, 환경오염을 줄이고 습지를 보존하며 희소 동물을 보호하는 것만으로는 충분하지 않다. 녹색주의자들은 인간과 자연 사이의 관계를 재점검해야 한다고 요구한다.

두 번째의 기본적 문제점은 자신들의 지배적인 이데올로기가 무엇이든 관계없이 발전국가들은 환경파괴를 대가로 하여 무모하게 경제성장을 추구해 왔다는 것이다. 풍요를 추구하기 위해 자연을 약탈해 온 것이다. 경제성장을 찾아 발전국가들은 상품생산을 숭배해 왔다. 이들 국가들은 자연환경의 질이라든가 또는 그러한 환경 속에서 살고 있는 주민들의 물리적·정신적·심리적 건강성에 대해 생각하기보다는 국내총생산(GDP)과 같은 생산성 척도에 의해 삶의 질을 평가한다. 또한 발전국가에서는 상품소비가 숭배되고 있다. 소비주의는 제한이 없는 것 같아 보인다. 어제의 사치품이 오늘에는 필수품이 되고 있다. 발전국가에서 상품과 에너지의 과잉 소비는 발전국가 자신의 풍광을 훼손하고 나아가 저발전국가의 환경을 위협하고 있다. 저발전국가들은 진보의 척도로서 낭비적인 서구사회를 모방함에 따라 자기 자신의 환경을 훼손하고 있다.

자연에 대한 오만에다 그칠 줄 모르게 더 많은 경제성장을 찾아 나서는 대장정 때문에 환경오염, 자원고갈, 생태학적 다양성의 소실이 발생하고 있다. 녹색주의자들에게는 인간중심주의와 무분별한 경제성장에 대항하기 위해서 자연보존 문제를 둘러싼 특정의 쟁투가 필요한 것으로 파악된다. 기본적인 인간 정향에서의 변화가 없다면, 환경운동은 단순히 '진보'의 압도적인 힘에 대항하여 싸우는 지연작전에 불과할 뿐이다.

2. 목표

녹색운동의 목표는 인간이 어떻게 생각하고 행동하는가의 주요한 재구성과 관련되어 있다. 자연에 대한 인간의 오만은 환경에 대한 경외로 대치되어야 한다. 자연의 본질적인 가치는 모든 사람들에 의해

<설명상자 5-1> 주요 환경론자들과 그들의 저작

알도 레오폴드 (Aldo Leopold, 1886~1948)
　『모래주 연감; 그리고 여기저기의 소묘』(A Sand County Almanac; and Sketches Here and There, 1949)
레이첼 카슨 (Rachel Carson, 1907~1964)
　『조용한 봄』(Silent Spring, 1963)
배리 코모너 (Barry Commoner)*
　『과학과 생존』(Science and Survival, 1966)
　『닫쳐진 순환: 자연, 인간 그리고 기술』(The Closing Circle: Nature, Man and Technology, 1974)
　『권력의 빈곤: 에너지와 경제위기』(The Poverty of Power: Energy and the Economic Crisis, 1977)
E. F. 슈마허 (Schumacher, 1911~1977)
　『작은 것이 아름답다』(Small is Beautiful, 1973)
제임스 러브록 (James Lovelock)*
　『가이아: 지구상의 삶에 대한 새로운 견해』(Gaia: A New Look at Life on Earth, 1979)
페트라 켈리 (Petra Kelly, 1947~1992)
　『희망을 위한 투쟁』(Fighting for Hope, 1984)
아르네 네스 (Arne Naess, 1937~2004)
　『생태학, 공동체, 그리고 생활방식: 생태철학 개요』(Ecology, Community, and Lifestyle: Outline for an Ecosophy, 1984)
톰 리간 (Tom Regan)*
　『동물의 권리를 위한 소송』(The Case for Animal Rights, 1983)

*현재 생존해 있는 저자

실현되어야 한다. '가장 심층적인' 녹색주의자들은 지구 자체가 생명을 가져다주는 어머니처럼 보존되어야 할 생물체로 인식되어야 한다고 제안한다. 이들 녹색주의자들은 모든 자연적인 것에는 신 또는 성스러운 계기가 들어있다고 보는 실질적인 범신론 옹호자와 흡사하다. 자연에 대한 적절한 인식은 새로운 실천을 낳을 것인데, 그 가장 중요한 것은 발전국가의 경제를 '성장이 없는' 경제 내지는 **평형상태의 경제**로 재구성하는 것이다. 평형상태의 경제만이 환경을 파괴하는 과다한 에너지 소비라든가 자연고갈을 막을 수 있다.

평형상태의 경제는 운송과 공익설비 그리고 소비재를 제공하기 위해서 소규모의 또는 중간재 기술에 의존한다. 많은 녹색주의자들은 E. F. 슈마허의 『작은 것이 아름답다』(Small is Beautiful)라는 책에 담겨 있는 생각을 지지한다.[2] 슈마허(1911-1977)는 대규모 생산과 끝없는 소비를 지방 수준의 깨끗하고 적절한 기술로 대체함으로써 이 지구상의 유한한 자원을 보호해야 한다고 주장했다. 예를 들면, 식량생산은 지방 수준에서 이루어져야 하며 최소한의 에너지 소비를 요구해야 하고 살충제와 제초제 사용을 줄여야 한다. 외국산 식량을 장거리로 나른다거나 환금성 작물 하나만 재배하는 것 그리고 미리 만들어진 음식을 포장하는 것 등 모두가 환경론적으로 유해하며 그렇기 때문에 금지해야 한다. 유기농법을 실행해야 하며, 대부분의 농업노동력을 위한 수단으로는 가축노동력 활용이 적절하다. 사람은 단순하게 지방의 산물만을 먹으면 된다.

소비재의 생산 역시 가능하기만 하면 지방적 수준에 머물러야 한다. 생산설비를 크게 해서는 안 된다. 생산설비는 바람, 물, 지열에너지, 태양에너지 등 재생 가능한 에너지에 의존해야 한다. 생산된 제품은 수리하기가 쉽고 내구적이며 재생 가능하도록 해야 한다. 유용한 상품의 다양성은 줄어들겠지만, 생산된 제품의 품질은 매우 높을 것이다.

운송과 공익설비에 대한 접근도 대대적으로 바꿀 필요가 있다. 방대한 양의 화석연료를 사용하는 다른 형태의 운송 수단을 포함하여 자동차의 사용은 제한되거나 폐지되어야 한다. 집 안에서의 에너지 소비도 실질적으로 줄어들어야 한다. 새 건물은 값비싼 냉난방 시설의 필요를 억제하는 방식으로 설계되어야 하며, 재생할 수 없는 에너

---

2) E. F. Schmacher, *Small is Beautiful* (New York: Harper and Row, 1973).

지에 의존하지 않도록 하는 방식을 통해 많은 가정들의 에너지를 상호 의존적인 것으로 만드는 '연성의' 기술이 개발되어야 한다.

대부분의 녹색주의자들은 거대한 도심지역을 환경론적으로는 바람직하지 않은 것으로 바라본다. 거대 도시는 도시생활의 질을 유지하기 위해서 높은 수준의 에너지 소비와 자원고갈을 요구한다. 일부 녹색주의자들은 설사 재활용을 하고 에너지 소비에 보다 더 많은 관심을 기울이며 대대적으로 풍광을 제조정한다고 하더라도 거대 도시지역은 항상 환경론적으로 유해한 생활공간으로 둘러싸여 있고 수입재에 대한 의존을 지속하게 것이라고 주장한다.

녹색주의자들은 오늘날의 모든 발전사회를 자연환경에 대한 위협인 것으로 바라본다. 녹색주의자들은 지구와 그 생물체들을 인간의 남용으로부터 보호하기 위해서 3가지 목표를 공유한다. 첫째, 녹색주의자들은 다양한 생태체계를 보존하고자 원한다. 그들에 따르면, 다양한 생태체계는 보호될 만한 가치가 있는 복잡한 실체이다. 왜냐하면 이들 다양한 생태체계는 인간의 가치로는 계산될 수 없는 본질적인 가치를 보유하고 있기 때문이다. 예를 들면, 녹색주의자들은 열대지방의 원시림을 보호하고자 한다. 그 이유는 그러한 원시림이 암이나 다른 질병을 치유해 주기 때문이 아니라 그러한 원시림은 지구의 자연적 생활, 다시 말해서 그 존재로 가치가 있는 자연적 생태계의 일부분이기 때문이다. 열대 우림(熱帶雨林)은 의약품을 생산해 낼 수도 있고 지구적 온난화를 완화시킬 수도 있다. 그러나 열대 우림의 가치는 공리적 고려와는 무관하게 독자적으로 존재한다. 녹색주의자들이 볼 때 지구상에서 생명의 풍요로움은 인간 중심적 사회의 가치를 넘어서는 그 어떤 것이다.

녹색주의자들은 생태계가 서구의 과학에서 너무 빈약하게 이해되어 왔다고 주장한다. 자연세계에 대한 이해에서 직선적인 인과관계에 강조를 둔 나머지 서구의 과학자들은 생태적 체계의 복잡성과 상호의존성을 제대로 파악하지 못했다. 그래서 생태적 체계가 어떻게 자신

〈설명상자 5-2〉 자연보호주의, 환경주의, 그리고 녹색주의

미국에서 심층 생태주의 내지는 녹색주의가 태동하기 이전에 두 개의 구별되는 환경운동이 존재했다. 19세기 말 자연고갈, 특히 삼림과 나무의 소실(消失)에 대한 관심에서 자연보호주의가 나타났다. 자연보호주의자들은 자연을 인간의 소비를 위해서 재생 가능한 물질적 자원인 것으로 바라보면서도 현재와 미래에 인간을 위해서 자연으로부터 이득을 얻어내려면 자연에 대한 합리적인 계획과 관리가 이루어져야 하다고 주장했다. 기포드 핀초(Gifford Pinchot, 1865-1946)같은 초기 자연보호주의자들은 소수의 거대하고 조직화가 잘 되어 있는 특정 이익을 위해서 삼림이 무모하고 무질서하게 훼손되는 것에 대해 비판적이었다. 테디 루스벨트(Teddy Roosevelt)가 대통령으로서 두 번에 걸친 임기(1901~1909)를 맡는 동안 산림감독관을 지낸 핀초는 모든 시민들이 자연적 산물에 공평하게 접근할 수 있도록 자연자원이 관리되어야 한다고 주장했다.

20세기 첫 10년 동안 초기 자연보호주의자들은 국립공원과 야생동물 피난처를 만들고 또 환경보호 의제를 공공정책에 반영시키는 데 주력했다. 자연보호주의자들은 또한 이익집단을 구성하여 환경파괴로부터 동물을 보호하려고 애썼다. 1922년 아이작 월튼 리그(Izaak Walton League)의 설립 이래 어업·수렵 집단들은 인간이 지속적으로 자연자원을 활용할 수 있도록 정부로 하여금 환경을 보호하게끔 로비를 벌였다.

자연에 대한 또 하나의 경쟁적 견해는 환경주의자들에 의해 제시되었다. 이들은 자연보호에는 심미적 가치가 포함되어야 하며 자연은 그 자체로 가치가 있다고 주장했다. 환경보호를 정당화하기 위해서 미래의 물질적 이득에 대한 공리적 계산에 중점을 두는 자연보호주의자들과는 달리 이들 환경주의자들은 인간의 영향으로부터 원시적 지대의 보호를 중시한다. 존 뮤어(John Muir, 1838~1914)와 같은 초기 환경주의자들 가운데 일부는 종교적 경외를 갖고 자연을 바라보았는데, 이는 '녹색주의자들'의 생각과 상당 부분 겹치는 것이기도 하다.

뮤어는 자연을 그 자체로 그리고 자연이 인간에게 제공해 준 영적인 이득 때문에 자연의 가치를 높이 평가하는 이른바 자연보호주의의 윤리를 설파했다. 뮤어는 1892년에 설립된 시에라클럽(Sierra Club)의 초대 회장을 지냈으며 초기 환경운동 로비스트 가운데 한 사람이었다. 장시간 동안 북미의 외딴 지역을 연구하면서 보낸 경험과 결부되어 자연에 대한 예민한 인식을 갖게 된 뮤어는 자연의 모든 것은 상호 연결되어 있다는 확신을 갖게 되었다. 그는 환경과학을 자연에 대한 총체적인 개념으로 옮겨 놓았다.

자연보호주의자와 환경주의자들은 발전을 둘러싼 쟁점, 특히 미국에서 수로에서의 광대한 댐 건설을 둘러싸고 논쟁을 벌였다. 일반적으로 자연보호주의자들은 댐 건설로 얻을 수 있는 이득이 환경주의자들이 중시하는 원시적 미개간 삼림을 유지하는 데서 얻는 이득보다 크다고 주장했다. 그럼에도 불구하고 자연

> 보호주의자와 환경주의자들은 많은 생태적 쟁점들에 대해서 자주 손을 잡았다. 각각의 운동은 자연에 대한 의식을 제고시킴에 있어 그리고 인간에 의한 무모한 자연훼손으로부터 자연의 일부를 지키는 데서 성공을 거두었다.
>
> 녹색주의자들은 자연보호주의자와 환경주의자들의 생각과 행동으로부터 많은 덕을 보았다. 그러나 녹색주의자들은 자연보호주의자들보다는 환경주의자들에게서 더 많은 친밀성을 느낀다. 물론 자연보호주의자나 환경주의자 모두 녹색주의자들의 눈에는 너무 '협소해' 보인다. 왜냐하면 자연보호주의자나 환경주의자들 모두 자유주의적 자본주의 사회의 근본적인 생활방식에 대해 의문을 제기하지 않을 뿐만 아니라 자연의 착취가 가져오는 지구적 차원의 영향에 대해서도 이를 제대로 인식하지 못하는 것으로 보여지기 때문이다.

을 유지하고 변화시켜 나가는 가를 이해하는 **총체적 접근**만이 자연에 대한 명확한 인식을 가져다 줄 수 있다고 본다. 이와 같은 자연에 대한 총체적 접근을 통해서 녹색주의자들은 자연에 대해 공작을 가하고 조작하려는 과학적 시도에 대해 회의적 입장을 취할 수 있었다. 전통적인 보수주의자의 목소리와 유사한 많은 것을 반영하면서 녹색주의자들은 자연에 대한 과학적인 조정이 예기치 않은 결과와 재앙을 가져올 가능성이 많다고 우려를 한다. 생태학적 다양성을 보존한다는 것은 자연의 본질적인 가치를 그 전제로 삼는 것이지만, 또한 그것은 자연에 존재하는 복잡한 관계에 대해서 인간의 이해를 발전시키는 데 도움을 준다고 본다.

생태학적 다양성을 보존한다는 목표와 매우 밀접하게 연관된 녹색주의자들의 두 번째 목표는 원시적 미개간 삼림의 보존이다. 녹색주의자들은 자연의 모든 것이 소비하고 이용할 수 있는 인간의 것이라는 견해를 거부한다. 녹색주의자들은 '관리된 보호'의 몇 가지 사례를 받아들이지만, 그러나 일반적으로 자연은 인간의 모든 약탈로부터 보호되어야 한다고 주장한다.

녹색주의자들의 세 번째 목표는 과학적이고 상업적인 연구에서 동물의 이용을 중단하는 것이다. 1970년대 녹색주의자들은 많은 실험실의 동물들이 매우 열악한 상황에 처해 있음을 드러내 보임으로써 그리고 이들 동물들에게 가해진 불필요한 고통을 자세하게 보여줌으로써 동물실험을 정치적 의제로 삼는 데 성공을 거두었다.[3] 1980년대에 녹색주의자들은 동물들에 대한 모든 실험의 철폐를 요구하기 시작했다. 녹색주의자들은 동물실험이 인간의 건강과 인간의 이해에 도움이 된다는 이유로 어떤 동물실험은 필요하고 적절하다고 보는 공리주의적 주장을 거부한다. 동물실험에 대한 공리적 정당화를 비판하면서 톰 리간(Tom Regan)은 녹색주의자들이 바라보는 **동물권** 시각을 다음과 같이 제시하고 있다.

> 사람이든 동물이든 그 누구도 마치 자신이 저장 용기에 불과한 것처럼 혹은 자신의 가치가 다른 누군가를 위한 효용성으로 환원될 수 있는 것처럼 대우를 받아서는 안 된다. 다시 말해서 우리들은 단순히 '최선의' 총합적인 결과를 낳을 것이라든가 그럴 가능성이 많다는 근거에서 개인을 훼손해서는 안 된다. 그렇게 하는 것은 개인의 권리를 침해하는 것이다. 이것이 과학적인 목적으로 동물에게 해를 가하는 것이 잘못된 이유이다. 이로부터 얻어진 이득은 충분히 실재적이다. 그러나 어떤 이득은 부정한 것이다. 그리고 모든 이득은 만약 그것이 부당하게 얻어진 것이라면 더욱 부정한 것이다……올바른 견해를 받아들이는 사람은 과학이나 교육, 유독성 실험, 기본적 연구들에서 동물에게 가혹하게 대하지 못하도록 하는 전면적인 조치와 관련하여 이에 못 미칠 때에는 만족을 하지 못할 것이다.[4]

인간과 환경의 상호작용에 대한 녹색주의자들의 목표는 거의 모든

---

[3] Peter Singer, *Animal Liberation* (New York: Avon Books, 1975).
[4] Tom Regan, *The Case for Animal Rights* (Berkeley: University of California Press, 1983), p. 393.

서구의 이데올로기와 관행을 지배하는 공리주의적 자연관을 거부하는 것이다. 인간의 사용가치에 근거한 공리주의적 시각은 자연을 '언제든 사용할 수 있도록 적립되어 있는 것'으로 바라본다. 상용의 적립물이란 인간이 마음대로 처분하고 자신들의 노동으로 변화시키며 소비할 수 있는 상품의 집적을 뜻한다. 공리주의자들은 삼림을 목재의 창고로, 산은 광물의 저장소로, 열대 우림은 의학 상자로, 계곡은 가축을 기르는 곳으로, 가축은 식량으로, 그리고 야생동물은 관상용으로 바라본다.

녹색주의자들은 자연 세계를 바라보는 우리들의 시각에서 심대한 변화를 요구한다. 그들은 실천에서의 변화뿐만 아니라 사람들이 세상을 바라보는 방식에서의 근본적인 변화를 요구한다.

II. 철학적 기반

환경과 관련하여 가치의 재평가에 대한 요구에도 불구하고 녹색주의자들은 그러한 재평가의 철학적 기반을 명확하게 제시하지 않고 있다. 존재론이나 인식론 문제에 대해 녹색주의자들은 너무나 광범한 견해를 갖고 있기 때문에 공통의 기반을 식별하기가 쉽지 않다. 인간 본성과 사회의 문제와 관련해서 녹색주의자들은 이제 막 가능한 이해를 탐색하기 시작했을 뿐이다. 물론 이러한 점이 이데올로기의 발전에서 드문 현상은 아니다. 그래서 일부 녹색주의자들은 철학적 기반을 요구하는 것에 대해 이것이 자신들을 자원 약탈적이고 반생태론적인 후기 계몽시대의 이데올로기적 '명확성' 기준에 짜 맞추도록 하려는 것이라고 반박을 한다.[5]

---

5) David Ehrenfeld, *The Arrogance of Humanism* (New York: Oxford University Press, 1978); Vandana Shiva, *Staying Alive* (London: Zed Books, 1988).

1. 존재론과 인식론

녹색주의자들의 존재론적 입장은 광범한 신념과 주장을 담고 있다. '심층' 녹색주의자들은 유물론적인 설명과 영적인 이해 그리고 신비적인 직관에 의존해 왔다. 녹색주의자들은 다양한 종교적 관점을 보유하고 있다. 어떤 녹색주의자들은 무신론의 입장인가 하면, 다른 녹색주의자들은 주요한 세계적 종교를 신봉한다. 일부 녹색주의자들은 토착 미국적이거나 혹은 다른 형태의 고유한 영적 신념에 의존하고 있는가 하면, 대지나 가이아(Gaia)를 살아있는 실체로서 숭배하는 녹색주의자도 있다.

녹색주의자들은 자연이 성스러운 것이고 가치가 있다는 자신의 주장을 정당화하기 위해서 많은 자원을 활용한다. 이와 같은 다양한 견해가 궁극적으로 환경보호를 촉구하고 이를 지원해야 하는 녹색주의자들의 목적에 얼마나 도움이 될 지는 확실하지 않다. 그렇다고 녹색주의자들이 이와 같은 광범한 신념들을 통해 자연을 이용만 하기보다는 같이 살아가야 할 중요한 실체로서 생각하는 데 특별히 어떤 어려움을 겪는 것 같지는 않다. 녹색주의자들로 하여금 자연의 성스러움을 인식하도록 하거나 또는 자연에 대한 경외감을 불러일으키도록 하는 자원들은 덜 중요하다. 왜냐하면 대부분의 녹색주의자들에게는 자연을 그 자체로 중시여기는 신념의 존재가 더 중요하기 때문이다. 오늘날 대부분의 녹색주의자들은 존재론적 신념이라는 측면에서 볼 때 광범한 초교파적 견해를 보유하고 있다.

녹색주의자들의 다양한 존재론적 사고는 인식론에서도 다양한 견해를 옹호한다. 녹색주의자들은 과학과 경외 또는 신념에 의존하여 세계를 이해하고 행동한다. 이러한 초교파주의에도 불구하고 녹색주의자들은 계몽과학의 인식론적 비판을 공유한다. 녹색주의자들에 따르면, 계몽과학은 단선적 인과관계를 통해 사물들 간의 관계를 설명할 수 있다고 가정해 왔고, 그래서 독립변수로서 알려진 일련의 사건들은 종속변수인 특정의 결과를 초래하는 것으로 특정화되고 있다. 그러나

⟨설명상자 5-3⟩ 가이아와 녹색주의

1979년 제임스 러브록(James Lovelock)은 『가이아: 지구상의 삶에 대한 새로운 견해』(Gaia: A New Look at Life on Earth)를 출간했다. 그는 "대지"를 뜻하는 고대 그리스어 〈가이아〉를 지구 환경의 생명진작적 특성을 묘사하는 데 사용했다. 러브록의 책은 녹색주의의 광범한 존재론적 견해에서 두 개의 방향을 제기한다. 첫째, 가이아는 식물의 삶, 동물의 삶, 대기, 흙, 물 사이의 상호관계에 초점을 맞춤으로써 과학적이고 유물론적인 시각을 제공한다는 것이다. 러브록은 지구상에 여기저기 널려 있는 식물과 동물의 삶의 영역으로서의 생물권은 자기규제적 능력을 보유하고 있다고 주장한다.

지구의 기후와 대기는 35억 년에 걸쳐 지구상에 존재했던 생물체에게 줄곧 안정된 환경으로 지속해 왔다. 지구는 살아있는 생명체가 아니다. 그러나 지구는 살아있는 생물권으로 둘러싸여 있고 이들에 의해서 규제를 받는다. 러브록은 이러한 생물권을 묘사하기 위해서 거대한 단일 세포의 유기체라는 비유를 사용한다. 생물권은 단일세포의 내부에서 발견되는 것과 꼭 같이 복잡한 방식으로 상호적 기능을 하는 많은 부분들로 구성되어 있다. 동물과 식물 그리고 이들이 배출한 기체 모두가 자신들의 지속적인 삶의 조건을 만들기 위해서 기후와 대기를 규제한다. 생물권은 특정의 생물을 보호하지는 않지만, 그러나 생명 자체를 위협할 만큼 큰 기후상의 또는 대기상의 변화가 일어나지 않도록 규제를 한다는 것이다. 러브록의 견해는 몇몇 녹색주의자들과 주류 과학자들로부터 비판을 받아 왔다. 일부 녹색주의자들은 자체의 적응력과 규제력으로 함축되는 생물권의 활력에 대해 회의적 입장을 취한다. 적응력 있는 생물권이란 인간의 행위에 관계없이 자연이 필요한 적응을 해 나간다는 것을 의미한다는 것이다. 이러한 비판에 대해 러브록의 대답은 다음과 같다. 생물권은 일반적으로는 생명의 조건을 보호한다. 다만 인간의 남용으로 인해 사람을 포함하여 몇몇 동물들의 삶은 불가능하게 될 수도 있다는 것이다. 주류 과학자들은 러브록이 자연에 대해 합목적성을 부여하려고 한다고 비판하면서 러브록이 몇 가지의 규제 메커니즘만을 강조하고 있음에 주목하고 있다. 이에 대해 러브록은 자연이 규제 메커니즘을 갖기 위해서 어떤 목적이 필요한 것은 아니라고 대답하면서도 적응과 규제 메커니즘을 드러내 보이는 것이 쉽지 않음을 인정한다. 러브록은 나아가 자신은 단지 '가이아 가설'을 제시하고 하고 있을 뿐이라고 말하면서 과학계가 이러한 가설을 검증해 줄 것을 제안하고 있다.

러브록의 가이아 설명에 의해 촉발된 두 번째 운동은 지구 또는 생물권을 살아있는 실체인 것으로 파악하는 영적 신념이 점차로 대중화하는 것으로 나타나고 있다. 지구가 살아있는 실체라는 신념으로 인해 일부 녹색주의자들은 인간과 환경 간의 상호작용에 대해 이를 기초가 되는 신성한 것으로 여기고 있다. 인간은 지구의 살아있는 유기체의 일부일 뿐이며, 그래서 인간은 이 살아있는 신비

> 를 경외와 존중으로 대우해야 한다는 것이다. 물론 성스러운 대지에 대한 신념은 새로운 것이 아니다. 많은 전근대적 종교들에도 성스러운 대지의 개념이 담겨 있다. 토착 미국인들의 영적 신념 역시 환경을 살아있는 신성인 것으로 여기는 데 주저하지 않는다. 살아있는 생물권에 대한 러브록의 주장은 '새로운 시대'의 주창자들과 일부 생태여성주의자들에 의해 널리 받아들여지고 있다. 생태여성주의자들은 여성의 신성성 개념을 옹호하고 있으며, 그래서 환경을 돌보는 대지의 이미지에 대해 존중을 표하는 만큼 인간과 자연에 대한 착취를 줄일 수 있을 것으로 기대한다.

녹색주의자들이 보기에 이와 같은 단선적 인과관계는 오류이다.

단선적 인과성은 사건의 단일적 방향이나 연쇄망을 강조하고 그럼으로써 변수들 사이에 발생하는 복잡한 상호작용을 무시하게 된다. 단선적 인과성은 또한 세계 속의 대상을 기계적인 것으로 묘사하면서 이러한 복합체가 단 하나의 기능을 갖고 있는 부분들로 분리될 수 있다고 가정한다. 녹색주의자들은 자연 체계를 이와 같이 기계적으로 이해하는 것을 거부하면서 생태계의 유기적 특성에 강조점을 둔다. 이들에 따르면, 자연에 대한 기계론적 이해는 생태계의 역동성을 간과하게 되고 생태계의 상호성을 놓치게 된다. 자연에 대한 기계론적 이해는 단지 지구에 대해 '공학적 태도'를 조장할 뿐이다. 이에 따라 인간은 복잡한 생태계에 어떤 영향을 미칠지를 전혀 고려하지 않고 자연에 대해 댐을 설치하거나 하천을 정비하고 또 평평하게 고르고 불태우고 하면서 소비만 하게 될 것으로 보고 있다.

과학에 대한 녹색주의자들의 비판은 전통적 보수주의자들이 계몽과학을 정치·경제·사회적 변화에 적용할 때 이에 대해서 가했던 비판과 거의 유사하다. 녹색주의자와 전통적 보수주의자 모두 진보적 성향의 과학자가 복잡한 유기체에 대해 가하는 기계론적 개입이 얼마나 예기치 않은 영향을 미치게 되는지에 대해 우려를 표한다. 전통적 보수주의자들은 복잡한 체계로서의 정치체가 사회공학들로부터 보호되어야 한다고 주장한다. 녹색주의자들은 자연을 시민적 공학으로부터 보호되어야 할 복합적 유기체로서 바라본다. 그러나 녹색주의자들은 자신들의 유기체적 관점을 사회와 경제, 정치제도에까지 확장하려고 하지는 않는다. 많은 경우 녹색주의자들은 자연만을 유기체라고 가정할 뿐 정치제도와 사회, 경제는 기계론적 관점에 의해 개혁될 수 있는 인위적 구성물인 것으로 바라본다.

2. 인간본성과 사회

사회와 인간본성에 대한 녹색주의자들의 저술은 그다지 포괄적이지 않고 자세하지도 않다. 대부분의 녹색주의자들은 사회와 인간본성에서 포괄적인 변화가 가능한 것으로 생각한다. 인간본성이 주어진 것이라거나 고정된 것으로 보지 않는 것은 확실하다. 왜냐하면 녹색주의자들은 사람들의 가치관이나 행동방식에서 극적인 변화가 일어나길 기대하기 때문이다. 그러나 사회에 대한 녹색주의자들의 생각이 무엇인가를 명확히 하기는 쉽지 않다. 녹색주의자들은 자유주의 사회가 표방하는 것과 같은 원자화되고 이기적인 개인주의를 거부한다. 그렇다고 녹색주의자들이 덜 경쟁적이고 보다 공통체적인 사회생활을 위한 사회적 촉매 역할을 담당함에 있어서 무엇을 의도하는 지는 명확하지 않다. 사실 인간이 소비사회의 사치와 편익을 얼마나 넘어설 수 있는지 혹은 기꺼이 그렇게 하려고 하는지도 명확하지 않다. 이러한 쟁점들에 대한 녹색주의자들의 반응이 무엇인가는 정치적 원칙들에 대한 그들의 입장을 간략히 살펴봄으로써 가장 잘 알 수 있다.

III. 실질적인 정치적 원칙

1. 권위

녹색주의자들은 권위에 대한 다양한 견해를 포함하여 다양한 정치적 입장을 보유하고 있다. 개럿 하딘(Garret Hardin)과 같은 일부 초기 환경주의자들은 개인적 자기이익과 민주적 정치가 자연을 침탈하지 못하도록 하는 유일한 방법은 자연자원의 이용에 대한 통제권을 과학 전문가에 맡기는 것이라고 주장했다.[6] 하딘의 주장에 따르면, 선거 부담으로부터 자유로운 강력한 관료기술자들만이 자본주의와 소비주의로부터 환경을 보호하기 위해서 필요한 결정을 사려분별력 있게 할 수 있다. 하딘은 개인을 원래 이기적인 존재라고 보고 있기 때문에 강력하고 통제적인 주권체라는 홉스적 해법이 유일한 정치적 대안이라고 주장한다. 대부분의 녹색주의자들은 자유주의적 이데올로기에 의해서 용인되는 자기이익의 무절제로부터 환경을 보호하기 위해서는 정부권위가 필요하다는 하딘의 견해를 받아들인다. 그러나 그들은 생태문제가 전적으로 정부 권위에 의해서 해결될 수는 없는 것으로 이해하고 있다. 정부의 환경 규제에 대해서 광범한 시민들의 호응을 이끌어내고 또 모든 시민에게 환경 윤리를 심어주기 위해서는 정부통제가 권위적으로가 아니라 민주적으로 규정되고 수행되어야 한다고 본다.

2. 구조

느슨하게나마 장 자크 루소(Jean-Jacques Rousseau, 1712~1778)의 사상에 의존하여 유럽의 페트라 켈리(Petra Kelly)나 아르네 네스(Arne Naess) 또는 미국의 웨스 잭슨(Wes Jackson) 같은 녹색주의자들은 서구사회의 중앙집중적인 정부와 대의민주정치에 비판적이다.[7] 켈리, 나에스, 잭슨 등은 직접적인 참여민주주의를 제공하는 소규모의 많은 자족적 공동체를 이상으로 삼고 있다. 이러한 참여민주주의에서 정부는 분권화되며, 각 공동체에서 권위는 참여적 의사결정으로부터 나온다. 의회

---

6) Garret Hardin, "The Tragedy of the Commons," in *Managing the Commons*, edited by Garret Hardin and John Baden (San Francisco: W. H. Freeman, 1977), pp. 16-30. 이 중요한 논문은 원래 1968년 *Science* 지에 실렸었다.
7) Petra Kelly, *Fighting for Hope* (Boston: South End Press, 1984); Naess, *Ecology, Community, and Lifestyle*, esp. pp. 204-212.

적이고 공화적인 정부의 다루기 힘든 구조는 사라지고 대신 민주적인 도시국가로 대치될 것으로 본다.

3. 통치자와 시민권

소규모의 민주적인 도시국가에서 통치자와 시민은 필요한 몇 개의 공직을 번갈아가면서 맡는다. 국민국가는 사라진다. 어떤 지역적 공동체든 최대의 관심은 서로 공유하고 있는 생태계를 보존하는 데 둔다.

많은 녹색주의자들은 켈리와 네스, 잭슨과는 다르게 변화를 실질적인 것으로 용인하고자 하지 않는다. 오히려 이들은 보다 공동체적인 미래가 생산과 소비에서 훨씬 더 느린 속도로 변화해 나가는 비전에 공감을 한다.

4. 정의

녹색주의자들은 일반적으로 정의에 대한 자유주의적 자본주의의 견해가 과연 타당한지에 대해 회의적 입장을 취한다. 왜냐하면 자본주의적 견해는 과도한 경제적 불평등을 조장하고 생태적 가치를 부인한다고 보기 때문이다. 소규모의 공동체에서 경제적 차이가 존재한다고 하더라도 이는 그다지 크지 않을 것으로 본다. 상호적 관심에 기반을 둔 공동체는 거대한 소비시장을 대체할 것으로 본다. 정의에 대한 녹색주의자들의 개념에는 생태적 가치가 포함되어 있다. 이는 자유주의적 권리가 동물과 식물 그리고 지구에까지 확장되는 것이고 또는 단순히 화폐 단위로 환원될 수 없는 근본적인 가치가 존재함을 용인하는 것을 의미한다. 정의에는 지구를 위한 정의와 지구의 동식물을 위한 정의가 포함되어야 한다. 녹색주의자들에게 정의는 단순히 시민에 대한 공평한 대우만을 의미하지 않는다.[8]

---

[8] 보다 포괄적으로 정의에 대한 녹색주의자들의 견해를 제공하는 최근의 시도로는, Eric T. Freyfogle, *Justice and the Earth: Images of Our Planetary Survival* (New York: Free Press, 1993) 참조.

5. 변화

 변화를 어떻게 만들어 갈 것인가는 녹색주의자들 사이에서 큰 논쟁이 되고 있다. 녹색주의자들은 사람들이 자연을 평가하는 방식에서 중요한 변화가 이루어져야 한다고 보지만, 그러나 변화가 얼마나 필요한지 그리고 그러한 변화를 어떻게 이룩할 것인지에 대해서는 의견을 달리한다. 거의 모든 녹색주의자들은 받아들일 수 있는 변화의 수단으로 폭력적 혁명을 수용하지 않는다. 인간에 대한 폭력은 생명과 지구에 대한 다른 형태의 폭력이라고 본다. 그렇다고 녹색주의자들이 서구 국가들의 잘 발달된 법적 틀 내에서 일하는 걸 기꺼워하지도 않는다. 확실히 이들 법적 틀은 녹색주의자들이 중요하다고 보는 가치들을 제대로 고려하지 못하고 있다.

 그래서 일부 녹색주의자들은 소규모의 고도로 분권화된 게릴라전을 통해서 환경 파괴에 대항하는 투쟁을 벌여야 하는 것으로 본다. '지구 우선!'(Earth First!)과 같은 집단은 도로와 측량기구, 건설장비 등을 파괴하도록 부추긴다. 녹색주의자들의 견해에서 보면, 이와 같은 **환경훼손물 파괴행위**(monkeywrenching)는 발전 비용을 증가시키면서 인간에 대한 손실은 줄일 것임에 틀림없다. 환경훼손물 파괴행위는 단순한 파괴행위가 아니다. 그 주창자들에 따르면 그것은 무분별하고 비윤리적인 자연 침탈에 대해 사려 깊게 계획하여 윤리적으로 개입하는 것이다.[9]

 또 하나의 심층 생태집단인 그린피스(Greenpeace)는 보다 더 공개적이고 대결적인 전략을 취한다. 예를 들면, 그린피스 배는 고래잡이 행위를 감시하며 핵실험에 연루된 것으로 의심이 되는 프랑스 선박을

---

[9] '지구 우선'은 환경을 보호하기 위해서 인간의 생활을 위협하거나 위험을 가하는 행동까지도 불사하려는 다른 집단들과 거리를 두려고 애쓴다. 그래서 '지구 우선'은 신중한 환경훼손물 파괴행위를 위해 *Ecodefense: A Field Guide to Monkeywrenching*, 2d ed., edited by Dave Foreman and Bill Haywood (Tucson, Ariz.: Ned Ludd Bools, 1989)라는 지침서를 만들었다.

추적한다. 그린피스의 목표는 자연 이용에 들어가는 비용을 올리는 데만 있는 것이 아니라 자연을 손상시키는 행동에 대해 비판을 가하는 데 있다. 그린피스는 자연파괴를 막고 참관자들의 의식을 깨우치는 데 도움이 될 것으로 보는 행동을 기획하고 실천에 옮기고자 한다.

변화에 대한 이와 같은 기술적인 접근은 보다 더 큰 정치계를 어떻게 개혁할 것인가의 문제에 대해 대답을 하려고 하지 않는다. 미국의 녹색주의자들이나 '보다 낮은 수준의' 환경집단들은 공공정책에 영향을 미치기 위해서 대개의 경우 이익집단 정치에 의존해 왔다. 전국적인 수준에서 녹색당을 만들려는 시도도 1980년에 이르러서야 생겼지만, 실패했다.[10]

유럽에서는 녹색당의 유용성을 둘러싸고 많은 논쟁이 제기되어 왔다. 특히 독일과 같은 유럽 국가들의 의회체계는 미국의 공화체계에 비해 새로운 소수정당에 대해 보다 더 개방되어 있다. 독일의 녹색주의자들은 정당을 만들어 선거에서 일정한 성공을 거둠으로써 독일 의회에서 나름대로의 역할을 하고 있다. 그러나 제한적인 성공으로 인해 독일 녹색당이 일치단결을 보이지는 못하고 있다. 일부 녹색주의자들은 정당정치를 포기하고 있다. 왜냐하면 정당정치를 하게 되면 녹색주의자들로서는 결코 양보할 수 없는 것으로 여기는 가치와 쟁점에 대해서 어떻게든 타협하고 협상해야 하기 때문이다. 독일의 녹색주의자들은 정당정치를 해야 한다고 주장하는 사람들과 공공 당국에 의해서 허용되거나 합법화되지 않은 공적 활동을 위해서는 정당정치를 거부해야 한다고 보는 사람들로 나뉘어져 있다.[11]

녹색주의자들은 전술적인 수준과 전략적인 수준에서 변화의 적정한

---

10) 녹색운동에 초점을 맞춘 시민당(Citizens Party)은 당의 대통령 후보로서 1%의 득표도 하지 못했던 배리 코모너(Barry Commoner)의 지휘를 받고 있다. 코모너는 환경문제에 대해 몇 가지 중요한 업적을 내었다. 미국에서 출판된 그의 가장 영향력 있는 책으로는 *The Closing Circle: Nature, Man and Technology* (New York: Bantam Books, 1974)가 있다.

방안을 둘러싸고 계속 논쟁을 벌이게 될 것이다. 물론 녹색주의자들이 추구하는 가장 심층적인 변화는 자연을 바라보는 시민들의 기본적 태도에서의 변화이다. 녹색주의자들은 발전국과 저발전국 모두에서 자연에 대한 태도가 변화하고 있다는 몇 가지 징후를 지적하고 있다.[12] 발전국가들에서 환경 문제는 많은 유권자들로부터 우선적인 관심대상이 되고 있으며, 그리고 환경에 대한 이와 같은 우려가 사라질 것 같지는 않다. 오늘날 많은 정부들 역시 공적이든 사적이든 모든 개발 사업에 대해 사전 환경평가를 받도록 하고 있다. 한때 조류사랑모임이라든가 주변적인 정치 행위자들인 것으로 생각되었던 옛날의 다소 어릿한 환경단체들이 지금은 공공정책에 영향을 미치는 합법적인 행위자로 간주되고 있다.

미국의 환경교육은 초중등 공교육 프로그램은 물론이고 대학의 환경학이나 환경공학 학위과정에 통합되어 있다. 아동들의 텔레비전 프로그램에도 녹색주의의 가치를 옹호하는 만화나 기록물들로 채워져 있다. 간단히 요약하면, 미국의 교육체계가 '녹색화' 되고 있다. 이러한 변화들은 녹색주의자들로부터 비판을 받는 이데올로기에 의해서도 큰 도전을 받지 않은 채 지속되어 나갈 전망이다. 물론 일부 현대보수주의들은 환경규제로 인해 사유재산권이 침해받는 데 대해 우려를 표명하면서 녹색주의자들이 성장반대의 입장을 취하는 것에 대해 비판을 가한다. 그러나 많은 현대보수주의적 정치가들은 환경 문제에 대한 자신의 지역구민들의 관심에 민감하며 그래서 환경단체들과의

---

11) 정당정치를 둘러싼 독일 녹색주의자들 간의 논쟁에 대해서 간단히 살펴보려면, Petra Kelly, *Fighting for Hope*와 Rudolph Bahro, "Building the Green Movement," in *The Green Reader: Essays toward a Sustainable Society*, edited by Andrew Dobson (San Francisco: Mercury House, 1991), pp. 192-198 참조.

12) 이와 같은 태도상의 변화는 Ronald Inglehart, *Culture Shift* (Princeton: Princeton University Press, 1989)에서 잘 설명되고 분석되고 있다.

싸움을 피하고자 한다.
 저발전 국가들에서도 환경주의 활동가들이 나타나고 있다. 이들은 조만간 녹색주의의 이념을 옹호할 것으로 보인다. 예를 들면, 1974년 인도의 농촌 여성들은 벌목꾼들이 나무를 베지 못하도록 하기 위해서 조그마한 삼림 주위에 인간 띠를 만들었다. 이와 같은 '칩코'(Chipko: 포옹을 뜻하는 힌두어) 운동은 환경 그 자체를 위해서 환경을 보호하려는 '나무 껴안기'로 나타났다. 케냐에서도 풍광을 위한 수목보존을 목적으로 여성들에 의해 녹지대 조성운동이 조직된 바 있다. 녹지대 조성운동은 자연에 대한 인식을 높였고 환경교육을 제공해 주었다.[13]
 물론 충분한 변화가 일어나길 기대한 녹색주의자들을 만족시키기에는 이러한 변화들은 크게 부족해 보인다. 그러나 부족한 가운데서도 생태에 대한 점증하는 글로벌 의식의 수준은 인상적이다. 처음 공포된 '지구의 날'(Earth Day) 이후 25년이 안되었는데도 환경에 대한 개인과 사회의 의식 및 실천에서 주요한 변화가 이루어졌다. 환경에 대한 관심은 산업화된 국가나 부유한 개인들에게만 한정되지 않는다. 확실히 녹색주의에 대한 관심은 보편적인 호소력을 가질 만큼 잠재력을 보유하고 있다.

IV. 요약과 결론

 녹색주의자들은 녹색주의 이데올로기의 기반을 꾸준히 취합하여 왔지만, 녹색주의의 충분하고 일관된 이론화를 위해서는 보다 더 많은 작업이 요청된다. 물론 어떤 이데올로기든 그 내부에는 지속적이고 중요한 견해 차이가 존재할 수 있다. 그러나 많은 정치적·철학적

---

13) V. Spike Peterson and Anne Sisson Runyan, *Global Gender Issues* (Boulder, Colo.: Westview Press, 1993), pp. 142-147.

쟁점들을 둘러싼 녹색주의자들의 견해 차이는 너무나 다양해서 과연 녹색주의가 초보적인 이데올로기 이상의 것으로 생각할 수 있는지를 의아하게 만들고 있다.

만약 녹색주의자들이 정당정치를 추구할 것으로 결정해야 한다면, 그들은 자신들의 호소력을 넓히고 자신들의 경제적 제안을 보다 명확히 해야 할 것이다. 녹색주의자들은 자주 공장이나 도시 거주지에서 사람들이 직면하게 되는 환경상의 위험보다는 동물들에게 제기되는 환경상의 위험에 보다 더 민감하게 반응해 왔다. 녹색주의자들은 노동자와 도시거주자들을 포함하는 환경상의 접근을 할 필요가 있다. 녹색주의자들에게는 산업화된 사회가 소규모의 자족적인 농업 공동체나 저기술 공동체로 어떻게 전환해 나갈 것인가에 대해서 명확한 입장이 없다. 게다가 어떤 형태의 경제제도가 녹색주의의 미래에 적합한 것인지도 불명확하다.

공동체는 교환을 위해서가 아니라 사용을 위한 용도로만으로 충분하게 상품을 생산할 수 있을 것인가? 지속적이고 계획된 이윤을 위해서 상품을 교환하려고 하는 '탐욕스런' 생산자들을 어떻게 규제할 것인가? 녹색주의자들이 꿈꾸는 느린 행보의 삶은 현대의 개인들이 감내하고 즐길 만한 것인가? 건전한 소비자가 되도록 양육된 개인들이 자본주의가 제공하는 소비의 즐거움을 기꺼이 그만둘 수 있을 것인가? 자본주의 사회의 이기적인 개인들이 자연과 조화를 꾀하는 공동체주의자들로 쉽게 변화할 수 있을 것인가?

자연과 조화롭게 지낸다는 생각은 녹색주의자들에게 몇 가지 어려운 문제를 제기한다. 인간과 동물, 식물 간의 상대적 가치는 무엇인가? 인간의 생명과 동물의 생명은 동등한가? 어떤 동물과 식물은 다른 동물이나 식물보다 더 가치가 있는가? 토착 동물은 외래 동물로부터 보호되어야 하는가? 만약 그렇다면, 외래 종이 인간의 개입 없이도 '자연스럽게' 침입해 올 때는 어떻게 해야 하나?[14] 천연자원에 대한 체계적인 보존과 이용에는 어떤 지침이 적합한가?

심각하게 고려해야 할 이러한 모든 문제들에 대해서 녹색주의자들이 특정의 대답을 제시해야 하는 것은 아니다. 그러나 만약 그들이 자신들의 목표를 달성하고자 한다면 자연 스스로가 명백한 해답을 제공하지 못하는 이들 문제들에 대해서 어떻게든 입장을 취해야 할 것이다. 이러한 문제들에 천착하는 과정에서 녹색주의자들은 환경을 어떻게 평가해야 할 것인가의 문제와 우리가 왜 자연을 중시해야 하는 지의 문제에 대해서 보다 폭 넓은 합의를 이루어 나갈 수 있을 것이다. 만약 녹색주의자들이 공리적 계산을 생태학적 민감성 접근으로 대체하고자 한다면, 그들은 인간에의 유용성이라는 가치가 인간의 생각과 행동을 위한 적합한 지침이 아니라는 설득력 있는 주장을 제시해야 할 것이다.

---

14) 아프리카 코끼리 보호를 둘러싼 탁월한 논쟁을 보려면, Elisabeth Marshall Thomas, "Of Ivory and the Survival of Elephants," *The New York Review of Books* 42 (Mar. 24, 1994), pp. 3-6.

제6장
여성주의

우리가 지금까지 검토해 왔던 이데올로기의 대부분의 기여자들은 남자들이었고, 이 책을 쓰고 있는 우리도 남자들이다. 역사적으로 정치적 행동가, 이론가, 철학자 모두 압도적으로 남자들이 많다. 여성주의는 이렇게 여성들의 목소리가 정치세계로부터 배제되고 주변화하고 있는 것에 대해 문제를 제기하고 있다. 여성주의자들은 남성이 제기하는 질문과 남성들이 다루는 문제들이 인간생활에 대한 남성들의 견해를 반영하고 있으며, 여성들의 관심사에 대해서는 부적절하게 주목하고 있다고 비판을 가한다.

이들 문제에 대해 남자들이 제시하는 해답들은 여성들의 것을 포함하여 인간의 경험과 이해를 반영하기보다는 남성들의 경험과 이해를 반영하고 있는 것으로 보인다. 여성주의자들은 남성들이 여성의 권리와 이해관계를 훼손하는 방식으로 사회·경제·정치적 생활을 구조화하고 있는 게 아니냐는 의문을 제기하면서, 이는 결국 남성들의 권리와 이해관계도 훼손하게 될 것으로 파악하고 있다.[1] 요약하면, 환경주의자들이 현재까지의 정치사상을 인간중심적인 편견을 반영하고 있는 것으로 비판을 가하는 것처럼, 여성주의자들은 이러한 생각들을 남성 중심적인 편견을 반영하는 것으로 파악하고 있다.

여성도 남성과 '동등한 권리'를 가져야 한다는 생각은 적어도 이데올로기의 탄생까지 거슬러 올라간다. 1792년 메리 월스톤크라프트 (Mary Wolstonecraft, 1759~1797)는 『여성권리옹호』(*A Vindication of the Rights of Women*)를 썼다. 여기서 그녀는 고전적 자유주의자들의 주장을 상기시키면서 여성도 이성을 갖고 있으며 그래서 자유주의적 프로젝트에 동등하게 참가해야 한다고 주장하였다. 지난 200여 년에 걸쳐 다른 여성들도 이러한 주장을 반복했고 확장시켰다. 그러나 지난 25년 동안 정치이론의 세계에서뿐만 아니라 구체적인 정치행동의 세계에서도 여성들의 목소리가 크게 분출하였다. 물론 이러한 여성들의 분출이 하나의 목소리만 담은 것은 아니었다.

그래서 여성들의 경험과 관심사 그리고 이해관계를 표현하는 여성들의 목소리로 이해될 수 있는 여성주의[2]는 하나의 일관된 이데올로기가 아니다. 아마도 우리가 검토해 온 다른 이데올로기의 여러 부분에 대해서 여성들은 일정한 한계 내에서이기는 하지만 여성의 시각을 반영하는 방법으로 기여해 왔다. 그리고 아마도 이러한 기여들은 여

---

1) 정치사상사에서 이런 종류의 의문을 제기하는 최근의 저술로는, Susan Moller Okin, *Women in Western Political Thought* (Princeton: Princeton University Press, 1979)와 Jean Bethke Elshtain, *Meditations on Modern Political Thought* (New York: Praeger, 1986) 참조.
2) 이렇게 여성주의를 개념 규정함으로써 우리는 여성이 여성주의의 개념을 규정해야 한다는 우리들의 생각을 의도적으로 표출하고 있다. 그럼에도 불구하고 우리들은 남성도 여성주의를 이해하고 해석하며 지지할 수 있다고 생각한다. 캐를린 스티나르드(Charlene Stinard), 마리사 켈리(Marisa Kelly), 크리스 브루너(Cryss Brunner)는 특히 우리들을 위해서 여성주의를 개념 규정하는 데 도움을 주었다. 물론 이러한 해석에서의 오류는 전적으로 우리 저자들의 책임이다.

성주의의 다양한 해석이 자유주의적인 것이거나 보수주의적인 것으로 아니면 무정부주의적이거나 마르크스주의적인 또는 사회주의적인 것으로 존재하고 있음을 암시해 주고 있다.[3] 그러나 많은 여성주의자들은 이러한 분류를 반대하며, 실제 이들 다양한 여성주의 분파들 간의 경계는 애매하다. 이들 여성주의의 다양성에 대해 포괄적인 설명을 제시하려고 하는 것은 아니지만 그래도 부분적으로나마 이들 다양성이 무엇인지를 알아보기 위한 하나의 시도로서 우리들은 여성주의의 주요 분파를 크게 세 가지로 구별하고자 한다.

자유주의적 여성주의자들은 일차적으로는 남성이 이미 보유하고 있는 몇 가지 권리들을 여성에게도 제공하는 데 관심을 갖고 있다. 이들은 남성과 여성 간의 본질적인 평등을 주창하며 남성의 이해관계와 요구 및 선호에 대해 부여하는 것과 동일한 고려를 여성에게도 제공해야 한다고 역설한다. 자유주의적 여성주의자들은 법적 개혁과 선거에서의 승리에 의존하여 이러한 변화를 가져오려고 한다. 그래서 그들은 대의민주주의, 자본주의 경제 그리고 핵가족의 우월성을 포함하여 사회생활의 기본적 구조 등 자유주의 사회의 기본적 체제를 수용한다. 자유주의적 여성주의의 목표는 여성도 남성과 같은 정치적 권리를 향유하며 여성의 경제적 향상을 위해서 남성과 꼭 같은 기회를 부여받아야 하고, 또 가부장적 가족제도를 개혁하여 어머니와 아버지가 동등한 권위와 보다 동등한 가사책임을 지도록 하는 데 두고 있다.

이와 대조적으로 **급진적 여성주의자**들은 자주 자유주의적 사회의 기본 구조를 거부한다. 무정부주의자들의 견해에 의존하는 경우 그들은 대의 민주주의에 존재하는 그런 권력구조에 대해 의문을 제기하면서 남성이 지배하고 있는 자유주의 사회에서와는 달리 덜 통제적인 방식으로 권력이 개념화되고 행사되는 대안적인 정치적 의사결정 구

---

[3] 여성주의의 다양한 유형에 대한 체계적인 요약은 Rosemarie Tong, *Feminist Thought* (Boulder, Colo.: Westview Press, 1989)에 잘 나타나 있다.

〈설명상자 6-1〉 주요 여성주의자들과 그들의 주요 저작

자유주의적 여성주의자
메리 월스톤크래프트(Mary Wollstonecraft, 1759~1797)
  『여성권리옹호』(A Vindication of the Rights of Women, 1792)
베티 프리단(Betty Friedan, 1921~2006)
  『여성주의 비법』(The Feminist Mystique, 1963)
  『두번째 단계』(The Second Stage, 1981)
글로리아 스테이넘(Gloria Steinem)*
  『난폭한 행위와 일상의 반란』(Outrageous Acts and Everyday Rebellions, 1983)
수전 몰러 오킨(Susan Moller Okin, 1946~2004)
  『정의, 성 그리고 가족』(Justice, Gender, and the Family, 1989)

급진적이고 사회주의적인 여성주의자
케이트 밀레트(Kate Millet)*
  『성의 정치』(Sexual Politics, 1970)
캐서린 맥키논(Catherine MacKinnon)*
  『한정되지 않은 여성주의』(Feminism Unmodified, 1977)
  『여성주의 국가이론을 향하여』(Toward a Feminist Theory of State, 1989)
쥴리엣 미첼(Julliet Mitchell)*
  『여성의 지위』(Women's Estate, 1971)
리제 보겔(Lise Vogel)*
  『마르크스주의와 여성의 억압: 통합이론을 찾아서』(Marxism and the Oppression of Women: Towards a Unified Theory, 1983)
메릴린 프렌치(Marilyn French)*
  『권력을 넘어서: 여성과 남성 그리고 도덕에 대해서』(Beyond Power: On Women, Men, and Morals, 1985)

포스트모던 여성주의자
메리 데일리(Mary Daly)*
  『여성/생태: 급진적 여성주의의 도덕철학』(Gyn/Ecology: The Metaethics of Radical Feminism, 1978)
  『순수한 욕망: 기본적인 여성주의 철학』(Pure Lust: Elementary Feminist Philosophy, 1984)

> 낸시 하트삭(Nancy Hartsock)*
> 『화폐, 섹스, 그리고 권력: 여성주의 유물사관을 향하여』(Money, Sex, and Power: Toward a Feminist Historical Materialism, 1983)
> 로레인 코드(Lorraine Code)*
> 『여성은 무엇을 알 수 있는가?』(What Can She Know?, 1991)
> 산드라 하딩(Sandra Harding)*
> 『여성주의에서 과학의 문제』(The Science Question in Feminism, 1986)
>
> * 현재 생존해 있는 저자

조를 추구한다. 마르크스주의나 민주사회주의들의 견해에 의존할 경우 그들은 자주 자본주의가 남성에게도 해당되지만 특히 여성의 이해관계에 적대적인 환경을 조성한다고 믿는다. 이들은 현대 사회에서 성차별을 없애려면 정치와 경제에서의 대폭적인 구조변혁이 이루어져야 한다고 본다. 일부 급진적 여성주의자들은 결혼을 포함하여 서구의 모든 사회제도는 모든 사람의 자유를 훼손하며 여성에 대한 억압을 부추기고 있다고 주장한다. 가장 급진적인 여성주의자들은 남녀관계에는 여성에 대한 억압이 내재하여 있다고 본다. 이들 여성주의자들은 여성들만의 분리된 공동체를 건설해야만이 여성에게 자유와 협력 그리고 상호우애를 진작시켜 줄 수 있고 그럼으로써 여성의 잠재력을 충분히 살릴 수 있다고 주장한다.

이들 자유주의적 여성주의자들과 급진적인 여성주의자들 모두가 자유주의적인 사회를 포함하여 현대의 다른 사회들의 정치적·사회적 관례에 대해 비판을 가함에 따라 많은 여성학자들은 이러한 관례들에 내재하여 있는 이데올로기의 인식론적 기반에 대해서도 의문을 제기하기 시작했다. 이들 많은 여성학자들은 모든 인간의 지식에서 그 기반을 보면 심각한 흠이 발견된다고 주장한다. 이들은 자연세계와 사회적 세계를 이해하기 위해서 남성들이 제공해 왔던 정치적 이데올로기라든가 다른 지적인 구성들에 특징적인 것이라 할 수 있는 과학적이고 철학적인 사고방식과 관련하여 그 추상성과 '객관성'에 대해 의문을 제기한다. 이들 포스트모던 여성주의자들은 무엇보다도 먼저 세계에 대한 우리들의 이해를 '해체'해야 한다고 주장한다. 왜냐하면 이러한 이해들은 남성들의 경험에 기반을 두고 있기 때문이다. 이들이 주창하는 사고와 인식의 다른 방식이란 여성들이 세계를 경험하는 것과 같은 보다 직접적이고 구체적이며 관계적인 방식에 동등하거나 아니면 더 많은 중요성을 부여하는 것을 뜻한다. 그렇기 때문에 다른 이데올로기들이 제공하는 사상에 대해서뿐만 아니라 어떤 이데올로기든 그것을 발전시켜 나가는 과정 그 자체에 대해서도 의문을 제기한다.[4]

I. 정치적 기반

1. 문제점과 목표

모든 여성주의자들은 여성이 직면하고 있는 공통의 문제들이 무엇인지를 명확히 하며 고전적 자유주의의 한계에 대해서 비판하고 특정의 정책목표를 공유한다. 그들은 여성이 현행의 관례와 법에 의해 차별받고 있으며 억압받고 있다고 생각한다. 이러한 억압들은 특히 동양적이고 전통적이며 저발전된 나라에서 두드러지게 나타나지만, 여성주의자들은 여성에 대한 억압과 포괄적인 차별이 서구의 자유주의적인 사회에서뿐만 아니라 사회주의 사회에서도 존재하고 있는 것으로 본다. 여성은 공공제도에 의해서 이등계급의 시민으로 취급되며, 경제 영역에서는 불평등하게 다루어지고, 가족과 결혼 등 사적인 영역에서도 자율성을 인정받지 못한다. 여성은 욕설, 성희롱, 신체적 구

---

4) 일부 여성들인 경우 동시적으로 그리고 아무런 모순 없이 급진적인 동시에 포스트모던 여성주의자들이기 때문에 이러한 포스트모던 여성주의는 그렇게 돋보이는 않는다. 그러나 모든 포스트모던 여성주의자가 다 급진적이지는 않다.

타, 강간, 살인 등 다양한 형태로 남성 폭력의 대상이 되고 있다.

여성주의자들은 이러한 차별과 억압이 발생하게 되는 이유를 고전적 자유주의자들이 주장하는 권리와 자유가 여성에게는 단지 부분적으로 혹은 마지못해서 제공되기 때문이라고 본다. 남성을 위한 자연권 확보를 위해서 고전적 자유주의자들은 정치·경제적 생활을 혁명적으로 변화시켰지만 가정의 사적인 영역에서는 전통적인 생각과 관례를 그대로 온존시켰다. 여성은 사적인 영역에서 살고 남성은 공적인 영역에서 행동하도록 하였다.[5] 여성은 정치적 행동에의 참여와 경제적 경쟁에서의 상호작용을 위해서 필요로 하는 이성적 능력을 행사하지 못하는 것으로 간주되었다. 고전적 자유주의자들은 여성을 재산을 소유할 만큼 충분히 자율적이지 못하며 남편의 소유물로 생각하는 것이 타당할 만큼 의존적 존재로 파악했다.

초기 공리주의자들을 포함하여 고전적 자유주의자들은 여성의 자유와 권리에 대해서 거의 관심을 기울이지 않았다. 1860년대 존 스튜어트 밀은 여성의 권리를 옹호한 최초의 저명한 남성 자유주의자였다. 그러나 그는 소수의 여성만이 공직을 맡을 수 있을 것이라고 생각했다. 왜냐하면 그 역시 대부분의 여성들의 자연적 성향은 어린이를 돌보고 가사 일을 맡는 게 더 적합한 것으로 보는 일반적인 남성들의 편견을 수용하고 있었기 때문이었다.[6] 자연권 주장의 보편적 흐름은 물론이고 1660년대에 이미 여성에 의해서 참정권에 대한 공개적 요구가 제기되고 있었음에도 불구하고 고전적 자유주의자들은 자유주의 프로젝트에서 여성을 배제시켰다.

어떤 측면에서 보면 전근대 유럽에서보다 오히려 18~19세기에 이

---

5) 이러한 구별에 대한 통찰력 있는 논의로는, Jean Bethke Elshtain, *Public Man, Private Woman* (Princeton: Princeton University Press, 1981) 참조.

6) Carole Pateman, "Feminism and Democracy," in *Democratic Theory and Practice,* edited by Graeme Duncan (Cambridge: Cambridge University Press, 1986), pp. 209-214 참조.

르러 여성은 더 공공생활에서 제약을 받았다. 17세기 영국에서 여성은 예술 부문에서 많이 기여했고 보다 급진적인 프로테스탄트 운동에서 적극적 역할을 했다. 18~19세기에 여성의 목소리는 자유주의자들에 의해서 거의 무시되었다. 자유주의자들은 경제활동이 주로 가정에 집중되어 있었던 전근대 유럽에서조차 전통적으로 여성에게 부여되어 왔던 여성의 재산권을 인정하지 않았다. 계몽과학으로 인해 여성은 남성보다 뇌가 작을 뿐만 아니라 여성은 그들의 감정적인 특성이라고 할 수 있는 신경질적 반응 등의 증세로부터 자유로울 수 없음이 '드러남'으로써 여성은 적절한 이성의 능력을 보유하지 못하는 것으로 파악되었다.[7]

1700년 이후 가정생활이 발전해 나감에 따라 여성은 전근대 유럽에서 보다도 더 덜 독립적인 상태에 처하게 되었다. 종교개혁 이후 더욱 촉진된 핵가족의 출현으로 인해 여성은 대가족 제도하에서 주어졌던 경제적 몫과 양육비를 박탈당했다. 핵가족을 통해 낭만적인 사랑의 상호성 속에서 평등에 대한 기대가 주어졌지만, 실제로는 핵가족으로 인해 아내는 남편에게 종속되었다. 애를 돌보고 가정을 유지하는 책임이 전적으로 아내에게만 주어진 것은 아니지만 일차적으로는 아내의 것이 되었다. 낭만적인 사랑이라는 생각은 감성, 수동성, 열정, 희생과 같이 활동적인 공공영역에는 덜 적합하지만 가정과 가족과 같은 사적인 영역에는 적합한 것으로 보이는 이러한 덕성들을 여성의 '특성'이라고 높이 평가하는 것으로 나타났다. 여성은 공공생활로부터 자신들을 배제시키는 이러한 특성들로 인해 찬양되고 존중된 것이었다. 여성은 이성과 경쟁력이 부족하다는 것을 고려하여 공공영역에 노출되지 않도록 보호될 필요가 있는 것으로 파악되었다. 여성은 받

---

[7] 머리의 크기와 지능 간의 연관성에 대한 잘못된 과학적 주장이 어떤 문제가 있는지에 대해서는, Stephen J. Gould, *The Mismeasure of Man* (New York: W.W.Norton, 1983) 참조.

들어 모시는 것으로 생각되었지만, 그것은 무언가 취약한 모시기였다. 왜냐하면 남성들을 위해서 고전적 자유주의자들이 주창하였던 자유와 평등을 여성들에게는 허용하지 않음으로써 여성들의 독특한 덕성들을 보호하고자 한 것이었기 때문이다.

많은 여성주의자들은 자유주의 사회에서 공과 사를 구별하는 것이 여성에게 이익이 되지 않는다고 본다. 오히려 그들은 여성들을 사적인 영역에만 위치하지 않도록 해방시켜 공공생활에도 참여할 수 있도록 하는 공공정책이 필요하다고 주장한다. 여성주의자들에 따르면, 일반적으로 여성들은 자신의 신체에 대한 통제력을 보유해야 한다. 여성들은 자신의 의사에 따라 아이를 낳을 것인지, 몇 명의 애를 낳을 것인지 그리고 언제 애를 가질 것인지 등을 자유롭게 선택할 수 있어야 한다. 그래서 공공정책을 통해 여성들을 남편의 성폭력으로부터 보호해야 하고 피임을 쉽게 할 수 있도록 하며 애를 유산시키는 것도 선택할 수 있도록 해야 한다. 여성들은 임신의 자유를 누릴 때 비로소 자신들의 미래를 통제할 수 있다. 여성주의자들은 어린애를 돌보는 것을 여성의 일차적 책임으로 삼아왔던 전통적인 역할로부터 해방시키기 위해서 공공육아가 제공되어야 한다고 주장한다. 임신의 자유와 공공육아를 통해 여성은 가정 바깥의 일을 할 수 있도록 기회를 부여받아야 한다는 것이다.

여성주의자들은 가정의 안과 밖에서 여성에 대한 폭력을 금지시키는 것을 공공정책의 또 하나의 목표가 되어야 한다고 주장한다. 여성에 대한 폭력으로 기소된 자에게는 엄하게 법을 적용하고 장기 형을 선고해야 한다. 성희롱, 가정 내의 학대, 성추근대기, 남편의 성폭력, 강간 등을 금지하는 법을 엄격히 집행해야 하며, 이러한 법을 어긴 사람들은 엄중하게 처벌해야 한다. 여성주의자들은 여성에 대한 범죄가 너무 오랫동안 가볍게 취급되어 왔다고 본다.

이와 같은 여성주의자들의 일반적인 동의를 넘어서면 자유주의적 여성주의자와 급진적 여성주의자들은 경제·사회적 목표에 대해서 크게 의견을 달리한다. 자유주의적 여성주의자들은 법 앞에서 권리의 평등을 성취하는 데 초점을 맞추고 있으며 그렇기 때문에 평등권개선 운동에 앞장 서 왔다.[8] 자유주의적 여성주의자들은 또한 여성들이 보다 많은 경제적·정치적 평등을 얻는 데 초점을 두었다. 예를 들면, 그들은 전통적으로 여성이 많이 고용되는 교육과 간호 등 분야에서의 봉급이 남성들이 많이 종사하는 분야에서의 봉급 수준과 같게 해야 한다고 주장하면서 '동등한 가치'의 문제를 제기했다. 그러나 이러한 목표들은 급진적 여성주의자들이 보기에는 하찮은 것으로 치부된다. 급진적 여성주의자들은 우리들의 문화와 제도에 깊숙이 내면화되어 있는 여성차별을 극복하기 위해서 생산수단의 사적 소유와 부부가족제의 철폐를 주장한다.[9]

왜냐하면 생산수단은 대개의 경우 남성에 의해 소유되고 통제되고 있기 때문이고, 부부가족제도도 여성에게 육아책임을 떠맡김으로써 여성을 사실상 감옥에 가두고 있는 것이나 다름없는 것으로 보기 때문이다. 급진적 여성주의자들은 새로운 공동체 장치를 통해 여성만이 육아책임을 지는 데서 해방되길 원한다. 슐라미스 화이어스톤과 같은 다른 급진적 여성주의자들은 의료기술의 발달에 힘입어 시험관 임신을 허용함으로써 여성이 임신 부담에서 자유롭게 되길 원한다. 대부분의 여성주의자들은 인간생활에서 이와 같이 대대적인 수정을 가하려고 하지는 않는다. 그러나 급진적 여성주의자들은 여성을 억압하는

---

8) 평등권개선(Equal Rights Amendment) 운동의 역사에 대한 흥미 있는 설명으로는, Jane Mansbridge, *Why We Lost the ERA* (Chicago: University of Chicago Press, 1986) 참조. 1980년대 초 평등권개선은 미국의 주 가운데 3/4에서 인준을 받는 데 실패했고, 그래서 미국 헌법에 규정된 바와 같이 입법화되지는 못하였다.

9) 예를 들면, Shulamith Firestone, *The Dialectic of Sex: The Case for Feminist Revolution* (New York: Morrow, 1970) 참조. 화이어스톤이 꿈꾸는 세상에 대해 흥미 있는 설명을 제공하고 있는 Marge Piercy, *Women on the Edge of Time* (New York: Knopf Publishing, 1976) 참조.

궁극의 원인들이 무엇인지에 대해 생각할 때 자본주의적이고 성차별 하는 사회에서 여성이 떠맡도록 요구되는 생산과 재생산의 역할이 가장 큰 문제이며, 따라서 이러한 역할로부터 해방될 수 있는 제도적 장치를 마련하는 것이 중요하다고 믿는다.

포스트모던 여성주의자들의 목표는 보다 포괄적이다. 이들은 인간 지식의 완전한 해체를 요구한다. 이들은 일반적으로 유효한 것으로 가정되고 있지만 사실은 남성의 관점을 반영하고 있는 사회·경제·정치적 개념 모두에 대해 재평가를 원한다. 그래서 포스트모던 여성주의자들은 여성의 목소리를 포함할 뿐만 아니라 여성의 목소리에 더 가중치를 두는 방식으로 지식을 재구성하고자 한다.

II. 철학적 기반

1. 인식론과 존재론

자유주의적 여성주의자들은 인식론과 존재론 상의 쟁점에 대해 그다지 주의를 기울이지 않는다. 그러나 급진적 여성주의자들은 우주에 대한 인간의 개념을 포함하여 우리의 자연세계와 사회적 세계를 어떻게 생각하고 있는지에 대해 근본적인 재검토를 촉구한다. 급진적 여성주의자들은 자주 남성에 의해 개발된 분석도구들이 여성의 삶은 물론이고 아마도 남성의 삶에 대해서도 적합한 이해를 제공하지 못하는 것으로 파악한다. 예를 들면, 이성과 제도, '객관적' 지식과 '주관적' 지식 간의 기본적 이분법을 강조하는 과학의 현행 방법론과 철학은 여성의 경험이 가치 있다는 것을 알지 못하고 이를 폄하한다는 것이다.

현행 인식론의 이와 같은 '남성적 편견'에 대응하여 여성주의 학자들은 여성주의 인식론을 발전시키려고 애써 왔다. 이러한 여성주의 인식론은 이분법, 엄밀성, 도구주의에 대해 이것들이 남성 중심의 이데올로기에 의해 사용되어 온 인식론을 특징화하는 것으로 파악하면서 신랄하게 비판을 가한다.

예를 들면, 메리 데일리(Mary Daly)는 인식론과 존재론의 전통적인 철학적 범주가 실제를 반영하지 못하는 고정성 내지는 안정성을 가정하고 있는데 이는 여성과 자연에 대해 남성의 지배를 실현하려는 노력의 결과라고 주장한다. 『순수한 욕망: 기본적인 여성주의 철학』과 같은 자신의 최근 저작에서 데일리는 전통적인 철학의 도구적 사고방식과 남성 중심의 정태적인 범주화를 거부한다. 이를 위해서 데일리는 새로운 언어와 낯선 연관 그리고 기존 의미들의 재구성으로 가득 넘쳐흐르는 시적이고 정서적인 저술활동을 했다. 데일리의 책들은 '점잖은' 폭력들을 전면에 드러내 보여주면서 여성을 억압하기 위해서 사용되어 왔던 언어들을 재해석하는 등 세상을 거꾸로 뒤집어 놓은 축제였다.[10] 데일리는 여성을 비하기 위해서 사용되어 왔던 용어들을 버리지 않는다. 그녀는 이러한 용어들의 의미를 바꾸어 사용한다. 그래서 '마귀할멈' 이라든가 '마녀' 와 같은 용어가 여성을 긍정적으로 묘사하는 것으로 되고, 가부장적인 속박으로부터 벗어나고자 하는 '욕망' 은 여성과 함께 살고 여성과 함께 존재하며 여성과 함께 '무엇인가 되기' 위한 강력한 추동력이 된다.

정치철학에서 통상적으로 보여주는 것보다 더 예술적이고 시적인 이해 양식을 찬양하는 것에 덧붙여 포스트모던 여성주의자들은 또한 보다 더 개방적이고 포괄적인 사회과학을 강조한다. 이들은 명료한 과학적 개념과 범주에 의해서 그리고 이러한 개념들로 인간행동을 측정하여 보편적인 과학적 법칙을 주장함에 의해 설명될 수 있는 '실재' 세계와 '자연' 세계가 존재한다고 보지 않는다. 이러한 분석방법에 의해서 만들어진 사회적 세계를 이해함에 있어 왜곡을 교정하려는

---

10) Mary Daly, *Pure Lust: Elemental Feminist Philosophy* (Boston: Beacon Press, 1984); Mary Daly, *Gyn/Ecology: The Metaethics of Radical Feminism* (Boston: Beacon Press, 1978) 참조.

의도에서 급진적 여성주의자들은 '객관적인' 과학적 지식의 가능성에 의문을 제기하는 사회적 탐구의 새로운 접근을 주창한다. 사회적·정치적 담론에 여성과 다른 비주류 집단을 포함시킴으로써 급진적 여성주의자들은 남성의 세계관을 대변하는 인위적인 인식 범주를 (여성이나 비주류 집단과 같은) 다른 인간들의 것으로 대치하고자 한다. 이들은 만약 정치적 지식이 존재한다면 이는 누구의 견해가 가장 유효한가를 결정하기 위해서 다양한 '과학적' 검증을 하는 것보다는 모든 사람들의 주관적 실재를 청취함으로써 더 잘 파악할 수 있을 것이라고 믿는다.[11]

낸시 하트삭은 정치적 지식에 대해 가장 흥미 있는 포스트모던 접근 하나를 제시한 바 있다.[12] 칼 마르크스와 칼 만하임처럼 하트삭은 삶에 대한 인간의 이해가 불가피하게 우리들의 '관점'에 의해서 정형화된다고 주장한다. 마치 마르크스의 분석에서 부르주아와 프롤레타리아로 나뉘는 것처럼 만약 물질적인 생활이 두개의 다른 집단에게 다르게 구조화되어 있다면 이들 두 집단은 삶을 다르게 경험하게 된다. 남성은 여성과 다르게 삶을 경험하기 때문에 삶에 대한 남성들의 비전은 실재에 대한 남성적 경험의 측면만을 그리고 남성들이 경험하는 방식만을 반영하게 될 것이다. 가부장적인 자본주의 사회에서 남성의 경험은 경쟁적인 영역과 자유 시장에서 교환을 위한 상품에 초점을 맞추어 왔다. 남성들은 이러한 경험들로부터 정치에 대한 자신의 생각을 발전시킨다. 여성들도 이러한 경쟁 영역에서 어떤 경험을

---

11) 여성주의 인식론에 대해서는 다음을 참조. Patti Lather, *Getting Smart: Feminist Research and Pedagogy with/in the Postmodern* (New York: Routledge, 1991), chap.3; Carol A. Warren, *Gender Issues and Field Research* (Newbury, Calif.: Sage Publications, 1988); Chris Weedon, *Feminist Practice and post-Structural Theory* (New York: Basic Blackwell, 1987), chaps. 3-5.
12) Nancy Hartsock, *Money, Sex, and Power: Toward a Feminist Historical Materialism* (New York: Longman, 1983).

하기는 하지만, 여성들은 또한 교환보다는 즉각적인 사용을 위해서 상품생산을 폭넓게 경험해 왔고 더 중요하게는 재생산에 더 많이 관여해 왔다. 그 결과 여성들은 덜 경쟁적인 맥락과 보다 더 구체적인 방식으로 그리고 보살피는 관계에 대한 이해를 증진시키는 방식으로 세상을 경험하게 된다. 여성은 자신의 딸이 사회생활의 이러한 측면을 잘 이해할 수 있도록 해 준다.

왜냐하면 어머니들은 오랫동안 자신의 딸들을 위해서 자신들의 구체적인 실재를 모범으로 보여주어 왔기 때문이다. 그러나 아들들은 이러한 '여성의 세계'를 거의 이해하지 못한다. 왜냐하면 그들은 '관념화된 남성'(abstracted men)으로 양육되기 때문이다. 아버지들은 가정 밖에서의 생산적 노동에 관여하기 때문에 그들은 자신의 아들을 위해서 구체적인 모델로서 자신을 드러내 보이기가 힘들다. 그 결과 남성의 관점은 여성의 그것과 비교할 때 부분적이고 관념적인 것이 된다. 그러나 고약하게도 지식의 가장 높은 단계로 간주되고 있는 것은 남성의 과학과 남성의 철학이라고 할 수 있는 남성의 관념이다. 하트삭은 세계를 제대로 이해하기 위해서는 여성의 관점을 포함할 필요가 있다고 주장한다. 실제로 남성의 관점과 대비하여 상대적으로 여성의 관점에 특권적 위상을 부여할 필요가 있다.

2. 사회

마르크스주의자들이 사회의 특성에 대해서 생각할 때 통상적으로 지배계급과 종속계급에 초점을 맞추듯이 여성주의자들은 대개의 경우 삶의 공적 영역과 사적 영역 간의 구별에 초점을 맞춘다. 마르크스주의자들이 사회의 계급구조를 억압적인 것으로 바라보듯이 여성주의자들은 사회 내의 공/사 구별을 억압적인 것으로 파악한다. 그러나 자유주의적 여성주의자들인 경우는 자유주의 사회에서 공/사간의 구별을 굳이 없앨 필요가 없다. 오히려 사적 영역에서 남성들이 보다 더 많은 책임을 떠맡을 것을 요구하면서 공적 영역에서 여성에게 동등한 권리와 공평한 접근을 제공해 주면 될 것으로 본다. 여성은 동등한 정치적 권리와 법 앞에서의 동등한 지위 그리고 경제에서 동등한 기회를 부여받아야 한다. 자유주의적 여성주의자들은 자유주의 사회의 공/사 구별로 인해 나타나는 성차별에는 반대하지만 공/사 구별의 틀 자체에는 반대를 하지 않는다.

그러나 급진적 여성주의자들은 '사적인 것도 정치적인 것'이라고 주장하면서 공/사의 구별을 반대한다. 그들은 남성들이 여성을 사적인 영역으로 밀어내고 자신들이 공적인 영역을 지배하기 위해서 공과 사의 구별이라는 개념을 개발하고 발전시켜 온 것이라고 주장한다. 공적 생활에서 여성에 대한 남성의 지배는 정부와 기업 내의 권력 중심에 남성이 과다하게 자리하고 있는 것이라든가 기업이나 입법부의 임원진 구성에서 여성을 홀대하는 것 그리고 보다 일반적으로는 언론과 대중매체에서 여성을 나쁘게 이용하는 데서 잘 드러난다. 공공영역에서 남성의 지배는 불가피하게 사적 영역으로 흘러들어간다. 사적 영역에서는 여성의 이해관계가 중시되고 여성이 자율성을 누리는 장소가 되도록 하려고 해도 여성이 공공 영역에서 남성보다 경제적 자원이나 권력, 지위를 적게 갖기 때문에 여성은 사적 영역에서도 남성의 요구에 굴복하게 된다. 그 결과 여성은 임원실에서 뿐만 아니라 침실에서도 지배를 당한다.

또한 일부 급진적 여성주의자들은 공/사 구분이 여성 착취를 조장하고 자본가의 이익을 보장한다고 주장한다. 사적 영역에서의 노동은 저평가되고 공정하게 보상을 받지도 못한다. 여성은 가정이나 경제에서 값싼 노동의 제공자가 되고 있다. 여성은 가족 부양자가 아니라 집을 지키는 개처럼 집 지키는 역할을 맡는가 하면 가족을 부양하기 위해서 충분한 보수가 보장되는 직장이나 전문직을 거의 차지하지 못하고 있다. 여성은 또한 경제 호황기에는 값싸게 고용될 수 있는 예비 노동자군이 되고 경제 불황기에는 사적 영역으로 되돌아가도록 내몰린다.

〈설명상자 6-2〉 음란물에 대한 급진적 견해와 자유주의적 견해

캐서린 맥키논(Katherine MacKinnon)이나 안드레아 드워르킨(Andrea Dworkin)과 같은 급진적 여성주의자들에 따르면, 음란물은 여성을 통제하고 착취하기 위해서 남성에 의해 지속적으로 제기되는 요구의 징후이자 원인이다. 『한정되지 않은 여성주의』(Feminism Unmodified)에서 맥키논은 음란물이 여성에 대한 현행의 착취를 찬양하는가 하면 여성에 대한 지속적인 억압의 사례를 제공한다고 주장한다. 『음란물: 여성을 소유하는 남성』(Pornography: Men Possessing Women)에서 드워르킨은 음란물이 여성을 객관화하고 여성을 폭력의 대상으로 만들며 여성으로 하여금 항구적으로 성적인 학대와 강간의 위협에 직면하도록 하는 경멸의 문화를 지속시켜 나간다고 비난한다.

급진적 여성주의자들은 음란물과 성애문학을 구별한다. 둘 다 성적인 관계나 행위를 영상으로 묘사하지만, 성애문학은 애정에 기반한 상호존중의 관계를 그린다. 음란물은 여성이 일반적으로 남성의 쾌락을 위한 대상으로 화하는 지배와 폭력, 고통의 행위를 그린다. 급진적 여성주의자들은 음란물에 대한 법적인 제재를 추구하는데, 그 이유는 음란물이 폭력을 그려내고 대변하고 퍼뜨린다고 보기 때문이다.

이와 관련 자유주의적 여성주의자들도 음란물을 못마땅하게 생각하지만 음란물과 성애문학 사이의 명확한 구분에 대해 자신을 갖지 못한다. 음란물을 구성하는 요소가 무엇인지에 대해 각 개인마다 각기 다른 견해를 가질 수 있다고 보기 때문이다. 나아가 만약 여성이 혹은 누구든 음란한 행동을 하도록 강제되지 않는다면 그리고 시민이 음란물을 보도록 강제되지 않는다면, 음란물을 금지해야 할 이유가 명확하지 않다. 음란물로부터 직접적인 폐해가 생기지 않는 한, 자유주의자들은 음란물 또는 성애문학에 대한 자유로운 담론을 지지한다. 다만 음란물이 폭력행위를 유도한다는 명확한 증거가 있는 경우에는 법적인 금지가 제기되어야 할 것으로 본다.

급진적 여성주의자들은 자유주의적 여성주의자들이 자발적 행동에 대한 자유주의적 이해와 가부장적인 이해관계에 부응하는 자유담론의 덫에 걸려 있다고 파악한다. 자본주의 사회에서 노동자들이 자유롭게 자신들의 노동을 계약하지 않는다고 주창하는 마르크스주의자들처럼, 급진적 여성주의자들은 음란물에 '동의'를 하는 여성들은 이러한 음란물과 결코 자유롭게 접하는 것이 아니라고 본다. 음란물 행위에 동의하는 여성들은 가부장적 사회에서 배태된 허위의식의 희생양일 뿐이다. 이들 여성들은 자신들을 대상화하고 이용하는 것을 받아들일 따름이다. 남성의 가치와 이해관계가 지배적인 사회에서 자유 담론은 급진적 여성주의자들에게는 의미가 없다.

왜냐하면 그것은 여성의 품격을 떨어뜨리고 또 여성에 대한 남성의 권한을 강화시키는 관행들을 용인하도록 지배집단의 권리를 보호하는 것이기 때문이

> 다. 급진적 여성주의자들은 음란물을 보는 것과 여성에 대한 폭력행위 사이에 어떤 통계적인 연관이 있는 경우에만 공적 조치가 취해져야 한다고 보는 자유주의자들의 주장을 거부한다. 급진적 여성주의자들은 음란물이 모방적인 폭력행위를 조장하는 특정의 사례들에 주목한다. 그들은 음란물이 여성을 남성의 노리개로 바라보는 일반적 견해를 대변한다고 본다. 음란물이야말로 지속적으로 여성을 학대하면서 여성 자신들의 자율성과 여성성을 표출할 수 있는 기회를 박탈하는 문화가 가장 생생하게 표출된 것에 불과한 것으로 파악한다.

자유주의적 여성주의자들은 여성이 공적 영역에서 동등한 접근을 할 수 있도록 하자고 주장한다. 반면 급진적 여성주의자들은 공공 영역과 사적 영역의 구분을 없애고자 하며 여성에 대한 남성의 지배가 존재하는 경우 이에 대해 공격을 가하려고 한다. 급진적 여성주의자들은 자유주의적 여성주의자들이 순진하다고 생각한다. 이들이 보기에 자유주의적 여성주의자들은 공적 생활을 지배하는 남성의 가치가 어떻게 사회생활의 모든 영역에서 여성을 지배하는지에 대한 이해를 제대로 하지 못하고 있다는 것이다.

예를 들면, 자유주의적 여성주의자들은 공적 영역에서 언론자유가 있어야 하고 그렇기 때문에 음란물을 허용해야 한다는 자유주의적 생각을 받아들인다. 급진적 여성주의자들은 이와 같은 음란물 허용이 사회의 공적 영역과 사적 영역 모두에서 일상생활을 영위할 때 여성에 대한 폭력을 증대시키는 영향을 미치는 것으로 파악한다. 포스트모던 여성주의자들은 공/사 구별에 대해, 이것이 현실을 왜곡시키는 남성들의 구성물인 것으로 본다. 남성의 견해에서 보면, 공적인 것은 경제적 경쟁과 권력의 영역이지만 사적인 것은 친밀한 가정생활의 영역이다. 그러나 여성의 시각에서 보면, 사적 영역도 권력관계라든가 경제적 지배와 밀접하게 연결되어 있다. 남성의 견해가 지배적인 한, 권력과 지배의 문제는 공공의 영역에 한정될 뿐 가정에서는 무시된다.

3. 인간본성

여성주의자들은 인간본성을 변형이 가능한 것으로 본다. 일부 여성주의자들은 전통적으로 생리학적인 차이 탓으로 돌리는 이른바 인간 특성에서의 많은 성적 차이란 것이 실제로는 문화적 변이와 사회화의 결과라고 주장한다. 따라서 여성주의자들은 인간본성을 형성시키는 데 있어서 자연과 양육의 상대적 중요성을 둘러싸고 광범한 논쟁에 참여한다.

많은 자유주의적 여성주의자들은 생물학적인 차이가 남성과 여성 사이에 존재한다는 것을 인정하지만, 이러한 차이들이 정치적·사회적·경제적 영역에서 아무런 의미가 없다고 주장한다. 그들은 남성의 권리와 특권이 '성별을 무시하는' 방식으로 여성에게 확장되는 미래를 추구한다.

일부 여성주의자들은 남성과 여성 사이에는 자연적인 차이가 없다고 생각한다. 그렇기 때문에 남성과 여성은 양성이 동화된 사회를 건설함으로써 자신들의 성적 특성을 넘어설 수 있도록 양육될 수 있다고 본다. 각 개인에게 **양성동화**의 목표는 남성과 여성의 장점이라든가 특성 가운데 가장 좋은 것을 결합시키는 데 있다.[13] 예를 들면, 양성동화를 추구하는 사람들은 '남성은 보다 분석적이고 여성은 직관적'이라는 등의 특징화를 받아들이기보다 남성과 여성 모두 인간본성에 내재하여 있는 분석적이고 직관적인 잠재적 능력을 충분히 개발시킬 수 있다고 믿는다. 다만 이러한 잠재적 능력이 사회화의 차이 때문에 남성과 여성에게서 제대로 개발되지 않는 경우가 많을 뿐이라고 생각한다.

화이어스톤 같은 일부 급진적 여성주의자들은 남성과 여성의 차이가 인간 공동체를 재생산하는 여성의 생물학적 역할과 인간 공동체

---

13) 예를 들면, Kate Millet, *Sexual Politics* (Garden City, N.Y.: Doubleday, 1970); Marilyn French, *Beyond Power: On Women, Men and Morals* (New York: Summit Books, 1985).

내에서 재화 생산에 기여하는 남성의 전통적인 역할로부터 연유한다고 주장한다. 여성의 생물학적 역할은 여성성의 돌봄과 온정주의 그리고 수동성에 강조를 두는 데 반해 남성의 생산적 역할은 남성성의 도구적이고 추상적이며 공격적인 특성에 초점을 맞춘다. 화이어스톤에게 있어서 이와 같은 남성과 여성의 성적 특징들은 생산과 재생산 노동의 성적 구분을 거부함으로써 극복될 수 있다는 것이다. 여성이 자신들의 잠재력을 충분하게 실현하려면 임신과 출산 그리고 육아로부터 해방되어야 한다고 본다.[14]

가장 급진적인 여성주의자들은 여성에 대한 억압이 노동의 성적 구분과 너무나 밀접하게 내재하여 있기 때문에 여성은 남성과의 계약을 파기해야 한다고 주장한다. 그들은 임신과 출산 그리고 육아의 부담을 여성으로부터 덜어드린다 해도 여성이 자신의 잠재력을 충분하게 개발시킬 수 없다고 주장한다. 왜냐하면 남성이 여전히 정치적으로, 사적으로 그리고 물리적으로 여성을 억압할 것으로 보기 때문이다. 남성의 지배는 가부장적 사회의 종교적·철학적·정치적·언어적 이해와 깊이 연관되어 있다.

메리 데일리 같은 급진적 여성주의자들은 만약 여성이 여성에 대해 남성이 제시한 가부장적 '구성'으로부터 회피하려고 한다면 남성과 절연해야 할 것으로 주장한다. 분리론적 여성주의자들은 이성 관계를 거부하는 동성애적인 분리주의를 지지하는 경우도 있다. 남성은 항상 폭력적이고 소유적이며 도구적이고 경쟁적이라는 것이다. 만약 성관계가 성차별주의의 원천이라면, 여자동성애 관계는 성차별 관행의 출발점을 회피할 수 있게 해 줄 것으로 본다. 여자동성애적 분리주의자들은 가부장주의의 억압적 언어를 회피하거나 깎아내림으로써 여성의 자질과 권력을 새롭게 정의내릴 수 있다고 생각한다. 동성애적인 분리주의를 통해 여성은 여성의 신체와 여성의 능력 그리고 여성들

---

14) Firestone, *The Dialectic of Sex*.

관계를 옹호하는 사랑의 세계를 구축할 수 있다는 것이다.

진 베티케 엘쉬타인 같은 다른 여성주의자들은 인간본성의 변용성을 과대평가하거나 남성과 여성 간에 존재하는 중요한 생물학적 차이를 무시하는 데 대해 반대의 입장을 취한다. 엘쉬타인에 따르면 여성은 공동체주의의 덕성을 보유하고 있는데, 이는 자유주의 사회에서 볼 수 있는 공동체의 상실이라든가 개인주의의 과잉발전을 회피하게 해 주는 중요한 자산이다. 엘쉬타인이 볼 때 여성이 어머니와 가정주부의 역할을 맡는다는 게 반드시 문화에 의해서 속아서 하는 게 아니다. 오히려 여성은 자신들이 실행하고 있는 것으로 올바르게 파악하는 경험의 방식을 추구하고 있다는 것이다. 엘쉬타인은 정열이라든가 보살핌의 윤리와 같이 여성의 덕성인 것으로 파악되는 전통적 특성들이 여성의 생물학에 새겨져 있는 것이며 그래서 이러한 특성들은 존중되고 가치가 있는 것으로 받아들여져야 한다고 주장한다.[15]

III. 실질적인 정치적 원칙

1. 권위

대부분의 여성주의자들은 여성의 지위를 제고시키기 위해서 국가가 적극 나설 필요가 있다고 생각하며 여성정책의 목표를 달성하기 위해서 기꺼이 국가권력을 활용하고자 한다. 자유주의적 여성주의자들은 일반적으로 성차별을 금지하며 폭력으로부터 여성을 보호하고 여성에게 정치·경제의 영역에 보다 쉽게 접근할 수 있는 기회를 보

---

15) Jean Bethke Elshtain, "Feminism, Family and Community," *Dissent* 29 (Fall 1982)와 *Power Trips and Other Journeys* (Madison: University of Wisconsin Press, 1990). 엘쉬타인은 여성의 생물학적 특성을 받아들인다고 하여 그것이 여성으로 하여금 공공생활에의 보다 폭넓은 참여를 통해 다른 특성들을 개발하는 것을 훼방하는 것은 아니라고 주장한다.

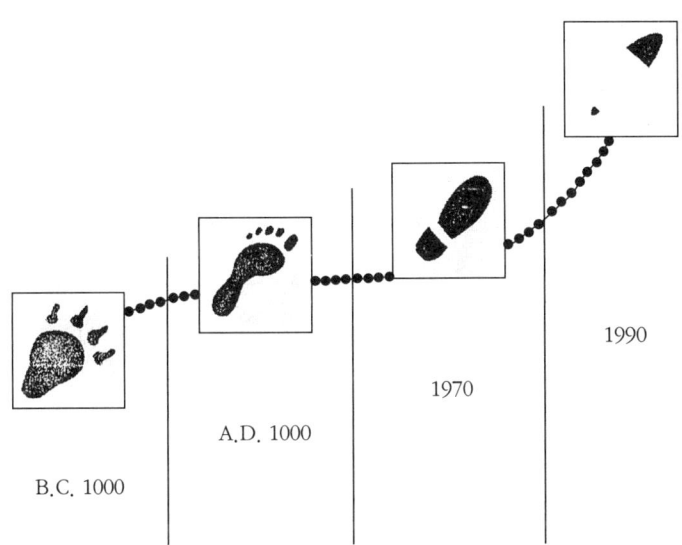

〈그림 6-1〉 권위의 진화

장하는 입법을 지지한다. 그들은 여성이 애를 키우는 의무로부터 조금이나마 벗어날 수 있도록 종일 육아시설을 제공하는 데 국가가 더 많은 역할을 해야 한다고 주장한다. 급진적 여성주의자들도 일반적으로 정부권위를 이렇게 활용하는 것을 지지하면서도 국가가 한 걸음 더 나아가길 원한다. 예를 들면, 어떤 급진적 여성주의자들은 압도적으로 남성지배하에 있는 사유재산을 국가가 국유화할 것을 요구한다. 다른 급진적 여성주의자들은 재생산 기술의 개발과 확산에 국가가 개입하길 바란다.

그러나 여성주의자들은 국가가 할 수 있는 것과 입법적 개혁에는 한계가 있음을 인식하고 있다. 입법을 통해서 모든 차별을 제거할 수 있는게 아니다. 그렇다고 일부 시민들의 개인적인 편견을 없앨 수도 없다. 만약 남성이 계속 정부를 지배하고 또 남성의 생각이 공공정책의 기반을 이루고 있다면, 생산과 재생산 과정에 대해 국가가 개입한다고 하여 여성이 해방되지는 않을 것이다. 그래서 여성주의자들은, 특히 포스트모던 여성주의자들은 정부의 권위가 어떠해야 한다든가 또는 정부의 역할은 무엇이어야 한다는 등과 관련하여 어떤 고정된 원칙을 확정하는 것에 대해 반대의 입장을 취한다.

2. 통치자와 시민권

19세기 동안 자유주의적 여성주의자들의 주된 목표 가운데 하나는 여성에게 참정권을 확대하는 것이었다. 여성주의자들은 자유주의적인 정치·경제적 권리를 획득하는 데는 참정권이 필수적이라고 보았다. 19세기 동안 자유주의 여성주의자들은 서구 민주주의 국가에서 남성에게 주어진 시민권을 여성에게도 꼭 같이 부여하도록 하는 투쟁을 지속해 왔다. 대부분의 공식적인 정치적 권리와 관련하여 남성과 꼭 같은 권리를 확보한 이후 자유주의적 여성주의자들은 점차 보다 동등한 권력을 얻는 데로 초점을 맞추었다. 정부의 입법, 행정, 사법부에 여성이 보다 더 많이 참여하는 것 이외에도 경제와 가정생활에서도 여성의 권한을 강화하는 데 힘을 기울였다.[16] 정치생활에서의 균등한 참여기회를 여성이 갖도록 하는 것뿐만 아니라 정책결정 과정에서도 남성과 같은 수준으로 여성의 참여를 보장하도록 애를 썼다.[17]

대부분의 급진적 여성주의자들은 여성의 정치권이나 정치권력과 관련하여 자유주의적 여성주의자들의 목표와 성과를 받아들인다. 그러나 자유주의적 사회 내에서 여성에게 보다 많은 권력을 부여하고 여성의 권리를 신장한다고 하여 그러한 개혁이 여성에게 의미 있는 변화를 가져다 줄 만큼 충분한가에 대해서는 의문을 제기한다. 예를 들어, 일부 '분리주의적' 여성주의자들은 남성 중심의 공동체로부터

---

16) Ann Bookman and Sandra Morgen, *Women and the Policies of Empowerment* (Philadelphia: Temple University Press, 1989).

17) Babars J. Nelson and Najama Chowdhury, *Women and Politics Worldwide* (New Haven, CT: Yale University Press, 1994).

여성을 분리하여 여성이 스스로 지배하도록 해야 할 것으로 본다.

포스트모던 여성주의자들은 통치와 시민권에 대한 우리들의 개념이 너무 제한되어 있다고 생각한다. 왜냐하면 이러한 개념들은 사람들 사이의 친분관계보다는 개인적 권리의 중요성을 더 중시하고 또 위계질서와 통제의 필요성을 더 강조하는 남성의 시각을 반영하고 있기 때문이다. 예를 들어, '누가 지배해야 할 것인가'의 질문 자체가 바로 권력의 개념을 어떤 사람이 다른 사람을 지배할 수 있는 능력인 것으로 파악하고 있다는 데 주목하고 있다.

통치권을 다른 사람에 대한 지배와 관련된 것으로 보거나 아니면 시민권을 통치자에 대한 순응인 것으로 보는 대신에 포스트모던 여성주의자들은 조직에 관한 여성의 실천이 "권력을 통해서 자신은 물론이고 다른 사람에 대한 활력 제공과 상호적인 권한강화의 가능성을 보여주고"[18] 있다고 주장한다. 다시 말해서 그들은 통치란 다른 사람들과의 협력적 관계를 통해 무엇인가를 달성하는 권력인 것으로 재정의할 수는 없는지를 생각한다. 포스트모던 여성주의자들은 이와 같은 협력관계를 통해서 모든 사람이 상호 보살피는 관계와 공동체 목표의 달성 두 가지를 다 얻어낼 수 있을 것으로 보고 있다.

3. 구조

자유주의적 여성주의자들은 보통 현대사회에 존재하는 사회·경제·정치적 구조를 지지한다. 그래서 그들은 현대 정부의 구조에 대해서 세세하게 비판을 하지 않는다. 그러나 일부 자유주의 여성주의자들은 현대사회에서 참여의 수준이 민주적이고 공동체적인 가치를 개발하는 데 적절하지 않다고 주장한다.[19] 더 높은 수준의 참여를 제공하는 정부와 경제의 제도적 장치가 마련되어야 일부 여성주의자들

---

18) Sandra Harding, *The Science Question in Feminism* (Ithaca, N.Y.: Cornell University Press, 1986), p.149.

이 주장하는 것과 같은 보다 더 심의적이면서 보다 덜 갈등적인 정치가 가능할 것으로 본다.

그러나 급진적 여성주의자들은 자유주의적 제도의 적절성에 대해 의문을 제기한다. 그들은 자본주의 경제와 대의민주주의에 대해 자주 비판을 가하면서 동시에 가족생활의 구조에 대해 집중 공격한다. 그러나 급진적 여성주의자들 사이에서 가부장적 가족에 대한 대안이 무엇인가에 대해서는 여전히 논쟁 대상으로 남아있다. 일부 여성주의자들은 단순히 가정 밖의 공공생활에 참여하고자 하는 여성의 요구에 대해 핵가족이 보다 더 민주적이고 보다 더 제한적이길 원한다. 다른 일부 여성주의자들은 남자와 여자가 애를 키우고 가사를 꾸려나가는 것에 대해 공동으로 책임을 지도록 하기 위해서 보다 더 공동체적인 생활방식을 요구한다. 그러나 남성과 분리된 여성의 공동체를 주장하는 여성주의자들도 있다.

4. 정의

모든 여성주의자들은 현대 사회에서는 여성이 경제적 기회와 사회적 보상에 있어 동등한 몫을 받지 못하고 있다고 생각한다. 역사적으로도 여성은 경제적 기회와 교육의 기회에서 일반적으로 성차별을 받아왔다. 미국에서 자유주의 여성주의자들은 같은 일을 하는 경우에는 남자와 여자가 동일한 임금을 받도록 하는 1963년의 동일임금법(Equal Pay Act)을 통과시키는 데 기여했다. 그들은 인종과 성별에 기반 한 어떤 차별도 금지하는 1964년의 시민권법(Civil Right Act)을 통과시키는 데도 역할을 하였다. 이러한 일련의 법을 통해 교육에서 여성의 기회가

---

19) Amy Gutmann, "Undemocratic Education," in *Liberalism and the Moral Life,* edited by Nancy Rosenblum (Cambridge: Harvard University Press, 1989), pp. 71-88; Carole Paleman, "Feminism and Democracy," pp. 204-217; Iris Marion Young, *Justice and the Policies of Difference* (Princeton: Princeton University Press, 1990).

확대되었고 또 여성은 차별철폐정책에서 보호를 받는 계급이 되었다.

그럼에도 불구하고 자유주의적 여성주의자들은 평균적으로 여성이 동일한 일을 하는 남성에 비해 여전히 20%나 낮은 임금을 받고 있다는 데 주목한다. 그래서 그들은 여성이 집에서 애를 키우는 동안에는 여성을 해고시키지 못하도록 하는 모성휴가 정책이라든가 '이혼 후 자녀양육비를 안내는 아버지'의 임금을 압류할 수 있도록 하는 이혼수당지불법 등 여성의 경제적 위상을 제고시킬 수 있는 입법을 계속적으로 추구한다.

일부 자유주의적 여성주의자들은 또한 만약 여성이 가정에서 정의를 확보하지 못한다면 공공영역에서도 정의를 확보할 수가 없다고 주장한다.[20] 만약 여성이 사적 영역에서 남성에게 종속되는 상태에 놓이게 되면, 여성은 기업이나 정부에서 자신의 이익을 추구하기 위해서 필요로 하는 개인적 권한강화의 필요를 전혀 느끼지 못할 것이다. 만약 여성이 애를 키우거나 가사의 책임을 지는 데에서 가장 중요한 몫을 담당한다면, 여성은 가정 밖에서의 성공을 위해 남성과 동일한 기회를 누리지 못할 것이다.

자유주의적 여성주의자들은 정의가 가정에서부터 시작해야 한다고 제안할 때야말로 자유주의적 입장에 충실하고 있다. 왜냐하면 그들은 자유주의적 제도의 기본적 틀은 받아들이고 있기 때문이다. 그러나 여성에 대한 부정의의 원인을 이렇게 이해하다보면 급진적 여성주의에로 다가가게 되는데, 왜냐하면 이러한 이해는 가부장적 가정을 해체할 필요를 제기하기 때문이다.

급진적 여성주의자들에게는 **가부장제가** 부정의의 중요한 근본적 원인이 된다.[21] 더구나 '가부장제'는 아내에 대한 남편의 지배만을 의미

---

20) Susan Moller Okin, *Justice, Gender, and the Family* (New York: Basic Books, 1989).
21) 예를 들면, Juliet Mitchell, *Women's Estate* (New York: Pantheon Books, 1991)와 Heidi Hartmann, "The Unhappy Marriage of Marxism and Femi-

〈설명상자 6-3〉 여성운동과 여성주의

1960년대 이래 서구와 비서구 국가들 모두에서 많은 여성운동이 전개되어 왔다. 어떤 여성운동은 여성에게 더 많은 권리를 부여하는 데 목표를 두면서 개혁을 양성평등과 결부시켰다. 다른 여성운동은 개혁을 양성평등이라는 보다 넓은 관심과 연결시키기보다는 여성의 특정한 고통을 덜어주는 데 목표를 두었다. 전자가 '전략적인 여성의 이해관계'에 목표를 두고 있다면, 후자는 '실질적인 여성의 이해관계'에 관심을 두고 있다.

실질적인 여성의 이해관계에 의해 주도되는 여성운동은 다양하고 특정한 목표를 보유하고 있다. 여성은 일반적으로 평화운동에 적극적인데, 그 이유 가운데 하나는 어린애들이 전쟁에서 희생되기 때문이다. 아르헨티나에서 여성들은 〈마요 광장의 어머니들〉(Mothers of Plaza de Mayo)를 조직하여 어린애들의 '행방불명'에 개입된 정부의 잔악상을 성토했다. 여성들은 또한 식량이나 경제적 기회의 결핍으로 인해 자신의 가족들에게 만족스러운 영양을 제공하지 못하게 되면 그러한 경제적 상황에 대한 저항을 조직화 해왔다. 여성들은 자신들의 경제적 이해관계를 지키기 위해서뿐만 아니라 자신들의 환경을 개선하기 위해서 생태학적 개혁운동에 자주 개입하고 있다.

여성이 실질적인 여성의 이해관계를 추구할 때 반드시 자신들이 맡고 있는 역할을 비판하는 것은 아니다. 오히려 어린애 양육, 보살핌, 간호 등 전통적인 자신들의 역할을 다하지 못하게 되는 것을 문제 삼는다. 그래서 어떤 여성운동은 여성의 전통적인 역할에 의문을 제기하기보다는 그러한 역할을 강화하는 데 더 많은 관심을 기울인다.

그러나 실질적인 여성의 이해관계를 주창하면서 시작한 여성운동도 전략적인 여성의 이해관계를 추구하여 나갈 수 있다. 실질적인 여성운동은 여성이 직면하고 있는 일반적이고 체제론적인 문제에 대해 의식화의 제고를 가져올 수 있다. 『세계화된 젠더 문제』(Global Gender Issues)라는 책에서 스파이크 피터슨(V. Spike Peterson)과 앤 소쏜 루니온(Anne Sosson Runion)은 다음과 같은 제언을 하고 있다.

> 여성이 자신들의 실질적인 이해관계에 대한 관심의 결과로 정치운동에 참여할 때, 그들은 여성으로서 자신들의 종속성에 대해 자의식적으로 대면하면서 동시에 전략적인 여성의 이해관계에 대한 인식을 발전시켜 나갈 수 있다. 이런 과

---

nism: Towards a More Progressive Union," in *Women and Revolution: A Discussion of the Unhappy Marriage of Marxism and Feminism*, edited by Lydia Sargent (Boston: South End Press, 1981), pp.1-41.

> 정에서 여성은 자신들의 전략적인 이해관계가 제약을 받고 있다는 이유로 자신들의 실질적인 이해관계도 충족되지 못함을 이해하게 된다. 이러한 통찰을 통해서 여성은 자신들의 일상생활에서 직면하고 있는 순수한 생존의 문제까지도 성차별과 연관시켜 나가게 된다.*
>
> 간단히 얘기하면, 식량폭동에서는 권리보다는 생존의 문제에 대한 항의가 그 원인이 될 수 있다는 것이다.
>
> * V. Spike Peterson and Anne Sosson, *Global Gender Issues* (Boulder, CO: Westview Press, 1993), p. 122.

하지 않는다. 그것은 정치·사회·경제적 생활의 모든 영역으로 확장되는 남성의 여성 지배를 의미한다. 연애와 결혼, 어린애 양육, 학교, 일, 놀이, 정치생활 등이 여성을 비하하고 여성의 기여를 깎아내리며 남성의 태도와 이해관계를 보상해 주는 방식으로 조직된다. 가부장제로 인한 부정의를 개선하기 위해서는 남성적인 가치를 높이 평가하는 것에 대해 의문을 제기해야 하며 여성의 특성인 것으로 간주되는 것에 대해 재평가를 할 필요가 있다.

급진적 여성주의자들은 성의 정치학이 가부장제에 대한 비판의 중심을 이루어야 하는 것으로 파악한다. 남성은 여성의 육체에 대한 통제를 원한다. 남성은 정치적·경제적 수단을 통해서 그리고 육체적·언어적 폭력과 위협을 통해서 여성을 지배한다. 법적·경제적 관행은 여성을 남성에게 의존하도록 함으로써 여성의 종속적 삶을 운명 지운다. 문화적 관행은 여성을 대상화하고 여성으로 하여금 성적 착취의 대상이 되도록 만든다. 문화적·사회적 관행이 바뀌지 않는다면 여성은 항상 부당하게 대우받게 된다.

여성에게 주어진 불평등과 부정의를 인식하고 있는 여성주의자들은 공평한 분배의 원칙을 포함하여 특정의 정의론을 지지하거나 발전시키지 않았다. 실제로 포스트모던 여성주의자들은 어떤 사람의 기여와 보상을 연결 짓는 이른바 '공정한 상응' 이론과 같은 추상적인 정의론의 기반이나 가치에 대해 의문을 제기한다.

캐롤 길링간은 도덕적인 발전을 위해서는 정당한 대우에 대한 추상적이고 보편적인 주장을 옹호할 필요가 있다는 대부분의 이데올로기의 가정에 대해 의문을 제기한다. 존 듀이(John Dewey)나 로렌스 콜버그(Lawrence Kohlberg)와 같은 현대 자유주의자들은 공평에 대한 추상적이고 보편적인 규칙을 만들어내는 능력이 도덕적 발전에 중요하다고 본다. 이에 반해 길링간은 이와 같은 추상적 규칙들은 여성이 자신이나 타인을 어떻게 대우할 것인가와 전혀 관계가 없고 중요하지도 않다고 주장한다. 길링간에게는 정의론에 대한 자유주의자들의 옹호는 남성을 위한 물신숭배에 불과할 뿐이다.

그래서 그녀는 정의론이나 그에 유사한 것에 대한 대안으로 보살핌의 윤리를 제안한다. 무정부주의자들이 추구하는 '자연적 정의'를 부분적으로 반영하는 길링간의 분석에서 여성은 이론화나 추상화로 환원될 수 없는 특정의 보살핌 행위를 정의로 파악한다.[22] 정의의 추상적인 원칙을 배우기보다 여성은 자신들의 공동체에서 특정의 사람들을 돌보는 성향을 개발한다. 추상적인 권리에 주목하기보다 여성은 다른 사람들을 향해서 책임 있게 행동하며 관계를 발전시켜 나가려고 한다. 여성은 윤리적 딜레마의 특수상황에 잘 적응하는데, 이는 정신적인 취약성의 징후가 아니라 정의의 문제에 반응하는 대안적이고 사려 깊은 반응이라는 것이다.

5. 변화

모든 여성은 사회적·경제적·정치적 변화를 원한다. 그러나 여성주의자들의 다양한 원칙에서 시사하듯이 이러한 변화가 얼마나 포괄

---

22) Carol Gillingan, *In a Different Voice* (Cambridge: Harvard University Press, 1982). 보살핌의 윤리에 대한 최근의 옹호로는, Joan C. Tronto, *Moral Boundaries: A Political Argument for an Ethic of Care* (New York: Routledge, 1993) 참조.

적이어야 하며 또 어떤 종류의 것이어야 하는 지에 대해서는 의견이 크게 갈린다. 여성주의자들은 변화를 가져오는 전략에 대해서도 의견을 달리한다. 일부 여성주의자들은 공공정책에서의 점진적인 변화를 가져오기 위해서 현존 제도 내에서의 작업을 추구하는 데 반해 다른 여성주의자들은 혁명적 변화를 원한다. 그러나 대부분의 여성주의자들은 변화를 조장함에 있어 비폭력적 형태에 의존해 왔다. 가장 급진적인 분리주의 여성주의자들은 가부장제 사회 내에서의 변화 가능성을 고려하지 않기 때문에 여성 자신들의 공동체 내에서의 변화에 몰두한다. 포스트모던 여성주의자들은 실질적인 변화의 추동력이 세계와 사회생활과 관련하여 우리가 알고 있는 모든 것을 재검토하는 점진적인 과정에서 시작한다고 믿는다.

Ⅳ. 요약과 결론

여성주의자들을 한데 묶어내는 쟁점들은 여전히 존재하고 있다. 여성들은 초기 여성주의자들로 하여금 행동을 유발시켰던 동일한 문제들의 많은 것들을 지금도 그대로 직면하고 있다. 자유주의적 국가들은 여성 문제를 해결하기 위해서 몇 가지 입법상의 개혁을 추진했지만, 불평등은 여전하다. 사회주의와 공산주의 국가들도 몇몇 여성 문제에 관심을 가졌다. 하지만 이들의 경우도 여성 문제를 해결하는 과정에서 문화적 관습과 시각이 사회적 활동과 동등한 대우에 대한 여성의 접근성을 얼마나 제약하는 지를 그대로 보여주었다.

여성주의자들은 많은 전통적인 행동들과 인식에 대해 의문을 제기하는 논의를 개방시켰다. 스스로가 여성주의자라고 생각하지 않는 사람들도 여성주의자들이 제기하는 비판 때문에 자신들의 개인적 또는 정치적 식견에 대해서 재검토하는 경우가 적지 않다. 여성주의자들은 계속 보다 광범한 정치적·철학적 쟁점들에 대해 의견을 달리하겠지만, 그들이 제기한 담론들이 이러한 의견불일치로 인해 기가 꺾이지는 않을 것이다.

여성주의자들은 아직은 여성의 불만을 치유하는 단 하나의 일관된 이데올로기를 정립해 내지는 못했다. 그러나 그들은 일반적으로 존중받을 만한 가치가 있는 많은 통찰을 제시해 주고 있다. 여성주의자들의 압력을 받아 이론가들은 남성과 여성의 차이가 근본적인 권리라는 측면에서 최소화될 수 있을 뿐만 아니라 사회생활에 대한 다양한 시각이라는 관점에서는 심오할 수 있음을 재인식하게 되었다. 여성주의자들은 가족관계의 친밀성으로부터 발생하는 것도 국가의 행위처럼 정치적으로 중요할 수 있음을 예시해 주었다. 더욱 중요하게는 여성주의자들은 인류가 어떻게 평화롭고 번영하는 삶을 살 것인가에 대한 논의에서 여성의 목소리를 반영시키는 데 성공을 거두었다.

제7장
이데올로기를 넘어서

최근에 '이데올로기의 종언'에 대해 상당한 논의가 전개된 바 있다. 때때로 이러한 논의의 의도는 정치적 생활로부터 이데올로기적 개념과 논쟁을 제거하려는 데 있다. 이러한 시각에서 볼 때 자유주의자와 보수주의자들 혹은 다른 이데올로그들에 의해서 채택된 수사는 정치공동체가 직면하고 있는 쟁점을 무디게 만들고 결국은 불필요한 논쟁과 파국을 가져올 뿐이다.[1] 이러한 견해에서 보면 우리들의 긴급한 문제들은 명확하며, 그래서 이들 문제들에 대한 실용적이고 '친기업적'인 해법이 필요하다. 범죄나 의료, 교육, 여타의 다른 문제들에 대한 보수주의적이거나 자유주의적인 접근보다는 우리는 이데올로기적 처방과 기반을 넘어서는 유능한 전문가들에 의해 개발된 실행가능하고 효율적인 접근을 필요로 한다.

---

1) 예를 들면 E. J. Dione, *Why Americans Hate Politics* (New York: Simon and Schuster, 1991), pp. 9-28과 Alexander Shtromas, *The End of ISMs?* (Cambridge: Harvard Univrersity Press, 1994) 참조.

이와 같은 기술관료적 처방은 정치적 갈등을 줄이려는 영속적인 관심을 반영한다. 그러나 이러한 기술관료적 처방은 문제가 무엇인지를 인식하고 우선 처리해야 할 문제가 무엇인지를 명확히 할 필요가 있으며 그리고 이 점에서 이데올로기가 주요한 역할을 담당해야 한다는 것을 놓치고 있다. 이는 또한 정치적 문제들에 대해 가장 실행이 가능한 효율적 해법이 무엇인지를 잘 알지 못하기 때문에 전문가들 사이에서도 문제점에 대한 해결책을 둘러싸고 의견이 다를 수 있다는 점을 망각하고 있다.

또 다른 측면에서 이데올로기의 종언을 강조하는 의도는 이데올로기가 정치적 생활을 이해하는 데 관련성을 상실하고 있다는 주장을 하려는 데 있다. 이러한 견해에서 보면 정치적 행동이나 공공정책을 결정함에 있어서 정치 행위자들의 이해관계나 권력과 같은 요인들이 이데올로기적 동기나 관심보다 훨씬 더 중요한 결정 요인이 된다. 테오도르 로이에 따르면, 자유주의자와 보수주의자 모두가 뉴딜 기간 동안 적극적인 정부를 옹호한 이후,

> 자유주의자와 보수주의자 간의 대화를 위한 근거가 사라져 버렸다. 공공 철학의 근원으로서 자유주의와 보수주의는 더 이상 의미를 갖지 않게 되었다 … 지금은 자유주의자와 보수주의자 그리고 공화당과 민주당 간의 가장 중요한 차이는 자신들과 동일시하는 이익집단에서 발견된다.[2]

이러한 주장에 대해서는 진지하게 고려를 해야 한다. 왜냐하면 이

---

2) Theodore J. Lowi, *The End of Liberalism: The Second Republic of the United States*, 2d ed. (New York: Norton, 1979), pp. 43, 51. 자유주의와 보수주의 간의 차이에서 연관성이 점점 줄어들고 있다는 보다 최근의 주장에 대해서는, Christopher Lasch, *The True and Only Heaven* (New York: Norton, 1991) 참조.

데올로기적 수사는 정치적 행위자들의 실질적인 동기와 행동으로부터 관심을 다른 쪽으로 돌리도록 하는 데 기여하기 때문이다. 그럼에도 불구하고 사람들의 행동과 행태는 확실히 자신이 생각하는 바에 의해서 영향을 받으며, 그리고 이데올로기는 사람들의 생각에 지속적으로 영향을 미친다.[3] 더욱이 로이의 관찰은 특정한 시점과 국면에 있는 미국의 정치체계를 향하고 있다. 로이의 언명이 정확하다고 하더라도 그것은 세계적 상황을 반영하고 있지는 않다.

그러나 이데올로기의 종언에 대한 논의는 많은 경우 이데올로기적 갈등이 전 세계적으로 종식되고 있다는 인식에 초점을 맞춰 왔다. 이러한 인식에서 볼 때 냉전이 약화되고 이데올로기로서 공산주의의 호소력이 급격히 쇠퇴하고 있다는 것은 곧 다음의 논점에서 합의가 형성되고 있음을 의미하는 것으로 해석되고 있다. 즉 자유민주주의의 이념으로서 민주주의와 자본주의가 평화와 번영을 최대로 확보해 준다는 것이 그것이다.[4] 이데올로기적 갈등이 종식되고 있다는 주장은 매력적인 생각일 수 있다. 그러나 그러한 주장은 과거에도 제기된 바 있을 뿐만 아니라 오히려 잘 못 제기된 것으로 입증된 바도 있다.

상대적으로 평화롭고 번영을 누리던 1950년대에 이데올로기적 갈등이 끝나고 있다는 최초의 주장이 나타났다. 1950년대의 이데올로기의 종언이라는 이 정식화는 이데올로기를 이성보다는 인간의 감정에 호소하는 방식으로 단순하게 포장된 이념인 것으로 파악하는 비판적 관점을 채택하였다. 이러한 관점에서 보면 이데올로기는 사람들로 하여금 자신들의 행동이 인간적이고 사회적인 완성으로 이어질 것이라는 허황되고 천년왕국적인 기대하에 자주 광신적인 행동을 취하도록 촉구하기 위해서 사용되는 '무기'인 것으로 파악된다.[5] 그래서 그들

---

3) Lawrence J. R. Herson, *The Politics of Ideas: Political Theory and American Public Policy* (Homewood, Ill.: Dorsey Press, 1984), esp. pp. 279-294.
4) Francis Fukuyama, *The End of History and the Last Man* (New York: Acon Books, 1972).

은 이러한 이데올로기가 '다 끝났다'고 주장했다. 왜냐하면 이들 이데올로기의 '진실'은 더 이상 유효하지 않기 때문이다. "소련의 법정, 독일·소련협정, 집단수용소, 헝가리 노동자에 대한 탄압 등과 같은 그러한 재난들에 대해 파시즘이나 공산주의와 같은 이데올로기들이 책임을 져야 하는 것으로 생각되면서 이들 이데올로기의 '청사진'이 그들이 주창해 왔던 새로운 유토피아를 가져올 것이라고 믿는 사람은 제정신이라면 거의 없게 되었다."[6]

이데올로기 종언이라는 명제의 최초 정식화에 따르면, 정치의 항구적인 쟁점을 둘러싼 이데올로기적 투쟁이 국내정치를 정식화하는 것은 이제 끝났다. 보수주의자들은 국가권력이 계속 증대된다고 하여 그것이 개인적·정치적 자유를 침해하는 것으로는 생각하지 않았다. 사회주의자들은 더 이상 사유재산의 철폐를 옹호하지 않았다.[7] 대신에 복지국가를 수용하고 집중된 권력보다는 분산된 권력을 선호하며 순수 자본주의나 순수 사회주의보다는 혼합경제를 옹호하고 그리고 다양한 생각과 이해관계를 보유하고 있으면서 경쟁적인 입법과 사법 영역에서 자신들의 이익을 추구하는 수많은 집단들의 존재와 용인으로 이해되는 이른바 정치적 다원주의를 지지하는 '대강의 합의'가 출현하였다.[8] 이와 같은 폭넓은 합의하에서 정치적 갈등은 정부의 복지 필요성, 소유, 규제, 특정 정책 영역에서의 계획 등과 관련하여 다소 더 하거나 혹은 덜 하는 문제로 환원되고 있었다.[9]

아마도 1950년대 국내정치는 이러한 이데올로기적 합의에 접근했

---

5) Daniel Bell, *The End of Ideology* (New York: Collier Books, 1960), pp. 393-396.
6) Bell, *The End of Ideology*, p. 397.
7) Seymour Martin Lipset, *Political Man* (Garden City, N.Y.: Doubleday, 1960), p. 404.
8) Bell, *The End of Ideology*, p. 397.
9) Lipset, *Political Man*, pp. 404-405.

던 것과 같을지 모른다. 그러나 되돌아보면 자본주의와 공산주의의 분열로 대립을 보이는 세계에서 이데올로기 종언이라는 명제가 어떻게 진지하게 구가될 수 있는지를 이해하기는 쉽지 않다. 어떻든 보다 혼란스러웠던 1960년대에 이데올로기의 종언이라는 개념은 국내적으로는 단명으로 끝났다. 1964년 골드워터와 존슨 간의 대통령 선거와 1972년 닉슨과 맥가번 간의 대통령 선거에서는 날카로운 이데올로기적 차이가 극명하게 나타났다. 1970년대와 1980년대 동안 대부분의 서유럽 국가에서 보수주의의 원칙은 자유주의나 사회주의의 원칙과 큰 대립을 보였다. 그러나 동시에 이 20년 동안 여성주의, 흑인민족주의, 환경주의, 다양한 형태의 종교적 근본주의와 같은 새로운 이데올로기적 시각들이 출현하였다. 1990년에 접어들면서도 이데올로기적 차이가 없어졌다고 믿는 정치 분석가는 거의 없었다.

그러나 공산주의의 쇠퇴는 이데올로기 종언이라는 명제를 아마도 1950년대에 나타났던 것보다는 더 심오한 형태로 재개시켰다. 역사의 종언에 접근함에 따라 이데올로기적 차이가 사라지고 있다는 생각을 가장 극적으로 표현한 저술은 프란시스 후쿠야마(Francis Fukuyama)의 『역사의 종언과 최후의 인간』(The End of History and the Last Man)이다. 후쿠야마에 따르면, 동유럽의 공산주의 정부들이 시장경제를 도입하려고 하면서 민주적 국가로 전환한 것은 거의 200년 전 이데올로기 시대의 개막 이후 분명하게 나타나는 추세의 가장 극적인 사건이다. 후쿠야마에 따르면, 자본주의와 민주주의의 우월성은 나폴레옹이 예나 전투(the Battle of Jena)에서 프러시아 군주를 패퇴시킨 1806년에 이미 명백하게 나타났다는 것이다.[10]

알렉상드르 코제브(Alexandre Kojeve)에 의해 해석된 헤겔의 저술에 의존하면서 후쿠야마는 자유와 평등이라는 고전적 자유주의의 쌍둥이 원칙과 이상은 더 이상 개선될 수가 없는 것이라고 주장한다. 자유

---

10) Fukuyama, "The End of History?" *The National Interest* (Summer 1989), p. 5.

와 평등이라는 이상에 기반 하여 현대의 기술관료적 국가들에 의해서 통치되는 사회는 "인간의 심오하고 가장 근본적인 소망"[11]을 만족시켜 줌으로써 정치공동체가 다루어 나가야 할 이념의 역사적 발전을 더 이상 불가능하게 만들고 있다는 것이다. 자본주의는 자유의 원칙을 가장 잘 구현하는 경제적 조직의 체제이다. 동시에 자본주의는 경제발전을 이룩함으로써 안전과 부의 축적이라는 인간의 욕망을 충족시켜 준다. 민주주의는 모든 사람을 동등한 기본적 권리를 가진 인간이자 시민으로서 동등하게 인정을 받도록 함으로써 평등의 원칙을 실현시켜 주는 정치적 조직의 체제이다.

민주적 자본주의의 승리가 '역사의 종언'을 의미한다고 주장하면서도 후쿠야마는 매우 중요한 역사적 사건들이 있어 왔고 앞으로도 계속 있을 것이라는 점을 부인하지 않는다. 다만 그는 "중요한 질문들 모두가 정리되었기 때문에 밑바탕에 깔려있는 원칙과 제도들의 역사적 발전은 더 이상 이루어지지 않았고 앞으로도 그럴 것"[12]이라고 주장한다. 고전적 자유주의의 발전 이래 국가가 자유와 평등의 원칙에 기반을 두어야 하고 그에 맞추어 행동해야 한다는 생각에 대해 신뢰할 만한 거부를 해 본 적이 없다. 이러한 시각에서 볼 때 마르크스주의와 공산주의는 자유와 평등을 어떻게 달성할 것인가에 대해 잘 못된 개념을 갖고 있었을 뿐이다. 그리고 이러한 잘못들은 결국 발견되고 교정될 것이었다.

이러한 시각에서 볼 때 파시즘과 나치즘도 그것이 자유와 평등의 원칙에 반대하는 방향으로 연결될 때 자본주의적 기술발달에 의해서 나타날 수 있는 해악이 얼마나 클 수 있는 지를 가르쳐 줄 뿐이다. 물론 어떤 정치적 공동체에서도 자유와 평등의 원칙은 충분히 실현되지 않는다. 그러나 오늘날 비자유주의적이고 비민주주의적인 정부라 하더

---

11) Fukuyama, *The End of History and the Last Man*, p. xi.
12) Fukuyama, *The End of History and the Last Man*, p. xii.

라도 자유와 평등의 원칙에 대해 언술 상으로는 지지를 표명한다. 왜냐하면 자유와 평등의 원칙은 너무나 보편적으로 인정을 받고 있기 때문에 어떤 정부도 이들 원칙에 대한 지지를 거부한다면 오래 존속하기가 어려울 것이기 때문이다. 그러나 시간이 지나게 되면 이러한 원칙들을 거슬리는 정부는 내적 모순을 명백하게 드러내 보일 것이고, 그 결과는 비자유주의적이고 비민주적인 정부의 붕괴와 자본주의적이고 민주적인 공동체의 보편적 실현으로 나타날 것이다.

후쿠야마는 역사의 종언이나 이데올로기적 갈등의 종식이 좋은 것이라고 주장하지는 않는다. 민주적 자본주의에 의해서 제공되는, 이른바 모든 사람에게 평등한 정치적·법적 권리를 부여하는 형식적 평등과 민주적 자본주의에 의해 제공되는 시민사회 내의 사적 영역에서의 포괄적인 경제적·사회적 자유를 '자유'라고 해석한다. 그러나 이와 같은 평등한 자유는 심오한 정신적 추구를 증진시키는 데 목적을 두기보다는 물질적 욕구의 성취를 지향한다. 후쿠야마의 해석에 따르면, '역사의 종언'에서 정치는 정의의 적절한 원칙과 같은 거대 사상과 관련하여 더 이상 도덕적·윤리적 논쟁에 관여하지 않는다. 존재의 의미를 둘러싼 이와 같은 근본적인 갈등이 존재하지 않는다면, 정치적 공동체들 사이의 차이는 줄어들 것이고 좀 따분해 보이기까지 하는 유사성이 인류를 지배하게 될 것이라고 본다.

여기서 우리는 후쿠야마의 생각을 이렇게 정리하기로 하자. 즉, 모든 좋은 이야기에는 주창자와 경쟁자 간의 갈등을 담은 구성이 담겨져 있다. 이러한 갈등은 개인에게도 있을 수 있고, 개인들이나 집단에도 있을 수 있으며, 개인과 자연 사이 등에도 있을 수 있다. 어떤 형태의 갈등이 없다면, 이야기도 없다. 만약 이데올로기적이거나 종교적 또는 철학적 관점에서 나타나는 이러한 모든 갈등이 자유주의에 의해 해소된다면, 이야기 거리도 존재하지 않는다. 역사는 끝나고, 권태가 나타날 것이다.

후쿠야마의 분석에는 경청할 것이 많다. 정치공동체는 동일화 되어

갈수록 자신들의 독특한 정체성을 상실할 가능성이 크다. 확실히 최근에 보다 민주적인 정치체제와 보다 자본주의적인 경제로의 움직임이 많다. 아마도 평등과 자유의 이상은 현대 정치공동체에서 근본적인 것이 되고 있다. 그러나 마크 트웨인(Mark Twain)의 얘기를 빌면, 이데올로기적 갈등이 종식되고 있다는 유언비어는 상당히 과장된 것일 수 있다. 후쿠야마의 역사종언 명제에 의문을 제기하기 위해서 다음의 두 가지 점을 고려해 보자.

첫째, 민주적 자본주의를 향한 광범한 지구적 경향이 존재한다고 하여 민주주의나 자본주의 그 어느 것도 실천하지 않는 정부가 여전히 존재하고 있음을 간과해서는 안 된다. 오늘날의 세계나 미래의 세계에서 권위주의, 민족주의, 부족주의, 근본주의가 민주적 자본주의에 대한 대안으로서 존재할 수 있음을 무시해서는 안 된다.

둘째, 민주적 자본주의에서 자유와 평등의 이상은 각기 다른 해석에 종속될 것이며 그에 따라 각기 다른 정치적 원칙을 낳을 것이다. 설사 자본주의의 기본적인 생각들이 채택되어야 한다는 데에 동의가 이루어진다고 하더라도 순수 자본주의의 과정을 얼마나 제한해야 하고 어디까지 무시할 것인가에 대해서 광범한 이데올로기적 불일치가 계속될 것이다. 민주주의가 비민주적 정부보다 더 낫다는 데에 동의한다고 하더라도 민주주의의 요구조건에 대해서는 중요한 이데올로기적 차이가 존재할 것이다. 사람들이 자유와 평등에 대한 매우 추상적인 생각을 수용한다고 하더라도 권위와 정의, 시민권 등에 대한 근본적인 질문은 그대로 남아 있을 것이다. 간단히 말하면, '역사의 종언'에도 불구하고 이데올로기적 차이는 계속 존재할 것이다. 정치생활을 구성하는 최선의 방식에 대해 개인과 공동체가 계속 다른 사상과 관행을 갖는다면 이러한 차이들은 권태로부터의 도피를 의미할 수 있다. 그리고 이러한 차이들은 우리들의 정치적 생활을 지배해야 할 사상이나 관행에 대해 보다 명확한 생각을 가져야 한다는 책임감을 우리들에게 부과하고 있다.

I. 정치에 대한 지적인 이해의 수준

그러나 정치에 대해 명확하고 깊게 생각을 하는 사람은 많지 않다. 미국 정치학의 전통적 지혜에 따르면, 자신들의 정치적 사고에서 가장 정교한 생각을 가진 사람은 '이데올로그'이다. 미국인들의 정치적 사고에 대한 고전적 연구에서 필립 콘버스(Philip Converse)는 정치적 사고에는 5가지 수준의 정교함이 있다고 제안한 바 있다. 전국적인 투표조사를 맡은 주도적 연구자로서 콘버스는 1956년과 1958년 그리고 1960년 전국적 선거 동안 수천 명의 미국 시민들로부터 추출해 낸 면담자료에 의존하여 '정치적 신념체계'를 설명하였다.[13]

콘버스에 따르면, 정치적 이해와 사고에서 가장 낮은 수준인 첫 번째 수준에 22.5%의 대중이 차지하고 있는데, 이들은 거의 아무런 정치적 생각이 없는 사람들이다. 이들은 대개의 경우 정치적 쟁점에 대해 아무런 정보도 갖고 있지 않으며 정치적 문제에 대해 어떤 의미도 부여하지 않는다.

두 번째 수준에 있는 24%의 대중은 평화와 번영에 대해서는 칭찬과 신뢰를 보내고 전쟁과 경제적 어려움에 대해서는 비판을 가하는 것과 같이 단순하게 '시대의 성격'이라는 관점이나 혹은 협소한 쟁점에 대해 자신들이 어떤 입장을 취하고 있는가의 관점에서 정당과 후보자를 평가한다.

세 번째 수준에 있는 42%의 대중은 정치를 갈등관계에 있는 집단이익과 연관된 것으로 이해한다. 이들은 특정의 쟁점이나 후보자를 지지함에 있어서 이러한 쟁점이나 선거 결과가 자신들이 동일시하는 집단의 이익에 어떤 영향을 미칠 것인가에 대해서 자신들이 선택한 지도자들이 어떤 평가를 하는 가에 크게 의존한다. 따라서 콘버스에 따

---

13) Philip E. Converse, "The Nature of Brief System in Mass Publics," in *Ideology and Discontent,* edited by David E. Apter (New York: Free Press, 1964).

르면, 1단계부터 3단계에 걸쳐 있는 88%의 대중은 '이데올로기'와는 아무런 관계가 없다. 왜냐하면 이들은 추상적인 개념이나 원칙에 거의 의존함이 없이 정치에 대한 자신들의 태도를 정하기 때문이다.

네 번째 수준의 대중은 이데올로기를 특징짓는 추상적 개념을 어느 정도는 활용하는 사람들이다. 그러나 이들은 이와 같은 추상적인 개념들을 잘 이해하지 못하며 현안에 대해 이러한 추상적 개념을 잘 적용하지도 않는다. 이들 '준 이데올로그'는 대중의 9%를 구성한다.

대중의 2.5%에 해당하는 다섯 번째 수준의 사람들이야말로 '이데올로그'이다. 이들은 추상적인 개념을 적용하는 데 능숙하며 이들의 생각은 일관되게 구조화되어 있다.

콘버스의 발견은 미국의 민주주의를 연구하는 많은 사람들에게 충격적인 것으로 받아들여졌다. 왜냐하면 콘버스의 발견은 대부분의 미국 시민들의 정치적 생각이라는 것이 보다 광범한 원칙들에 기반을 두고 있지 않으며, 서로의 생각에서 모순점이 있는가 하면 시간에 따라 불안정을 보이며, 그리고 충분히 심사숙고하지 않음은 물론이고 정보도 제대로 확보하지 않는 경우가 많음을 보여주었기 때문이다.[14]

---

14) 정치학의 이와 같은 전통적 식견에 대해서는 최소한 두 개의 주요한 반박이 제시되고 있다. 첫째, 콘버스의 발견은 그의 자료가 수집된 된 것이 미국 역사에서 특히 비이데올로기적 시대로 명명된 시기를 반영하고 있다는 것이다. 노만 니에(Norman Nie)와 시드니 버바(Sidney Verba), 존 페트로식(John Petrocik)의 저작인 『변화하는 미국 유권자』(The Changing American Voter, Cambridge: Harvard University Press, 1979)에 따르면, 선거가 이데올로기적으로 양극화될 때 대중은 더 이데올로기적으로 된다. 그러나 다른 학자들은 이러한 이데올로기적 선거도 이데올로기적 정교함에서는 단지 최소한으로만 제고시킬 뿐이며 "이데올로기적 용어의 비이데올로기적 사용에 있어서" 약간의 증가를 가져올 뿐임을 주장하고 있다. 둘째, 콘버스의 발견은 생각이 어떻게 정형화되어야 하는지에 대한 어떤 선입견을 반영하고 있다. 그리고 콘버스의 발견은 시민들이 "자주 자기 자신의 용어로 자신들의 생각을 독특하게 정형화하는 방식"을 통해서 보다 합리적으로 정교화 한 결론에 도달하는 것임을 제대로 고려하지 못하고 있다. 로버트 레인(Robert Lane)의

더욱이 콘버스의 발견은 일반 공중의 정치적 사고라는 것이 정치 엘리트의 그것과 매우 다르며 그보다 열등하다는 것을 보여주었다. 이데올로기가 엘리트의 정치적 사고에서 매우 중요한 역할을 하지만 일반 대중은 이데올로기에 대해 매우 무관심하다. 정치 엘리트와 활동가들은 정치적 내지는 정책적 선택을 논의할 때 이데올로기가 제공하는 추상적이고 잘 조직된 원칙들에 의존한다. 그러나 대부분의 시민들은 정치적 이데올로기에서 중심이 되는 추상적인 정치적 개념들을 지지하지 않으며 이것들을 별로 사용하지도 않는다. 그래서 이데올로기적 사고와 관련한 편의의 결핍으로 인해 시민들은 정치에 대한 자신들의 적극적이고 효과적인 참여를 제약받는다.

이러한 발견과 생각들은 시민들이 정치에 보다 적극적이고 효과적으로 참여하기 위해서는 이데올로기가 제공하는 것과 같은 추상적인 원칙과 일반적인 정치적 신념들을 개발할 필요가 있음을 시사해 주고 있다. 이는 엘리트와 대중 사이의 괴리를 메우고 그럼으로써 정치공동체를 보다 진정한 민주주의에로 이동시켜 나가기 위해서는 보다 많은 시민들이 이데올로기적으로 될 필요를 제안하고 있다. 이러한 주

『정치 이데올로기』(Political Ideology, New York: Free Press, 1962)에 따르면, 대중은 정치적 사건을 이데올로기적이고 역사적 관점에 두고 바라보는 문맥화의 방식보다는 정치적 사건을 서로 분리시켜 바라보는 조각화의 방식을 통해 정치적 사고에서 상당히 높은 수준의 정교화에 도달할 수 있다. 전통적 식견에 대한 이러한 도전은 미국인들의 사고에서 정치적 개념이 완전하게 빠져 있다고 주장하기 보다는 다음과 같은 일반적 인식으로 귀결된다. 즉, "정치적 개념이 극도로 간결한 설명을 허용하지 않는다는 것. 어떤 신념은 고전적 자유주의의 특성을 보이는 가하면, 다른 개념은 전통적 보수주의의 특성을 띤다는 것. 그리고 고집스럽게 주장되는 정통적 견해가 있는가 하면, 인과적으로 표출되는 비태도적 견해도 있다는 것. 지식의 조각과 무지의 팽창이 존재한다는 것"이 그것이다. 이러한 주장의 간결한 요약으로는, Donald Kinder, "Diversity and Complexity in American Public Opinion," in *Political Science: The State of the Discipline,* edited by Ada Finifter (Washington, D.C.: American Political Science Association, 1983), p. 401 참조.

장에 따르면, 정치공동체가 어떻게 통치되고 있으며 어떻게 통치되어야 하는지에 대한 광범한 원칙들을 개발하고 나아가 이러한 원칙들을 현안에 적용하는 것은 정치적 정교함에 대한 콘버스의 등급화에서 '준 이데올로그' 수준에 있거나 그 바로 하위에 위치해 있는 정치적 행위자들을 위해 정치적 정교함을 높이는 것이 된다. 그러나 이데올로그가 가장 정교한 정치적 사상가들인가? 이데올로그의 사상을 능가하는 다른 종류의 정치 사상가는 존재하지 않는가?

II. 어떤 사람의 이데올로기적 선입견에 대한 문제제기

콘버스의 분석에서 '이데올로그'는 추상적인 정치적 신념과 사고의 일관된 체계를 이해하고 이를 실제의 세계에 적용하는 사람이다. 만약 정치에 대한 이데올로기적 정향을 넘어서는 어떤 형태의 정치적 이해가 존재한다면, 이는 이데올로그가 쉽게 받아들이는 사상에 대해 의문을 제공하며 나아가 어떤 특정의 이데올로기가 제공하는 것보다 더 나은 사상을 추구하는 것이 된다. 어떤 사람의 현행 이데올로기를 검증한다는 것은 전반적인 이데올로기적 체계를 받아들이는 단순한 이데올로그를 넘어서서 보다 나은 신념과 이상을 추구하는 정치 이론가나 사상가가 되기 위해서 택해야 할 첫 번째 단계이다. 왜 당신은 어떤 정치적 신념과 이상을 택하는가? 만약 어떤 사람의 생각이 매우 광범위한 자기성찰에 기반을 두고 있지 않는다면, 이러한 생각들을 이전의 '허위의식'의 산물이라고 폐기하는 것도 전적으로 가능하다.

우리들의 이데올로기적 선입견에는 최소한 다음과 같은 4가지 주요 원천이 존재한다. 이데올로기적 사고를 넘어서려고 하는 사람들은 자신들의 현행 신념과 가치가 다음과 같은 4가지 변수를 반영하고 있는지 여부를 자문함으로써 이득을 볼 수 있다. 즉, 1)다양한 사회화의 경험, 2)자신들이 경험한 심리적 긴장, 3)자신들이 지니고 있는 통제욕구, 그리고 4)사회에서 가장 강력한 이익집단의 생각에 대한 의심할 수 없는 동화가 그것이다.

많은 사회적 기구들은 우리들의 이데올로기적 선입견에 영향을 줌에 있어서 분명히 중요한 역할을 할 수 있다. 부모나 다른 가족 구성원들은 앞으로 다가올 수년 동안 사람들의 정치적 원칙들을 정형화하는 데 영향을 줄 어떤 원칙과 사상을 표명할 수 있다. 그들이 가르치는 내용이나 그들이 채택하는 절차의 두 측면에서 학교와 교회는 사람들의 정치적 신념이나 가치에 영향을 미칠 수 있다. 남학생과 여학생들의 사교클럽으로부터 공동체 봉사집단에 이르기까지 다양한 사회조직은 자신들의 기본적인 정치적 식견으로 통합될 수 있는 정치적 생각들을 지지한다.

사람을 고용하는 회사와 노동자를 조직하는 노동조합을 포함하여 일터에서의 조직들은 아마도 너무 쉽게 수용될 수 있는 어떤 생각들을 강조한다. 정부와 정당 지도자들은 지속적으로 자신들의 생각을 퍼뜨리며, 우리들은 아마도 이 가운데 어떤 것을 받아들이게 된다. 간단히 말해서 우리들의 이데올로기적 선입견은 다양한 형태의 **사회화 기구**들에 의해 자주 영향을 받는다. 특정의 이데올로기에 대한 우리들의 충성에 대해 의문을 제기하는 첫 번째 단계로서 우리가 신뢰해 왔던 이들 사회화 기구에 대해 문제를 제기하고 또 우리들의 신뢰가 얼마나 탄탄한 기반에 근거하고 있는지를 재검토하는 것이 유용할 수 있다. 그러나 이들 사회화 기구들의 영향력은 자주 복합적이고 미묘하기 때문에 우리들은 우리들의 이데올로기적 성향들의 다른 결정요인들도 고려해야 한다.

지그문트 프로이트(Sigmund Freud, 1856~1939)는 종교적 생각이나 기타의 생각들을 포함하여 우리들의 정치적 신념이나 가치들이 심리적인 긴장에 토대를 두고 있다고 주장했다. 사람들이 불안과 걱정을 느낄 때, 그들은 강력한 권위의 자비라든가 하느님 또는 현명하고 덕이 있는 정치지도자에 대한 믿음을 개발함으로써 안식을 추구한다. 프로이트의 분석은 우리들의 이데올로기적 성향을 설명하기 위해서 긴장이론을 제시했다.[15] 긴장이론에 따르면, 이데올로기는 혼란스럽고 긴장이 많은 사회적 조건에서 살고 있는 사람들의 심리적 반응이다. 사회와 사회 내의 이차집단은 사람들에게 다차원적이면서 서로 갈등적인 요구를 부과하며, 그럼으로써 사회에서 비슷한 역할을 하는 사람들에게 유사한 긴장을 제기한다.

예를 들면, 특정의 직업에서 전문성과 노련함을 개발해 온 백인 남성들은 승진이 가장 자격이 있고 노련한 근로자에게 주어지도록 하는 자신들의 경제적 '권리'가 '적법하게' 승진하도록 소수자와 여성에게 특별한 배려를 제공하는 등 약자우대의 적극행동 정책으로 인해 위협받고 있다고 느낀다. 긴장이론에 따르면, 이러한 사람들은 이데올로기를 개발하여 노동자로서 자신들의 관심과 정부의 정당한 법을 준수할 것으로 기대되는 시민으로서의 위상 사이의 긴장을 통합시켜 나간다.

적극행동 정책을 소수자와 여성에 대한 지난날의 불공정을 교정하기 위해서 정부가 채택하는 합법적인 정책인 것으로 바라보기보다는 이들 백인 남성들은 이러한 정책을 '역차별'인 것으로 규정할 것이다. 적극행동 정책을 민주적 과정의 결과로서 간주하기보다는 그들은 이러한 정책을 소수의 아프리카계 미국인 극단주의자와 급진주의적 여성주의자 그리고 서투른 관료들의 작품인 것으로 바라본다. 그리고 그들은 자신들의 정부가 이와 같은 불법적인 분파들에 의해 장악되어 있다고 결론지으면서 '침묵하는 다수'에 의한 정치적이고 비폭력적인 '반혁명'을 촉구한다.

대안적인 사례로서, 긴장이론은 안정된 직장을 보유하고 있는 만족스런 백인 남성들이 소수자와 여성에 대한 역사적 부당대우를 시정하

---

15) '긴장이론'은 Clifford Geertz, "Ideology as a Cultural System," in *Ideology and Discontent*, pp. 52-57에서 논의되고 있다.

려는 조직에 가입할 수도 있음을 인정한다. 이러한 상황 속에서 이들 백인 남성들은 '죄의식'을 느낄 수도 있으며, 적극행동 정책을 포함하여 현대 자유주의의 보다 평등주의적 정책을 쉽게 받아들일 준비가 되어 있을 수도 있다.

간단히 요약하면, 긴장이론은 비슷한 사회적 위치에 살면서 유사한 가치갈등을 겪고 있는 사람들이 자신들이 느끼는 긴장을 조정하고 적응해 나가도록 하기 위해서 특정의 이데올로기가 개발되고 있음을 보여주고 있다. 이 경우 이데올로기란 이러한 긴장을 경험하고 있는 사람들로 하여금 자신들이 느끼는 좌절과 걱정 그리고 죄의식을 지적으로 뿐만 아니라 정서적으로 대처해 나갈 수 있도록 허용하기 위해서 집요하게 주장되는 생각들이다.

우리들의 이데올로기적 사고에서 세 번째 기반은 이데올로기란 말이 생겨나기 훨씬 이전에 성 아우구스티누스(St. Augustine, 354~430)에 의해서 제시된 바 있는 이른바 '지배욕'(libido dominandi)의 개념이다. 이 개념에 따르면, 이데올로기적 사고는 우리가 사실상 완전하게 이와 같은 지배를 행사할 수 없음에도 불구하고 자연과 역사, 다른 인간 혹은 세계를 지배하려는 욕구의 산물이다. 이데올로기는 우리에게 세계와 자연, 역사 또는 인간에 대해 일관되고 지속적인 일련의 원칙들을 제공함으로써 그리고 우리가 이들을 지배할 수 있는 방식에 대한 처방을 제공함으로써 지배의 환상을 제공한다. 이렇게 우리는 지배와 권력을 찾아 이데올로기를 개발한다는 것이다. 아우구스티누스는 이와 같은 지배 '욕구'로부터 자주 나타나는 폭력적 권력과 인위적인 통제를 강조하면서 이와 같은 폭력과 통제가 어떤 형태의 만족과 즐거움을 가져다 줄 수 있음을 인정했다.[16]

---

16) John Milbank, *Theology and Social Theory: Beyond Secular Reason* (Oxford and Cambridge: Blackwell Publishers, 1990), p. 390. Cf. St. Augustine, *The City of God,* Book XIV, 15 and 28; Book XV, 7.

프로이트의 '긴장이론'에서 제시한 것과 유사한 방식으로 이와 같은 '지배욕'의 충족은 부분적으로는 공포로부터의 안심에서 나온다. 죽음으로부터의 공포, 자신의 운명에 대해 완전한 통제를 하지 못한다는 공포, 자신의 존재 의미에 대해서 완전하게 확신을 하지 못하는 우려 등 때때마다 모든 사람들이 경험하는 모든 이러한 것들은 이러한 공포들을 다루는 데 도덕적으로 확실하고 포괄적인 대답을 제공하는 만족스런 이데올로기에 충실한 지지를 표함으로써 해소될 수 있다. 더욱이 만약 만족스런 이데올로기를 신봉하는 사람들이 정치권력을 장악하게 되면, 그들은 공산주의자나 나치스들이 그랬던 것처럼 세계를 자신들의 이데올로기의 요구에 맞게 고쳐나가려고 한다. 선의든 악의든 사람들은 존재론적인 걱정과 불확실성으로부터 해방되길 원한다. 그러나 다양한 이데올로기적 '개조'가 수백만의 죽음으로 귀결되는 데에서 보듯이 지배욕은 그 위험스런 특성을 금세기에도 수차례에 걸쳐 드러내 보여준 바 있다.

칼 마르크스는 고전적 자유주의 이데올로기의 광범한 수용이 지배계급의 이익과 권력으로부터 나오는 것이라고 주장하면서 우리들의 이데올로기적 선입견의 네 번째 근거를 제시하였다. 자본가가 사회의 주요한 경제적 재원을 장악하고 있기 때문에 그들은, 예를 들면 시장교환으로부터 발생하는 불평등은 정당한 것이라든가 대의민주주의는 기업가들의 이익을 강화시키기보다는 일반 시민들을 강화시킨다는 생각 그리고 경제에 대한 최소한의 규제가 모든 사람의 조건을 개선시켜 준다는 등 민주적 자본주의를 정당화해 주는 사상들을 개발하고 전파하는 데 관심을 갖고 있다. 더욱이 마르크스는 자본가가 경제적 재원에 대한 통제를 통해 '정신적 생산'을 통제하고 나아가 노동계급에게 '허위의식'을 창출할 수 있다고 주장했다. 즉, 자신의 진정한 이익과는 어울리지 않게 많은 노동자들은 자본가의 이데올로기가 사회적·경제적 생활에 대한 자연적 진리를 제공할 뿐만 아니라 자본가들뿐만 아니라 노동자들의 이익에도 기여하는 것으로 오도된다.

마르크스의 분석은 우리들의 이데올로기적 성향을 설명함에 있어 이익이론을 제시하고 있다. 이익이론에 따르면, 이데올로기는 마르크스가 주장하는 것처럼 자본가의 정치적 무기일 뿐만 아니라 모든 사람들의 정치적 무기이다. 모든 이데올로기는 특정의 계급이나 집단의 이익을 증진시키기 위해서 개발된다. 모든 이데올로기는 보편적 타당성과 박애를 주창함으로써 다른 사람들로 하여금 자신의 정치적 목적을 지지하도록 설득한다. 불평등이 모든 사람들의 자유와 번영을 가져다 줄 것이라고 주장하는 이데올로기는 부자들의 이익에 뿌리를 두고 있다. 경제적 평등이 인간을 소외와 착취로부터 해방시켜 줄 것이라고 주장하는 이데올로기는 경제적 약자의 이익에 근거를 두고 있다. 정치적 지침의 원천으로서 종교적 우월성에 주목하는 이데올로기는 하느님의 말씀을 안다고 주장하는 사람들의 이익으로부터 도출된다.

간단히 말해서 이익이론은 사람들이 일차적으로는 자신의 경제적 복지와 권력, 지위를 증진시키는 데 목적을 두고 있다고 주장한다. 이익이론에 따르면, 진리이고 모든 사람에게 유익한 것으로 주창되면서도 일차적으로는 특정의 사람들의 위상을 증진시키는 데 영향을 미치는 이데올로기적 원칙들을 개발하고 정교화함으로써 사람들은 자신들의 이익을 추구한다. 그래서 이익이론은 우리들의 이데올로기적 성향에서 다음과 같이 두 개의 가능한 근거를 검토하도록 시사하고 있다.

첫째, 우리들은 우리들의 정치적 신념과 이상을 주조해 내는 데 있어 우리 사회의 가장 강력한 이익집단과 그들의 능력을 고려해야 한다. 자본가가 우리 사회를 지배하는가? 자본가들은 고전적 자유주의의 원칙에 대해 의문의 여지가 없는 충성을 끌어내기 위해 자신들의 권력을 사용해 왔는가? '신계급'이 우리 사회를 지배하는가? 이들 신계급 구성원들은 현대 자유주의와 민주사회주의의 사상에 대한 광범한 수용을 가져오기 위해 자신들의 권력을 사용해 왔는가? 혹은 어떤 다른 이해관계가 어떤 종류의 이데올로기적 헤게모니를 불러일으키면서 사회를 지배하고 있는가?

둘째, 이익이론은 우리들의 이데올로기적 성향의 원천으로서 우리들 자신의 이해관계를 고려할 것을 제안하고 있다. 아마도 우리들은 공립대학의 교수이기 때문에 우리들은 다양한 사회적 문제를 해결하기 위해서 교수의 연봉을 포함하여 교육에 많은 투자를 할 수 있도록 권위를 부여받는, 이른바 자유주의자들이 지지하는 강한 국가에 관심이 많다. 아마도 여러분이나 여러분의 가족들은 자본주의적 경쟁에서 성공하기 위해 재원과 기술을 보유하고 있는 능숙한 기업가들이다. 그래서 여러분들은 쉽게 고전적 자유주의와 현대 보수주의를 지지하게 된다. 어떤 사람의 정치적 생각은 사회 내 지배계급의 생각보다는 자신의 이해관계를 반영할 때 자연스럽게 보다 더 사려 깊은 기반을 확보하는 것 같아 보인다.

그러나 이데올로기적 원칙들이 자기이익에 기반을 두어야 하는 지에 대해서는 의문이 든다. 오늘날의 정치학자들은 일반적으로 사람들이 자신들의 재능이나 능력, 재원, 배경을 무시하는 불편부당한 방식으로 자신들의 원칙을 선택해야 한다고 주장한다.[17] 우리가 단순히 우

---

[17] '무지의 베일'은 사람들에게 자신들의 재능이나 배경을 넘어서는 방식으로 자신들의 원칙을 선택하도록 요구하는 장치로서 존 롤스에 의해 제안된 바 있다. 롤스는 사람들이 사회에서의 자신의 계급이나 지위, 자신의 천부적인 재능, 지성, 힘 등을 고려하지 않고 원칙을 선택해야 한다고 제안한다. 롤스에 따르면, 무지의 베일은 사람들로 하여금 자신의 환경이 어떻게 변하든 관계없이 삶의 원칙을 선택하는 데 도움을 준다. 롤스는 사람들이 자신의 알려진 이익에 일치하도록 자신의 원칙을 고안하지 않는 것이 도덕성과 정의의 기본적 가정이라고 주장한다. John Rawls, *A Theory of Justice* (Cambridge: Harvard University Press, 1971), pp. 136-142 참조. 브라이언 배리는 불편부당의 중요성과 관련하여 롤스와 의견을 같이 한다. 그러나 그는 무지의 베일과 같은 장치가 없어도 불평부당이 성취 가능하다고 주장한다. 배리에 따르면, 자기이익에 호소하지 않고도 다른 사람에 대한 자신의 행동을 정당화하려고 하는 것이 인간본성의 하나이다. Brian Barry, *A Treatise on Social Justice*, Vol.1, *Theories of Justice* (Berkeley: University of California Press, 1989), p. 364 참조.

리들 자신의 이익과 능력을 반영하는 '원칙들'을 채택하고 고수할 때, 우리는 이러한 원칙들이 우리들의 행동을 정당화하기 위한 것이거나 다른 사람들로 하여금 우리들의 이익에 동조하도록 '강제'하기 위한 무기에 불과한 것이라는 비판에 직면하게 된다. 우리가 우리의 이해관계나 능력과는 무관하게 완전히 불편부당한 입장을 취하는 것이 불가능할지도 모른다. 그렇지만 우리들이 경쟁적인 정치사상들을 평가하고 특정의 정치적 원칙을 고수하려고 할 때, 자기이익의 영향력을 줄이기 위해 다양한 형태의 지적인 방법론과 장치를 활용하는 것은 바람직한 것이다.

III. 정치학

학자적 규율로서 정치학은 정치적 신념과 관련하여 불편부당성 내지는 '객관성'을 획득하고자 한다. 일반적으로 정치학은 실제적 정치공동체의 작동을 기술하고 설명함에 있어서 우리들 생각의 유효성을 결정할 때 가급적 다양한 편견으로부터의 영향을 막을 수 방법을 제공하고자 한다. 그리고 대개의 경우 정치학의 과학적 절차는 '가치가 개입'되어 있거나 '주관적인' 규범적 생각을 평가함에 있어서 거의 아무런 영향을 미치지 않는 것으로 간주된다.

그럼에도 불구하고 정치세계가 어떻게 기능하고 있는지에 대한 이데올로기적 성향을 극복하려는 과학적 수단의 능력에 대해서는 자주 의문이 제기되어 왔다.[18] 예를 들어, 우리들의 이데올로기적 성향은 경험 세계에 대해 우리가 제기하는 질문이라든가 우리가 만들어 내는

---

18) 예를 들면, *American Political Science Review* 66(Sept. 1972), pp 796-873에 실려 있는 Eugene Miller의 "Positivism, Historicism, and Political Inquiry"와 그의 주장에 대한 논의 참조.

가설 그리고 경험 세계에 대해 우리가 하는 관찰들을 규정하는 것으로 알려져 있다.

이러한 주장은 우리가 정치적 신념을 형성하는 데 이데올로기를 넘어설 수 없다는 것을 의미한다. 왜냐하면 이데올로기는 경험 세계에 대한 우리들의 생각과 인식을 전달하는 특정의 협소한 렌즈인데, 이러한 렌즈들은 필연적으로 우리들의 생각과 인식을 왜곡시킴으로써 객관성을 불가능하게 만들 것이기 때문이다.

이데올로기는 두말할 필요도 없이 정치 세계가 실제로 어떻게 작동하는가에 대한 질문을 규정한다. 예를 들어, 계급과 계급갈등을 강조하는 마르크스주의자들이나 사회주의자들에 대해 이들의 생각의 현재적 연관성을 깎아내리려는 의도로 많은 현대의 자유주의자들과 보수주의자들은 '사회계급이 사라지고 있는 게 아닌가' 라는 질문을 제기해 왔다.[19] 또 하나의 사례로서 민주적 정부란 단순히 '자본가 계급의 집행위원회'에 불과하다는 생각을 갖고 있는 마르크스주의자는 형식적으로 민주적인 공동체에서 정치권력의 분배와 관련하여 다음과 같은 질문을 제기할 수 있다. 즉, 실질적으로 누가 지배하느냐? 미국의 도시와 다른 정치공동체에서 지배적인 권력을 실제로 행사하는 사람은 누구냐? 그래서 만약 이데올로기가 과학적 탐구의 주관적인 문제에 영향을 미친다면, 이는 오히려 부채가 아니라 자산이 된다. 과학이 자주 사소한 문제들에 초점을 맞추는 한, 이데올로기는 정치학적 탐구를 계급의 중요성이라든가 오늘날의 공동체에서 나타나는 권력의 분배와 같은 보다 큰 문제에 관심을 갖도록 유도할 수 있기 때문이다.

이데올로기는 또한 우리가 탐구하고자 하는 가설에 영향을 미칠 수 있다. 계급이 중요성을 상실했는지의 질문에 대한 답변으로서 보수주

---

19) Robert Nisbet, "The Decline and Fall of Social Class," *Pacific Sociological Review* 2(1959), pp. 11-17 and Terry Clark and Seymour Martin Lipset, "Are Social Classes Dying?" *International Sociology* 6(Dec. 1991), pp. 387-410.

의자들과 자유주의자들은 자본주의가 모든 사람에게 점증하는 풍요를 갖다 줌으로써 삶의 기회에 있어서 부유한 사람과 가난한 사람들 사이의 가장 근본적인 간격을 줄여주었으며, 그 때문에 계급의 정치적 중요성이 감퇴했다고 얘기한다.[20] 반대로 마르크스주의자와 사회주의자들은 계급이 여전히 중요하다고 주장하는 경향이 있다. 왜냐하면 1980년대 이래 부와 소득에서의 불평등은 중요하게 증대해 왔고 그래서 사회적 계급은 지속적으로 사람들의 삶의 기회와 정치적 행태를 결정하는 중요한 요소가 되고 있기 때문이다.[21]

실제로 누가 지배하느냐의 질문에 대한 대답으로 자유주의자들은 민주사회에서는 통상 민주적으로 선출되어 권위를 갖는 대표자가 실제적 통치자라고 주장한다. 반면 마르크스주의자들은 자본가 계급을 포함하여 다양한 경제계의 이해관계가 이들 관리에 대해 광범한 권력을 행사한다고 가정하며,[22] 보수주의자들은 지식인과 관료라는 '신계급'이 실제적인 지배자일 수 있다고 제안한다. 그래서 이데올로기적 성향은 중요한 논점과 관련한 가설형성에서 뿐만 아니라 대안적인 또는 경쟁적인 가설형성에도 그대로 반영되어 나타난다. 최소한 원칙적으로 이러한 경쟁적인 가설들은 과학적으로 검증될 수 있으며, 그 결과는 계급의 중요성 내지는 비중요성이라든가 공동체 내에서의 권력의 실제적 분배 또는 다양한 이데올로기적 성향의 사람들이 갖고 있

---

20) Terry Nicholas Clark, Seymour Martin Lipset, and Michael Rempel, "The Declining Political Significance of Social Class," *International Sociology* 8(Sept. 1993), pp. 293-316.
21) Mike Hout, Clem Brooks, and Jeff Manza, "The Persistence of Classes in Post-Industrial Societies," *International Sociology* 8(Sept. 1993), pp. 259-276.
22) Robert Dahl, *Who Governs?* (New Haven: Yale University Press, 1961)에서 제기된 바와 같이 미국의 도시에서 권력의 배분에 대한 보다 자유주의적 설명에 대해 이와 같은 마르크스주의자들의 생각은 G. William Domhoff, *Who Really Rules?* (Santa Monica, Cali.: Goodyear Publishing, 1978)에 의해 개발되었다.

는 대조적인 신념 등에 대해 보다 간결하고 유효한 서술과 설명으로 나타날 수 있다.

그러나 이데올로기적 성향은 사람들이 자신들의 가설과 이론을 위하여 취합을 하는 증거들에 대해서도 영향을 미칠 수 있다. 예를 들면, 마르크스주의자들은 계급소멸 명제의 주창자들이 "계급의 지속적이고 심지어는 점증하는 중요성을 보여주는 증거들을 간과하고 있다"고 비판한다.[23] 반면에 보수주의자들은 계급이 집단행동을 야기하는 데 중요한 요인이 되는 경우가 적다는 점을 지적하면서 마르크스주의자들이 계급의 중요성이 감퇴하고 있음을 애매하게 처리하고 있을 뿐만 아니라 정치사회적 행동이 종족, 종교, 인종, 지역과 같은 비계급적 분열에 기반 하는 사례가 더 많다는 것을 고려하지 않는다고 주장한다.[24] 또한 이와 비슷한 맥락에서 자유주의적 민주 공동체에서 자본가가 실질적인 지배를 하고 있다고 생각하는 마르크스주의자들도 비판을 받는다. 왜냐하면 이들 마르크스주의자들이 자본가 지배라는 인식을 강화시키는 연구방법을 채택할 뿐만 아니라 자본가의 영향력이라는 인식과 자본가의 힘에 가해지는 실제적이고 매우 의미 있는 제약 사이를 적절하게 구별하지 못하기 때문이다.[25]

이에 대해 마르크스주의자들은 다음과 같이 주장한다. 즉, 선출된 대표들에 의해 지배된다고 믿는 자유주의자들은 부유한 기업가들이 이들 대표들에 대해 행사하는 숨겨진 통제를 잘 드러내 보이지 않도록 하는 그런 연구방법을 활용한다는 것이 그것이다.[26] 권력의 분배에 대해 경쟁하는 가설들을 지지하기 위해서 증거를 모으는 데 사용되는

---

23) Hout, Brooks, and Manza, "The Persistence of Classes," p. 261.
24) Jan Pakulski, "The Dying of Class or of Marxist Class Theory?" *International Sociology* 8(Sept. 1993), p. 283.
25) Raymond Wolfinger, "Reputation and Reality in the Study of Community Power," *American Sociological Review* 25(Oct. 1960), pp. 636-644.
26) Domhoff, *Who Really Rules?*

'과학적' 방법의 편견과 관련하여 이러한 논쟁에 휩쓸린 일부 관찰자들은 '누가 실제로 지배하느냐'에 대해 객관적인 대답을 얻어낼 가능성이 거의 없다는 결론에 도달하게 된다. 왜냐하면 연구 분야까지도 대책 없이 이데올로기적 선입견이나 편견에 의해 색칠 될 것이기 때문이다.[27]

이러한 어려움에도 불구하고 이데올로기적 편견을 극복하기 위해서 과학적 방법이 고안되어 있다. 이데올로기적 입장이 이러한 가설들과 관계가 있는 증거에 영향을 미칠 수 있는 반면, 과학은 의문시되는 경험적 주장들을 골라내고 이러한 과학적 발견의 유효성에 대해 우리들의 신뢰를 증대시키려는 목적으로 발견의 반복가능성에 대한 주장과 같은 많은 절차들을 개발해 왔다. 이데올로기적으로 도출된 신념이 과학적 검증에 종속될 때, 채용된 탐구방법의 적절성과 관련하여 제기되는 논쟁은 자주 '계급은 쇠퇴하고 있는가'라든가 '누가 지배하는가'와 같은 질문에 대해 보다 복잡한 또는 궁극적으로는 보다 적절한 대답을 발전시켜 나가는 데 도움이 된다.

계급의 쇠퇴와 관련하여 이데올로기에 기반을 둔 주장은 계급 개념의 재정립으로 연결되거나 아니면 마르크스주의자와 비마르크스주의자 모두로부터 받아들여져 온 계급갈등의 원인 내지는 결과와 관련한 많은 발견들로 이어졌다.[28] 예를 들면, 네오마르크스주의자들도 생산양식에 대한 사람들의 관계가 점차 복잡하게 되고 있기 때문에 부르주아와 프롤레타리아에 대한 마르크스의 단순한 구별이 조정되어야 한다는 점을 받아들인다. 에릭 라이트(Eric Wright)에 따르면, 부르주아는 대 고용주와 중소 고용주 그리고 자기 자신의 재산은 보유하고 있

---

27) David Ricci, "Receiving Ideas in Political Analysis: The Case of Community Power Studies, 1950-1970," *Western Political Quarterly* 33(Dec. 1980), pp. 451-475.
28) 다음의 구분들은 Pakulski, "The Dying of Class?" pp. 280-282에서 끄집어 온 것이다.

지만 다른 사람들을 고용하지 않는 쁘띠부르주아로 구분되어야 한다. 그리고 노동계급은 다양한 '전문가,' '준 자격증이 있는' 노동자 그리고 '자격증이 없는' 노동자로 나뉘어야 한다. 사회계급에 대한 이와 같이 보다 복잡한 유형화로 인해 마르크스주의자와 비마르크스주의자 모두 다양한 계급의 사람들이 가치와 삶의 방식, 재원에 있어서 중요한 차이를 갖는 경향이 있음에 동의를 한다. 마르크스주의자들은 "계급의 밑에 깔려 있는 논리는 변화하지 않는다"고 주장하면서도 구체적인 상황에서는 "계급의 정치적 영향이 숨겨져 있다"는 데에 비마르크스주의자와 의견을 같이 한다.[29]

마르크스주의자와 비마르크스주의자 모두 다양한 계급적 이해관계가 정치에 영향을 미치기 위해서는 정당과 같은 정치적 기구가 적극적으로 계급을 중심으로 조직되어야 한다는 데에 동의를 하는 것 같다. 정치조직이 계급에 기반을 둔 정치적 신념이나 이상을 강조하는 한, 사람들은 자신의 사회적 계급에 기초하여 사회운동에 참여하고 투표를 한다.[30] 간단히 요약하면, 사회계급의 중요성이 쇠퇴하고 있는가 아니면 여전히 지속되고 있는가를 둘러싸고 이데올로기적 논쟁이 있다고 하여 현대 사회에서 계급의 역할을 구별하는 방향으로 과학이 진보해 나가는 것이 제약을 받지는 않았다. 사회계급의 성격이라든가 계급갈등의 원인 내지는 결과에 대한 보다 많은 이해는 이러한 현상에 대한 보다 복잡한 생각이 과학적 분석과 발전을 거치게 되면서 더욱 확대되고 있다.

아마도 민주적 공동체를 선출된 대표가 지배하느냐 아니면 자본가가 지배하느냐의 쟁점은 결코 해결될지 않을 지도 모른다. 그러나 이 분야에서의 이데올로기적 논쟁으로부터 발전해 나온 과학적 탐구의

---

29) Hout, Brooks, and Manza, "The Persistence of Classes," p. 268.
30) Adam Przeworski and John Sprague, *Some Papers: A History of Electoral Socialism* (Chicago: University of Chicago Press, 1986).

결과로 인해 권력의 분배에 대한 생각은 중요하게 진전되어 나갈 것이다.

첫째, 권력의 개념에 대한 보다 적절한 이해가 출현하였다. 단순히 정부 기구에서 누가 관직을 차지하느냐의 관점에서 정치권력을 개념화하고 측정하기보다는 각기 다른 이데올로기적 관점을 갖고 있는 사람들도 이제는 다음과 같이 권력이라는 것이 다차원의 보다 미묘한 측면을 띠는 것으로 이해하고 있다. 정책결정이 이루어질 때 어떤 사람이 다른 사람에게 자신의 선호를 양보하도록 할 수 있는 것으로서 권력의 '첫 번째 측면'이 존재한다. 어떤 사람들이 권력의 첫 번째 측면이 효과적으로 작동할 수 있는 여건을 제공하면서 공동체에 쟁점 의제를 제시하고 통제할 수 있을 때 나타나는 것으로서 권력의 '두 번째 측면'이 존재한다. 어떤 사람이 다른 사람의 선호를 만들어낼 수 있을 만큼 자신들의 선호가 이미 정해져 있는 사람들이 이러한 선호의 목표들이 안전하게 달성될 수 있도록 도와주기 위해서 자신들의 권력을 사용할 때 나타나는 것으로서 권력의 '세 번째 측면'이 존재한다.[31]

아마도 자유주의자들은 권력의 첫 번째 측면의 개념과 이러한 첫 번째 측면을 분석하기 위한 방법론을 발전시켜 왔다. 왜냐하면 이들은 이러한 방법론이 자본가보다는 선출된 대표들이 더 많은 권력을 갖고 있다는 자신들의 주장을 지지해 줄 것으로 기대했기 때문이다. 그리고 아마도 네오마르크스주의자들은 권력의 두 번째 측면과 세 번째 측면을 발전시켜 왔다. 그 이유는 그들이 보기에 선출된 관리들이 처리해야 할 의제를 통상 자본가들이 설정할 뿐만 아니라 자본주의의 이데올로기적 헤게모니가 선출된 관리들은 물론이고 심지어는 정책

---

[31] 권력의 이러한 3가지 측면은 Paul Schumaker, "Establishing the First and (Some of) the Third Faces of Power," *Urban Affairs Quarterly* 28(Mar. 1993), pp. 441-461에서 보다 자세히 논의되고 있다.

결정 과정에서 추구되는 노동자들의 선호까지도 결정한다는 것을 드러내 보이는 데는 이러한 권력의 두 번째 측면이나 세 번째 측면 분석이 유용하다고 믿기 때문이다. 아마도 이데올로기적 동기가 권력의 이와 같은 다른 차원을 개념화하는 데 각기 다르게 작용하고 있다고 하더라도 자유주의자나 네오마르크스주의자 모두 이제는 권력이 적어도 이와 같은 3가지 다른 측면을 함께 아우르는 다차원적인 것이라는 점에 동의를 하고 있다.[32]

게다가 누가 지배하느냐를 둘러싼 이데올로기적 논쟁은 선출된 대표나 자본가만이 전적으로 지배를 하는 것이 아니라는 점뿐만 아니라 공동체 사이에서든 아니면 공동체 내에서든 권력의 분배는 관련된 쟁점이 무엇이냐에 따라 다양하게 나타난다는 과학적 합의를 낳았다. 공식적으로 민주적인 어떤 공동체에서는 기업의 이해관계가 지배적일 수 있지만, 다른 공동체에서는 기업에 반대하는 이해관계가 지배적일 수 있다. 실제로 과학적 탐구는 공동체가, 예를 들면 공직을 위해서 비당파적인 선거를 치르는 등 정부를 탈정치화 하는 제도를 구비하는 것과 같은 특정의 조건하에서는 기업의 이해관계가 지배적일 수 있음을 시사하고 있다.[33] 또한 이러한 과학적 탐구는 기업의 이해관계가 경제적 발전에 관한 의제를 지배할 가능성이 높지만 그러나 정부 서비스의 제공과 관련한 '할당'의 문제에 대해서는 덜 영향을 미치고 있음을 보여주고 있다.[34]

---

32) 권력의 이와 같은 3가지 차원에 대한 네오마르크스주의자의 인식과 자유주의자의 인식에 대해서는, 각각 Steven Lukes, *Power: A Radical View* (London: Macmillan, 1974)과 Robert Dahl, *Democracy and Its Critics* (New Haven: Yale University Press, 1989), pp. 111-114 참조.
33) William Hawley, *Nonpartisan Elections and the Case for Party Politics* (New York: John Wiley, 1973). 기업이익의 방향으로 권력이 보다 더 집중되는 결과를 갖고 오는 요인들에 대한 연구로는, Philip Trounstine and Terry Christensen, *Movers and Shakers* (New York: St. Martin's Press, 1982), pp. 40-47 참조.

요약하면, '사회계급이 쇠퇴하고 있는가' 라든가 '누가 지배하느냐'와 같이 이데올로기적으로 동기화된 논쟁에 대해 과학적 분석을 해 보면, 다양한 이데올로기적 시각으로 제시된 단순한 해답은 그다지 적절하지 않음을 알 수 있다. 이러한 논쟁에서 일부 이데올로그들은 사회계급이라든가 권력분배에 대한 우리들의 생각에서 보다 복잡한 과학적 진보로 나아가는 것을 거부하지만, 이데올로기적 맹신자들이라고 하여 보다 세련되고 보다 정밀한 신념의 발전을 방해하지는 않는다.

이러한 사례들이 제시하는 바는 보다 적절한 이데올로기적 신념체계는 다음과 같은 3가지 측면, 즉 1)우리가 『정치사상의 이해 I: 근대편』 제1장에서 제시한 바와 같이 이데올로기를 연구하는 분석틀 내에서 정치적 실재에 대해 제안된 질문을 제기함으로써, 2)다른 이데올로기적 시각을 보유하고 있는 사람들의 대조되는 신념에 대해서는 이를 경쟁적인 가설로서 너그럽게 받아들임으로써, 3)그리고 규범과학적 방법론을 사용하는 이들 가설들을 분석함으로써 획득할 수 있다는 것이다.

이러한 얘기가 곧 이와 같은 과학적 방법론이 이데올로기적 편견으로부터 자유롭게 되며, 그 결과 '객관적'으로 된다는 것을 주장하는 것은 아니다. 또는 이것이 곧 특정한 문제를 분석함에 있어서 과학적 진보가 이러한 문제들에 대해 '참된' 대답을 가져올 것이라고 주장하는 것도 아니다. 실제로 우리의 주장은 다음과 같은 것이다. 즉, 다른 이데올로기에 의해서 제시된 경쟁적인 가설들을 우리가 알고 있는 가장 적절한 과학적 방법론을 통해서 검토를 하게 되면 정치적 실재에 대해 보다 더 가까이 접근하는 기술과 설명을 얻게 될 것이라는 점이다.

---

34) Paul Peterson, *City Limits* (Chicago: University of Chicago Press, 1981). 권력의 배치가 정책 영역에 따라 다양하게 나타날 수 있다는 생각은 Theodore J. Lowi, "American Business and Public Policy, Case Studies, and Political Theory," *World Politics* (July 1964)에 처음 등장했다.

IV. 정치철학

과학적 방법은 규범적인 정치적 이상이나 또는 선한 정치공동체의 통치 원칙을 선택할 때 나타날 수 있는 편견을 극복하는 데는 거의 도움이 되지 않는다. 왜냐하면 이러한 과학적 방법은 한쪽으로 치우친 이상보다는 편견이 깃든 신념을 탐지하는 데 더 많은 의도를 갖고 있기 때문이다. 소크라테스나 플라톤과 같은 고대 철학자에 따르면, 우리들의 정치적 이상을 잘 알 수 있도록 하는 가장 좋은 방법은 변증법적 방법이다. 이러한 방법은 지금도 이를 옹호하는 사람들이 많다.[35]

가장 간단히 얘기하면, **변증법적 방법**은 정치공동체가 어떻게 통치되어야 하는지의 원칙을 다른 사람들의 비판적 검증에 종속시키는 것을 말한다. 변증법적 방법이 채택될 때, 그 목표는 반대되는 견해를 갖고 있는 사람들에 대항해서 승리하는 데 있는 것이 아니다. 그 목표는 변증법적 방법으로 인해 자신의 최초의 입장이 수정된다고 하더라도 더 나은 생각을 얻어내는 데 있다. 소크라테스의 변증법은 특히 플라톤의 『공화국』(Republic)에서 "정의가 무엇이냐"라는 질문에 대해 변증법적 방법의 적용을 예시해 주고 있다. 여기서 일반적인 아테네 사람들의 생각과 트라시마쿠스(Thrasymachus)와 같은 소피스트의 견해 그리고 정의로운 시민과 정의로운 사회에 대한 소크라테스의 주장이 제시되고 다른 사람들의 비판적 검증을 받았다.

다양한 이데올로기적 시각을 가진 사람들이 정의에 대해 어떤 이상을 갖고 있는지를 알고 난 이후 우리들은 이러한 변증법적 대화를 만족스럽지는 않지만 정의에 대해 편견이 없는 원칙을 발견해 내는 시도로서 간주할 수 있다. 처음에는 정의를 특별하게 사회적 재화를 가

---

[35] 변증법적 방법과 관련한 흥미 있는 최근의 활용은 Robert Dahl, *Democracy and Its Critics*에서 볼 수 있는 것처럼 민주주의자와 그 적들 사이의 다양한 대화에서 발견된다.

장 잘 분배하는 데 목적을 둔 개념으로 보기보다는 인간과 사회의 덕성을 담은 총체적인 것으로 받아들임으로써, 변증법은 정의에 대한 현대적 관심에는 거의 초점을 맞추지 않은 것 같아 보인다. 플라톤도 다양한 형태의 현대 이데올로기적 시각에서 주창되는 정의의 원칙들을 다루지 않은 것 같다. 그리고 소크라테스는 자신의 대담자들이 제시한 다양한 입장에 대해 비판적 분석을 제공하고 있음에도 불구하고 소크라테스 자신의 견해도 강하게 수용되었던 것 같지는 않다. 그래서 "정의가 무엇이냐"라는 쟁점을 해결하려는 오늘날의 시도에서 변증법적 방법을 채택하는 것은 플라톤이 제시했던 것보다 훨씬 더 많은 수고를 요구하는 일이 되고 있다.

변증법적 방법을 채택하는 철학적 탐구에 기반하여 정의로운 이상을 선택하고자 할 때 정의라든가 또는 정치적 권위, 통치자, 시민권, 구조, 변화 등과 같은 다른 중요한 쟁점과 관련하여 이데올로기적으로 도출해 낸 이상들을 넘어서기 위해서 요구되는 것은 무엇일까? 데이비드 리치(David Ricci)에 따르면, 이러한 방법은 '거대한 대화'를 갖는 것이다.[36]

> 사실상 이것이 요구하는 것은 전문성이나 배움의 규율을 갖추고 있는 특정의 사회집단의 구성원들이 자신들끼리 하는 데 익숙해 있는 어떤 소규모의 대화가 아니라 거대한 대화이다. 실제로 이와 같은 거대한 대화에서 목표는 다양한 집단들이 다양한 형태의 미학적·도덕적·과학적 견해를 표명하고 이러한 견해들을 공통의 근거에 기초하여 이해할 수 있는 용어로 끝장 토론을 하는 데 있다. 나아가 이러한 토론은 세대를 넘어 진실과 관용에 대해 점진적인 합의를 이루는 것을 가능하게 하고 지속될 수 있도록 하며, 공동체의 구성원들을 서

---

36) David Ricci, *The Tragedy of Political Science* (New Haven: Yale University Press, 1984), pp. 300-301.

로 결속시키고 그들이 함께 더불어 선한 생활을 살아갈 수 있도록 하는 사회적 접합제로서 기능하도록 하는 데에 그 목적이 있다. 동시에 이러한 토론은 수많은 사실들을 옳음과 그름, 선과 악, 덕과 죄, 권리와 의무의 구분에 비추어서 비교하고 검증하는 데 목적을 둔 지적인 기획이다.

'거대한 대화'를 시행하기 위해서 우리는 정의 또는 권위, 시민권, 또는 어떤 다른 근본적인 정치적 쟁점들의 요구조건에 대해 어떻게든 '합의'를 도출하려고 모인, 이른바 다양한 신념과 이상을 보유하고 있는 '다양한 집단' 내지는 다양한 이데올로기적 시각을 가진 대표들을 상상할 수 있다. 우리는 각각의 이데올로기 주창자들이 이러한 쟁점들에 대해 자신들의 원칙을 명확하게 표현하길 기대한다. 우리는 이들 주창자들이 가능한 한 충분하게 자신들의 원칙의 철학적 기반을 설명하고 공동체의 존체적인 구조와 통치를 위한 원칙들이 어떤 의미를 갖는지를 보여줄 것으로 기대한다.

우리들은 이들 주창자들에 의해서 이러한 원칙들이 다양한 사회적·경제적·정치적 문제들을 어떻게 해결하고 혹은 줄이고 또 다양한 정치적 목표들을 달성하고 이에 접근하도록 하며, 나아가 다양한 도덕적 관심들을 어떻게 반영할 것인지에 대해 설명이 제시될 것으로 기대한다. 물론 이러한 주장의 각각은 대담에 참가한 사람들이 각기 다른 이데올로기적 시각에서 제시한 견해에 비추어 엄격한 검토를 받아야 하는데, 이는 각각의 주장의 적절성을 둘러싼 긴 논쟁으로 나타날 수 있다. 대담에 참여한 많은 이데올로기적 시각을 고려할 때, 대화는 논의되고 있는 쟁점의 중요성 내지는 고려되고 있는 견해의 다양성이라는 관점에서 '거대'할 뿐만 아니라 대화의 기간도 매우 긴 시간이 요구되거나 혹은 아마도 끝이 없을 것임에 틀림없다.

'거대한 대화'를 합의로 이끌어 가는 데 도움이 되도록 하기 위해서, 만약 표명된 다양한 원칙들을 평가하기 위해 대담에 참여한 모든 사람들 사이에 '공통의 근거'와 관련하여 사전 동의가 이루어진다면 이는 확실히 도움이 될 것이다. 우리들은 다음과 같은 평가 기준들을 공통의 근거로서 제시될 수 있다고 생각한다:

1. 비폭력: 우리들은 어떤 집단이 다른 집단에 대해 폭력을 사용하는 경우라든가 무고한 사람들을 정부가 살해하는 사례들을 정당화하는 사상들은 거부해야 한다. 역으로 우리들은 비폭력적 수단을 통해 갈등을 해결하려는 그러한 사회를 건설함에 있어서 가장 기여할 가능성이 큰 사상을 수용해야 한다.
2. 사회적 안정: 우리들은 사회적 무질서라든가 원한에 가득 찬 시민들 사이의 갈등 그리고 개인적 불안을 가져올 사상들을 거부해야 한다. 역으로 우리들은 시민들이 자신의 생명과 자유, 재산이 다른 사람들에 의해서 침해되지 않을 것으로 확신하는 그와 같이 안정되고 평화스런 사회를 건설하는 데 도움이 될 가능성이 큰 사상을 수용해야 한다.
3. 인간의 완전성: 우리들은 인간의 무지나 게으름, 도덕적 타락을 가져오는 사상을 거부해야 한다. 역으로 우리들은 시민의 지적이고 도덕적인 발전을 고취시킬 뿐만 아니라 시민들이 서로간의 관계에서 최대의 덕성을 드러내 보여주는 사회를 건설하는 데 도움이 되는 사상을 수용해야 한다.
4. 인간의 자유: 우리들은 어떤 사람이 다른 사람에 의해 지배되도록 허용하거나 인간에게 선택의 자유를 제약하는 사상을 거부해야 한다. 역으로 우리들은 개인의 자유에 대한 정치적·사회적·경제적·환경적 제약을 최소화 하는 사상을 수용해야 한다.
5. 인간평등: 우리들은 다른 개인들을 다른 사회적 위치에 배치하고 그러한 사회적 위치에 근거하여 개인들을 차별하는 사상을 거부해야 한다. 역으로 우리들은 존재의 기본적 평등을 증진시키고 모든 사람의 행복이 동등한 가치를 갖는다고 주장하며 그리고 그

누구도 자신의 생명과 자유, 행복이 다른 사람의 생명, 자유, 행복만큼이나 중요하다고 당당하게 주장할 수 있다는 원칙에 대해 지지를 하는 사상을 수용해야 한다.

우리들은 이러한 기준들의 어떤 것도 혹은 어떤 다른 기준들도 거대한 대화가 행해지는 '공통의 근거'와 관련하여 쉽게 동의를 얻게 되리라고 보지 않는다. 공산주의자와 나치주의자 그리고 최소한 일부 무정부주의자들은 비폭력의 기준이 이러한 원칙들의 많은 부분을 수용하는 데 부정적인 영향을 미칠 것으로 바라본다. 마르크스주의자와 사회민주주의자 그리고 여성주의자들은 사회적 안정의 기준이 자신들이 싫어하는 억압적 정부의 지속을 강화시켜 줄지도 모른다고 생각한다. 고전적 자유주의자와 현대 자유주의자들은 인간의 완전성 기준을 개인의 선택을 제한하면서 비중립적이고 편협한 국가를 건설하도록 하는 요구와 동일시한다. 전통적 보수주의자와 나치주의자 그리고 파시스트들은 인간의 자유 기준을 사회나 국가의 더 큰 이익을 희생하면서 개인의 권리와 이익에 너무 많은 무게를 두는 것으로 바라본다.

아마도 인간평등의 기준은 많은 이데올로기의 주창자들에 의해서 아주 쉽게 받아들여지겠지만, 그렇다고 그러한 기준이 합의적으로 수용될 것 같지는 않다. 엘리트주의에 대한 파시시트들의 옹호와 인종주의와 반유대주의에 대한 나치주의자들의 지지는 모든 사람을 평등하게 대우한다는 이상을 저버릴 것임에 확실하다. 이와 비슷하게 자연적 위계를 강조하면서 이러한 위계질서 내에서 다른 역할을 하는 사람들에게 각기 다른 권리와 의무를 제공해야 한다고 주장하는 전통적 보수주의자들의 입장은 인간평등의 기준을 훼손시킬 가능성이 크다. 공산주의자들은 이론적으로는 인간의 평등을 증진시키는 방향으로 사회적·경제적·정치적 조건을 개발하는 데 관심을 기울이고 있지만, 또한 그들은 우월한 정치적·윤리적 인식과 판단력을 보유하고 있는 '전위대'의 필요성에 공감을 하면서 최소한 잠정적인 기간만이라도 대다수 대중들이 이와 같은 전위들의 말을 들어야 한다고 주장한다. 공산주의자들에 의해 어떤 사람들이 다른 사람들을 위해서나 혹은 당대의 사람들이 미래의 어떤 황금시대를 위해서 자유와 이익을 희생시키는 정도만큼이나 이들 공산주의자들은 인간평등의 기준을 거슬리게 될 정치적 원칙을 보유하는 셈이 된다. 그래서 이러한 기준은 다양한 이데올로기의 원칙을 평가함에 있어서 선험적이고 보편적으로 수용되는 공통의 근거를 구성하지 않는다.

몇몇 이데올로기는 비폭력과 사회적 안정, 인간의 완전성, 인간의 자유, 혹은 인간평등을 수용하지 않기 때문에 우리들은 이들 이데올로기 주창자들이 이러한 기준들에 초점을 맞추는 대화에서 배제되어야 한다는 결론을 내릴 수도 있다. 확실히 합의를 이룰 수 있는 전망은 이러한 도덕적 기준들을 인정하지 않는 사람들을 배제함으로써 더욱 증대될 것이다. 그러나 그 본성상 정치철학은 공동체 생활과 관련한 최선의 원칙을 아무런 제약 없이 자유롭게 탐구하는 것이며, 그렇기 때문에 대화에서 어떤 목소리를 배제하는 것은 이와 같은 정치철학의 책무와는 어울리지 않는다. 이와 같은 기준들에 대한 일부 사람들의 보류에도 불구하고 어떤 정치적 원칙이 이러한 기준들의 어느 것과 가장 일치를 보이는지를 논의하는 것은 가치가 있다.

예를 들면, 인간평등의 기준과 가장 잘 어울리는 원칙을 보유하고 있는 이데올로기는 어느 것인가? 이에 대한 대답은 명료하지 않다. 로널드 도르킨(Ronald Dworkin)에 따르면:

> 우리들은 개인이 자신들을 통치하는 정치제도의 기획과 행정에 대해 동등하게 관심을 갖고 존중할 권리를 갖고 있다고 말할 수 있다. 이것은 고도로 추상적인 권리이다. 예를 들면, 어떤 사람들은 실적에 기반하여 직위와 직책에의 기회균등을 제공하는 정치적 장치에 의해 이러한 권리가 충족될 수 있다고 주장할 수 있다. 반대로 다른 사람

들은 실적에 관계없이 소득과 직위에서 절대적 평등을 보장해 주는 장치에 의해서만 이러한 권리가 충족될 수 있는 것이라고 주장할 수 있다. 세 번째 사람은 평등한 관심과 존중은 그것이 어떤 것이든 동일한 척도로 각자의 복지를 계산한 결과 모든 시민의 평균적인 복지를 개선해 주는 정치에 의해서 제공될 수 있다고 주장한다. 네 번째 사람은 근본주의적 평등의 이름으로 자유가 우선하며 다른 명백한 불평등도 허용된다는 주장을 할 수 있다.[37]

다양한 민주적 이데올로기들은 광범하게 정의된 바의 인간평등에 대해 커다란 관심을 갖고 있다. 그러나 그들은 경쟁적인 정치적 원칙들을 이와 같은 인간평등 기준과 일치시킬 것을 제안하고 있다. 고전적 자유주의자들은 존재의 평등을 주장한다. 모든 사람의 행복이 동등한 가치를 가지며 각 개인은 자신의 생명과 자유 그리고 행복이 어떤 다른 개인의 생명, 자유, 행복만큼이나 중요하다고 당당하게 주장할 수 있다는 것이다. 우리가 살펴본 바와 같이 고전적 자유주의자들은 이와 같은 평등을 위해서는 재산권을 보호하고 이러한 권리로부터 파생되는 경제적 부의 불평등을 허용하는 최소정부가 요청된다고 믿는다. 무정부주의자도 존재의 근본적인 평등과 모든 사람의 존엄성을 존중하는 도덕적 주장을 수용한다. 그러나 그들은 평등한 자유를 위해서는 정부의 통제로부터 완전한 자유가 요구된다고 믿는다.

현대 자유주의자들도 동등한 자유를 받아들이면서 이러한 자유가 다음과 같은 것을 의미하는 것으로 해석을 한다. 즉, 모든 사람들에게는 자신의 삶의 목표를 선택하고 달성할 수 있는 실질적인 기회가 보다 더 평등하게 주어져야 하며 그리고 이를 위해서는 경제적 재원을 규제하고 재분배하는 강한 정부가 요청된다는 것이다. 민주사회주의

---

37) Ronald Dworkin, *Taking Rights Seriously* (Cambridge: Harvard University Press, 1977), pp. 180-181.

자들에게 있어서 인간평등에 대한 헌신은 지위·권력·부에서의 대부분의 불평등을 줄이거나, 혹은 적어도 모든 사람을 위해 자유의 범위와 영역을 확장한다는 관점에서 정당화되지 못하는 이들 불평등을 줄일 것을 요구한다. 그리고 현대 보수주의자들도 평등주의의 핵심은 수용한다. 그들은 모든 사람이 각자 자신에게 주어진 각기 다른 재능이나 사회적 이점을 활용하고 이득을 볼 평등한 기회를 갖고 있다고 본다. 그러나 그들은 정부가 형식적인 기회균등을 보장해 주어야 하지만 그렇다고 평등한 조건을 마련하려고 애써서는 안 된다는 점을 강조한다.

우리가 살펴본 바와 같이 다양한 이데올로기들이 인간평등이라는 추상적인 이상을 어떻게 해석하고 있는지를 보면 이것이 이들 이데올로기의 기본적인 차이에 비해서 정치적 원칙에 대해 훨씬 더 광범한 함의를 갖고 있음을 알 수 있다. 우리들은 단지 몇 개의 민주적인 이데올로기의 원칙들이 인간평등의 기준과 일치를 보이고 있는 것 같다는 결론을 강조해 마지않을 뿐이다. 이러한 외견상의 일치가 맞는 것인지 혹은 인간평등의 기준에 대한 보다 엄격한 검토를 통해서 특정 이데올로기의 원칙에서 더 많은 장점을 이끌어낼 수 있는지를 결정하는 것이야말로 거대한 대화를 진행하는 동안 맞부딪쳐야 할 과제 중의 하나이다.[38]

---

38) 정의의 경쟁적인 원칙들을 평가함에 있어서 인간평등의 기준을 적용하고 있는 Will Kymlicka, *Contemporary Political Philosophy* (New York: Oxford University Press, 1990) 참조. 킴리카는 존 롤스 혹은 현대 자유주의자들의 정의원칙이 이러한 기준과 가장 잘 부합한다는 주장을 펴고 있지만, 그러나 그의 주장이 널리 보급되어 있지는 않다. 그러나 킴리카의 분석은 '거대한 대화'라는 개념이 현대 정치철학을 특징짓는 그런 종류의 분석을 위한 은유임을 생생하게 상기시켜 주고 있다. 거대한 대화를 실행하기 위한 것이든 혹은 변증법적 방법을 채택하기 위한 것이든 사람들은 하나의 장소에 실제로 모이거나 자신의 주장을 말로 표현할 필요가 없다. 사실 '위대한 사상'의 복잡성 때문에 명확성은 주장하는 바의 애매한 단어와 문단을 명확히 하는 방식으로

사람들이 거대한 대화에 참여하는 것 말고도 정치의 항구적인 쟁점들을 다루는 소규모의 많은 대화에 참여하는 것도 중요하다. 거대한 대화는 정치공동체를 통치하는 데 일반적으로 가장 좋은 이상을 발견하길 원한다. 그러나 아마도 특정의 상황에서 특정의 공동체를 위한 최선의 이상에는 중요한 변이가 존재한다고 볼 것이다.[39] 예를 들어 우리들은 일반적으로 그리고 이상적으로는 민주적 제도가 최선이라는 점을 확신한다고 하더라도 어떤 나라에서는 민주적인 제도가 바람직하지 않도록 하는 정치문화가 존재할 수 있음을 인정한다. 다른 공동체에서는 다른 원칙이 최선일 수 있다는 인식에서 보면, 각 공동체의 구성원들이 자신들에게 최선의 원칙이 어떤 것인가에 대한 자신들의 '소규모 대화'를 수행해야 할 것임을 시사해 주고 있다.

사람들은 가족, 교회, 직장, 도시, 국가 등 다양한 공동체의 구성원

어떤 사람의 주장을 받아쓰게 하고 또 청중에게 이러한 주장을 곰곰이 생각하게 하고 분석하게 할 수 있는 기회를 충분히 제공함으로써 확실하게 증진될 수 있다. 간단히 얘기하면, 거대한 대화는 어떤 사람이 자신의 생각을 제시하고 옹호하는 책이나 논문을 통해서 가장 잘 발생하는데, 왜냐하면 이를 통해 다른 사람은 인식된 결함에 반응을 보이고 또 저자는 자신의 주장에 대해 재작업을 할 수 있기 때문이다. 이러한 과정은 존 롤스의 저술에서 예시해 주듯이 현대 정치철학의 관행을 광범하게 특징짓고 있다. 즉, 존 롤스의 초기 저작인 『정의론』(*A Theory of Justice*)은 존 롤스가 자신의 견해에 대해 자유주의적 '친구들'과 이데올로기적 적들로부터 받아온 수많은 반응들을 담고 있으며, 『정치적 자유주의』(*Political Liberalism*, New York: Columbia University Press, 1993)는 존 롤스 자신의 생각에 대한 최근의 저작이다. 물론 이러한 비평들에 대한 존 롤스의 반응은 거대한 대화를 종식시키지 않고 단지 이를 지속시킬 뿐이다.

39) 일반적으로 아리스토텔레스는 다른 상황에서 다른 원칙이 적절할 수 있을 것이라고 인정하는 정치 분석을 개발한 학자로 평가를 받고 있다. 아리스토텔레스에게 있어 정치철학은 다음과 같이 4가지 형태의 질문을 다루는 것이다. 즉, 1)이상이란 무엇인가? 2)일반적으로 실천할 수 있는 최선은 무엇인가? 3)구체적 상황하에서 최선의 것은 무엇인가? 4)그리고 최악의 가능한 환경에서 최선은 무엇인가?

들이기 때문에 이들 각각의 공동체를 위해서 최선의 원칙을 찾아 진행되는 몇 가지 대화에 참여를 해야 한다. 우리들은 사람들이 이러한 대화를 통해 각각의 공동체에 대해 동일한 원칙이 적용되어야 한다는 결론을 내릴 것으로 가정할 이유가 있다고 보지 않는다. 예를 들면, 특정 직장의 구성원들은 자신들이 속해 있는 거대 규모의 공동체에서는 참여민주주의보다 대의민주주의를 선호하면서도 자신들의 직장 공동체를 운영하는 데는 참여민주주의가 최선의 방책이라고 결론지을 수 있다.[40] 특정 도시의 시민들은 전국적인 수준에서는 보다 평등주의적인 복지국가를 선호하면서도 자신의 지방정부는 보다 재분배적인 정의원칙을 적용해서는 안 된다고 결론을 내릴 수 있다.[41] 물론 특정의 공동체를 통치해야 할 원칙에 대한 소규모의 대화도 대안적인 원칙들의 유용성을 평가하기 위해서 거대한 대화에서 채택되었던 추상적 기준을 사용해야 한다.

그러나 특수한 국면의 상황에 대한 정보는 특정 공동체를 위해서 최선의 것이 무엇이냐를 고려할 때 특히 중요할 수 있다. 예를 들어, 특정 직장의 구성원들은 의사결정에의 직접적인 참여가 자신들이 생산한 상품의 질이나 생산의 효율성을 손상시킬 수 있다고 결론내릴 수 있으며, 이러한 고려들은 결정적인 요인이 될 수 있다. 특별히 경제적으로 침체된 도시의 구성원들은 자신들의 재분배 정책들로 인해 많은 가난한 사람들이 자신들의 공동체로 몰려오고 부유한 시민과 기업가들은 밖으로 나가버린다고 생각하면서 자신들의 미래의 경제적 활력을 위해서는 보다 덜 평등주의적인 원칙이 필요하다고 결론을 내릴 수 있다. 이렇게 특수한 국면의 상황들은 사람들이 자신의 공동체를 위해서 옳은 이상이 무엇인가를 생각하는 데 영향을 미칠 수 있다.

---

40) Jane J. Mansbridge, "The Limits of Friendships," in *Nomos XVI: Participation in Politics*, edited by J. Roland Pennock and John W. Chapman (New York: New York University Press, 1977), pp. 246-266 참조.
41) Paul Peterson, *City Limits* 참조.

그러나 국면의 상황은 변하며, 그럼으로써 거대한 대화처럼 소규모 대화들도 진행 중의 일거리가 되길 요구하게 된다. 특수한 국면의 상황들은 사람들이 자신들이 소속해 있는 다양한 공동체를 위해서 올바른 이상이 무엇인가를 생각하는 데 영향을 미칠 수 있다. 그래서 사람들은 특정의 시간과 장소에서는 어떤 이데올로기의 원칙들이 최선인가 하면, 다른 상황에서는 다른 이데올로기의 원칙이 최선이라는 것을 발견하게 된다. 자신들이 채택한 원칙들이 자신들이 처해 있는 각기 다른 상황을 반영하는 방식으로 각기 다른 이데올로기로부터 끄집어 낸 것일 때, 사람들은 특정의 이데올로기적 시각에 대한 온전한 헌신으로 이해되는 바의 이데올로기를 넘어서 움직이게 된다.[42]

위대한 정치사상들에 대해 거대한 대화와 소규모의 대화가 수세기 동안 진행되어 왔음에도 불구하고 이러한 대화들이 어떤 경우에 최선의 정치적 원칙들에 대한 합의를 낳게 되는지를 명시하기는 어렵다. 이것이 의미하는 바가 어떤 사람의 정치적 이상을 알려주는 데 있어 개인적 편견을 극복하기 위한 수단으로서의 변증법적 방법이, 어떤 사람의 정치적 신념을 알려줌에 있어 편견을 극복하는 방법으로서의 과학적 방법보다 못하다는 것인가? 역사적 기록은 철학이 우리들의 이상에 대한 동의를 산출하는 경우보다는 과학이 정치세계를 서술하

---

[42] 이러한 논의는 두 가지 유형의 '상대주의'를 구별할 필요성을 제시하고 있다. 첫 번째 유형의 상대주의는 객관적으로 최선의 정치적 원칙이란 존재하지 않으며 최선의 원칙에 대한 판단은 주관적인 취향과 가치에 배태되어 있다고 주장한다. 이러한 상대주의는 정치철학과는 대립되는 입장을 취하게 되는데, 왜냐하면 이러한 상대주의는 최선의 원칙에 대한 탐구를 희망이 없는 일인 것으로 간주하기 때문이다. 두 번째 유형의 상대주의는 수많은 소규모의 대화로부터 나타날 수 있는 종류의 것이다. 이 두 번째 유형의 상대주의는 최선의 원칙에 대한 우리들의 판단이 특정의 환경에 의존한다고 주장한다. 대안적인 원칙들을 판단할 때 특정 공동체의 사람들은 어떤 원칙이 인간평등이라든가 인간의 자유, 인간의 완전성과 같은 그러한 목표들을 가장 잘 달성하는지를 결정하려고 시도하지만, 특정의 환경은 이러한 목표들을 달성할 것 같아 보이는 원칙이 무엇인지를 판단하는 데 영향을 미칠 수 있다.

고 설명하는 개념에 대해 합의는 아닐지라도 동의를 이끌어 내는 데 더 성공을 거두었음을 보여주고 있다.

그러나 이러한 차이를 너무 부풀려서는 안 된다. 사려가 깊고 통찰력 있는 사람들 사이에서는 정치의 경험론적 이론에 대해서 뿐만 아니라 규범적인 이론에 대해서도 많은 의견의 불일치가 존재한다. 아마도 변증법적 방법으로는 정치적 이상에 대한 '진실'을 산출할 수가 없을 것이다. 그러나 과학적 방법도 정치적 신념에 대한 '진실'을 가져다주지 않았다. 과학적 방법이 정치에 대한 보다 나은 서술과 설명을 제공하는 데 도움이 되는 것처럼, 변증법적 방법도 보다 나은 정치적 목적과 처방 그리고 평가를 제공하는 데 도움을 줄 수 있다. 모든 정치적 사상과 관련하여 이데올로기적 사고를 넘어서기 위해서는 객관적인 진실을 획득하는 것은 물론이고 우리가 다른 사람 앞에서 옹호할 수 있는 더 나은 생각을 찾아나서야 한다.

V. 정치적 평가

정치철학이 많은 형태의 독특한 목소리를 모두 다 포함함으로써 더욱 가치가 높아지는 거대한 대화와 연관되어 있다면, 특정의 이데올로기는 특정의 정치공동체가 어떻게 통치되어야 하는지에 대한 논의를 지배한다. 예를 들면, 미국에서 현대 자유주의자들과 현대 보수주의자들 사이에서 주요한 논쟁이 발생한다. 그리고 환경주의자들과 여성주의자, 근본주의자 그리고 다른 덜 지배적인 목소리들이 특정의 쟁점이 제기될 때 독특한 관심을 표명한다고 하더라도, 그들은 자주 특정의 문화 내에서 중심적인 이데올로기에 의해 제시되고 있는 어떤 이상들을 받아들인다. 그 결과 특정의 공동체는 자주 정치에 관한 어떤 '위대한 사상'에 대해 개략적인 합의를 보유한다. 예를 들어, 시민은 사적 재산을 획득할 권리를 가져야 한다든가, 임금은 자유노동시장에서 결정되어야 한다, 혹은 모든 시민은 법 앞에서 평등해야 하며 법정에서 동등한 대우를 받아야 한다, 그리고 정부의 권력은 대의민주주의와 입헌민주주의의 원칙에 따라 분배되고 제한되어야 한다는 사상에 대해 의문을 제기하는 미국사람은 거의 없다.

이러한 합의의 존재는 이데올로기를 넘어서는 또 다른 형태의 정치적 사고와 분석이 가능할 수 있는 여지를 제공해 준다. 정치적 평가는 정치문화 내에서 합의적으로 수용되고 있는 이상들이 실제로 실현되고 있는지에 대한 사고와 연관되어 있다. 정치적 평가는 어떤 이데올로기의 특정한 이상이나 혹은 부분적으로 중복되는 이데올로기들에 의해서 공유되는 특정의 이상에 대해 헌신적이지만 이러한 이상의 실현과 관련하여 무엇을 믿어야 할 지 잘 모르는 개인들이나 공동체에게는 특별히 매력적인 형태의 정치적 사고이다.

정치적 평가는 정치공동체 내에서 지배적인 특정의 문화에 의해 수용되고 있는 이상과 실제적인 실천 사이의 괴리를 결정하는 것과 연관되어 있다. 이상과 실천 사이의 괴리가 얼마나 되는지는 시기에 따라 그리고 문화 내부의 하위 공동체에 따라 다양하기 때문에, 정치적 평가는 또한 이러한 갭을 어떻게 줄이고 정치적 생활을 어떻게 개선할 것인지―이 경우 개선은 적어도 특정의 문화에서 지배적인 이데올로기 전통 내에서 고려된다―에 대한 생각을 생성시키는 문제와 관련되어 있다.

다른 말로 얘기하면 정치적 평가는 정치적 실천의 실패에 대한 **내재적인 비평** 또는 내부적인 비평을 제공한다. 이상과 실천 사이의 괴리에서 왜 여러 가지 차이가 생기는 지를 설명하는 요인분석이론을 개발하고 검증한다. 그리고 이상과 실천 사이의 괴리를 낳는 요인들과 관련하여 이를 완화하거나 제거하고 또는 이러한 괴리를 차단하는 요인들을 제거시키는 방향으로 개혁을 제시하는 것과 연관되어 있다. 그리하여 정치적 평가는 이데올로기를 변형시키거나 새로운 생각을 이데올로기에 도입하는 것을 용이하게 한다.

예를 들면, 미국에서 현대 자유주의자들과 현대 보수주의자들 그리고 대부분의 다른 목소리들은 동등한 법적 재판을 지지한다. 그러나 사법체계에 대한 많은 연구들은 부자와 가난한 사람 그리고 백인과 소수인종이 받게 되는 판결에서 중요한 차이가 존재함을 보여주고 있다. 즉, 흑인들은 백인에 비해 사형을 당할 가능성이 더 많은 것 같다는 주장이 그것이다.[43] 그러나 이러한 연구들은 미국에서의 법적 판결을 평가하는 첫 번째 단계일 뿐이다. 보수주의자들은 판결에서의 이러한 불균형이 물론 실제적이기는 하지만 또한 범죄의 심각성이라든가 피고의 이전 형사기록 등과 같은 정당한 법적 요인들의 결과이기도 하다고 주장한다. 만약 예를 들어, 통계적 분석을 위해서 조절하는 것처럼 이러한 요인들을 고려한다면, 인종과 판결 사이의 이러한 관계는 잘못된 것으로 판명된다. 보수주의자들이 보기에 인종이나 계급에 기반 한 차별은 존재하지 않는다.

 그러나 자유주의자들은 이와 같은 보수적 평가에 대해 수긍하기 어렵다고 주장한다. 범죄의 심각성에 대한 판단에는 주관적인 가치가 개입된다는 것이다. 즉, 보수주의자들의 분석은 백인 남성이 흑인 여성을 강간할 때나 백인 남성이 수백만 달러를 횡령했을 때에 비해서 흑인 남성이 백인 여성을 강간할 때가 더 심각한 것으로 본다는 것인데, 그러나 이러한 판단은 가난한 흑인 남성에 대한 불평등한 대우를 지속시킬 뿐이다. 전과라는 것이 왕왕 형사법의 적용 과정에서 경찰이나 다른 행위자에 의해 저질러진 이전의 불평등한 대우를 반영하는 것이기 때문에 피고의 전과에 대한 고려도 흑인 남성에 대한 불평등한 대우를 부당하게 강화시킬 수 있다는 것이다. 그래서 자유주의자들에게는 판결에서 나타나는 인종, 종족, 계급의 차이는 부당한 차별

---

43) 미국 법정에서의 인종차별에 대한 포괄적인 연구를 정리한 것으로는, David W. Neubauer, *America's Courts and the Criminal Justice System*, 4th ed. (Belmont, Cali.: Wadsworth Publishing, 1992), pp. 379-398.

대우를 반영하는 것으로 파악된다.

　이러한 논쟁은 동등한 법적 정의를 실현하는 데 있어서 잠재적인 하자에 대한 인식을 제고시켜 주며 그리고 사법제도의 많은 참여자들로 하여금 차별의 가능한 원인들을 제거할 수 있는 개혁을 수용하도록 촉구하는 데 도움을 줄 수 있다. 예를 들면, 자유주의자들은 가난한 사람들을 지원하기 위한 확대된 법률구조체계를 강조해 왔으며 검사들이 인종이나 종족에 근거하여 잠재적인 배심원을 배제하지 못하도록 검사들의 능력을 제한하고자 한다. 보수주의자들은 형벌을 부과하는 데 있어서 법원의 자유재량을 제한하는 판결지침을 개발하는 데 관심을 기울여 왔다.

　이러한 개혁들은 판결에 있어서 인종, 종족, 계급 차이를 줄이는 데 기여하지만 더 중요하게는 처벌의 확실성과 엄격성을 높이려는 보수주의자들의 목표에도 도움이 되었다. 정치의 '거대한 쟁점'을 둘러싼 이데올로기적 차이보다는 재판과 관련한 이러한 이데올로기적 차이가 훨씬 더 주목을 끌고 있음은 확실하다. 그러나 이러한 차이들은 경쟁적인 이데올로기들이 실제로는 실행되지 않은 채 남아 있는 더 큰 이상들에 대해서 의견의 일치를 보일 때에도 이데올로기적 갈등이 그대로 지속될 수 있음을 예시해 주고 있다.

　마지막 사례로서 미국의 현대 자유주의자들과 현대 보수주의자들 그리고 다른 목소리들은 대의민주주의에 대해 지지를 표한다. 그들은 정부의 결정이 선출된 대표들의 판단을 반영해야 한다고 믿는다. 그리고 의사결정에서 선출된 대표들의 권위는 선거에 의해서 합법적으로 주어지며, 선출된 대표들의 판단은 통상적으로는 그들을 공직에 선출하고 다음 선거에서 책임을 지도록 되어 있는 일반 시민들의 선호를 반영하고 있는 것으로 기대된다.[44] 그러나 비판적 평가는 선출된

---

44) 대의민주주의의 이상에 대한 논의는, Hanna Pitkin, *The Concept of Representation* (Berkeley: University of California Press, 1972) 참조. 이러한 이상

대표들이 '거대기업'[45]이나 '정부관료'[46]들에 의해 행해지는 압력으로부터 자유롭지 못한 경우가 많다는 것을 보여주고 있다. 자본주의와 '거대기업'에 대한 보다 비판적인 태도 때문에 현대 자유주의자들은 대의민주주의의 실천에 있어서 '경제 엘리트의 지배'를 줄이기 위해서 기업에 의한 로비는 물론이고 기업이나 특수이익집단에 의한 선거기부금을 제한하는 개혁이 필요하다고 주장해 왔다.

정부권위의 과도한 확대에 대해 보다 비판적인 입장을 갖고 있기 때문에 현대 보수주의자들은 대의민주주의의 실행 과정에서 '관료적 지배'라든가 관료와 국회의원 사이에 유착관계가 발생할 가능성을 줄이기 위한 개혁으로, 예를 들면 임기제한이라든가 정부기관의 존속 여부에 대한 정기적 점검을 의무화하는 법률이 필요하다고 역설해 왔다. 그래서 대의민주주의의 이상에 대한 이데올로기적 합의가 이루어진다고 해도 현대 자유주의자나 현대 보수주의자들은 자신의 공동체에서 이러한 대의민주주의의 이상을 실현하는 데 문제가 있음을 인식하지 못할 수도 있고 또는 이러한 하자를 해소하기 위한 방법을 둘러싸고 중요한 이데올로기적 갈등을 야기할 수도 있다. 물론 이러한 이데올로기적 갈등이 상대적으로 강하게 나타나지 않을 수도 있다. 왜냐하면 이러한 갈등이 누가 통치해야 하는 가의 '거대한 생각'을 둘러싸고 전개되는 것이 아니라 동의가 이루어지고 있는 민주적 이상을 어떻게 최선의 방책으로 달성할 것인가의 보다 협소한 문제에 초점을

들이 미국의 한 공동체에서 얼마나 실현되고 있는지 그리고 민주적 이상과 민주적 실천 사이의 괴리에 영향을 미치는 요인들에 대한 평가로는, Paul Schumaker, *Critical Pluralism, Democratic Performance, and Community Power* (Lawrence: University Press of Kansas, 1991), esp. pp. 23-30, 141-172 참조,

45) 예를 들면, Charles E. Lindblom, *Politics and Markets* (New York: Basic Books, 1977), esp. pp. 170-188 참조.

46) Theodore Lowi and Benjamin Ginsberg, *Poliscide* (New York: Macmillan, 1976).

맞추고 있기 때문이다. 그럼에도 불구하고 중요한 이데올로기적 차이는 여전히 지속된다.

VI. 요약과 결론

　정치 지도자와 활동가들은 대개의 경우 자신들이 주목하고 있는 문제점들이 무엇이고 정치적 행동을 통하여 이룩하고자 하는 목표는 무엇인지를 확정하는 데 도움을 주는 이데올로기, 즉 포괄적이고 체계화가 잘 되어 있으며 논리적으로 일관성을 갖춘 일군의 정치적 원칙들인 것으로 정의된 이데올로기를 보유하고 있다.
　이와 대조적으로 일반 시민들은 이데올로기를 잘 모른다. 이 때문에 일반 시민들은 정치를 잘 알지 못하며 지속적으로 정치적 입장을 유지해 나갈 능력이 손상되는가 하면 정치적 활동가로서의 효과성과 영향력도 그만큼 줄어들고 있다. 사람들이 정치적 생활에 대한 일련의 일반화된 신념이나 추상적인 이상들을 발전시키는 데 상대적으로 성공을 거두지 못할 때는 오히려 이데올로기적으로 되는 게 더 바람직할 수 있다.
　그러나 보다 더 이데올로기적으로 된다는 것이 바로 이 책에서 제시된 바와 같은 이데올로기나 신생 이데올로기 가운데 어느 것을 선택하는 것을 의미하지는 않는다. 오히려 사려 깊은 시민이라면 특정의 거대한 정치적 쟁점과 관련하여 자기 자신의 헌신과 이해를 대표하는 많은 독특한 생각들을 발전시킬 수 있다는 것이다. 사람들이 가장 유명한 이데올로기에 의해 포획되는 것을 거부하면서 자기 자신의 신념과 이상을 갖고 논하기를 원하는 한, 우리들은 세상이 이데올로기의 종식을 경험하는 게 아니라 이데올로기의 거대한 분출 내지는 확산을 경험하는 것이 전적으로 가능하고 바람직하다고 생각한다.
　그러나 자기 자신의 이데올로기적 시각을 발전시킨다는 것이 완전히 개인적 차원에서 진행되거나 자동적으로 이루어지는 일이 아니다. 정치적 생각은 정치공동체와 관련되어 있다. 우리들의 정치적 생각이 다른 사람들의 정치적 생각과 연관되어 있기 때문에 우리들은 다른 사람들과 손을 잡고 작업을 수행해 나가야 한다. 우리가 보기에 정치적으로 사려가 깊은 시민들은 비폭력과 사회 안정에 기여하는 원칙을 갖고 인간의 완전성과 자유 및 평등을 증진시키는 길을 따라갈 것이다.

그들은 자신들의 정치적 신념을 기꺼이 언급하고자 하며 자신들의 신념들을 보다 복잡하고 보다 방어가 가능한 생각들을 지지하는 증거에 따라 수정 보완하면서 다양한 과학적 방법을 통해 평가받도록 하는 데 주저함이 없다. 그들은 다른 이데올로기적 시각을 가진 다른 사람들과 대화를 하면서 자신들의 이상을 기꺼이 방어하고자 한다. 그리고 그들은 비판적 검증을 견디지 못하는 이상에 대해서는 이를 수정하는 데 주저하지 않는다. 그들은 어떤 특정의 정치적 공약을 보유하고 있으며 자신들의 정치공동체가 이러한 공약들에 반영되고 있는 이상들을 잘 실천하고 있는지를 평가하는가 하면 이러한 이상의 실현을 앞당기는 데 기여하는 새로운 생각을 꾸준히 찾아 나선다.

이러한 과정을 거쳐 이상적인 정치공동체가 출현하게 될 것이라고 꿈꾸는 것은 즐거운 일이다. 이러한 과정으로부터 정치적 신념이 발견되길 희망하는 것도 중요할 수 있다. 지난 200년에 걸친 과거의 역사는 이러한 희망과 꿈이 실현되지 않을 것임을 가르쳐주고 있지만, 그러나 미래가 어떻게 될 지는 아무도 모른다. 우리들은 21세기를 위해 우리가 가질 수 있는 적절한 소망이라는 게 정치적 진실에 도달하고 유토피아적 공동체가 달성될 것이라는 데 있지 않고 오히려 '거대한 대화'라든가 많은 형태의 소규모 대화가 평화적인 방법으로 지속될 것을 바라는 데 있다고 생각한다.

용어해설(Glossary)

가부장제(patriarchy) 가정에서 여성에 대한 남성의 지배. 그러나 많은 여성주의자들에게 이러한 지배는 많은 경우 공적인 사회생활의 다른 대부분의 영역에로 확대되어 있는 것으로 파악된다.

가이아(Gaia) 가이아는 지구가 살아있는 행성임을 상기시키기 위해서 녹색주의자들이 사용하는 고대 그리스의 말로서 여신 또는 대지를 뜻한다. 제임스 러브룩은 지구가 생명을 위한 필요조건을 증진시킴에 있어서 얼마나 자기규제적인 능력을 갖고 있는지를 보여 주려고 애썼는데, 이를 통해 지구는 살아있는 존재나 다름없게 된다.

거대한 대화(great conversation) 정치철학에서 발생하는 분석의 한 종류에 대한 은유. 이 은유에서는 큰 쟁점에 대한 각각의 견해가 제시되고 이어 이들 견해에 대해 상당히 길고 깊이가 있게 비판되고 옹호되며 논의되고 수정된다. 이 은유에서 이러한 견해의 교환들은 대화로 이루어진다. 철학적 실천에서 이러한 견해 교환은 대개의 경우 책이나 논문을 통해 일어난다.

거시 수준의 계획(macro-level planning) 문제점들을 해결하기 위한 현대자유주의자들의 접근. 경제나 개인의 행태에 대해 미시적으로 대응하기보다 자유주의자들은 문제점을 줄이는 방식으로 조직과 개인의 행동을 유도하기 위하여 유인과 처벌의 광범한 틀을 마련하고자 한다.

경전(sacred texts) 특정 이데올로기의 전통 내에서 가장 영향력 있고 권위적인 저술. 그래서 존 로크나 존 스튜아트 밀의 어떤 저술은 고전적 자유주의의 경전이 되고 있다. 에드먼드 버크의 어떤 저술은 보수주의자들의 경전이다. 그리고 칼 마르크스의 어떤 저술은 네오마르크스주의자와 공산주의자 그리고 일부 민주사회주의자들의 경전이다. 근본주의자들에게 경전은 성스러운 영감을 불러일으키는 그들 각각의 종교의 성전이다.

경제·사회적 지표(economic and social indicators) 실업이나 인플레이션의 수준과 같은 경제 문제와 범죄율이나 수질오염과 같은 사회적 그리고 환경적 문제 등 국가의 다양한 측면에 대한 정기적인 측정.

공공재(public goods) 국방의 경우처럼 그 혜택을 나누기가 어려운 재화. 만약 공공재가 공동체의 한 구성원에게 제공된다면, 그 공동체의 다른 구성원들도 그에 대한 비용을 지불하지 않아도 그 혜택을 꼭 같이 누릴 수 있다.

공동체적 조화(communal harmony) 개인들이 서로에 대해 관용을 하고 서로의 권리를 침해하지 않을 때 사회적 안정이 이루어질 수 있다고 믿는 자유주의자들과는 대조적으로 사회주의자들은 사회적 안정을 위해서 공동체 내의 시민들 사이에서 소속감, 관심, 상호성 등과 같은 더 심오한 감정이 요구된다고 믿는다.

공산주의의 위협(communist menace) 공산주의 국가들, 특히 소련에 의해서 서방권 세계에 가해지는 위협. 이 구호 하에서 공산주의 팽창과 '해방전쟁'은 서방권에 대한 주요한 외부적 위협인 것으로 묘사되었지만, 동시에 공산주의와 공산주의 동조자에 대한 내부적 감시가 없는 것도 꼭 같이 위험한 것으로 간주되었다.

공상적 사회주의(utopian socialism) 마르크스와 엥겔스가 19세기 사회개혁가들을 묘사하기 위해서 사용했던 용어. 이들 19세기 사회개혁가들은 자본주의를 사적 재산과 부에 대해 사회적 통제권을 보유하고 있으면서 보다 협동적이고 분권화되어 있는 공동체로 대체하려고 하였다.

공정한 기회균등(fair equality opportunity) 가난한 집에서 양육되는 것과 같이 사회적 불이익을 갖고 있다든가 또는 지능 박약처럼 선천적 재능에서 흠결이 있는 사람들에게 정부가 지원을 해 줌으로써 이들도 보다 동등한 기반에서 바람직한 위치를 차지하기 위해서 사회적·선천적으로 유리한 입장의 사람들과 경쟁할 수 있도록 할 때 주어지는 조건

과학적 방법(scientific method) 자연과 인문 현상의 작동을 기술하고 설명하는 이론과 관념에서 편견과 왜곡을 막기 위해 학계가 채택하는 다양한 형태의 절차들.

관용(tolerance) 각각의 개인은 선한 생활에 대해서 각자 다른 개념을 갖고 있으며 각각의 개인은 자신의 행복을 가장 잘 판단할 수 있고 그리고 어떤 개인이나 정부도 다른 사람에게 선에 대한 자신의 개념을 강요해서는 안 된다는 자유주의적 생각.

국가계획(state planning) 정도의 차이가 있지만 경제에 대한 정부의 통제와 지시를 지칭하는 말. 포괄적인 '소련식' 계획은 대부분의 경제적 결정에 대한 정부의 통제를 의미한다. 최소한의 '미국식' 계획은 사적 행위자들이 정부

지도자가 원하는 방식으로 행동하도록 유인과 처벌을 정부가 제공하는 것을 뜻한다. 사회민주주의적인 정부에 의해서 실행되고 있는 중간 수준의 계획은 사적인 투자결정에 대해 정부가 영향을 미치는 것을 뜻한다.

국유화된 기업(nationalized enterprise) 국가가 소유하고 통제하는 기업

국제자유시장(international free market) 모든 국가들 간에 무역 및 관세 장벽의 제거. 고전적 자유주의자들과 많은 현대 자유주의자들은 이러한 국제자유시장의 장치들이 지구적 수준의 경제성장을 촉진하고 국가들 간의 적대를 줄일 것이라고 주장한다.

급진적 여성주의자(radical feminists) 자유주의적 사회에 대해 가장 비판적인 여성주의자들. 이들 가운데 일부는 자유주의적 자본주의 사회에서 여성과 남성이 직면하는 불평등에 대한 해결책으로 사회주의를 옹호한다. 다른 지지자들은 만약 여성으로의 존재를 통해 충분한 잠재력을 발휘하려고 한다면 여성은 남성으로부터 분리되어야 한다고 주장한다.

긴장이론(strain theory) 이데올로기적 정향이 공포, 좌절, 죄의식 등과 같은 정서적 고려에 기반을 두고 있다는 가설.

남성중심적 편견(androcentric bias) 여성주의자들은 남성들이 삶의 사회적·정치적 영역을 지배함으로써 남성중심적인 편견이 우리들의 사고와 행동에 깊숙이 스며들어 있다고 주장한다.

내재적 비평(immanent critiques) 사람들이 자신들이 보유하고 추구하는 이상에 따라 살고 있는지를 알아보기 위해서 공동체의 실제적인 관행을 조사하는 정치적 평가의 한 유형.

노동자 통제하의 사기업(worker-controlled private enterprises) 노동자에 의해 직·간접적으로 통제되고 있는 사적 소유의 기업

녹색주의자(greens) 녹색주의자는 '심층 생태론자'들이다. '녹색주의자'라는 말은 환경문제에 기반을 둔 정당 활동가들이 자신들의 새로운 조직을 '녹색당'이라고 부르면서 널리 사용되었다.

다두정체(polyarchy) 규모가 크고 이질적인 사회를 위한 민주주의의 한 형태. 이러한 다두정체에서는 선출된 대표가 정부의 정책과 조치들에 대해 책임을 지도록 하고, 누구를 선출된 관리로 할 것인가를 선택하는 것은 물론이고 이들 선출된 대표들이 유권자에게 책임을 지도록 함에 있어서 모든 시민의 참여를 보장하며, 그리고 시민들에게 정부의 제도와 권위, 정책에 대해서 반대를 할 수 있도록 다양한 권리를 부여한다.

다문화주의(multiculturalism) 다문화주의는 주로 미국에서 발견되는 것과 같이 혼성

적 문화의 다양성과 풍요함에 초점을 맞추는 교육의 접근법이다. 현대 자유주의자들은 이 다문화주의가 문화적 차이를 존중하고 용인하도록 가르치기 때문에 일반적으로 다문화적 접근을 지지한다. 그러나 많은 현대 보수주의자들은 다문화주의가 상대주의적이고 비애국적이라는 이유로 이를 거부한다.

다원적 시민권(multiple citizenships) 사람들이 국민국가뿐만 아니라 기업, 노동조합, 이웃, 인종집단 등을 포함하는 많은 '정치공동체'에 동시적으로 구성원이 된다는 사회주의자들의 이해. 자유주의자들과는 대조적으로 사회주의자들은 이와 같은 '비국가적 시민권'을 그 사람의 공공생활의 일부분인 것으로 간주하며 이러한 시민권이 그 사람의 정치적 의무를 확대시킨다고 주장한다.

대이스라엘(greater Israel) 몇 개의 아랍 국가들에 의해 현재 점유하고 있는 토지를 포함하여 이집트에서의 이주 이후 하느님이 히브리인들에게 약속했던 모든 땅. 유대인을 위해서 '대이스라엘'을 회복해야 한다고 주장하는 사람들에는 유대 근본주의자들이 많다.

도덕적 해이(moral hazards) 정부의 프로그램이 정부가 방지하려고 하는 바로 그 결과를 가져올 위험성. 예를 들면, 가난으로부터 사람들을 구제하려는 의도를 가진 관대한 복지 프로그램이 근로의 윤리를 저하시키고 사람들로 하여금 복지혜택을 얻으려고 하고 복지에 안주하려고 하며 그럼으로써 항구적인 빈곤 속에서 살도록 조장할 수가 있다.

동등한 자유의 원칙(equal liberty principle) 자유사회의 모든 구성원들은 정치적 자유, 양심의 자유, 재산권, 법적 권리를 동등하게 보장받는다는 존 롤스의 주장.

동물권(animal rights) 1970년대와 1980년대 많은 환경주의자들은 인간의 많은 권리가 동물들에게도 확대되어야 한다고 주장하기 시작하였다. 대부분의 동물권 옹호자들은 동물을 학대라든가 고통스러운 실험용도로 쓰이는 것으로부터 보호하길 원했을 뿐만 아니라 혹 그 연구가 인간에게 유용하다고 하더라도 연구를 위해서 동물이 사용되지 못하도록 보호되길 원했다.

무오류성(inerrancy) 신학적으로 종교의 성경은 신성한 영감으로 기록된 것이며 오류가 없다는 신조.

무용지물 명제(futility thesis) 현대 보수주의자들은 많은 자유주의적 개혁이 변화될 수 없는 것을 변화시키려고 한다고 생각한다. 예를 들면 현대 보수주의자들이 보기에 소득불평등을 줄이려는 많은 자유주의자들의 시도는 아무런 성과를 낼 수가 없다. 왜냐하면 불평등은 자연적인 것이기 때문이다.

미국 예외주의(American exceptionalism) 미국을 제외하고는 모든 선진산업사회에는 강력한 사회주의 정당과 민주사회주의의 원칙이 지배를 하고 있다. 미국 예외주의 이론은 미국에서 사회주의와 사회주의운동이 존재하지 않는 이유를 설명하려고 한다.

민주적 소란(democratic distemper) 현대 보수주의자들은 시민의 참여를 확대시키려는 시도에 대해 비판적인 입장을 취해 왔다. 이러한 시도들은 성공하지 않을 것이며 좌절과 냉소 그리고 민주적 소란을 낳을 것이라고 본다.

민영화(privatization) 기업과 기업집단에 대한 공적인 또는 준공적인 통제의 제거. 국영기업을 사기업 경제로 되돌림으로써 1970년대 유럽의 정부들은 효율성을 증진시키고 정부의 지출을 줄이려고 하였다. 1990년대에는 구 공산주의 국가들이 시장경제로의 이행을 위해서 이와 유사한 정책을 실행하였다.

반독점기관(antitrust agencies) 기업부패나 기업합병으로 인해 경제의 각 영역에서 경쟁이 심각하게 저해되지 않도록 보장해 주기 위해 이와 같은 기업부패나 기업합병을 조사하고 감시하는 정부기관.

변증법적 방법(dialectical method) 정치공동체가 어떻게 통치되어야 하는 지의 생각을 검토하기 위해서 철학자들이 채택하는 절차. 이들 절차들에는 어떤 사람의 생각을 다른 사람들로부터 비판적 조사를 받도록 하는 것이 포함되어 있다.

보살핌의 윤리(ethic of care) 정의에 대한 대부분의 현대 자유주의자들의 논의를 보면 정의에 대한 가장 세련되고 성숙한 이해는 추상적인 규칙에 근거를 두고 있다. 일부 여성주의자들은 추상적인 정의가 이른바 보살핌의 윤리와 같은 정의에 대한 구체적이고 특정한 규정 보다 우월한 것인지에 대해 의문을 제기해 왔다. 그들은 많은 여성들이 추상적인 규칙보다는 구체적이고 특수한 요구 사례에 반응을 보이고 있으며 그래서 보살핌의 성향과 행동이 정의의 추상적인 규정을 대체하고 보완해야 할 것이라고 주장한다.

보편적인 자격부여(universal entitlements) 시민들의 공통된 필요 때문에 매우 낮은 가격이나 혹은 무료로 모든 (사회주의적) 사회 구성원들에게 제공되는 교육, 의료, 공중교통, 어린애 양육 등과 같은 재화 그리고 시민권을 갖고 있기 때문에 이와 같은 재화를 가질 수 있는 권리.

본질적 평등(intrinsic equality) 인간의 가치와 능력 사이의 명백한 차이에도 불구하고 각 사람의 생명은 꼭 같이 가치가 있다고 보는 생각.

사법적 행동주의(judicial activism) 재판관은 모호하고 추상적인 헌법상의 언어들을 불리한 시민들의 권리를 확장하고 사회·경제적 문제들을 해결하는 정부의 능력을 확대하는 방향으로 해석해야 한다는 현대자유주의자들의 생각.

사회복지국가(social welfare state) 사회민주주의 정부에 의해서 제공되는 복지 프로그램과 정책. 이러한 프로그램들은 대개의 경우 자유주의 정부에 의해서 제공되는 것보다 더 포괄적이다. 그리고 이들 프로그램들은 가장 궁핍한 사람들만 목표로 한 프로그램과는 달리 모든 시민들에게 보편적인 복지권을 제공해 준다.

사회적 다원주의(social pluralism) 인간의 사회생활은 많은 형태의 경제적·사회적·문화적·종교적·지방적 정치결사체의 존재에 의해서 풍요롭게 될 것이라고 보며 이러한 결사체들은 정부로부터 독립적이어야 한다고는 주장.

사회화 기구(agents of socialization) 가족, 학교, 교회, 공장, 미디어 등 우리들의 이데올로기적 성향을 정립하는 데 영향을 미치는 사회제도들.

사회화한 기업(socialized enterprise) 생산수단에 대한 공적 소유와 노동자의 통제.

산업 국유화(nationalization of industry) 사회주의 정부가 이전에는 사적으로 소유되고 있었던 기업에 대해 소유권과 통제권을 획득하는 과정. 전체주의적인 공산주의 정권에서 국유화는 재산의 몰수를 통해 이루어진다. 사회민주주의 정부 하에서는 재산 소유주에 대해 보상을 해주면서 국유화가 진행된다.

삶의 공적 영역과 사적 영역(public and private spheres of life) 삶의 공적 영역은 어떤 사람의 행위가 다른 사람에게 해를 끼칠 수 있는 행동들에 관심을 갖는다. 반면 삶의 사적 영역은 어떤 사람의 행위가 자기 자신에게만 해를 끼칠 수 있는 행동들에 관심을 갖는다. 존 스튜아트 밀과 같은 고전적 자유주의자들에 따르면, 정부는 공적 영역에서의 행동들에 대해서만 규제해야 한다. 일부 여성부의자들은 삶의 공적 영역과 사적 영역간의 이러한 구별이 가족과 여타의 비국가적 결사체를 사적 영역인 것으로 규정하도록 오용되고 있으며 그 결과 집 안에서 여성들에게 해를 가하는 남성들의 행위에 대해 간섭하지 않는 것을 정당화하고 있다고 비판한다.

성전(holy war) 종교적 근본주의자들은 때때로 세상에서 악을 소탕하고 공동체를 올바른 도덕적 길로 되돌리기 위해서 전쟁과 폭력적 행위에 참여해야 한다고 주장한다. 이러한 폭력적 갈등은 종교 지도자들에 의해 재가를 받을 때 '성전'이 되며, 여기서 죽은 신자들은 순교자로 간주된다.

세속적 인본주의(secular humanism) 인간의 권리, 개인의 자유, 공통의 관심은 영적인 것에 대한 관련이 없이 또는 그에 대한 숭배가 없이도 표명될 수 있고 보장될 수 있다는 현세 중심적인 견해.

소극적 자유(negative liberty) 개인이 홀로 있을 때나 정부로부터 제약을 받지 않을 때 보유하게 되는 자유의 형태. 고전적 자유주의자들은 이런 유형의 자유가 중요하다고 생각한다.

시민권 또는 복지권(citizen or welfare rights) 식량, 피난, 의료에 대한 특정의 권리처럼 현대자유주의자들과 사회주의자들이 적극적 자유를 증진시킬 수 있도록 모든 시민들에게 부여하는 권리. 자연권과 대조적으로 이들 시민권은 정치적으로 결정된다.

시민불복종(civil disobedience) 사회적 부정의를 지적하고 사회변화를 증진시키기 위해서 공공연하게 법을 존중하지 않고 지키지도 않는 것. 이러한 행동은 사전에 계획되며 제한된 목적을 위해서 행해진다. 그리고 비폭력적으로 수행되며 불법적인 것으로 이해된다. 이러한 행동에 참여하는 사람들은 부당한 법을 침해했기 때문에 처벌을 받을 준비가 되어 있지만, 그들은 자신들의 항의가 법의 부당성에 대한 공공의 관심을 불러일으킨다고 믿는다.

시장사회주의(market socialism) 공적 소유의 기업과 사적 소유의 기업이 혼합되어 있는 경제. 이러한 경제에서 노동자와 공중은 기업 결정에 대해 중요한 통제권을 행사하지만 동시에 시장의 힘도 어떤 상품을 생산할 지 그리고 이러한 상품의 가격과 고용자의 임금과 같은 것들에 대해 막대한 영향력을 행사한다.

시장실패(market failures) 공공재의 부적절한 공급이라든가 경기순환 등과 같이 규제되지 않는 자유시장 체제로부터 발생할 수 있는 다양한 문제점들.

시장친화적 유인(marketlike incentives) 개인과 기업으로 하여금 정상적으로는 자신들이 피하고 싶은 행동을 하도록 격려하기 위해서 행정적으로 개발된 경제적 동기부여. 현대 보수주의자들은 자신들이 보기에 너무 비용이 많이 들고 개입적인 정부의 규제와 법을 대치하기 위해서 시장친화적 유인을 옹호해 왔다.

신계급(new class) 추상적인 경제적 평등을 주창하는 자유주의적 전문가, 언론인, 관료, 교육자, 문화계 스타 등 새로운 유형의 엘리트를 지칭하기 위해서 현대 보수주의자들이 고안한 말.

신우익(new right) 1970년대 극단적 보수주의자들과 기독교 근본주의자들은 '신우익'이라는 자칭의 이름으로 연합체를 결성하였다. 이 연합체는 가족과 도덕의 문제를 강조하였으며 미디어를 활용하여 자신들의 메시지를 확산하고 강화하는 데 성공을 거두었다.

신자유주의자(neolibreals) 정부가 가난한 사람들의 문제에 덜 초점을 맞추고 그 대신 경제적 번영을 달성하는 데 강조점을 두어야 한다고 믿는 현대 자유주의자.

'신중한 감시'의 은유(metaphor of 'delicate watch') 고전적 자유주의자들은 사회, 특히 경제의 작동을 묘사하기 위해서 이 은유를 개발했다. 이 은유는 정부가 일정한 조정을 할 수 있지만 그러나 시장의 복잡한 상호작용에 과다하게 또는 노골적으로 개입하는 것은 신중을 기해야 한다고 강조한다. 이 은유는 부분적 확장을 통해 사회에 대한 현대 보수주의적 이미지를 묘사하는 데 유용하다.

신칸트주의(neo-Kantianism) 마르크스의 유물론과 헤겔의 관념론의 종합. 사회민주주의자들은 경제적 조건이 역사발전에 영향을 미친다고 인정하면서도 동시에 관념도 중요하다고 생각한다. 신칸트주의에 의존하여 민주사회주의자들은 사람들의 선택이 경제적 환경에 의해 영향을 받을 가능성이 많기는 하지만 동시에 사람들이 자유롭게 사회주의적 가치를 선택할 수 있다고 주장한다.

실용주의(pragmatism) 과학이나 정치 모두 절대적인 진리를 추구하는 데 목표를 두고 있지 않다는 생각. 그 대신 과학과 정치는 실험을 통하여 우리가 알고 있는 것과 존재하는 것을 개선하는 데 관심을 갖고 있다는 것. 실용주의자는 '이것이 진리냐 또는 이것이 최선이냐' 고 묻지 않고 그 대신 '이것이 우리가 이미 알고 있거나 가지고 있는 것보다 더 도움이 되는가'를 묻는다.

심층 생태론자(deep ecologists) 많은 급진적 환경론자들은 전통적인 환경론자들이 좁은 시야를 갖고 있다고 주장한다. 왜냐하면 전통적 환경론자들은 환경악화의 근본적인 원인, 특히 산업화된 국가들의 약탈적인 접근을 간과하고 있기 때문이다. 이와 같이 '시야가 좁은' 환경론자들과 자신들을 구분하기 위해서 1970년대 급진적 환경론자들은 자신들을 '심층 생태론자'라고 지칭하였다.

양성동화(androgyny) 전통적으로 구별되어 왔던 남성과 여성의 특성들의 종합. 일부 여성주의자들은 미래의 목표가 지금까지 각각 남성과 여성의 것으로 간주되어 왔던 최상의 특성과 덕성들을 결합시킨다는 의미로서의 양성동화의 면모를 보이는 개인의 발전에 두어야 한다고 주장한다.

여성주의 인식론(feminist epistemology) 일부 여성주의 학자들은 현존하는 지식이론과 인식론이 범주 구성에서 너무 경직되어 있고 무엇이 믿을 만한 것인가를 규정함에 있어서 너무 편협하다고 주장한다. 그들은 이전의 사회사상에 여성과 같은 비주류의 통찰력과 목소리를 포함시키기 위해서는 세계를 이해하는 다른 방법이 필요하다고 주장한다.

역사의 종언 명제(end-of-history thesis) 20세기 말 민주적 자본주의가 모든 곳에서 승리로 나타나고 있기 때문에 이데올로기적 갈등이 끝나가고 있다고 프란시스 후쿠야마에 의해 제시된 헤겔적 주장. 이 명제에 따르면, 정치에 대한 커다란 쟁점들은 정리가 되었고 그래서 정치적 사고에서 더 이상의 의미 있는 역사적 진화는 존재하지 않게 된다.

역효과 명제(perversity thesis) 현대 보수주의자들은 많은 자유주의적 개혁이 자유주의적 개혁가들이 바라는 것과는 반대되는 결과를 낳는다고 믿는다.

예산적자(budget deficit) 정부의 지출이 수입보다 더 많을 때 발생하는 정부의 부채.

외부효과(externalities) 때때로 자유시장에서 두 당사자 사이의 거래로 인해 발생하여 제3자나 전체로서의 사회에 미치는 효과. 이러한 외부효과는 많은 경우 해로운 것이기 때문에 자유주의자들은 정부가 환경을 오염시키는 제조과정을 통해서 생산비를 줄이는 행위에 대해서는 이를 처벌하는 등의 규제를 해야 한다고 주장한다.

위험 명제(jeopardy thesis) 현대 보수주의자들은 너무 자주 자유주의적 개혁가들이 이전 개혁의 제한적인 성공을 확대하려고 애쓰고 있다고 생각하면서 확대된 개혁은 이전에 달성한 개혁의 제한적 성공마저 위태롭게 할 것이라고 주장한다.

이데올로기의 종언 명제(end-of-ideology thesis) 이데올로기의 갈등이 끝나가고 있다는 주장. 이러한 주장은 1950년대 말에 처음 태동하였는데, 우익과 좌익의 이데올로기 모두가 중앙으로 이동하고 있으며 큰 정치적 쟁점에 대해 '대략적인 합의'를 볼 수 있다고 보았다.

이익이론(interest theory) 우리들의 이데올로기적 신념은 사회에서 가장 강력한 집단의 이익을 반영한다는 이론. 여기서 가장 강력한 집단은 '정신적 생산'에 대한 통제를 사용하여 사람들로 하여금 그들이 믿고 싶어하는 것을 믿도록 한다.

인간의 불완전성(human imperfection) 현대 보수주의자들이 보기에 자유주의자들이 구조적 변혁을 통해서 해결하려고 하는 문제들의 많은 경우 그 원인이 인간의 부도덕과 결함에 있다. 이러한 인간의 불완전성에 대한 인식은 개혁의 가능성에 대해 이를 과대평가하거나 과장하지 않도록 신중을 기할 것을 요구한다.

인간중심적 시각(homocentric perspective) 자연은 인간을 위해서 사용될 때만이 가치가 있는 것이라는 자연관. 환경주의자들은 이러한 인간중심적 시각이 산업화된 국가들에서 지배적인 생각이며 많은 문제들의 근원이라고 주장하면서 이러한 시각을 비판하고 있다.

인종차이를 무시하는(colorblind) 현대 보수주의자들은 정부의 개입이나 강력한 사회적 압력이 없다고 하더라도 이윤을 추구하는 기업은 구매자나 투자자에 대해 인종차별을 하지 않을 것이라고 생각한다. 따라서 자유시장 경제에서는 인종이나 종족과 관련하여 체계적인 차별이 존재하지 않는다.

임신의 자유(reproductive freedom) 여성주의자들은 만약 여성이 남성과 같은 자유와 평등을 누리고자 한다면 임신할 능력에 대해 통제권을 보유해야 한다고 주장한다. 임신의 자유에는 애를 가져야 할지 말아야 할지 그리고 만약 임신을 하기로 선택을 했다면 그 경우 얼마나 임신할 것인지와 언제 임신할 것인지에 대해 여성이 선택을 할 수 있는 권리를 포함한다. 거의 모든 여성주의자들에게 있어 임신의 자유에는 피임의 권리와 유산의 권리가 포함된다.

입법부의 감독(legislative oversight) 국회의원과 그 직원들로 하여금 관료의 프로그램과 행동들에 대해 적법성, 효율성, 공정성 등을 평가하도록 하는 관행.

입법 민주주의(juridical democracy) 헌법상의 요구에 보다 더 부합하는 정책결정 과정. 특히 테오도르 로위는 입법부가 어떤 특정의 가치가 바람직하다고 주장하거나 혹은 행정기관에 대해 특정의 문제를 해결하도록 지시하는 법안을 통과시키려고 하기보다는 명확하고 구체화된 법을 입법하도록 해야 할 것으로 파악하고 있다.

의무론(deontology) 우주와 사회, 인간에 대해서 그것의 진정한 본질이 무엇인가를 규정하려고 하는 것은 별로 유용성이 없다는 일반적인 생각. 특히 많은 자유주의자들은 개인의 주관적인 이해와는 다른 '선'이라든가 '선한 삶'에 대한 객관적인 지식이 존재하지 않는다고 생각한다. 정치이론에 대한 의무론적 접근은 선을 구성하는 것이 무엇인지에 개념과는 관계없이 독자적으로 인민의 권리가 무엇인가를 규정하려 시도한다.

자격부여(entitlements) 자유주의 사회와 사회주의 사회에서 돈을 지불할 능력에 관계없이 사회의 모든 구성원들에게 어떤 본질적인 재화와 서비스를 제공하는 것. 정부가 이러한 재화나 서비스의 제공을 요구하는 법을 만들 때, 이러한 편익을 받을 자격이 있는 시민들은 '복지권'을 갖는다.

자연보호주의(conservationism) 자연보호주의는 환경에 대한 인간중심적인 접근으로서 자연자원의 합리적인 관리와 사용에 강조점을 둔다. 예를 들면 황무지가 보호되어야 하는데, 그 이유는 황무지가 인간을 위해서 즐거움, 고용, 자원을 제공해 주기 때문이다.

자유방임 문화(culture of permissiveness) 1960년대 동안과 그 이후에 현대 보수주의자들에 의해서 서구문화에 제기된 비판적 평가. 이들 보수주의자들은 현대 자유주의가 선의 절대적 기준을 옹호하지 않음으로써 도덕과 권위를 파괴하였다고 주장한다.

자유주의적 여성주의(liberal feminism) 자유주의적 가치와 관행, 제도를 받아들이면서 여성이 공공생활로부터 배제되어 왔다고 보는 관점. 이 자유주의적 여성주의 지지자들은 자유주의 사회에서 여성을 동등한 시민으로 만들 수 있는 방향으로 개혁을 추구한다.

작업장 민주주의(workplace democracy) 국가의 의사결정 과정에 참여하는 시민의 권리와 꼭 같은 방식으로 노동자에게 기업의 의사결정에 참여할 수 있도록 권리를 제공하는 등 기업에 대해서 민주주의적 원칙을 적용하는 것.

재정정책(fiscal policies) J. M. 케인스와 같은 현대자유주의자들이 경기순환과 관련된 문제들에 대처하기 위해서 발전시킨 접근방법. 실업을 줄이기 위해서 정부는 지출을 증대시키고 세금을 줄여야 한다. 인플레이션을 줄이기 위해서 정부는 지출을 줄이고 세금을 늘려야 한다.

적극적 자유(positive liberty) 실질적인 선택을 할 수 있는 자유. 현대자유주의자들은 가난, 인종주의, 질병이 많은 사람들의 선택을 제한한다고 생각하며 정부가 인간의 선택에 대한 이러한 제한을 넘어설 수 있도록 하는 데 역할을 할 수 있다고 믿는다.

적극행동(affirmative action) 소수인종, 여성, 장애자 등과 같이 수적으로 과소 대표된 집단의 구성원들이 사회에서 바람직한 위치를 차지할 수 있도록 도와주는 데 목표를 둔 정책.

점진주의(incrementalism) 정책과 프로그램에서 시간을 갖고 작지만 많은 조정을 해나가는 과정. 자유주의자들은 이러한 변화들이 모여 종국에는 거대하고 바람직한 진보를 낳을 것으로 보았다.

정부통치(autoarchy) 정부의 프로그램과 법이 전적으로 정부의 일부분인 사람에 의해서 그리고 이들을 위해서 고안되는 상황을 지칭하기 위해서 보수주의자들이 만들어 낸 말.

정치적 의무(political obligations) 정치 공동체의 구성원들이 서로에 대해서 갖고 있는 책임. 이러한 의무에는 정당한 법을 준수할 의무, 공공책무에 복무할 의무, 필요한 세금을 납부할 의무 등이 포함된다.

제왕적-국민투표적 대통령(imperial-plebiscitarian presidency) 집행부를 연구하는 학자들이 20세기 미국의 대통령을 묘사하기 위해서 이 개념을 개발하였다. 이에 따르면 미국의 대통령은 실질적으로 제왕적인 권력을 보유하고 있으며 이러한 권력의 효과적인 사용을 위해서 대중의 국민투표적 지지에 의존해야 한다.

조건의 평등(equality of condition) 공적인 상상에서 이 개념은 모든 사람이 교육, 부, 권력, 기타 사회적 재화에서 동등한 양을 보유하고 있는 상황을 지칭한다. 어떤 공상에서는 심지어 자연적인 불평등까지도 없애려고 노력한다. 사회주의자가 조건의 평등을 언명할 때, 그들은 대개의 경우 이 보다는 훨씬 덜 평등하지만 그래도 현재 존재하는 것보다는 더 평등한 것을 꿈꾼다.

지배욕(libido dominandi) '지배를 위한 욕구.' 이데올로기적 신념의 존재에 대한 하나의 가설은 이러한 신념들이 자연과 다른 사람들, 세계 그리고 역사에 대한 우리들의 지배 욕구를 만족시켜 주는 데 도움이 된다는 것이다. 이 개념에 따르면, 이데올로기는 질서가 없고 예측하기도 어려운 세계에 대해 통제를 하고 있다는 인식 내지는 아마도 환상을 제공한다.

지불보증제도(voucher system) 교육개혁에 대한 현대 보수주의의 이러한 접근은 학생들에게 초등과 중등 교육을 이수할 수 있도록 지불보증서를 제공해 준다. 부모와 학생은 정부에 의해서 제공된 기금 또는 지불보증서로 공립학교든 사립학교든 어느 데서나 교육을 구매할 수 있다. 이 제도의 옹호자들은 지불보증제도를 통해 더 좋고 안전한 학교가 만들어지며 학교들 간의 경쟁도 보다 건전하게 이루어질 것으로 믿는다.

직접민주주의(direct democracy) 시민들로 하여금 논쟁이 되고 있는 현안을 결정하고 가끔은 공공의 주민투표를 통해 의사결정 과정에 직접 참여하도록 허용하는 장치.

집행부 중심적이고 관료적인 정부(executive-centered and bureaucratic government) 사회적 문제들을 해결하는 데는 강력한 정부의 집행권과 확대된 정부의 행정기관이 필요하다는 생각.

차등의 원칙(difference principle) 자유주의 사회에서 만약 불평등한 분배가 가난한 사람들에게 득이 되도록 하지 않는 한 그리고 사회의 모든 구성원들이 이러한 재화에 대해 평등한 분배 이상의 더 큰 몫을 얻을 것이라고 동등한 전망을 하지 않는 한, 사회적 재화는 동등하게 분배되어야 한다는 존 롤스의 원칙.

차티스트운동(Chartist movement) 19세기 영국의 정치를 민주화 하려고 노력하였던 일군의 개혁가들. 이들의 목표에는 보편적 참정권에 가까운 것으로서 덜 제한적인 투표권, 동등한 선거구제, 공직에 대한 재산자격의 철폐 등이 있었다.

창조론(creationism) 기독교, 유대교, 이슬람교의 경전에서 기술된 대로 세상의 창조는 문자 그대로 정확한 것이라는 신념. 이는 통상적으로 자연적 선택을 통해 자발적으로 생성되고 진화해 나간다는 것이라는, 이른바 종의 기원과 발전에 대한 현대의 자연과학적 이론을 거부한다.

총체적 접근(holistic approach) 녹색주의자들은 환경을 이해하는 데 총체적 접근을 선호한다. 이 접근은 생태계의 상호연관성을 강조하며 생태적 그림의 전체를 어떻게 이해해야 하는가를 중시한다. 녹색주의자들은 이러한 접근을 자신들이 파악하는 바의 현대 과학의 제한적이고 선형적인 접근과 대비가 되는 것으로 본다.

취약한 모시기(debilitating pedestal) 여성은 하나의 젠더로서 열정, 이기심, 감성 등과 같은 특성을 보유하고 있는 것으로 자주 칭송을 하지만, 이러한 특성들은 경쟁, 추상적 사고, 냉정 등이 강조되는 정치적·경제적 영역에서 여성들의 성공 기회를 줄일 수 있다는 것.

탈규제(deregulation) 사경제의 행위자들을 규제하는 법과 행정적 조치를 감축하거나 제거 하는 것. 현대 보수주의자들은 이러한 탈규제를 통해 경쟁력을 강화시키고 소비자의 비용을 감소시켜 주며, 또 정부의 행정비용을 줄이는가 하면 기업의 비용, 특히 서류업무의 비용을 경감시켜 줄 것이라고 주장한다.

특혜조치(preferential treatment) 현대 보수주의자들은 적극행동이나 고용할당의 사용과 같은 것들이 전통적으로 불리한 집단에 대해 역차별에 가까운 방식으로 유리하게 작용한다고 주장한다. 이러한 특혜는 차별 또는 불공정한 조치에 해당한다.

페이비안(Fabians) 자본주의로부터 민주사회주의에로 서서히 이행해 나가는 것이 얼마나 유용한 것인지를 대중에게 알리고자 1884년 하나의 협회로서 조직된 영국 지식인들.

평등사회(egalitarian society) 사람들 간의 본질적인 평등을 지지하고 현존하는 불평등의 정당성에 의문을 제기하며 부당한 불평등을 교정하려고 애쓰는 일군의 사람들.

평형상태의 경제(steady-state economies) 생산과 소비가 안정을 이룬다면 이 두 개의 수준이 만족스러운 것으로 간주된다는 경제복리의 개념. 녹색주의자들은 항상 더 높은 수준의 생산과 소비를 획득하려는 데에 대한 강조가 자연자원과 지구의 생태를 위협한다고 주장한다. 환경파괴의 문제에 대한 해결은 적당한 수준의 기술로 옮겨 가고 지속적인 경제성장 추구를 종식하는 데 있다.

포스트모던 여성주의자(postmodern feminists) 서구 사상의 근본적 가정과 범주에 대해 의문을 제기하는 여성주의자들. 이들은 성 편견이 너무나 광범위하게 펼쳐져 있기 때문에 존재론적·인식론적 사고의 구조와 기반마저도 그 타당성에 대해 회의가 든다고 생각한다.

풀뿌리 민주주의(grassroots democracy) 학교, 시민단체, 종교집단, 이웃, 가정 등과 같은 '일상적 생활'에서 시민들이 광범위하게 참여하고 영향력을 행사하는 것.

하위정부(subgoverments) 정책 영역에서 전문화 한 사람이나 이들 영역에서 특정의 중요한 이해관계를 갖고 있는 사람들에 의해서 지배되는 정책 결정과 정책 집행의 세계.

항의운동(protest movements) 상대적으로 조직화는 덜 되어 있는 가운데서도 인종적-종족적 소수집단, 여성, 동성연애자 등과 같이 배제된 집단에 대해서 권리를 확장하고 또는 베트남전에 대한 미국의 개입, 자연환경에 대한 불충분한 보호, 태아에 대한 미흡한 관심 등에 이의를 제기하는 것처럼 공공의 신념과 가치에서 대대적인 변환을 목표로 하여 활동하는 사람들의 집합.

협동체(cooperatives) 노동자와 소비자에 의해서 소유되고 운영되는 기업.

현실주의(realism) 자유주의자와 사회주의자들이 세계에 대해 정확한 인식을 왜곡하는 낙관적인 시각으로 바라보고 있다고 비판하면서 현대 보수주의자들은 세계를 실제 있는 그대로 바라보아야 한다고 주장한다. 보수적인 '현실주의'들은 자유주의자나 급진주의자들이 원하는 이상적인 방식으로 세계를 잘 못 바라보지 않고 있는 그대로의 부족함도 용인하는 방식으로 세계를 묘사하려고 한다.

형식적인 기회균등(formal equal opportunity) 법이 인종, 성, 다른 사회적 특성에 근거하여 사람들을 차별하지 못하도록 할 때 존재하는 조건.

혼합경제(mixed economy) 대개의 경우 소유가 사적이고 자유시장의 힘에 따라 운용되면서도 정부가 투자자와 생산자 그리고 소비자의 활동을 중진시키고 자극하며 규제하는 경제.

효율과 평등 간의 상쇄관계(trade-off between efficiency and equality) 사회가 '보다 많은 파이'(보다 많은 총체적 재화)와 '파이의 보다 평등한 분배' 사이에서 선택을 해야 한다는 생각. 평등을 달성하려는 노력은 경제적 효율성과 성장을 줄일 것으로 얘기된다.

환경주의(environmentalism) 인간은 다른 동물을 포함하여 자연환경을 단지 인간에게 어떤 유용성이 있는지의 자원 창고로만 다루는 것을 중지해야 한다고 주장하는 신생 이데올로기. 환경주의는 더 건강한 환경을 유지해 나가기 위해서 생태적 체계와 다양성에 대한 깊은 이해를 촉구하고 나아가 경제성장을 추구하는 데도 자제할 것을 요청한다. 환경주의자들은 자연환경을 보호해야 한다는 점에서는 자연보호주의들과 의견을 같이 하지만, 자연을 인간에게 보다 유용하도록 어떻게 보존하고 관리할 것인가에 초점을 맞추는 자연보호주의자들의 공리주의적 견해에는 반대한다.

환경훼손물 파괴행위(monkeywrenching) '환경훼손물 파괴행위'는 환경훼손에 대항하는 녹색주의자들의 게릴라전을 지칭한다. 이러한 환경훼손물 파괴행위는 기계라든가 기타 물리적인 인프라를 대상으로 하지만 이러한 파괴에 인간을 포함해서는 안 된다. 환경훼손물 파괴행위 반대론자들은 이러한 파괴행위가 개발론자들에 대한 단순한 야만적 파괴행위에 불과하다고 주장한다. 그러나 환경훼손물 파괴행위 지지자들은 이러한 행위가 무분별한 자연훼손으로부터 자연을 보호하기 위한 윤리적 행위인 것으로 간주한다.

참고문헌 (References)

Adams, John. "Discourses on Divila," in *The Portable Conservative Reader*, edited by Russell Kirk (New York: Penguin, 1982 [1814]).

Adams, Henry. *Democracy: An American Novel* (New York: Harcourt Brace Jovanovich, 1973[1880]).

_____. *History of the United States of American,* edited by Herbert Agar (Westport, Conn.: Greenwood Press, 1974[1889]).

Adler, Mortimer. *Six Great Ideas* (New York: Macmillan, 1981).

Aiken, Henry. *The Age of Ideology: The Nineteenth Century Philosophers* (New York: George Braziller, 1957).

Alford, Robert, and Roger Friedland. *Powers of Theory: Capitalism, the State, and Democracy* (Cambridge: Cambridge University Press, 1985).

Almond, Gabriel A. *A Discipline Divided: Schools and Sects in Political Science* (Newbury Park, Calif.: Sage, 1990).

Althusser, Louis. *Essays in Ideology* (London: Verso Press, 1984).

_____. "Ideology and Ideological State Apparatuses." In *Lenin and Philosophy* (London: Monthly Review Press, 1972).

Anderson, Charles. *Pragmatic Liberalism* (Chicago: Univ. of Chicago Press 1990).

_____. "Pragmatic Liberalism: Uniting Theory and Practice." In *Liberals on Liberalism,* edited by Alfonso J. Damico (Totowa, N.J.: Rowman and Littlefield, 1986).

Arendt, Hannah. *Eichmann in Jerusalem* (New York: Penguin, 1963).

_____. *The Human Condition* (Chicago: University of Chicago Press, 1958).

_____. *The Origins of Totalitarianism* (New York and London: Harcourt Brace Jovanovich, 1951).

Bahro, Rudolph. "Building the Green Movement." In *The Green Reader: Essays*

Toward a Sustainable Society, edited by Andrew Dobson (San Francisco: Mercury House, 1991).
Bakunin, Mikhail. "Letter to La Liberte." In *Bakunin on Authority,* edited by Sam Dolgoff (New York: Alfred A. Knopf, 1972[1872]).
_____. *The Political Philosophy of Badunin: Scientific Anarchism,* compiled and edited by G. P. Maximoff (New York: Free Press of Glencoe, 1953).
Barber, Benjamin. *Strong Democracy* (Berkeley: Univ. of California Press, 1984).
Barkan, Joanne, "Sweden: Not Yet Paradise, but...." *Dissent* (Spring 1989): 147-151.
_____. "The End of the Swedish Model?" *Dissent* (Spring 1992): 92-98.
Barry, Brian. "How Not to Defend Liberal Institutions." *British Journal of Political Science* 20(June 1990): 1-14.
_____. *A Treatise on Social Justice, Volume One: Theories of Justice* (Berkeley: University of California Press, 1989).
Bay, Christian. "Civil Disobedience: Prerequisite for Democracy in Mass Society." In *Political Theory and social Change,* edited by David Spitz (New York: Atherton Press, 1967).
Bayat, Mangol. "Hi' a Islam as a Functioning Ideology in Iran: The Cult of the Hidden Imam." In *Iran Since the Revolution,* edited by Barry M. Rosen (New York: Columbia University Press, 1985).
Beecher, Jonathan, and Richard Bienvenu. *The Utopian Vision of Charles Fourier* (Boston: Beacon Press, 1971).
Beel, Daniel. *The End of Ideology* (New York: Collier, 1960).
Bellah, Robert, et al. *Habits of the Heart* (New York: Harper and Row, 1985)
Bennett, William, J., ed. *The Book of Virtues* (N.Y.: Simon and Schuster, 1993).
Bentham, Jeremy. "Fragment on Government." In *A Bentham Reader*, edited by Mary Peter Mack (New York: Pegasus, 1969[1776]).
_____. *An Introduction to the Principles of Morals and Legislation,* edited by Wilfred Harrison (Oxford: Basil Blackwell, 1967[1789]).
Bergson, Henri. *The Two Sources of Morality and Religion,* translated by R. Ashley Audra and Cloudesley Brereton (Garden City, N.Y.: Doubleday 1954[1935]).
Berlin, Isaiah. *Four Essays on Liberty* (London: Oxford University Press, 1969).

참고문헌 *391*

Bernstein, Eduard. *Evolutionary Socialism* (New York: Schocken, 1961[1899]).
Bloom, Allan. *The Closing of the American Mind* (New York: Simon and Schuster, 1987).
Bluestone, Barry, and Bennett Harrison. *The Deindustrialization of America: Plant Closings, Community Abandonment, and the Dismantling of Basic Industry* (New York: Basic, 1982).
Blumenthal, Samuel. "How Rhenquist Came Down in Hobbes v. Locke." *The Washington Post Weekly Edition 6* (Oct. 1986):23-24.
Bookman, Ann, and Sandra Morgen. *Women and the Politics of Empowerment* (Philadelphia: Temple University Press, 1989).
Bottomore, Tom. *Classes in Modern Society*, 2d ed. (London: HarperCollins Academic, 1991).
_____. *The Socialist Economy* (New York: Guilford Press, 1990).
Boyte, Harry. *The Backyard Revolution: Understanding the New Citizen Movement* (Philadelphia: Temple University Press, 1980).
Brader, Karl Dietrich. *The German Dictatorship* (New York: Praeger, 1970).
Braybrooke, David, and Charles Linblom. *A Strategy of Decision* (New York: Free Press, 1963).
Brooker, Paul. "Teh Naxi Fuehrerprinzip: A Weberian Analysis." In *Political Ideologies and Political Philosophies,* edited by H. B. McCullough (Toronto: Wall and Thompson, 1989).
Brown, Lester R. Hal Kane, and David Malin Boodman. *Vital Signs* (Washington, D.C.: Worldwatch Institute, 1994).
Buckley, William F., Jr. *The Jeweler's Eye: A Book of Irresistible Political Reflection* (New York: Putnam, 1968).
_____. *McCarthy and His Enemies: The Record and Its Meaning* (Chicago: H. Regney, 1954).
_____. *Up from Liberalism* (New York: Mcdowell, Obolensky, 1959).
Burke, Edmund. "An Appeal from the New to the Old Whigs." In *The Political Philosophy of Edmund Burke,* edited by Iain Hampshire-Monk (London: Longman, 1987[1791]).
_____. *Burke's Politics: Selected Writings and Speeches of Edmund Burke on Reform, Revolution and War,* edited by Ross J. Hoffman and Paul Lev-

ack (New York: Alfred A. Knopf, 1967)).

_____. *Reflections on the Revolution in France* (New York: Liberal Arts Library Press, 1955[1790]).

Burns, James MacGregor. *Leadership* (New York: Harper and Row, 1978).

Camus, Albert. *The Rebel* (New York: Vintage Books, 1953).

Carens, Joseph H. "Aliens and Citizens: The Case for Open Borders." *Review of Politics* 49 (Spring 1987): 251-273.

Carson, Rachel. *Silent Spring* (Greenwich, Conn.: Fawcett Publications, 1962).

Castro, Fidel. *Fidel Castro Speaks,* edited by Martin Kenner and James Petras (New York: Grove Press, 1969).

Ceaser, James W. *Presidential selection: Theory and Development* (Princeton: Princeton University Press, 1979).

Chalmers, Johnson. *Autopsy on People's War* (Berkeley: University of California Press, 1973).

Chamberlain, Houston S. *Foundations of the Nineteenth Century,* translated by George L. Mosse (New York: H. Fertig, 1968[1899]).

Chenery, Hollis, et al. *Redistribution with Growth* (New York: Oxford University Press, 1974).

Chubb, John E., and Terry M. Moe. *Politics, Markets and America's Schools* (Washington, D.C.: Brookings Institution, 1990).

Clark, Terry N., and Seymour Martin Lipset. "Are Social Classes Dying?" *International sociology* 6 (Dec. 1991): 397-410.

_____. Terry N., and Michael Rempel. "The Declining Political Significance of Social Class." *International Sociology* 8 (Sept. 1993): 293-316.

Code, Lorraine. *What Can She Know?* (Ithaca, N.Y.: Cornell University Press, 1991).

Cohen, G. A. *History, Labour, and Freedom: Themes from Marx* (Oxford: Oxford University Press, 1988).

Cohen, Joshua, and Joel Rogers. *On Democracy* (Hamondsworth Middlesex, England: Penguin, 1983).

Cohn, Norman. *The Pursuit of the Millennium* (New York: Oxford University Press, 1970).

Cole, G. D. H. *History of Socialism* (London: Macmillan, 1953-1960).

_____. *Self-Government in Industry* (London: G. Bell, 1919).

_____. *Worker's Control and Self-Government in Industry* (Nendelin, England: Kraus Reprint, 1979[1933]).

Coleman, Janes, and Sara Kelly. "Education." In *The Urban Predicament*, edited by William Gorham and Nathan Glazer (Washington, D.C.: Urban Institute, 1976).

Commoner, Barry. *Science and Survival* (New York: Viking, 1966).

_____. *The Closing Circle: Nature, Man and Technology* (New York: Bantam Books, 1974).

_____. *The Poverty of Power: Energy and the Economic Crisis* (New York: Knopf, 1977).

Conradt, David P. *The German Polity*, 5th ed. (New York: Longman, 1993).

Converse, Philip E. "The Nature of Belief Systems in Mass Publics." In *Ideology and Discontent*, edited by David E. Apter (New York: Free Press, 1964).

Cooper, Barry. *The End of History: An Essay on Modern Hegelianism* (Toronto: University of Toronto Press, 1984).

Cord, Robert L. *Separation of Church and State: Historical Fact and Current Fiction* (New York: Lambeth Press, 1982).

Crawford, Alan. *Thunder on the Right* (New York: Pantheon, 1980).

Crick, Bernard. In *Defence of Politics* (New York: Penguin, 1962).

_____. *Socialism* (Minneapolis: University of Minnesota Press, 1987).

Cronin, Thomas E. *Direct Democracy* (Cambridge: Harvard University Press, 1989).

Cropsey, Joseph. *Political Philosophy and the Issues of Politics* (Chicago: University of Chicago Press, 1977).

Crosland, C. A. R. *The Future of Socialism* (London: Cape, 1956).

Dahl, Robert A. *Democracy and Its Critics* (New Haven: Yale University Press, 1989).

_____. *A Preface to Economic Democracy* (Berkeley: University of California Press, 1985).

_____. *Who Governs?* (New Haven: Yale University Press, 1961).

Daly, Mary. *Gyn/Ecology: The Metaethics of Radical Feminism* (Boston: Beacon Press, 1978).

_____. *Pure Lust: Elemental Feminist Philosophy* (Boston: Beacon Press, 1984).
De Leon, David. *The American Anarchist* (Baltimore: Johns Hopkins University Press, 1971).
Descartes, Rene. *Discourse on Method,* translated by Donald A. Cress (Indianapolis: Hackett, 1980[1637]).
_____. *Meditation on First Philosophy,* translated by Donald A. Cress (Indianapolis: Hackett, 1980[1641]).
Deutsch, Karl. "On Political Theory and Political Action." *American Political Science Review* 65(Mar. 1971): 11-27.
Dewey, John. *Liberalism and Social Action* (New York: Capricorn, 1935).
_____. *The Public and Its Problems* (New York: Henry Holt, 1927).
Dickerson, Mark O., and Thomas Flanagan. *An Introduction to Government and Politics: A Conceptual Approach* (Toronto: Methuen, 1982).
Dione, E. J. *Why Americans Hate Politics* (New York: Simon and Schuster, 1991).
Djilas, Milovan. *The New Class: An Analysis of the Communist System* (New York: Praeger, 1957).
Dolgoff, Sam. *Bakunin on Authority* (New York: Alfred A. Knopf, 1972).
Domhoff, G. William. *The Power Elite and the State: How Policy is Made in America* (New York: A. DeGrayter, 1990).
_____. *Who Really Rules?* (Santa Monica, Calif.: Goodyear, 1978).
Drucker, H. M. *The Political Uses of Ideology* (London: Macmillan Press, 1974).
Durkheim, Emile. *Suicide: A Study in Sociology,* edited by George Simpson (New York: Free Press, 1966[1897]).
Dworkin, Andrea. *Pornography: Men Possessing Women* (New York: Perigee, 1981).
Dworkin, Ronald. *Law's Empire* (Cambridge, Mass.: Belknap, 1986).
_____. *Taking Rights Seriously* (Cambridge, Mass.: Harvard University Press, 1977).
Eckersley, Robyn. *Environmentalism and Political Theory: Toward an Ecocentric Approach* (Albany, N.Y.: State University of New York Press, 1992).
Eckstein, Harry. "Case Study and Theory in Political Science." In *Handbook of*

참고문헌 *395*

Political Science, vol. 7., edited by Fred I. Greenstein and Nelson Polsby (Reading, Mass.: Addison-Wesley, 1975).
Ehrenfeld, David. *The Arrogance of Humanism* (New York: Oxford University Press, 1978).
Elshtain, Jean Bethke. "Feminism, Family and Community." *Dissent* 29 (Fall 1982): 442-449.
_____. *Mediations on Modern Political Thought* (New York: Praeger, 1986).
_____. *Power Trips and Other Journeys* (Madison: University of Wisconsin Press, 1990).
_____. *Public Man, Private Woman* (Princeton: Princeton University Press, 1981).
Engels, Friedrich. *Socialism: Utopian and Scientific.* In *The Marx-Engels Reader,* 2d ed., edited by Robert C. Tucker (New York: W. W. Norton, 1978[1880]).
Falwell, Jerry, ed. *The Fundamentalist Phenomenon* (Garden City, N.Y.: Doubleday, 1981).
Fecher, Charles A. *The Philosophy of Jacques Maritain* (New York: Greenwood Press, 1953).
Fein, Rashi. "National Health Insurance." *Dissent* (Spring 1992): 157-163.
Feuerbach, Ludwig. *The Essence of Christianity,* translated by Marian Evans (London: John Chapman, 1854[1845]).
Firestone, Shulamith. *The Dialectic of Sex: The Case for Feminist Revolution* (New York: Morrow, 1970).
Flathman, Richard. *Toward a Liberalism* (Ithaca, N.Y.: Cornell Uneversity Press, 1992).
Foreman, David, and Bill Haywood, eds. *Ecodefense: A Field Guide to Monkeywrenching,* 2d ed. (Tucson, Ariz.: Ned Ludd, 1989).
Forman, James D. *Fascism: The Meaning and the Experience of Reactionary Revolution* (New York: Dell, 1974).
Fowler, Robert Booth. "The Anarchist Tradition of Political Thought." *Western Political Quarterly* (Dec. 1973): 738-752.
French, Marilyn. *Beyond Power: On Women, Men and Morals* (New York: Summit, 1985).

Freyfogle, Eric T. *Justice and the Earth: Images of Our Planetary Survival* (New York: Free Press, 1993).
Friedan, Betty. *The Feminine Mystique* (New York: W. W. Norton, 1963).
_____. *The Second stage* (New York: Summit, 1981).
Friedman, Milton. *Capitalism and Freedom* (Chicago: University of Chicago Press, 1962).
_____, and Rose Friedman. *Free to Choose: A Rersonal Statement* (New York: Harcourt Brace Jovanovich, 1980).
Fromm, Erich. *Escape from Freedom* (London: Routledge and Kegan Paul, 1960[1941]).
_____. *The Sane Society* (New York: Rinehart, 1955).
Fukuyama, Francis. *The End of History and the Last Man* (New York: Avon, 1992).
_____. "The End of History?" *The National Interest* 16 (Summer. 1989): 3-18.
Galbraith, John Kenneth. *The Affluent Society* (Boston: Houghton Mifflin, 1958).
_____. *Economics and Public Purpose* (New York: Houghton Mifflin, 1973).
_____. *The New Industrial State* (New York: Signet, 1972).
Galston, William. "Civic Education in a Liberal State." In *Liberalism and the Moral Life,* edited by Nancy L. Rosenblum (Cambridge: Harvard University Press, 1989).
_____. "Liberalism and Public Morality." In *Liberals on Liberalism,* edited by Alfonso J. Damico (Totowa, N. J.: Rowman and Littlefield, 1986).
Gasset, Jose Ortega Y. *The Revolt of the Masses* (New York: W. W. Norton, 1957[1930]).
Geertz, Clifford. "Ideology as a Cultural System." In *Ideology and Discontent,* edited by David E. Apter (New York: Free Press, 1964).
Gentile, Giovanni. "The Philosophical Basis of Fascism." In *Readings on Fascism and National socialism* (Chicago: Swallow Press, 1952[1928]).
Gilder, George. *Wealth and Poverty* (New York: Bantam, 1981).
Gill, Emily. "Goods, Virtues, and the Constitution of the Self." In *Liberals on Liberalism,* edited by Alfonso J. Damico (Totowa, N.J.: Rowman and Littlefield, 1986).
Gilligan, Carol. *In a Different Voice* (Cambridge: Harvard University Press,

1982).

Glendon, Mary Ann. *Abortion and Divorce in Western Law* (Cambridge: Harvard University Press, 1987).

_____. *Rights Talk: The Impoverishment of Political Discourse* (New York: Free Press, 1991).

Gobineau, Joseph Arthur de. *Essay on the Inequality of Human Races* (New York: Garland, 1984[1854]).

Godwin, William. *Enquiry Concerning Political Justice* (Middlesex, England: Penguin Classics, 1985[1793]).

Goffman, E. "The Income Gap and Its Causes." *Dissent* (winter 1990):8.

Goldman, Emma. "Anarchism: What It Really Stands For." In *Anarchism and Other Essays* (New York: Dover, 1969[1911]).

Goldwater, Barry. *The Conscience of a Conservative* (New York: Macfadden, 1960).

Goodman, Paul, and Percival Goodman. *Communitas* (New York: Vintage, 1960).

Gorbachev, Mikhail. "The Socialist Idea and Revolutionary Perestroika." *National Affairs* (Nov. 17, 1989): 70-80.

Gould, Stephen J. *The Mismeasure of Man* (New York: W. W. Narton, 1983).

Gramsci, Antonio. "The Study of Philosophy." In *Selections from the Prison Notebooks of Antonio Gramsci,* edited and translated by Quinton Hoare and Geoffrey Nowell Smith (New York: International, 1971).

Gray, John. *Liberalisms: Essays in Political Philosophy* (London: Routledge, 1989).

Green, Thomas Hill. *Lectures on the Principles of Political Obigation* (London: Longmans, Green, 1907[1886]).

Guevara, Ernesto. *Che Guevara Speaks,* edited by George Lavan (New York: Pathfinder Press, 1983).

_____. *Guerrilla Warfare* (New York: Vintage, 1969).

_____. *Reminiscences of the Cuban Revolutionary War,* translated by Victoria Ortiz (New York: Monthly Review Press, 1968).

Gutmann, Amy. "Undemocratic Education." In *Liberalism and the Moral Life,* edited by Nancy Rosenblum (Cambridge: Harvard University Press,

1989).
Habermas, Jürgen. *Legitimation Crisis*, translated by Thomas McCarthy (Boston: Beacon Press, 1975).
Hardin, Garrett. "The Tragedy of the Commons." In *Managing the Commons*, edited by Garrett Hardin and John Baden (San Francisco: W. H. Freeman, 1977).
Harding, Sandra. *The Science Question* (Ithaca, N.Y.: Cornell University Press, 1986).
Harrington, Michael. *The Other America: Poverty in the United States* (New York: Macmillan, 1961).
_____. "Toward a New Socialism." *Dissent* (Spring 1989): 153-163.
_____. *Twilight of Capitalism* (New York: Simon and Schuster, 1976).
Hartmann, Heidi. "The Unhappy Marriage of Marxism and Feminism: Towards a More Progressive Union." In *Women and Revolution: A Discussion of the Unhappy Marriage of Marxism and Feminism*, edited by Lydia Sargent (Boston: South End Press, 1981).
Hartsock, Nancy. *Money, Sex, and Power: Toward a Feminist Historical Materialism* (New York: Longman, 1983).
Hartsz, Louis. *The Liberal Tradition in America* (New York: Harcourt, Brace, and World, 1955).
Hawley, Willis. *Nonpartisan Elections and the Case for Party Politics* (New York: John Wiley, 1973).
Hayek, Friedrich von. *The Constitution of Liberty* (Chicago: University of Chicago Press, 1960).
_____. *The Road to Serfdom* (Chicago: University of Chicago Press, 1944).
Hegel, G. W. F. *Phaenomenologie des Geistes* (Frankfurt: Verlag Ullstein, 1970).
Heidenheimer, Arnold J., Hugh Heclo, and Carolyn Teich Adams. *Comparative Public Policy*, 3d ed. (New York: St. Martin's Press 1990).
Heilbroner, Robert L. *The Worldly Philosophers* (New York: Simon and Schuster, 1953).
_____, et al. "From Sweden to Socialism: A Small Symposium on a Big Question." *Dissent* (Winter, 1991): 96-110.

Henig, Jeffrey. *Public Policy and Federalism* (New York: St. Martin's Press, 1985).
_____. *Rethinking School Choice* (Princeton, N.J.: Princeton University Press, 1994).
Herson, Lawrence J. P. *The Politics of Ideas: Political Theory and American Public Policy* (Homewood, Ill.: Dorsey Press, 1984).
Herzen, Alexander. *From the Other Shore,* translated by Moura Budberg (London: Weidenfeld and Nicolson, 1956[1850]).
Hirschman, Albert O. *The Passions and the Interests: Political Arguments for Capitalism Before Its Triumph* (Princeton: Princeton University, 1977).
_____. *The Rhetoric of Reaction: Perversity, Futility, and Jeopardy* (Cambridge, Mass.: Belknap Press, 1991).
Hitler, Adolf. *Mein Kampf,* translated by Ralph Mannheim (Boston: Houghton Mifflin, 1971[1925-6]).
Hobbes, Thomas. *Leviathan,* edited by Herbert Schneider (Indianapolis: Bobbs-Merrill Liberal Arts Library, 1958[1651]).
Hochschild, Jennifer. *What's Fair?* (Cambridge: Harvard University Press, 1981).
Hoeveler, David, Jr. *Watch on the Right: Conservative Intellectuals in the Reagan Era* (Madison: University of Wisconsin Press, 1991).
Holmes, Stephen. "The Liberal Idea." *The American Prospect 7* (Fall 1991): 81-96.
Hoover, Kenneth. *Ideology and Political Life,* 2d ed. (Belmont, Calif.: Wadsworth, 1993).
Hout, Mike, Clem Brooks, and Jeff Manza, "The Persistence of Classes in Post-Industrial Societies." *International Sociology* 8 (Sept., 1993); 259-276.
Howe, Irving. *Beyond the Welfare State* (New York: Schocken, 1982).
_____. "The First 35 Years Were the Hardest." *Dissent* (Spring 1989): 133-136.
_____. *Socialism and America* (New York: Harcourt Brace Jovanovich, 1977).
Huber, Rudolf. *Constitutional Law of the Greater German Reich,* in *Communism, Fascism, and Democracy: Theoretical Foundations,* edited by Carl Cohen (New York: Random House, 1962[1939]).
Hume, David. *A Treatise of Human Nature,* edited by L. A. Selby Bigge

(Oxford: Clarendon Press, 1975[1739]).
Huntington, Samuel P. "The Democratic Distemper." *The Public Interest* 41 (Fall 1975): 9-38.
Huxley, T. H. "Evolution and Ethics." In *Selections from the Essays of Huxley,* edited by Alburey Castell (Arlington Heights, Ill.: Crofts Classics, 1948[1893]).
Ingersol, David E., and Richard K. Matthews. *The Philosophic Roots of Modern Ideology: Liberalism, Communism, Fascism,* 2d ed. (Englewood Cliffs, N.J.: Prentice Hall, 1991).
Inglehart, Ronald. *Culture Shift* (Princeton: Princeton University Press, 1989).
Jaffa, Harry V. *How to Think About the American Revolution* (Durham, N.C.: Carolina Academic Press, 1989).
Jagger, Alison. *Feminist Politics and Human Nature* (Totowa, N.J.: Rowman and Allenheld, 1983).
Jencks, Christopher. *Inedquality* (New York: Harper Colophon, 1972).
Joll, James. *The Anarchists* (New York: Grosset and Dunlop, 1964).
Jouvenal, Bertrand De. *The Pure Theory of Politics* (Cambridge: Cambridge University Press, 1963).
Kahane, Rabbi Meir. *Listen World, Listen Jew* (Jerusalem and Brooklyn, N.Y.: Institute of the Jewish Idea, 1978).
Kaplan, Lawrence, ed. *Fundamentalism in Comparative Perspective* (Minneapolis: University of Minnesota Press, 1992).
Kariel, Henry. "Creating Political Reality." *American Political Science Review* 64 (Dec. 1970): 1088-1098.
Kelly, Petra. *Fighting for Hope* (Boston: South End Press, 1984).
Kendall, Wilmoore. "Equality and the American Political tradition." In *Keeping the Tablets: Modern American Conservative Thought,* edited by William F. Buckley, Jr., and Charles R. Kesler (New York: Harper and Row, 1988).
Key, V. O. Jr. *The Responsible Electorate* (Cambridge: Harvard University Press, 1966).
Keynes, John Maynard. *The Collected Writings of John Maynard Keynes,* edited by Donald Moggridge (London: Macmillan, 1980).

참고문헌 401

Khomeini, Imam. *Islam and Revolution: Writing and Declarations of Imam Khomeini,* translated by Hamid Algar (Berkeley: Mizan Press, 1981).
Kinder, Donald. "Diversity and Complexity in American Public Opinion." In *Political Science: The State of the Discipline,* edited by Ada Finifter (Washington, D.C.: American Political Science Association, 1983).
King, Martin Luther, Jr. "Letter from Birmingham Jail." In *Why We Can't Wait* (New York: Harper and Row, 1963).
Kirk, Russell. *A Program for Conservatives* (Chicago: Henry Regnery, 1954).
Kirkpatrick, Jean. "Dictatorships and Double Standards." In *Keeping the Tablets: Modern American Conservative Thought,* edited by William F. Buckley, Jr., and Charles R. Kesler (New York: Harper and Row, 1988[1980]).
_____. "Politics and the 'New Class'." *Society* 16 (Jan./Feb. 1979): 42-48.
Kneese, Allen V., and Charles L. Schultze. *Pollution, Prices, and Public Policy* (Washington, D.C.: Brookings Institution, 1975).
Koestler, Arthur. *Darkness at Noon,* translated by Daphne Hardy (New York: Macmillan, 1941).
Kolakowski, Leszek. *Main Currents of Marxism,* translated by P.S. Falla (Oxford: Oxford University Press, 1978).
Kornhauser, William. *The Politics of Mass Society* (Glencoe, Ill.: Free Press, 1959).
Kristol, Irving. *Two Cheers for Capitalism* (New York: Basic, 1978).
Kropotkin, Peter. "Anarchist Communism: Its Basis and Principles." In *Revolutionary Pamphlets* (New York: Vanguard Press, 1927).
_____. *Conquest of Bread* (New York: Vanguard Press, 1926[1892]).
_____. *Memoirs of a Revolutionist* (New York: Horizon Press, 1968[1899]).
_____. *Mutual Aid: A Factor in Evolution* (New York: New York University Press, 1972[1907]).
Kuenne, Robert. *Economic Justice in American Society* (Princeton: Princeton University Press, 1993).
Kuhn, Thomas. *The Structure of Scientific Revolutions* (Chicago: University of Chicago Press, 1962).
Kuttner, Robert. "Socialism, Liberalism, and Democracy." *The American Prospect* (Spring 1992): 7-12.

Kymlicka, Will. *Contemporary Political Philosophy* (New York: Oxford University Press, 1990).
_____. "Liberalism and Communitarianism." *Canadian Journal of Philosophy* 118 (June 1988): 181-203.
LaHaye, Tim. *The Battle for the Mind* (Old Tappan, N.J.: Revell, 1980).
Lane, Robert. *Political Ideology* (New York: Free Press, 1962).
Lasch, Christopher. *The True and Only Heaven* (New York: Norton, 1991).
Lather, Patti. *Getting Smart: Feminist Research and Pedagogy with/in the Postmodern* (New York: Routledge, 1991).
Lenin, V. I. "Foreign Communist Parties and the Russian Spirit." In *The Lenin Anthology,* edited by Robert C. Tucker (New York: W. W. Norton, 1975[1920]).
_____. "Introducing the New Economic Policy." In *The Lenin Anthology,* edited by Robert C. Tucker (New York: W. W. Norton, 1975[1921]).
_____. " 'Left-Wing' Communism: An Infantile Disorder." In *The Lenin Anthology,* edited by Robert C. Tucker (New York: W. W. Norton, 1975[1920]).
_____. *Imperialism: The Highest Stage of Capitalism* (New York: International, 1939[1917]).
_____. "The State and Revolution." In *The Lenin Anthology,* edited by Robert C. Tucker (New York: W. W. Norton, 1975[1902]).
_____. "What Is to be Done?" In *The Lenin Anthology,* edited by Robert C. Tucker (New York: W.W. Norton. 1975[1920]).
Leopold, Aldo. *The Sand County Almanac* (New York: Oxford University Press, 1947).
Lerner, Daniel. *The Passing of the Traditional Society* (Glencoe, Ill.: Free Press,1959).
Lifton, Jay. *The Nazi Doctors: Medical Killing and the Psychology of Genocide* (New York: Basic, 1986).
Lijphart, Arend. *Democracy in Plural Societies* (New Haven: Yale University Press, 1977).
Limbaugh, Rush. *The Way Thing Ought to Be* (New York: Pocket Star, 1992).
Lindblom Charles E. *Politics and Market* (New York: Basic, 1977).
Lipset, Seymour Martin. *Political Man* (Garden City, N.Y.: Doubleday, 1960).

참고문헌 *403*

Locke, John. *Essay on Human Understanding*, edited by Peter H. Nidditch (Oxford: Clarendon Press, 1975[1960]).
_____. *Letter Concerning Toleration,* edited by Patrick Romanell (Indianapolis: BobbsMerrill, 1950[1689]).
_____. *Two Treatises of Government,* edited by Peter Laslett (New York: Mentor, 1960[1690]).
Lovelock, James. *Gaia: A New Look at Life on Earth* (New York: Oxford University Prees, 1979).
Lowi Theodore J. "American Business and Public Policy, Case Studies, and Political Theory." *World Politics* (July 1964).
_____. *The End of Liberalism: The Second Republic of the United States* (New York: W.W. Norton, 1979).
_____, and Bejamin Ginsberg. *Poliscide* (New York: Macmillan, 1976).
Lukes, Steven. "Alienation and Anomie." In *Philosophy, Politics, and Societ,* 3d ed., edited by Peter Laslett and W. G. Runciman (Oxford: Basil Blackman, 1967): 140-156.
_____. "Socialism and Equality." *Dissent* 22 (Spring 1975): 154-168.
_____. *Marxism and Morality* (Oxford: Oxford University Press, 1987).
_____. *Power: A Radical View* (London: Macmillan, 1974).
Lustig, R. Jeffrey. *Corporate Liberalism* (Berkely: University of California Press, 1982).
Luxemburg, Rosa. *The Accumulation of Capital,* translated by Rudolf Wichmann (New York: Montly Review, 1973[1913]).
Machan, Tibor R. *The Main Debate: Communism versus Captalism* (New York: Random House, 1987).
Mackinnonm Catherine. *Feminism Unmodified* (Cambridge: Harvard University Press, 1977).
_____. *Toward a Feminist Theory of the state* (Cambridge: Harvard University Press, 1989).
Macpherson, C. B. *The Life and Times of Liberal Democracy* (New York: Oxford University Press, 1977).
Madison, Jame, Alexander Hamilton, and John Jay. *Federal Papers,* edited by Isaac Kramnick (New York: Penguin, 1987[1788]).

Maistre, Joseph de. "Considerations on France." In *The Works of Joseph de Maistre,* edited by Jack Lively (New York: Macmillan, 1965[1797]).
Mannheim, Karl. *Ideology and Utopia* (London: Routledge and Kegan, 1936).
Mansbridge, Jane J. "The Limits of Friendship." In *Nomos X VI: Participation in Politics,* edited by J. Roland Pennock and John W. Chapman (New York: New York University Press, 1977): 246-266.
_____. *Why We Lost the ERA* (Chicago: University of Chicago Press, 1986).
Manuel, Frank E., and Fritzie P. Manuel. *Utopian Thought in the Western World* (Cambridge: Harvard University Press, Belknap Press, 1979).
Mao Zedong. *The Collected Works of Mao Tse-tung* (Arlington, Va.: Joint Publication Research Service, 1978).
Marsh, Margaret S. *Anarchist Women, 1870-1920* (Philadelphia: Temple University Press, 1981).
Marx Karl. "Amsterdam Speech of 1872." In *Karl Marx, Selected Writing,* edited by David McClellan (Oxford: Oxford University Press, 1977).
_____. *The Civil War in France.* In *The Marx-Engels Reader,* 2d ed., edited by Robert C. Tucker (New York: W. W. Norton, 1978[1871]).
_____. *Critique of the Gotha Program.* In *The Marx-Engels Reader,* 2d ed., edited by Robert C. Tucker (New York: W. W. Norton, 1978[1875]).
_____. *The German Ideology.* In *The Marx-Engels Reader,* 2d ed., edited by Robert C. Tucker (New York: W. W. Norton, 1978[1846]).
_____. *On The Jewish Question.* In *The Marx-Engels Reader,* 2d ed., edited by Robert C. Tucker (New York: W. W. Norton, 1978[1843]).
_____. *Philosophical and Economic Manuscripts.* In *The Marx-Engels Reader,* 2d ed., edited by Robert C. Tucker (New York: W. W. Norton, 1978[1844]).
_____. *Theses on Feuerbach.* In *The Marx-Engels Reader.* 2d ed., edited by Robert C. Tucker (New York: W. W. Norton, 1978[1845]).
_____, and Friedrich Engels. *The Manifesto of the Communist Party.* In *The Marx-Engels Reader,* 2d ed., edited by Robert C. Tucker (New York: W. W. Norton, 1978[1848]).
Marzorati, Gerald, et al. "Who Owes What to Whom?" *Harper's Magazine* 282 (Feb. 1991): 44-45.

참고문헌 405

Mazzini, Guiseppe. "The Duties of Man." In *Dogma and Dreams,* edited by Nancy Love (New York: Chatham House, 1991[1875]).
McClosky, Herbert, and John Schaar. "Psychological Dimensions of Anomy." *American Sociological Review* 30 (1965): 14-40.
McCoy, Charles. *Contemporary ISMS: A Political Economy Perspective* (New York: Franklin Watts, 1982).
McLellan, David. *Ideology* (Minneapolis: University of Minnesota Press, 1986).
_____. *Karl Marx: His Life and Thought* (New York: Harper and Row, 1973).
_____. *Marxism After Marx* (Boston: Houghton Mifflin, 1979).
Mehring, Franz. *Karl Marx: The Story of His Life,* translated by Edward Fitzgerald (Ann Arbor: University of Michigan Press, 1962).
Milbank, John. *Theology and Social Thery: Beyond Secular Reason* (Oxford and Cambridge: Blackwell, 1990).
Mill, James. *Essay on Government,* edited by Jack Lively and John Rees (Oxford: Clarendon Press, 1978[1820]).
Mill, John Stuart. *Considerations on Representative Government* (Oxford: Blackwell, 1946[1861]).
_____. *On Liberty,* edited by Elizabeth Rapaport (Indianapolis: Hackett, 1978[1859]).
_____. *Principles of Political Economy* (New York: Penguin, 1985[1846]).
_____. *Utilitarianism* (New York: Bobbs-Merrill, 1957[1861]).
_____. and Harriet Taylor. *The Subjection of Women* (London: Virago, 1983 [1869]).
Miller, Eugene. "Positivism, Historicism, and Political Inquory." *American Political Science Review* 66 (Sept, 1972): 796-873.
Millet, Kate. *Sexual Politics* (Garden City, N.Y.: Doubleday, 1970).
Mills, C. Wright. *The Power Elite* (New York: Oxford University Press, 1956).
Mitchell, Juliet. *Women's Estate* (New York: Pantheon, 1991).
Mitchell, William. "Efficiency, Responsibility, and Democratic Politics." In *Liberal Democracy,* NOMOS XXV, edited by J. Roland Pennock and John W. Chapman (New York: New York University Press, 1983): 343-373.
Montesquieu, Charles-Louis de Secondat, baron de. *The Spirit of Laws,* translated by Ann M. Cohler, Basia C. Miller, and Harold Stone (New York:

Cambridge University Press, 1989[1750]).
More, Thomas. *Utopia,* edited by Robert M. Adams (New York: Norton, 1992[1516]).
Mosca, Gaetano. *The Ruling Class,* translated by H. D. Kahn (New York: McGraw-Hill, 1939[1896]).
Mueller, Ingo. *Hitler's Justice* (Cambridge: University of Harvard Press, 1991).
Mussolini, Benito. "The Doctrine of Fascism." In *Readings on Fascism and National Socialism* (Chicago: Swallow Press, 1952[1928]).
Naess, Arne. *Ecology. Community, and Lifestyle: Outline for an Ecosophy* (Cambridge: Cambridge University Press, 1984).
_____. "The Shallow and the Deep, Long-Range Ecology Movement: A Summary." *Inquiry* 16 (1973): 95-99
Nakane, Chie. *Japanese Society* (Berkeley: University of California Press, 1970).
Nathan, Robert P. *The Plot That Failed: Nixon and the Administrative Presidency* (New York: John Wiley, 1975).
Nelson, Barbara J., and Najma Chowdhury. *Women and Politics Worldwide* (New Haven: Yale University Press, 1994).
Neubauer, David W. *America's Courts and the Criminal Justice System,* 4th ed. (Belmont, Calif.: Wadsworth, 1992).
Nie, Norman, Sidney Verba, and John Petrocik. *The Changing American Voter* (Cambridge, Mass.: Harvard University Press, 1979).
Nietzsche, Friedrich. *The Genealogy of Morals,* translated by Carol Diethe (New York: Cambridge University Press, 1994[1887]).
Nisbet, Robert. *Conservatism: Dream and Reality* (Minneapolis: University of Minnesota Press, 1986).
_____. "The Decline and Fall of Social Class." *Pacific Sociological Review* 2 (Winter 1959): 1-17
Novak, Michalel. *Freedom with Justice: Catholic Social Thought and Liberal Institutions* (San Francisco: Harper and Row, 1984).
_____. *The Spirit of Democratic Capitalism* (New York: Simon and Schuster, 1982).
_____. *Will It Liberate? Questions about Liberation Theology* (Mahwah, N.J.: Paulist Press, 1987).

Nove, Alec. *The Economics of Feasible Socialism Revisited* (London: Harper-Collins, 1991).
Nozick, Robert. *Anarchym State, and Utopia* (New York: Basic, 1874).
Oakeshott, Michael. "On Being Conservative." In *Rationalism and Politics and Other Essays* (New York: Basic, 1962).
Okin, Susan Moller. *Justice, Gender, and Family* (New York: Basic: 1989).
_____. *Women in Western Political Thought* (Princeton: Princeton University Press, 1979).
Okun, Arthur M. *Equality and Efficiency: The Big Tradeoff* (Wishington, D.C.: Brookings Institution, 1975).
Ollman, Bertil. "Marx' s Vision of Communism: A Reconstruction." *Critique* 8 (1978).
Olson, Mancur. "Rapid Growth as a Destabilizing Force." *Journal of Economic History* 23 (1963).
Paine, Thomas. *The Rights of Man* (New York: Penguin, 1984[1791]).
Pakulski Jan. "The Dying of Class or of Marxist Class Theory?" *International Sociology* 8 (Sept. 1993).
Pareto, Vilfredo. *The Mind and Society*, edited by A. Livingston (New York: Harcourt, Brace, 1937[1916]).
Pateman, Carole. "Frminism and Democracy." In *Democracy Theory and Practice,* edited by Graeme Duncan (Cambridge: Cambridge University Press, 1986): 209-214.
_____. *Participation and Democratic Theory* (New York: Cambridge University Press, 1970).
Payne, James. "The Congressional Brainwashing of Congress." *The Public Interest* (Summer 1990): 3-13.
Peck, M. Scott. *The Different Drum* (New York: Simon and Schuster, 1987).
Peffley, Mark, and Jon Hurwitz. "A Hierarchical Model of Attitude Constraint." *American Journal of Political Science* 29 (1985): 871-890.
Pennock, J. Roland. "Liberalism Under Attack." *The Political Science Teacher* 3 (Winter 1990): 6-9.
Peters, Charles. "The Neoliberal Manifesto." *The Washington Monthly* (May 1983): 9-18.

Peterson, Paul. *City Limits* (Chicago: University of Chicago Press, 1981).
Peterson, V. Spike, and Anne Sisson Runyan. *Global Gender Issues* (Boulder, Colo.: Westview Press, 1993).
Phillips, Kevin. *Post-Conservative America* (New York: Radom House. 1982).
Piercy, Marge. *Women on the Edge of Time* (New York: Knopf, 1976).
Pigou, Arthur Cecil. *The Economics of Welfare,* 4th ed. (London: Macmillan, 1948).
Pitkin, Hanna. *The Concept of Representation* (Berkeley: University of California Press, 1972).
Piven, Francis Fox, and Richard A. Cloward. *Regulating the Poor: The Functions of Public Welfare* (New York: Vintage, 1971).
Polanyi, Karl. *The Great Transformation: The Political and Economic Origins of Our Time* (Boston: Beacon Press, 1944).
Popperm Karl. *The Open Society and Its Enemies,* 4th ed. (New York: Harper and Row, 1963[1945]).
Proudhon, Pierre. *The General Idea of the Revolution in the Nineteenth Century,* translated by John B. Robinson (New York: Haskell House, 1923[1851]).
_____. *What Is Property?* translated by B. R. Tucker (London: William Reeves, n.d.[1840]).
Przeworski, Adam, and Henry Teune. *The Logic of Comparative Social Inquiry* (New York: Wiley Interscience, 1970).
_____. and John Sprague. *Stone Papers: A History of Electoral Socialism* (Chicago: University of Chicago Press, 1986).
Putnam, Robert. "Studying Elite Political Culture: The Case of Ideology." *American Political Science Review* 65 (Sept., 1971): 651-681.
Quinney, Richard. *Criminology* (Boston: Little, Brown, 1979).
Rae, Douglas. *Equalities* (Cambridge: Harvard University Press, 1981).
Ramsey Colloquium, The. "Morality and Homosexuality." *Wall Street Journal* (Fed. 24, 1994): A20.
Rand, Ayn. *Atlas Shrugged* (New York: New American Library, 1957).
_____. *Capitalism: The Unknown Ideal* (New York: New American Library, 1966).

_____. *The Fountainhead* (New York: Bobbs-Merrill, 1943).
_____. *The Virtue of Selfishness* (New York: New American Library, 1961).
Rawls, John. *A Theory of Justice* (Cambridge, Mass.: Harvard University Press, 1971).
_____. "Justice as Fairness: Political Not Metaphysical." *Philosophy and Public Affairs* 14 (1985): 223-251.
_____. *Political Liberalism* (New York: Columbia University Press, 1993).
Regan, Tom. *The Case for Animal Rights* (Berkeley: University of California Press, 1983).
Reich Robert. *The Next Americal Frontier* (New York: Times, 1983).
_____. *The Work of Nations: Preparing Ourselves for the 21st Century* (New York: Knopf, 1991).
Reiman, Jeffrey H. *In Defense of Political Philosophy: A Reply to Robert Paul Wolff's In Defense of Anarchism* (New York: Harper Torchbacks, 1972).
Ricci, David. "Receiving Ideas in Political Analysis: The Case of Community Power Studies, 1950-1970." *Western Political Quarterly* 33 (Dec. 1980): 451-475.
_____. *The Tragedy of Political Science: Politics, Scholarship, and Democracy* (New Haven: Yale University Press, 1984).
Riesebroat, Martin. *Pious Passion: The Emergence of Modern Fundamentalism in the U. S. and Iran,* translated by Don Reneau (Berkeley: University of California Press, 1993).
Riker, William. *Liberalism Against Populism* (San Francisco: W. H. Freeman, 1982).
Robertson, Pat, with Robert Slosser. *The Secret Kingdom* (Nashville, Tenn.: T. Nelson, 1982).
Rocco, Alfredo. "The Political Doctrine of Fascism." In *Readings on Fascism and National Socialism* (Chicago: Swallow Press, 1952).
Rodgers, Harrell R., Jr. *Poverty Amid Plenty* (Reading, Mass.: Addison-Wesley, 1797).
Roemer, John. *Free to Lose: An Introduction to Marxist Economic Philosophy* (Cambridge: Harvard University Press, 1988).

_____. *A Future for Socialism* (Cambridge: Harvard University Press, 1994).
Rose, Richard, and Ian McAllister. *The Loyalties of Voters* (Newbury Park, Calif.: Sage, 1990).
Rosen, Stanley. *The Limits of Analysis* (New Haven: Yale University Press, 1980).
Rothbard, Murray N. "Society Without a State." In *NOMOS XIX: Anarchism*, edited by J. Roland Pennock and Johm W. Chapman (New York: New York University Press, 1978).
Rothenberg, Randall. *The Neoliberals* (New York: Simon and Schuster, 1984).
Rousseau, Jean-Jacques. *The First and Second Discourses*, edited and translated by Roger D. Masters and Judith R. Masters (New York: St. Martin's Press, 1969 [1949 and 1755]).
_____. *on the Social Contract*, edited by Roger D. Masters and translated by Judith R. Masters (New York: St. Martin's Press, 1969 [1762]).
Ryan, Alan. "Socialism for the Nineties." *Dissent* (fall 1990): 436-442.
Schaar, John. "Equal Opportunity and Beyond." *NOMOS IX: Equality*, edited by J. Roland Pennock and John W. Chapman (New York: Atherton Press, 1967).
Schlafly, Phylls. *Power of the Positive Woman* (New Rochelle, N. Y.: Arlington House, 1977).
Schopenhauer, Arthur. *World as Will and Idea*, translated by R. B. Haldane and J. Kemp (London: Keganm Paul, Trench, Thubner, 1883[1818]).
Schram, Stuart R. *The Political Thought of Mao Tse-Tung*, rev., ed. (New York: Praeger, 1969).
Schuck, Paul H. "The Great Immigration Debate." In *The American Prospect* 3 (Fall 1990): 100-117.
Schultze, Charles L. *The Public Use of Private Interest* (Washington, D.C.: Brookings Institution, 1977).
Schumacher, E. F. *Small Is Beautiful* (New York: Harper and Row, 1973).
Schumaker, Paul. *Critical Pluralism, Democratic Performance, and Community Power* (Lawrence: University Press of Kansas, 1991).
_____. "Estimating the First and (Some of) the Third Faces of Power." *Urban Affairs Quarterly* 28 (Mar. 1993): 441-461.

Schumpeter, Joseph. *Capitalism, Socialism, and Democracy* (New York: Harper and Row, 1942).
Schwarz, John. *America's Hidden Success* (New York: W. W. Norton, 1983).
Seliger, M. *Ideology and Politics* (New York: Free Press, 1976).
Shiva, Vandana, *Staying Alive* (London: Zed Books, 1988).
Shklar, Judith. *After Utopia: The Decline of Political Faith* (Princeton: Princeton University Press, 1957).
Shtromas, Alexander. *The End of ISMs?* (Cambridge: Harvard University Press, 1994).
Shulman, George. *Radicalism and Reverence: The Political Thought of Gerrard Winstanley* (Berkeley: University of California Press, 1989).
Sibley, Mulford Q. *Political Ideas and Ideologies: A History of Political Thought* (New York: Harper and Row, 1970).
Singer, Peter. *Animal Liberation* (New York: Avon, 1975).
Skocpol, Theda. "Legacies of New Deal Liberalism." In *Liberalism Reconsidered*. edited by Douglas MacLean and Claudia Mills (Totowa, N. J.: Rowman and Allenheld, 1983).
Smith, Adam. "The Wealth of Nations." In *Adam Smith's Moral and Political Philosophy*, edited by Herbert W. Schneider (New York: Hafner, 1948[1776]).
Smith, Tony. *Thinking Like a Communist: State and Legitimacy in the Soviet Union, China, and Cuba* (New York: W. W. Norton, 1987).
Sorel, Georges. *Reflections on Violence*, translated by T. E. Hulme (London: Allen, 1915[1960]).
Sowell, Thomas. *Ethnic America: A History* (New York: Basic, 1981).
_____. *Inside American Education: The Decline, the Deception, and the Dogma* (New York: Free Press. 1993).
_____. *Preferential Policies: An International Perspective* (New York: Quell, 1990).
Speer, Albert. *Inside the Third Reich: Memoirs*, translated by Richard and Clara Winston (New York: Macmillan, 1970).
Spencer, Herbert. *The Man Versus The State* (Caldwell, Idaho: Caxton Press, 1969[1892]).

_____. "The Survival of the Fittest." In *Social Statics* (New York: D. Appleton, 1851).
Spitz, Elaine. "Citizenship and Liberal Institutions." In *Liberals on Liberalism*, edited by Alfonso J. Damico (Totowa, N. J.: Rowman and Littlefield, 1986).
Spragens, Thomas. "Reconstructing Liberal Theory." In *Liberals on Liberalism*, edited by Alfonso J. Damico (Totowa, N. J.: Rowman and Littlefield, 1986).
_____. *The Irony of Liberal Reason* (Chicago: University of Chicago Press, 1981).
Sprinzak, Ehun. *The Ascendance of Israel's Radical Right* (New York: Oxford University Press, 1991).
Stalin, Joseph. *Dialectical and Historical Materialism* (Tirana: "8 Nentori," 1979[1938]).
_____. *Economic Problems of Socialism in the USSR* (Moscow: Foreign Language Publishing House, 1953).
Starr, Paul. "Liberalism After Socialism." In *The American Prospect* (fall 1991):70-80.
Steinem, Gloria. *Outrageous Acts and Everyday Rebellions* (New York: Holt, Rinehart and Winston, 1983).
Stigler, George. "Director's Law of Public Income Distribution." *Journal of Law and Economics* 13(Apr. 1970): 1-10.
Stirner, Max (Johann Kaspar Schmidt). *The Ego and His Own*, translated by S. T. Bylington (London: Jonathan Cape, 1921[1843]).
Stone, Alan. "Justifying Regulation." In *The Liberal Future in America*, edited by Philip Abbot and Michael B. Levy (Westport, Conn.: Greenwood Press, 1985).
Stone, Clarence. *Regime Politics* (Lawrence: University Press of Kansas, 1989).
Stone, Deborah A. "Why the States Can't Solve the Health Care Crisis." *American Prospect* (Spring 1982): 51-60.
Stone, Lawrence. *The Family, Sex, and Marriage: In England 1500-1800* (London: Widenfelf Nicolson, 1977).
Storing, Herbert J. (ed.). *Essays on the Scientific Study of Politics* (New York:

Holt, Rinehart, and Winston, 1962).
Strauss, Leo. "The New Political Science." In *Keeping the Tablets: Modern American Conservative Thought*, edited by William F. Buckley, Jr., and Charles R. Kesler (New York: Harper and Row, 1988).
Sundquist, James. *Policies and Politics: The Eisenhower, Kennedy, and Johnson Years* (Washington, D.C.: Brookings Institution, 1968).
Tannenbaum, Eduard. *The Fascist Experience: Italian Society and Culture, 1922-1945* (New York: Basic, 1972).
Tawney, Richard. *Equality* (London: Allen and Unwin, 1964 [1931]).
Terchek, Ronald. "The Fruits of Success and the Crisis of Liberalism." In *Liberals on Liberalism*, edited by Alfonso J. Damico (Totowa, N. J.: Rowman and Littlefield, 1986).
Thomas, Elizabeth Marshall. "Of Ivory and the Survival of Elephants." *The New York Review of Books* 41 (Mar. 24, 1994): 3-6.
Thompson, John B. *Studies in the Theory of Ideology* (Cambridge, England: Polity Press, 1984).
Thoreau, Henry David. *Walden* and *On the Duty of Civil Disobedience* (New York: Collier, 1962[1854, 1849]).
Thorson, Thomas. *The Logic Democracy* (New York: Holt, Rinehart, and Winston, 1962).
Thurow, Lester. *The Zero Sum Society* (New York: Penguin, 1980).
Tinder, Glenn. *Political Thinking: The Perennial Questions*, 5th ed. (New York: Harper Collins, 1991).
Tolstoy, Leo. *The Kingdom of God Is Within You*, translated by Leo Wiener (New York: Farrar, Straus, and Giroux, Noonday Press, 1961[1905]).
Tong, Rosemarie. *Feminist Thought* (Boulder, Colo.: Westview Press, 1989).
Tracy, Antoine Louis Claude Destutt de. *Elements of Ideology*, translated and edited by John Morris (Detroit: Center for Public Health, 1973).
Tribe, Lawrence. "Ways Not to Think About Plastic Trees: New Foundations for Environmental Laws." *Yale Law Review* 83 (Fall 1974): 1314-1348.
Trotsky, Leon. *History of the Russian Revolution*, translated by Max Eastman (New York: Simon and Schuster, 1933).
_____. "The Defence of Terrorism." In *Basic Writings of Trotsky*, edited by Irv-

ing Howe (New York: Random House, 1963 [1920]).
Trounstine, philip, and Terry Christensen. *Movers and Shakers* (New York: St. Martin' s press, 1982), pp.40-47.
Tsongas, Paul. *The Road from here: Liberalism and Realities in the 1980' s* (New York: Knopf, 1981).
Verba, Sidney, and Gary Orren. *Equality in America* (Cambridge: Harvard University press, 1985).
Vigurie, Richard. *The New Right: We' re Ready to Lead* (Falls Church, Va.: Vigurie, 1980).
Voegelin, Eric. "Gnosticism—The Nature of Modernity." In *Keeping the Tablets: Modern American Conservative Thought*, edited by William F. Buckley, Jr., and Charles R. Kesler (New York: Harper and Row, 1988).
Vogel, Lise. *Marxism and the Oppression of Women: Toward a Unitary Theory* (New Brunswick, N. J.: Rutgers University Press, 1983).
Voltaire (Francois-Marie Arguet). "Letters Philosophiquws." In *The Selected Letters of Voltaire, edited by Richard A. Brooks* (New York: New York University Press, 1973[1734]).
Vonnegut, Kurt. "Harrison Bergeron." In *Welcome to the Monkey House* (New York: Dell, 1970).
Walzer, Michael. "A Day in the Life of a Socialist Citizen." In *Obligations: Essays on Disobedience, War, and Citizenship* (Cambridge: Harvard University Press, 1970).
_____. "Socializing the Welfare State." *Dissent* (Summer 1988): 292-300.
_____. "The Community." *The New Republic* (Mar. 31, 1982): 11-14.
_____. *Spheres of Justice* (New York: Basic, 1983).
Warren, Carol A. B., ed. *Gender issues and Field Research* (Newbury Park, Calif.: Sage, 1988).
Webb, Sidney. *Socialism in England* (London: Sonnenschein, 1890).
Weedon, Chris. *Feminist practice and Post-Structural Theory* (New York: Basil Blackwell, 1987).
Weffort, Francisco. "The Future of Socialism." *Journal of Democracy* 3 (July 1992): 90-99.
Weinstein, James. *The Corporate Ideal and the Liberal State* (Boston: Beacon

Press, 1966).
Weir, Margaret, Ann Schola Orloff, and Theda Skocpol. *The Politics of Social policy in the United States* (Princeton: Princeton University Press, 1988).
Welch, Susan, and Timothy Bledsoe. *Urban Reform and Its Consequences: A Study in Representation* (Chicago: University of Chicago Press, 1988).
Will, George F. *Restoration: Congress, Term Limits, and the Recovery of Deliberative Democracy* (New York: Macmillan, 1992).
_____. *Statecraft as Soulcraft: What Government Does* (New York: Simon and Schuster, 1982).
_____. *The Pursuit of Virtue and Other Tory Nations* (New York: Simon and Schuster, 1983).
Williams, Bernard. "The Ideas of Equality." In *Philosophy, Politics, and Society*, edited by Peter Laslett and W. G. Runciman (Oxford: Basil Blackwell, 1962).
Wilson, Edmund. *To the Finland Station* (London: Macmillan, 1972).
Wilson, James Q. *The Moral Sense* (New York: Free Press, 1993).
_____. "The Rediscovery of Character: Private Virtue and Public Policy." *The Public Interest* 81 (Fall 1985): 3-16.
Wilson, William Julius. *The Truly Disadvantaged* (Chicago: University of Chicago Press, 1987).
Wolff, Robert Paul. *In Defense of Anarchism* (New York: Harper and Row, 1970)
Wolfinger, Raymand. "Reputation and Reality in the Study of Community Power." *American Sciological Review* 25 (Oct. 1960): 636-644.
Wollstonecraft, Mary. *A Vindication of the Rights of Women*, 2d ed., edited by Carol H. Poston (New York: W.W.Norton, 1988 [1792]).
Woodcock, George. *Anarchism: A History of Libertarian Ideas and Movements* (Cleveland: World, 1962).
Wright, Anthony. *Socialisms: Theory and Practice* (New York: Oxford University Press, 1986).
Young, Crawford. *Ideology and Development in Africa* (New Haven: Yale University Press, 1982).
Young, Iris Marion. *Justice and the Politics of Difference* (Princeton: Princeton

University Press, 1990).
Z (an anonymous observer of the Soviet Scene). "To the Stalin Mausoleum." *Daedalus* (Winter 1990): 295-342.
Zimmerman, Ekkart. "Macro-comparative Research on Political protest." In *Handbook of Political Conflict*, edited by Ted Gurr (New York: Free Press, 1980).

색인(Index)

| ㄱ |

가격담합 37
가부장제 12, 308, 309, 315, 320, 321, 323, 325
가이아 285, 286
가족휴식정책 141
갈브레이스, 존 케네스 27, 43
갈스톤, 윌리엄 35
거대한 대화 355, 356, 361, 363-365, 371
거시 수준의 계획 30, 34, 135
경전 245, 255, 259, 261, 263
경제·사회적 지표 33
경찰국가 78
계급의식 122
개인주의 113, 125, 158, 172, 177, 254, 256, 258, 259, 266, 288, 316
개혁자유주의 18, 20, 26
골드워터, 배리 217, 331
공공재 42
공동체적 조화 113, 114, 117, 134, 143, 144, 149, 152, 153, 158, 161, 163, 167, 173, 174

공리주의 45, 51, 55, 162, 242, 280, 283, 284, 303
공/사 구별 246, 254, 305, 310, 311, 313
공산주의의 위협 25, 180, 181, 241, 249
공상적 사회주의 101, 106
공적 부조 198
공정한 기회균등 48, 50, 54, 145
과학적 방법 31, 33, 237, 349, 353, 354, 365, 371
관용 35, 92, 93, 95-97, 113, 119, 255, 257
구시에무님 248, 267, 271
구조적 실업 44
구호사회 129, 130
국가계획 135
국가기업회사 133
국가보조주택 44, 49
국민적 자율성 68
국유화된 기업 127, 128, 134, 190, 191,
국유화 분배 130, 131, 143

국제자유시장 190
군비감축 41
군산복합체 25, 64
권위주의 89, 93, 135, 334
귀속감 85
귀속적 사회신분 22
그램, 필 217
그린, T.H. 26, 27
그린피스 291, 292
그레이엄, 빌리 249
근대화 58, 61
근본주의 245-278, 331, 334
급진적 여성주의자 299, 305-309, 311-321
기회균등법 238
긴장이론 340-342
길더, 조지 178, 183-185
길링간, 캐롤 324
깅리치 223

| ㄴ |

남성중심적 편견 298, 307, 308
내재적 비평 366
네스, 아르네 278, 289, 290
노동귀족 122
노동자 통제하의 사기업 128
노박, 마이클 222
노브, 알렉 102
노직, 로버트 201
녹색당 292
녹색주의자 275-296
뉴딜 79, 80, 182, 223, 328
닉슨, 리처드 211, 311

| ㄷ |

다두정체 73, 75
다문화주의 233, 254-257, 264, 266
다원적 시민권 154
다윗 267
단선적 인과성 287
달, 로버트 27, 67, 73
대이스라엘 247-249, 271, 273
대의민주주의 52, 63, 96, 97, 118, 119, 150, 153, 155, 159, 210-213, 289, 299, 320, 342, 363, 366, 368, 369
대처, 마가렛 175, 179, 186, 190, 210, 218, 222, 242
데일리, 메리 300, 308, 315
데카르트 과학 89-91, 93
도구적 이성 84
도구주의 307
도덕적 제국주의 221
도덕적 해이 183, 184
도르킨, 로널드 27, 48, 359
도움락 271
돌, 밥 223
동등한 가치 306
동등한 고려 50, 51
동등한 자유의 원칙 52, 55, 56
동등한 전망 51, 53
동등한 접근 313
동등한 존중 55, 91, 118, 170
동물권 283
동성애혐오 23
듀이, 존 17, 27, 31, 92, 93, 324
듀카키스, 마이클 218
드워르킨, 안드레아 312

| ㄹ |

라이시, 로버트 27
라이트, 에릭 349
라헤이, 벱 192
라헤이, 팀 247, 265
러브록, 제임스 278, 286, 287
러시아혁명 123
레오폴드, 알도 278
레이건, 로널드 54, 175, 179, 181, 211, 216, 218, 222, 242, 250
렌퀴스트, 윌리엄 200
로버트슨, 팻 247
로에 대 웨이드 소송 250
로이, 테오도르 19, 65, 66, 81, 328, 329
로크, 존 95
로트, 트렌트 223
록펠러, 존 21
롤스, 존 27, 52-58, 86, 90, 91
루니온, 앤 소쏜 322
루소, 장-자크 100, 289
루스벨트, 프랭클린 17, 80, 182, 183, 215, 216, 218, 223
루터, 마틴 246
리간, 톰 278, 283
리치, 데이비드 355
림보, 러시 175
링컨, 에이브러햄 79

맥가번, 조지 331
맥나마라, 로버트 23
맥키논, 캐서린 300, 312
멀로니, 브라이언 179
메이어, 존 218
모간, J. P. 21
모어, 토마스 100, 101
모택동 181
몬데일, 월터 71
무료학교급식 44
무오류성 249, 251, 252
무용지물 명제 237
무임승차 42
무정부주의 299, 324, 358, 360
무지의 베일 55, 56, 91
뮤어, 존 281
뮌헨의 교훈 236
미국과의 계약 223
미국기업연구소 179
미국예외주의 172, 173
미첼, 줄리엣 300
미테랑, 프랑수아 133
민주적 소란 218
민영화 190
민중(민주)주의 149, 161, 163, 173, 214
밀, 존 스튜어트 18, 254, 303
밀레트, 케이트 300

| ㅁ |

마르크스, 칼 101, 103, 121, 122, 159, 170, 309, 342, 343, 349
마요 광장의 어머니들 322
만하임, 칼 309

| ㅂ |

바뵈프, 프랑수아 노엘 100
바이마르공화국 104
반공주의 182
반독점기관 37

박애 113, 114, 119, 130, 143, 157, 170, 174
버클리, 윌리엄 177, 178, 221
법인 자유주의 18, 20
베른슈타인, 에두아르트 102-104, 121-123, 159
베트남전쟁 24, 186
변증법적 방법 354, 355, 364, 365
변증법적 유물론 104
보겔, 리제 300
보살핌의 윤리 316, 324
보이지 않는 손 78
보크, 로버트 200
부부가족제 306
복음주의 249, 251, 256, 265
복지국가 자유주의 19, 20
복지권 28, 46, 47, 53, 59, 60, 67, 71
본질적 평등 87
봉쇄정책 181
부시, 조지 179, 219, 227, 242
부캐넌, 팻 175, 217
분리정부 31
브란트, 빌리 104, 105
비공식적 권력 61
빈곤문화 44
빈민지원 220
빌헬름, 카이저, 2세 104

| ㅅ |

사다트, 안와르 253
사법적 행동주의 58
사치세 39
사회계약 71, 90, 139, 140, 143, 155, 156
사회계약론 54, 91
사회복지국가 139, 141, 143, 144
사회적 다원주의 34
사회적 지성 93
사회정의 60, 81, 83, 144, 146, 148, 149, 152, 154, 161, 173, 174
사회화 접근 106
사회화 기구 339
사회화한 기업 127, 128
산업국유화 133, 134
산업민주주의 110
산헤드린 265
삶의 공적 영역과 사적 영역 34, 310
상호무관심 55, 91
샤 252, 268
선거공영제 62
성전 270
세계화 58
세속적 인본주의 245, 254, 256, 257, 259, 264
셍고르, 레오폴드 세다르 105
생태여성주의 287
생태학적 다양성 277, 280, 282
소극적 자유 26, 29
소비주의 277
소외 108, 120-122
소웰, 토머스 175, 178, 205-207, 238
소크라테스 354, 355
소피스트 354
쏭가스, 폴 47
쇼, 조지 버나드 103
수니파 무슬림 246
슈마허, E. F. 278, 279

색인 *421*

슈와쓰, 존 80
슐츠, 찰스 195
슘페터, 조셉 217
쉴라플라이, 필리스 192
스미스, 아담 185, 190
스테이넘, 글로리아 300
스티글러, 조지 237
스트라우스, 레오 227, 239
스펜서, 허버트 160
승수효과 38
시민권 28, 29, 32, 46-48, 60, 67-70,
    72, 82, 97, 142, 143, 226, 255
시민불복종 75-77, 270
시아파 무슬림 246, 252, 253, 265
시온주의 247
시장사회주의 127-129, 173
시장실패 21-23, 29, 37, 107
시장정의 45, 46, 81
시장친화적 유인 195-197, 224, 241
식품표 28, 44, 49, 142
신계급 212-214, 216, 343, 347
신보수주의 179
신우익 194, 216, 228, 242, 250, 263,
    268
신자유주의자 24, 47, 71
신중한 감시의 은유 232
신칸트주의 159-161
실업보험 37
실용주의 92, 216
심층 생태론자 275, 278, 281, 285

| ㅇ |

아노미 163

아동가족지원 44
아랍민족주의 252
아우구스티누스, 성 341
아이작 월튼 리그 281
악의 제국 182
안전위협 23, 24
양성동화 314
여성주의 인식론 307
여성차별주의 23
역사의 종언 331-334
역소득세 198
역차별 50, 51, 97, 204, 340
역효과 명제 237
연방제 210
에찌온, 예후다 271, 272
엘쉬타인, 진 베티케 316
엥겔스, 프리드리히 101
엔크루마, 크와메 105
앤더슨, 찰스 92, 94
오언, 로버트 101
오쿤, 아서 45-47
오킨, 수전 몰러 300
와그너법 80
와일드, 오스카 157
왈쩌, 마이클 102
외부효과 21, 24, 41, 195-197
우선허용 정책 50
움마 267
유대방위동맹 271
워터게이트 사건 62, 236
원주민 중심적인 사고 68
원초적 입장 54-56
웹, 베아트리스 포터 102, 103
웹, 시드니 102, 103, 123

위대한 사회 45, 79, 179, 183, 222
위험부담이 없는 합리성 55, 56, 91
위험 명제 238
윈스탄리, 제라드 100
윌, 조지 178, 214, 215
윌슨, 제임스 188, 220, 221
월스턴크라프트, 메리 298
6일전쟁 248
이데올로그 335, 336, 338, 353
이데올로기의 종언 327-331
이란-콘트라 추문 62
이익이론 343, 344
이익집단 자유주의 19, 20, 199
인간의 불완전성 230
인간중심적 시각 276, 277, 280, 298
인본주의 103
인종주의 23, 28, 77, 205-207, 358
인종차별 24, 44, 59, 132, 204-206, 225
인종차이를 무시하는 203, 206, 209
인종차이를 인지하는 206, 209
임기제한 63, 215, 224, 225, 369
임신의 자유 305
입법부의 감독 62
입법 민주주의 65, 366
입헌민주주의 25, 30
의무론 82, 90, 91
의용군대 70, 71

| ㅈ |

자격(부여) 46, 49, 53, 67, 90, 118, 137, 139, 141-145, 161, 191, 198, 199, 201
자격중시주의 207-209

자발적 결사체 176
자비스, 하워드 217
자연보호주의 281, 282
자유방임 문화 180, 187, 188
자유언론운동 186
자유복지국가 139, 141
자유주의적 여성주의 299, 305-307, 310, 312-314, 316, 318-321
자유지상주의 67, 177, 211, 214, 215, 222, 230
작업장 민주주의 151
재구조화 126
재산세 39
재정적자 39, 242
재정정책 38, 39, 135, 186
재택수업 267
잭슨, 웨스 289, 290
적극적 자유 26, 28, 29
적극행동 25, 50-51, 116, 204, 207-209, 238, 268, 340, 341
점진주의 80, 81
정부통치 213, 214, 216
정치과학 25
정치적 의무 70, 72, 155
정치체 231
정통 마르크스주의 104, 158, 159
제왕적-국민투표적 대통령 215
조건의 평등 143, 146
조직된 이성 31, 33
존슨, 린든 80, 179, 183, 223, 331
존재의 평등 86, 360
종말론 229, 261
종교개혁 304
종교전쟁 92

주민소환 214
주민발안 153, 214
주민투표 153, 214
지구온난화 229, 280
지구우선 291
지구의 날 294
지배욕 341, 342
지불보증제도 197, 224
지하드 272, 273
직접민주주의 52, 153
집행부 중심적이고 관료적인 정부 60, 62

| ㅊ |

차등의 원칙 52, 53, 55, 56
차티스트운동 149
참여민주주의 119, 289, 363
창조론 228, 256, 261
철의 법칙 83
철의 장막 180
초교파주의 285
초다원적 사회 88
총체적 접근 280
총통 70
최대다수의 최대행복 55
취약한 모시기 305
칩코 운동 294

| ㅋ |

카스트로, 피델 182
카슨, 레이첼 278
카터, 지미 250

카헤인, 랍비 메이어 247, 271
캠프데이비드 평화협정 253, 271
커크패트릭, 진 175, 178, 212
케난, 조지 23
케인스, 존 메이나드 27, 38, 39
켄달, 윌무어 225, 226
켈리, 페트라 278-290
켐프, 잭 217
코드, 로레인 301
코모너, 배리 278
코뮌 101
코제브, 알렉상드르 331
콘버스, 필립 335-338
콜, 조지 102, 151
콜, 헬무트 179, 210
콜버그, 로렌스 324
쿠란(Koran) 267
쿡, 랍비 아브라함 이츠학 하코엔 247
쿡, 랍비 즈비 예후다 247
퀘벡 210
크네셋 267
크로슬랜드, 앤서니 102
크리스톨, 어빙 178
크릭, 버나드 124
클린턴, 빌 156, 218
킹, 마틴 루터 27, 76, 77

| ㅌ |

탈규제 191
토니, 리처드 H. 102
토라 248, 267
토크빌, 알렉시스 드 219
투르도, 피에르 210

트웨인, 마크 334
특혜조치 204-206

| ㅍ |

파비우스 103
페이비안 101, 103, 105, 106, 123, 133, 149
페인, 제임스 213
평등사회 147
평등주의 103, 149, 163, 171, 202, 230, 231, 234, 361, 363
평형상태의 경제 278, 279
포글린, 에릭 227, 239
포스트모던 여성주의자 302, 307, 308, 313, 318, 319, 323, 325
포웰, 체리 247
포퍼, 칼 27, 93
풀뿌리 민주주의 152
프랑스혁명 123
프렌치, 메릴린 300
프로이트, 지그문트 339, 340, 342
프롤레타리아 독재 121
프롬, 에리히 102
프리단, 베티 300
프리드먼, 밀턴 178
플라톤 354, 355
피터슨, 스파이크 322
핀초, 기포드 281

| ㅎ |

하딘, 개럿 288, 289
하딩, 산드라 301
하우, 어빙 102
하위정부 64-66, 154
하이에크, 프리드리히 폰 178
하트삭, 낸시 301, 309, 310
한니발 103
할라카 248, 267
항의운동 75, 76
헉슬리, T. H. 160
헌법상의 탄력조항 58
협동체 127
현실주의 227
협의민주주의 88
형식적인 기회균등 22, 48, 50, 53, 145, 361
해리티지재단 179
해지조항 66
해링턴, 마이클 102
허위의식 111, 338, 342
헌팅턴, 사무엘 219
호메이니, 아야톨라 루홀라 247, 253, 265, 268, 269, 273, 274
혼합경제 37, 81, 330
홉스, 토머스 200, 289
효율과 평등 간의 상쇄관계 46, 53, 59
후쿠야마, 프란시스 331-334
화이어스톤, 슐라미스 306, 314, 315
환경주의 96, 275-298, 331
환경훼손물 파괴행위 291
히틀러, 아돌프 104, 236

역자 후기

이 책은 Paul Schumaker · Awight C. Kiel · Thomas Heilke 가 공저한 *Great Ideas/Grand Schemes: Political Ideologies in the 19th and 20th Centuries* (New York: The McGraw-Hill Companies, Ins., 1996)를 번역한 것이다. 출간한 지 10년이나 되는 이 책을 번역하게 된 것은 역자가 이 책을 지난 몇 년간 강의교재로 썼다는 경험 때문이다.

정치학도인 역자가 지난 7년간 제주대학교 사범대학 윤리교육과에서 〈사회사상연구〉 강좌를 개설할 때 향후 중등학교에서 도덕과 윤리를 가르칠 교사 후보자들에게 교양과 전문성을 동시에 충족시켜 줄 수 있는 강의를 어떻게 제공할 것인가에 직면하였다. 주된 교재가 필요하다는 생각에서 이것 저것 알아보았지만 마음에 드는 주 교재를 찾지 못해 하던 중, 우연히 이 책을 접하게 되었다. 가능하면 국문으로 된 교재로 강의하려고 했던 역자에게 이 교재는 영문책이지만 내가 소화해서 잘 전달해 주면 될 것이고, 또 혹 영문 원본으로 읽고 싶어 하는 학생들에게 부분적으로 복사해서 주면 될 것이라는 생각으로 이 책을 교재로 선택했다.

2000년 그 때부터 번역에 들어갔더라면 좀 더 일찍 이 번역서가 세상에 나왔을 텐데 하는 아쉬움이 있지만, 항상 늦었다고 할 때가 빠른 것이라는 생각에서 2년 전부터 번역에 착수했다. 강의 준비를 하면서

이 책이 얼마나 체계적으로 19세기와 20세기의 정치이데올로기들을 정리해 주고 있는지를 잘 알고 있었지만, 번역을 하면서는 단순한 정리를 넘어서서 많은 통찰과 비전을 제시해 주고 있음에 저자들에게 많이 고마워했다.

원저의 내용이 좋다고 역저가 반드시 좋다는 법은 없다. 더욱이 그동안 번역서를 읽을 때마다 차라리 원저로 공부해야 되는게 아닌가 생각할 정도로 마음에 안 드는 번역서도 적지 않았다. 그래서 역자 역시도 괜히 좋은 책을 잘 못 번역을 해서 원저의 가치를 떨어뜨리게 되는 건 아닌지 하는 우려가 없지 않다. 더욱이 역자는 정치사상 전공자가 아니기 때문에 더욱 그렇다. 그런데도 굳이 시간을 내어 이 책을 번역하게 된 것은 무엇보다도 역자가 수업 시간에 강의 교재로 활용했던 경험을 버리기가 아까웠기 때문이다. 수업 시간에 몇 번 이 책을 중심으로 강의하다 보니까 책의 내용에 대한 파악도 깊어지고 해서 나름대로 번역에 자신도 생겼다.

그러나 의욕이 크다고 성과가 그대로 나는 것은 아니어서, 실제 번역 작업에는 생각보다 시간이 꽤 걸렸다. 수업을 통해서 내용을 잘 안다고 해도 원저의 미세하고 미묘한 뉘앙스의 함의까지 어떻게든 담아보려고 노력할수록 번역이 얼마나 힘들고 고생스러운 일인가를 새삼

확인만 할 뿐이었다.
 2년 전에 원저의 절반에 해당되는 분량만큼의 번역을 마치고는 『정치사상의 이해 I: 근대편』으로 출간하였다. 워낙 책의 분량이 많아서 한 권으로 다 출간하는 것보다는 두 권의 책으로 내는 것이 여러 가지로 독자들에게는 더 유용할 것이라는 생각이었고, 이제 2권 『정치사상의 이해 II: 현대편』의 출간을 맞게 되었다.
 이 책의 번역과 출간을 흔쾌히 허락해 준 3분의 저자와 오름출판사의 부성옥 사장님에게 고마운 뜻을 전한다. 항상 바쁘다는 이유로 시간을 같이 하지 못하는 역자로서는 아내 강애진과 아들 양성후가 이 역서를 보면서 조금이나마 이해를 해 주면 고맙겠다는 생각을 해 본다. 독자 여러분들께서 마음에 드는 정치사상서가 되었으면 하는 바람이다.

2007년 8월
무더운 여름 속에서
양길현 배상

저자소개

폴 슈마커(Paul Schumaker)

미국 캔자스대학교 정치학과 교수이며 서구문명에 관한 권위자이다. 1973년 위스콘신-매디슨대학교에서 박사학위를 받았다. 정치운동과 민주과정 그리고 정치적 영향력에서의 성(性) 차이 등에 대해 많은 연구를 하고 있고, 대표적으로 Journal of Politics, American Journal of Political Science 등 많은 학술지에 연구를 발표하였다. 1991년 캔자스대학교 출판부에서 Critical Pluralism, Democratic Performance, and Community Power가 출간되었다. 최근에는 분배적 정의의 다양한 원칙들에 대해 정부 관리들이 어떻게 생각하고 적용하고 있는지에 대해 연구 관심을 기울이고 있다.

드위트 키엘(Dwight C. Kiel)

미국 센트럴플로리다대학교 정치학과 부교수이다. 1984년 매사추세츠-암허스트대학교에서 박사학위를 받았으며, 버링톤우수교육자상(Burlington Outstanding Educator Award) 등 많은 상을 수상했다. 계몽주의 시기의 인간이성에 대한 다양한 관점을 정리한 저작이 있으며, American Review of Politics에 기고된 대표적 논문은 언어와 환경 문제를 다루고 있다.

토마스 헤일케(Thomas W. Heilke)

미국 캔자스대학교 정치학과 교수이다. 1990년 듀크대학교에서 박사학위를 받았다. The Review of Politics and Political Theory 등에 수 편의 논문을 실었고, 1990년에 Voegelin on the Idea of Race: An Analysis of Modern European Racism을 저술했다. 프리드리히 니체의 정치교육에 대한 논문을 마치고 최근에는 재침례교의 사상에 대한 연구에 집중하고 있다.

역자소개

양길현(Gil-Hyun Yang)

현재 제주대학교 사범대학 윤리교육과 부교수이다. 서울대학교에서 1996년 "제3세계 민주화의 정치적 동학 비교분석: 한국, 니카라과, 미얀마의 경험을 중심으로"로 정치학 박사학위를 받았다. 경남대학교 극동문제연구소에서 15년간 연구 활동을 한 후 1999년 제주대학교로 자리를 옮기고는 민주주의론, 사회사상연구, 한국정치론, 동아시아연구, 북한 및 통일론을 가르치고 있다. 『사건으로 보는 한국의 정치변동』(2004)과 『평화번영의 제주정치』(2007) 외에 수편의 단행본을 다른 학자들과 함께 저술했으며, "신남북시대의 평화공영과 연합제−낮은 단계의 연합제"(2001), "아웅산수지의 민주화 리더십"(2003) 그리고 "동아시아 공동체의 가능성과 전략"(2004) 등 다방면에 걸쳐 연구 논문을 발표하고 있다.

- E · mail: yangh@cheju.ac.kr

정치사상의 이해 II · 현대편

인쇄 2007년 10월 8일
발행 2007년 10월 13일

지은이 폴 슈마커 · 드위트 키엘 · 토마스 헤일케
옮긴이 양길현
발행인 부성옥
발행처 도서출판 오름
등록번호 제2-1548호 (1993. 5. 11)

서울특별시 서초구 서초동 1420-6 통일시대연구소빌딩 301호
전화 (02)585-9122, 9123   팩스 (02)584-7952
E-mail oruem@oruem.co.kr
URL   http://www.oruem.co.kr

ISBN 978-89-7778-287-7   93340   값 16,000원

* 이 책의 한국어판 저작권은 도서출판 오름에 있습니다.
  한국 내에서 보호를 받는 저작물이므로 무단전재와 무단복제를 금합니다.

* 잘못된 책은 교환해 드립니다.